湛江市百部地方志丛书

湛江市省养公路志

（1991—2012年）

湛江市公路管理局 编

中国文史出版社

图书在版编目（CIP）数据

　　湛江市省养公路志：1991-2012 / 湛江市公路管理局编. -- 北京：中国文史出版社，2017. 3

　　ISBN 978-7-5034-9088-0

　　Ⅰ. ①湛… Ⅱ. ①湛… Ⅲ. ①公路养护-概况-湛江-1991-2012 Ⅳ. ①U418

中国版本图书馆 CIP 数据核字（2017）第 050482 号

湛江市省养公路志

湛江市公路管理局　编

责任编辑：卜伟欣

出版发行：中国文史出版社

网　　址：www.wenshipress.com

地　　址：北京市西城区太平桥大街 23 号　　　　　邮　　编：100811

电　　话：010-66173572　66168268　66192736（发行部）

传　　真：010-66192703

印　　装：湛江教育印刷厂

经　　销：全国新华书店

开　　本：787 毫米×1092 毫米　　1/16

印　　张：29

字　　数：400 千

版　　次：2017 年 4 月第 1 版

印　　次：2017 年 4 月第 1 次印刷

定　　价：260.00 元

《湛江市省养公路志》编辑委员会

主　　任：谢灵运
副 主 任：李　增　李志正　戴　范　蒋夕文　李国平　姚瀚南
　　　　　龙小华　冯　滨
顾　　问：张振林　廖　陆
委　　员：李华栋　林盛智　曾卫权　何国成　陈　远　李国庆
　　　　　黎华春　唐　辉　秦吕梁　马立强　唐国龙　邓志春
　　　　　游尚友　莫秋旭　梁云山　黄永生　陈待择　陈土荣
　　　　　曾太民　陈开逊

《湛江市省养公路志》编辑办公室

主　　编：姚瀚南
副 主 编：李华栋　蔡伟兵
执行主编：郑兴坚
编　　辑：黄宝进　李伟桂　王　平
编辑顾问：陈　荣　韦公廉

《湛江市省养公路志》终审单位、人员

终审单位：湛江市志书审查委员会
终审人员：钟涓泓　陈仕明　陈保民　陈谷生　陈　充
　　　　　杨贵元　林佳风

湛江市公路管理局养护路线图

图 例

▬	国道
▬	省道
▬	县道
←	收费站
⊗	养护站

湛江市公路管理局养线路汇总表

序号	线别	桩号	里程(km)
	总　计		1393.296
一	国道		335.44
1	G207 锡海线	k3486+669－k3669+329	182.66
2	G325 广南线	k349+890－k513+390	152.78
二	省道		688.94
1	S285 蓬吴线	k89+384－k107+684	18.3
2	S286 廉垃线	k0+000－k54+350	54.35
3	S287 六遂线	k0+000－k77+080	77.08
4	S288 湖硐线	k0+000－k46+740	46.74
5	S289 南前线	k37+810－k49+757 / k58+711－k74+371	27.607
6	S290 白流线	k0+000－k47+000 / k68+900－k159+504	137.422
7	S293疏港公路	k0+000－K29+804	27.986
8	S373 塘企线	k0+000－k148+820	134.965
9	S374 平杨线	k0+000－k60+400	53.226
10	S375 客江线	k0+000－k40+230	40.008
11	S376 外西线	k7+709－k80+060	71.256
三	县道		305.051
1	X613 铜销线	k24+492－k28+886	2.394
2	X661 梅塘线	k29+105－k30+040	0.935
3	X664 六王线	k0+000－k8+706	8.706
4	X666 霞南线	k7+132－k16+265	9.133
5	X667 东西线	k0+000－k21+229	18.155
6	X668 高厚线	k6+865－k16+190	9.325
7	X670 麻志线	k0+000－k12+925	12.925
8	X672 廉石线	k0+000－k14+057	14.057
9	X677 外长线	k17+631－k23+000	5.369
10	X678 白青线	k0+000－k23+863	20.825
11	X679 横和线	k23+144－k30+374	7.23
12	X680 石安线	k0+000－k35+122	35.122
13	X681 北界线	k0+000－k4+672	4.672
14	X682 南洋线	k0+000－k10+301	10.301
15	X683 龙草线	k0+000－k16+182	16.182
16	X684 百石线	k0+000－k39+277	37.158
17	X689 谢坑线	k0+000－k22+171	22.171
18	X692 水火线	k0+000－k13+714	13.433
19	X693 下金线	k0+000－k20+923	20.923
20	X694 那赤线	k0+000－k12+599	12.599
21	X699 龙娜线	k0+000－k4+515	4.515
22	X704 覃吉线	k0+000－k13+111	12.34
23	X705 沟麻线	k0+000－k6+581	6.581
四	乡道		47.922
1	Y002 钟良线	k0+000－k3+251	3.251
2	Y011 机场线	k0+000－k2+269	2.269
3	Y012 北站线	k0+000－k1+539	1.538
4	Y013 霞云线	k0+000－k6+386	6.153
5	Y014 拱湖线	k0+000－k5+691	5.691
6	Y015 东简线	k0+000－k3+998	3.998
7	Y017 湖田线	k0+000－k3+302	3.302
8	Y021 火车站线	k0+000－k3+053	2.741
9	Y022 下六支线	k0+000－k3+067	3.067
10	Y023 杨柑支线	k0+000－k0+944	0.944
11	Y024 企斗线	k0+000－k3+877	3.877
12	Y025 界炮线	k0+000－k1+070	1.07
13	Y031 火车站线	k0+000－k1+051	1.051
14	Y041 龙糖线	k0+000－k0+976	0.976
15	Y042 雷榜线	k0+000－k3+684	3.684
16	Y043 房乌线	k0+000－k1+509	1.509
17	Y051 前甲线	k0+000－k1+526	1.331
18	Y052 海旧线	k0+000－k0+753	0.753
19	Y053 锦东线	k0+000－k1+231	1.231
五	专道		15.943
1	Z325文车-北罗坑	K0+000－K15+943	15.943

注：1、S293疏港公路2007年列入　2、S373/S080重复1.79千米

养路工之歌

1=D $\frac{2}{4}$ 中速 自豪地

麦振强　赵文信 词
陈南洲 曲

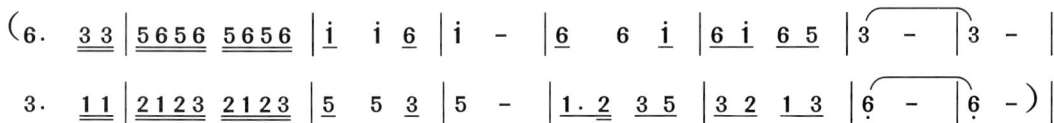

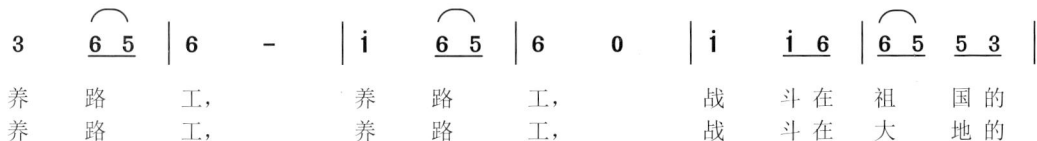

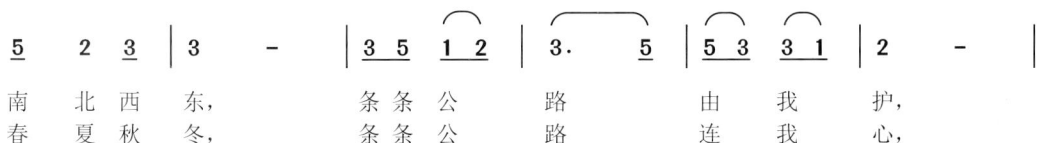

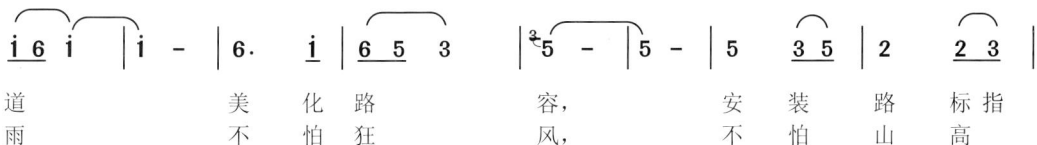

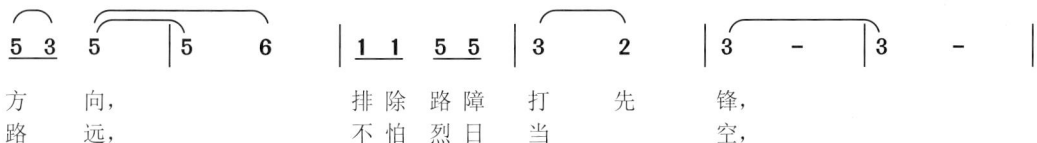

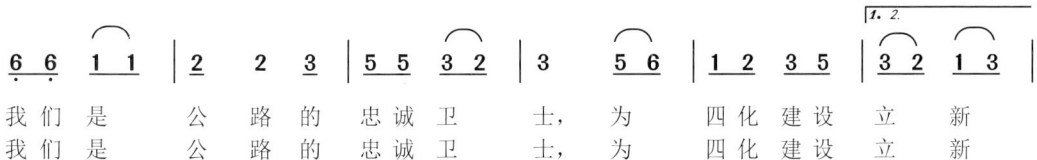

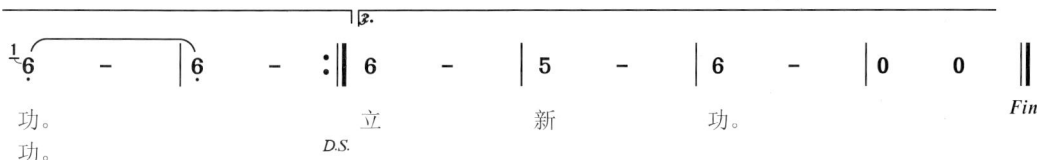

养 路 工，养 路 工，战 斗 在 祖 国 的
养 路 工，养 路 工，战 斗 在 大 地 的

南 北 西 东，条 条 公 路 由 我 护，
春 夏 秋 冬，条 条 公 路 连 我 心，

肩 负 重 任 多 光 荣。填 平 大
坚 守 岗 位 乐 无 穷。不 怕 暴

道 美 化 路 容，安 装 路 标 指
雨 不 怕 狂 风，不 怕 山 高

方 向，排 除 路 障 打 先 锋，
路 远，不 怕 烈 日 当 空，

我 们 是 公 路 的 忠 诚 卫 士，为 四 化 建 设 立 新
我 们 是 公 路 的 忠 诚 卫 士，为 四 化 建 设 立 新

功。立 新 功。
功。

Fine.

D.S.

1988年，广佛高速公路通车典礼时，省长叶选平（前左二）、副省长匡吉（前右三）视察湛江公路局第一工程处大沥立交大桥工地

2005年1月28日，全国治超领导小组副组长、交通部副部长冯正霖一行莅临湛江新桥治超执勤点检查指导工作

2005年，广东省交通厅厅长张远贻（前左一）莅临湛江检查公路建设工作

2011年6月，广东省国土厅厅长陈耀光（前左二）莅临湛江国道G325线吴川塘尾路段检查城乡清洁工程

1993年3月，省交通厅副厅长肖玉堂（左二），省公路局党委书记彭枫梧（右二）出席湛江公路局双代会指导工作

1993年3月，湛江市经委主任张马成出席湛江公路局双代会指导工作

　　1993年3月23日至26日，"广东省公路系统1992年度安全生产工作表彰会"在廉江分局召开，省公路局副局长钟寿春(右四)、省交通厅、省公路局安全办等部门负责人与会指导工作。

　　1994年9月23日至26日，广东省公路系统"两个文明"建设现场经验交流会，在廉江分局召开

图为省交通厅副厅长肖玉堂（左三）、省公路局党委书记彭枫梧（左二）、局长丁铁葵（左一）、廉江市市长林平（右一）及全省公路系统"两个文明"建设现场经验交流会议代表莅临廉江分局良垌道班参观并指导工作

1994年9月25日，省交通厅副厅长肖玉堂（左一）省公路局党委书记彭枫梧（左二）、局长丁铁葵（右一）在廉江分局良垌道班视察工作

2000年7月18日，省公路局副局长李光宏（右一）带领工作组莅湛专项检查工程质量、安全生产工作

2001年9月17日，省公路局党委副书记匡训杰（右排三）到湛江渡口所检查指导工作

2002年1月11日，省公路局副局长庞新民（前左一）莅湛检查指导春运工作

2003年2月12日，湛江市交通公路建设现场会在湛江公路局召开，图为市长
徐少华（前左二）、常务副市长阮日生（左一）等市领导到会指导工作

2003年2月，市公路局召开第九届职工、第八届工会会员代表大会，市政府、市总工会、省公路局工会、市交通局等领导到会祝贺

2003年3月23日，2003年度全省公路教育工作工作暨公路教研会会议在湛江召开，省公路局党委副书记匡训杰（右四）及省交通厅、省公路局科技教育处等有关领导与会指导

2005年2月7日，省公路局党委书记吴嘉启（左三）莅湛检查指导春运工作。图为市交通局、市公路局领导陪同检查湛江渡口

2006年11月26日，中共湛江市委书记徐少华（左图）、省公路局纪委书记李光宏（右图）出席湛江市疏港公路一期工程通车仪式

2008年3月18日，市公路局召开公路建设管理暨党风廉政建设工作会议，湛江市委常委、常务副市长潘那生（主席台右二）到会指导工作

2008年5月19日，湛江市委常委、常务副市长潘那生（右排三）到市公路局现场办公，解决市重点公路建设项目存在的困难和问题

2008年6月28日，湛江市委常委、常务副市长王中丙（后右三）在湛江东海岛疏港公路现场办公指导工作

2008年11月26日，省交通厅副厅长、省公路局党委书记顾青波（左六）、纪委书记李光宏（左四）等领导莅临吴川调研省道S285蓬吴线建设工作

2008年10月14日，湛江市委常委、副市长陈岸明（左排一）到市公路局调研指导工作，市政府副秘书长黄光（左排二）陪同参加

2008年12月2日，广东省交通厅副厅长徐欣（右二）莅临湛江国道G207线城月公路治超站指导工作，湛江市委常委、副市长陈岸明（左一）陪同检查

2009年1月17日，中共湛江市委书记陈耀光市委常委、副市长潘那生，王中丙，赵志辉等领导参加廉石公路改造工程竣工通车仪式

▶ 领导关怀

2009年1月18日，中共湛江市委书记陈耀光，市委副书记、市长阮日生，副市长潘那生、赵志辉等领导参加疏港公路东海岛跨海大桥工程开工仪式并现场指导工作

2009年3月19日，市公路局召开2009年公路建设管理暨党风廉政建设工作会议。全市公路系统近200名代表及省公路局党委副书记李光宏（讲台），市政府副秘书长黄光（左五），市纪委常委、监察局副局长陈琼（左四），市交通局副局长周华（左三）等特邀嘉宾出席会议

　　2009年7月23日，中国共产党湛江市公路管理局第一次代表大会在湛江公路大厦召开。湛江市委、市政府、市纪委、市委组织部等领导应邀出席大会并作发言。全市公路系统正式代表98名、列席代表11名参加了大会

　　2012年1月，中共湛江市委副书记、市长王中丙（右一）检查公路春运工作，并慰问养路工人

2012年3月，省公路局党委副书记李光宏（左一）率队莅湛调研公路科技、职工教育工作

2012年4月，省公路局副局长王军（左二）莅湛指导路政工作

2012年5月16日，中共湛江市委副书记、市长王中丙（右三）在吴川调研指导龙首公路工程建设工作

2013年9月，省交通厅副厅长、省公路局党委书记顾青波（右二）率队莅湛调研工作

2013年9月，市公路局党委书记、局长谢运灵（右排四）向省局领导汇报工作情形

1991年8月1日，国道G325线湛江市赤坎康顺路立交桥竣工通车

图为1991年国道G207线雷州龙门路段一级路改造工程施工情景

1991年，库竹渡口实施渡改桥工程；1993年10月，库竹大桥建成通车

1992年7月，安榄渡口实施渡改桥工程；1994年7月，安榄大桥建成通车

1997年2月，洋村大桥建成通车，结束了湛江霞山至雷州公路过渡的历史

湛江市交通通信工作会议

1993年12月3日，湛江市召开交通通信工作会议

　　1993年12月，湛江市召开两次四级干部会议，进行公路达标大动员，并举行路通财通募捐联欢晚会

　　1994年10月8日，由省公路局、湛江公路局、廉江分局共同投资的广东省恒通水泥厂举行奠基典礼

图为1996年国道325线吴川覃巴路段一级路改造工程施工首次使用德国Cmi
水泥摊布机作业情形

2001年1月，湛江国道G325线吴川黄坡大桥竣工通车

2001年4月15日，市公路局召开湛江公路建设工程质量会议情形

2006年，国道G325线遂溪南亭一级路改造路段

2007年1月30日，国道G207线廉江良垌至遂溪关村仔段一级路改建工程的建成通车，标志着广东省全面完成国道高等级公路改造任务

2007年1月30日上午，广东省国道高等级公路改造任务胜利完成庆祝仪式，在遂溪县城文化广场隆重举行。省交通厅副厅长陈冠雄(右三)，湛江市委常委、常务副市长潘那生（右二），省公路局党委书记顾青波（右一），湛江市政府交通顾问陈杏明（左一）等有关省市县领导以及参加全省公路管理工作会议的代表参加了庆祝仪式

2007年8月31日，湛江疏港公路海大路口至东海岛蔚律港一级公路可行性研究报告评审会在湛江海滨宾馆举行

2007年8月31日，湛江市委常委、常务副市长潘那生，省交通厅副总工程师张健（下图左一）以及省交通厅、省公路局、省航道局、省交通集团等领导和特邀专家张省忠等参加审查会

2006年9月29日，湛江疏港公路建成通车，2007年，省公路局将其编为省道S293线，由市公路局直属分局接养，图为湛江疏港公路湖光路段

2010年12月29日，东海岛跨海特大桥建成试通车。该桥长4385.54米，桥宽41米，双向八车道，设计荷载为汽车—超20、挂车—120，箱梁结构

S286省道廉坡线廉江路段

S287省道六遂线遂城路段

S287省道六遂线廉江路段

S289省道南前线徐闻路段

S376省道外西线徐闻锦和路段

铺筑砂土路面
(摄于1990年)

沥青表处砂土路改油路
（摄于1990年）

20世纪90年代，
廉江分局塘蓬道班管
养的砂土路段平坦、
宽敞，其评为省全优
道班

1991—1993年，湛江省道客龙线连续三年被评为省全优线路

图为20世纪90年代初廉江分局管养的国道G325线青平路段

1991年，公路道班职工穿着工作服上路作业

1992年，公路道班职工配着安全标志服上路作业

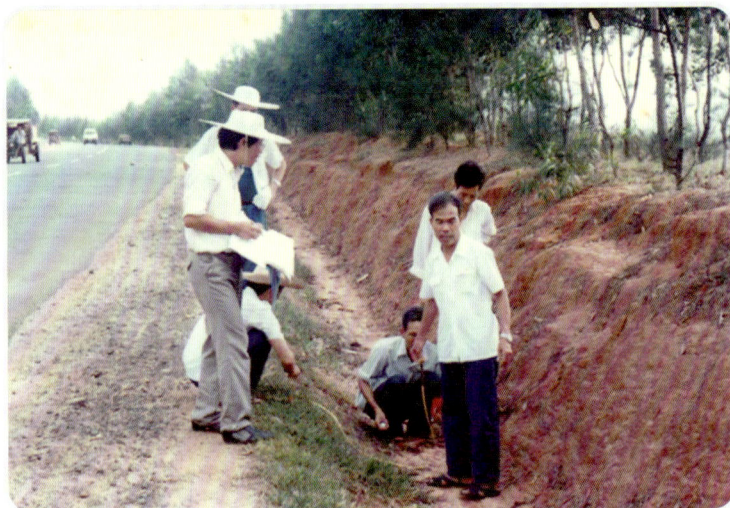

1993年，遂溪分局工程技术人员深入道班第一线指导工作

2003年，全国"五一"劳动奖章荣获者遂溪分局杨柑道班班长杨邓（右）修建标准化水沟平台

2001年9月19日，市公路局召开公路养护管理会议，市公路局领导伍锋（左二）、张振林（右二）、刘兵（左一）与会指示工作

2005年，遂溪分局组织职工修复水毁路肩

2007年，市公路局直属分局组织养护工人进行路面小修

35

2008年，市公路局直属分局组织养护工人进行水坭砼路面灌缝

2010年，市公路局直属分局组织养护工人进行沥青路面中修施工

图为2012年省道S373线沥青路面大修情形

2002年，国道G207线湛江路段建成全省连线最长的文明样板路，并被推荐为全国绿色通道示范路段

2012年，国道G207线养护示范路工程样板雷州路段

▶ 公路绿化

1991年7月，湛江市成为广东省第一个绿化达标市，其中湛江省养公路绿化率达99.1%，超过省颁标准4.1%

图为1991年7月湛江市效区省养公路绿化达标验收勘察现场

图为1991年国道G325线吴川覃巴绿化达标路段

图为1991年国道
G325线廉江绿化达标
路段

图为1991年国道
G207线廉江绿化达标
路段

图为1991年国道
G207线遂溪绿化达标
路段

图为1991年国道G207线徐闻绿化达标路段

1993年，湛江省养公路被评为全国公路绿化十佳，图为国道G207线雷州绿化路段

2005年，湛江省养公路建成300千米绿色长廊。图为国道G325线湛江北出口（遂溪南亭）"绿色通道"

2012年，湛江国道G207线路容风光

2012年，湛江国道G325线景色宜人

国道G325线吴川分局覃巴道班建于20世纪50年代初，为粤西地区公路道班唯一的苏式建筑

70年代

80年代

90年代

2000年后

20世纪90年代湛江省养公路部分道班容貌：

1. 雷州分局乌石道班（摄于1992年） 2. 雷州分局田头道班（摄于1992年）
3. 徐闻分局锦和道班（摄于1992年） 4. 徐闻分局南华道班（摄于1992年）

1. 直属分局潭排道班（摄于1992年） 2. 直属分局麻章道班（摄于1992年）
3. 吴川分局中山道班（摄于1995年） 4. 吴川分局大桥道班（摄于1995年）

公路养护道班（站）建设

1. 遂遂分局南昌道班（摄于1995年）
2. 遂遂分局黄草道班（摄于1995年
3. 廉江分局廉城中心大道班（摄于1998年）
4. 廉江分局良垌道班（摄于1998年）

1998年，由廉江分局廉城、关垌、合江3个道班组建成为湛江省养公路首个大道班廉城养护站

2012年，国道G325线廉江分局横山养护站

2012年，国道G207线遂溪分局白坭坡养护站

▶ 公路养护道班（站）建设

　　湛江公路局各分局因地制宜规划好道班"四小"（小菜园、小果园、小鱼塘、小花园）建设：

1995年，湛江公路局工会干部深入道班指导四小建设

1996年，湛江公路局领导在雷州分局客路道班检查四小建设

1996年，吴川分局大桥道班四小建设初见成效

20世纪90年代湛江公路局道班"四小"建设集锦：

20世纪90年代，湛江公路局机械修配厂制造的公路养护机械

20世纪90年代，湛江公路局机械修配厂制造的公路养护机械

1994年，湛江公路局开始为道班配备农用汽车，提高机械化养护水平。图为市局机械科送车到海康分局沈塘道班

20世纪90年代初，湛江公路局第二工程处在国道G207线海康路段二级路改造工程中使用拖拉机耕伴路面稳定层

图为1993年湛江公路局第二工程处使用沥青摊布机施工情形

2008年，廉江分局组织技术攻关，成功研制一台效率高、性能好的大型移动式碎石机，用于水泥混凝土路面施工废料再利用

进入21世纪，湛江市公路局加快公路养护机械更新换代，逐步实现大型化、专业化，公路养护机械化水平不断提高。图为廉江分局廉城养护站部分公路养护机械

沥青路面专用养护设备

沥青路面养护机械

公路养护挖掘机

公路养护洒水车、装载机等设备

公路路面清扫车

20世纪90年代初，湛江公路局所属管养渡口共有湛江、南渡、安榄、洋村、库竹5个；随着湛江公路建设事业发展，库竹、安榄、洋村渡口逐步实现了渡改桥。至2012年底，湛江市省养公路尚有湛江、南渡2个战备渡口所（1988年10月，省政府、省军区将湛江渡口、南渡渡口列为二级战备渡口）。

图为2002年湛江渡口西岸码头渡运情景

图为2012年南渡渡口渡运情形

1996年，原省道黄海线洋村大桥建成即将通车，洋村渡口职工坚持守好"最后一班岗"

1993年3月12日，
湛江市中级人民法院
公路执行室挂牌成立

图为20世纪90年代初公路路政工作专用车

图为2011年全省公路路政执法车统一标识

左图为2010年公路
路政人员整装待发，开
展公路专项治理工作

图为1994年湛江公路局路政部门依法清除违章建筑物

图为2005年市公路局举办全局路政人员路政业务培训集体合影

2006年，市公路局路政人员在国道G207线城月依法治超工作情形

2006年，市公路局在国道G207线城月建立公路治超检测站

2006年11月，市"三乱"纠风办在公路治超现场指导工作

2008年，湛江市公路治超工作取得阶段性成效，受到省交通厅、省公路局的肯定。图为市公路局副局长张振林（主席台右四）在作治超工作总结

图为2010年3月市公路局举办路政人员业务培训学习情景

图为2010年3月市公路局邀请部队教官在湛江公路技校对路政执法人员进行规范化、标准化队形操练

2012年4月，省公
路局副局长王军（右排
中）、路政处副处长
曾天良（右排一）为
市公路局路政人员指导
工作

2012年6月，省公路局
路政处处长陈金坦（左二）
在廉江分局路政所调研路政
工作

图为2012年12月
遂溪分局行政窗口办
公情形

规费管理

1991年，湛江公路局养征人员开展规费征稽工作情形

2003年，湛江渡口养征人员稽查车辆缴费情况

2003年4月，国道G325线湛江收费站建成的8车通道新站正式启用（2016年12月30日撤站）

2003年4月，原属廉江市政府路桥公司管辖的省道S287线（六遂线）园岭仔收费所，移交市公路局管理（2016年12月30日撤站）

2003年5月，国道G207线徐闻收费站（新站）启用（2016年12月30日撤站）

1987年10月，国道G207线南渡大桥收费站启用（2016年12月30日撤站）

1995年4月，国道G325线青平收费站启用（2009年12月撤站）

1995年12月，国道G325线吴川收费站启用（2013年12月撤站）

1996年1月，国道G207线遂溪收费站启用（2011年9月撤站）

1996年1月，国道G207线城月收费站启用（2010年7月撤站）

1997年5月，省道S373线湖光收费站启用（2009年1月1日撤站）

1997年10月，国道207线龙门收费站启用（2004年12月31日撤站）

1998年10月，省道S373线洋村大桥收费站启用（2004年12月31日撤站）

2007年9月13日，市公路局举办全市公路系统收费员知识竞赛活动

2009年，国家实施费改税，停征公路规费。省公路局在湛江公路技校举办湛江、茂名、阳江三地公路养征人员转岗培训班

2009年12月23日，广东省公路收费工作座谈会在湛江召开，省公路局党委副书记李光宏省局收费处负责人、各地市公路局分管收费工作的领导及收费科科长等共60多人参加会议

图为2012年11月遂溪县公路车辆通行费征收管理所工作情景

1991年，交通部公路科研所和湛江公路局合作在国道G207线雷州路段进行橡胶粉沥青路面试验

2003年12月3日，北京交通大学远程与继续教育学院院长陈庚（右二）、副院长司银涛（左二）莅临湛江公路技校考察指导网络教学工作

2003年12月23-24日，省公路教育工作暨公路研究会年会在湛江召开。省公路局党委副书记匡训杰（左四）、省交通厅调研员陈永树（左二）、省公路局科技教育处长何振星（左一）、副调研员宋贵钧（右一）出席会议

2003年，市公路局为交调观测点配备观测车，改善交调工作环境。图为G325线官渡观测点职工正在做交调工作

2005年，市公路局完善公路技校教学设施，开展职工学历教育。图为职工学员网上学习远程教育课件

2010年9月，湛江公路系统副科以上干部在清华大学学习情形

2011年6月8日，市公路学会组织开展学术活动

2012年7月28日，市公路局举办公路与桥梁养护及维修技术继续教育培训班

图为1993年8月24日，市公路局在遂溪分局召开安全生产会议。局党委书记王袖在会上指示工作

市公路局认真贯彻"安全第一，预防为主"工作方针，层层落实安全目标责任制，积极开展班组安全建设达标活动。下图为1994年市公路局向班组安全建设"达标单位"颁发证书

1993年廉江分局廉城道班养路工人上路规范安全作业

1995年，雷州分局企水道班安全宣传专栏

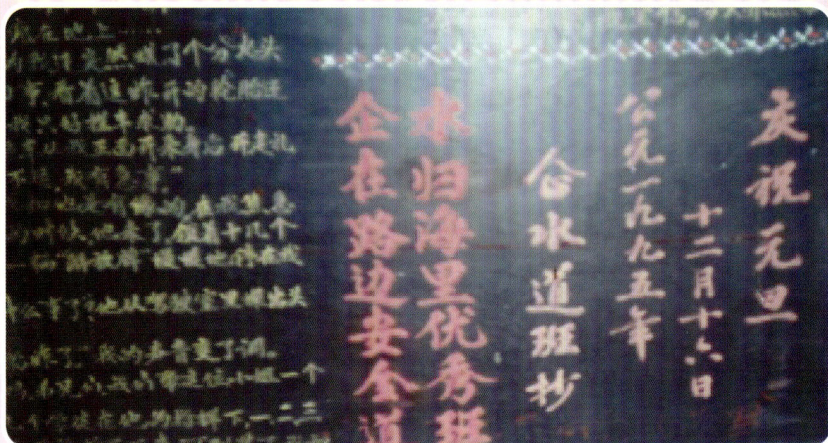

1996年"全国安全生产月"，市公路局基层单位组织职工张贴安全宣传标语

1996年"全国安全生产月"，市公路局在廉江分局廉城道班组织消防演习活动

1997年4月，市公路局召开一九九六年安全生产工作表彰会议，市公路局、市安全生产监督局有关领导与会，图为市公路局局长黄华钧（右三）会上指示工作

1998年5月，市公路局召开安全生产工作会议，市公路局党委书记朱华生（左三）、市安监局副局长欧杰颖（左二）、市公路局副局长杨为真（左一）等领导出席会议

2002年"全国安全生产月"，湛江渡口湛机1501船参加湛江海事局举行的消防演习

2002年6月，市公路局宣传车参加湛江市"全国安全生产月"宣传巡游活动

2002年5月，市公路局在公路技校举办焊工安全培训班

2001年9月16日省公路局党委副书记匡训杰（大门中左二）带队在湛江渡口进行安全专项检查

2003年4月23日，省、市公路局安全检查人员在廉江现场勘查公路危桥情况

2006年6月，吴川分局组织职工全力抗风救灾保障公路畅通

2008年8月26日，市公路局在东海岛跨海大桥施工现场举行应急演习

2012年"全国安全生产月"，市公路局组织安全宣传教育活动情形

20世纪90年代，湛江公路局积极组织社会主义劳动竞赛，开展创好创优活动。图为1994年市公路局在双代会上表彰先进

1994年9月23—26日，广东省公路系统两个文明建设现场经验交流会在廉江分局召开，省交通厅副厅长肖玉堂（前排中），省公路局党委书记彭枫梧（前左三）、局长丁铁葵（前右三），中共湛江市委常委、宣传部长黄国威（左二），廉江市市长林平（前右二）到会指导工作

1994年9月25日，省交通厅副厅长肖玉堂（左二）、省公路局党委书记彭枫梧（左一）、局长丁铁葵（左五）、廉江市市长林平（左三）在良垌道班考察"文明建设"工作

1999年，杨邓荣获湛江市职工职业道德十佳标兵称号

2003年，市公路局遂溪分局杨柑道班班长杨邓荣获全国五一劳动奖章

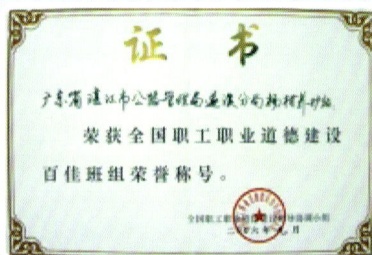

2003年6月9日，市公路局遂溪分局杨柑道班班长杨邓从省总工会宣传部长周四根（左一）接过全国职工职业道德百佳班组奖牌及证书

2006年6月9日，杨柑养护站荣获全国职工职业道德百佳班组称号时全站职工合影留念，前排手持奖牌者为该站站长杨邓

2007年11月21日，市公路局召开学习贯彻党的十七大精神报告会

2009年3月17日，市公路局召开深入学习实践科学发展观活动动员大会

2009年7月23日，中国共产党湛江市公路管理局第一次代表大会召开

1997年，湛江公路局吴川分局覃巴道班被评为广东省十佳养护道班，图为覃巴道班班长吴国余在路上养护作业

市公路局离休老干部谢德华在抗战时期参加革命，从事书法五十余年，是湛江市一位知名书法家。他曾任中国书法家协会会员、广东省书法家协会理事，湛江市老年书画研究会常务副会长等职。谢德华书写湛江市英雄纪念碑碑文，大批书法佳作曾在国内外展出获奖

文明建设

湛江公路系统基层单位"三个文明建设"荣誉集锦

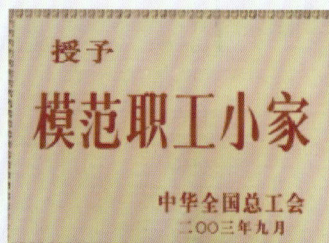

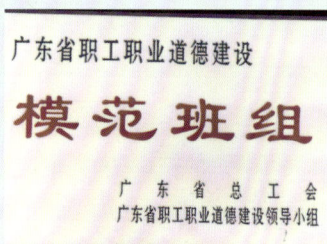

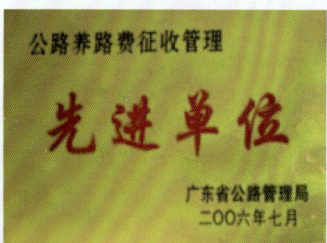

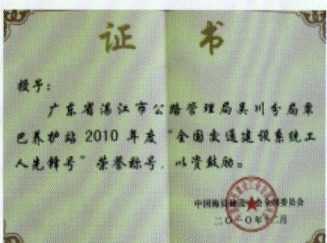

市公路局"三个文明建设"荣誉集锦

湛江市讲文明树新风军民共建文明卫生城市活动
先进单位
中共湛江市委员会
湛江市人民政府
一九九八年三月

广东省厂务公开工作
先进单位
广东省厂务公开协调小组
二00二年三月

荣获广东省第二次全国公路普查
先进集体
广东省交通厅
广东省统计局
二00二年十月

2001-2002年度广东省交通系统
先进职工之家
广东省交通工会委员会
二00三年三月

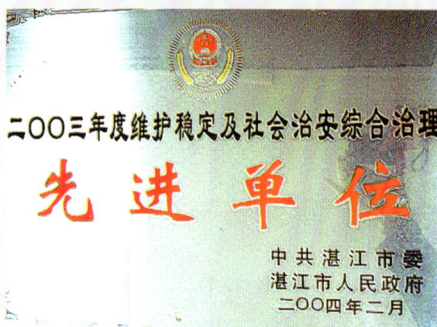

二00三年度维护稳定及社会治安综合治理
先进单位
中共湛江市委
湛江市人民政府
二00四年二月

省公路系统职工"让安全之花盛开美丽道路建设中去"演讲比赛
组织奖
广东省公路管理局
广东省公路管理局工会
二00五年十月

湛江市"不让黄赌毒邪进我家"活动
先进集体
湛江市政法委 湛江市综治办 湛江市妇联
湛江市防邪办 湛江市禁毒办 湛江市文明办
二00四年二月

湛江市2005年度人口与计划生育
先进单位
中共湛江市委
湛江市人民政府
二00六年五月

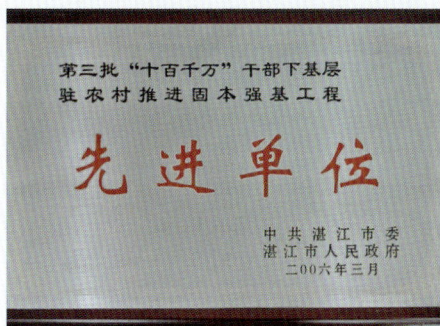

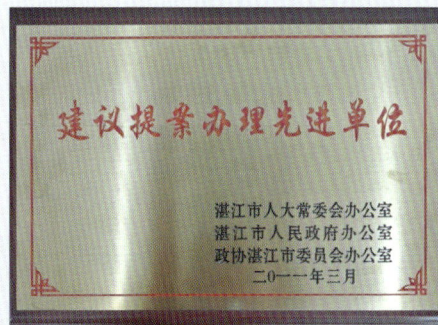

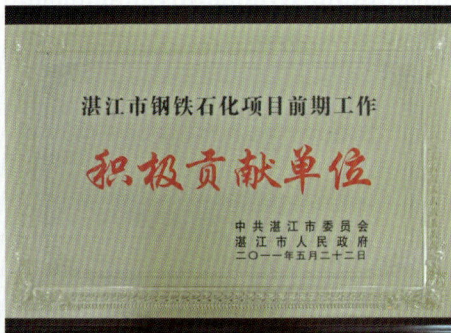

目　　录

序

　　盛世修志，功在当代，利在千秋。在湛江市人民政府地方志办公室的悉心指导下，2013年5月，市公路局组织人员成立编志办公室，展开《湛江市省养公路志（1991—2012年）》编纂工作，历经编目修订、资料搜集、旁征博引、反复增删、求实存真、精心锤炼、五易其稿，终于得以成书付梓问世，填补了湛江市公路志书的历史空白，实为可喜可贺。《湛江市省养公路志（1991—2012年）》是一部以文带图、图文并重、通观全局、文约事丰的部门专志，集可读性、时代性于一体，具有应用价值和存史价值。

　　《湛江市省养公路志（1991—2012年）》作为《湛江公路志》续编，以大事记为经，诸章节为纬，采用述、记、志、录、图、表等体裁形式，分为机构沿革、公路建设、公路养护、路政管理、公路规费管理、安全管理、计划与财务管理、科技教育、党群组织、精神文明建设等共10章、42节、30余万字，200余幅照片，资料翔实、结构严谨、突出特点、反映全貌，全面记述了湛江市省养公路事业1991—2012年的发展历程，如实反映了湛江市公路局坚持"三个代表"重要思想和全面科学发展观，在中共湛江市委、市政府、省交通运输厅、省公路管理局的正确领导下，面对经济体制转型中出现的问题，不断创新工作，不断自我加压，争取项目，筹措经费，克难攻坚，促进公路技术等级、公路管理水平不断提高。《湛江市省养公路志（1991—2012年）》把这些改革历程和经验教训如实记载下来，使后人铭记湛江公路事业发展的历史轨迹，并对在新形势下公路事业如何创新发展，提供有益的工作参考和经验借鉴。

二十二年里程春秋事，二十二载公路辉煌史。《湛江市省养公路志（1991—2012 年）》记录了湛江公路人开拓进取、艰苦奋斗、改革创业历程，使社会各界对湛江公路行业有较为全面和系统的了解。对于公路广大干部职工来说，此志不仅承载着往昔的光荣与梦想，浓缩着昨日的心血与汗水，在这里可获取丰富的历史印迹甚至是教益，更叠加着未来的希望与憧憬。回眸眺望，《湛江市省养公路志（1991—2012 年）》再现湛江公路人在风雨中历经体制下放、金融危机、养路费萎缩、公路建设资金短缺等种种困难，走过了艰辛而又充满希冀的二十二个年华春秋，湛江省养公路每一里程，每一座桥梁，彰示着湛江公路人艰苦奋斗、奋发拼搏流下的串串汗珠，留芳岁月。养好公路，保障畅通，湛江公路人为湛江经济崛起、社会发展做出了不可磨灭的贡献。

以史为鉴，可以知兴替，《湛江市省养公路志（1991—2012 年）》的问世，在指导现实、昭示未来、激励斗志、承前启后，继往开来，开拓进取，实现湛江公路跨越式发展有着重要的指导意义。就此机会，谨向付出了艰辛工作的全体编纂人员致以崇高的敬意，并向为此志提供资料各有关单位、部门、各界人士及市志办给予的大力指导表示衷心的感谢。

历史在发展，社会在前进，本志记述截止时间为 2012 年 12 月，编志修书又再经历了"十二五"后三年的时光。2016 年是"十三五"开局之年，展望未来，湛江经济建设方兴未艾，公路建设事业任重道远。我们绝不能满足已取得的成绩，要继续发扬湛江公路人甘当铺路石、艰苦奋斗的精神，为湛江市经济社会的快速发展，努力开拓湛江公路事业新的篇章，为实现"中国梦"做出新的贡献，创造新的辉煌！

湛江市公路管理局党委书记、局长

二〇一六年六月

凡例

一、本志以马克思主义、毛泽东思想、邓小平理论、"三个代表"重要思想和科学发展观为指导，坚持辩证唯物主义与历史唯物主义的立场、观点和方法，解放思想，事实求是，全面、系统、客观、真实地反映湛江省养公路建设、养护、管理、规费征收的历史进程和现状，着重记述改革开放以后公路建设和养护事业在湛江市经济建设中的地位与作用。

二、本志是湛江市公路管理局的部门志，为《湛江公路志》的续编，本志记事范围以湛江市现行政区域为限，上限为1991年，下限为2012年12月。上限因资料引用，可能追溯事物发端，某些超越下限的事物如需交代者，内容简单在文内括注，较长的采用脚注。彩色图片和文内附图略有适当延伸。

三、本志采用语体文、记述体，使用的文字、标点、数字、计量单位等均按国家规定的统一标准书写；图表按编号排列。

四、本志采用述、记、志、图、表、录等诸体并用，按事以类从，横排纵写，设为图片、序、凡例、概述、大事记、志书正文、附录部分；概述总揽全貌统领全书；正文以志书为主，分为章、节、目三个层次，标明题目，依次统辖，共设10章42节。

五、本志大事记以编年体为主，记事本末体为辅。

六、本志有关科技术语、名词、名称一律采用中文名称，机构名称一般以印鉴为准，个别机构简称有缩写。专用名称首次出现时采用全称，其后用简称。中国共产党简称"中共"，"省委、市委、县委、局党委"等均指中国共产党所在地方（基层）组织，广东省人民政府简称"省政府"，湛江市人民政府简称"市政府"，广东省交通运输厅简称"省厅""省交通厅"，广东省公路管理局简称"省局""省公路局"，湛江市公路管理局（湛江公路局）简称"市局""市公路局"。

七、本志有关资料大多来源于湛江市公路管理局档案室所存各年度的文书档案，部分由市公路局机关各科室或下属各单位提供。经分类筛选核实后入志，一般不再注明出处。

八、本志原则上坚持述而不论，成败得失，经验教训均寓于记述之中。

概述

一

　　湛江市位于我国大陆最南端、广东省西南部，东经109°40′—110°58′，北纬20°13′—21°57′，包括整个雷州半岛及半岛北部的一部分。湛江三面环海区位独特，大陆海岸线长1243.7千米。湛江地处北回归线以南的低纬地区，终年受海洋气候的调节，年平均气温在22.5℃，冬无严寒，夏无酷暑，一派热带、亚热带风光。全市总面积1.32万平方千米，平原占66.0%，丘陵占30.6%，山区占3.4%。湛江市境内河流纵横交错，陆地水面（包括水库、山塘、池塘、江河）占6.4%，全市有40条干支河流，其中四大河流：鉴江、九洲江、南渡河、遂溪河；属独流入海的22条。

　　湛江位居粤、琼、桂三省（区）交汇处，东濒南海，南隔琼州海峡与海南相望，西临北部湾，西北与广西接壤。湛江是中国南方的重要港口城市，在北部湾经济圈、亚太经济圈中具有重要的地缘位置。

　　湛江交通基础设施基本完备，拥有海运、铁路、公路、航空、管道等发达的立体交通运输体系，是目前广东省唯一拥有以上五种交通网络系统的地级市。

二

　　湛江公路建设，始于法国租占广州湾时期，至今已百年历史。民国2年（1913年），赤坎至西营（今霞山）广州湾首条公路建成通车。20世纪20年代到30年代中期，民国政府允许和鼓励商民集资兴办公路，湛江公路建设有所发展；民国26年（1937年），吴川、遂溪、廉江、海康、徐闻等县公路总里程达1316.8千米，加上广州湾196.5千米，湛江公路里程共1513.6千米。抗战时期湛江公路破坏严重交通中断。抗战胜利后，民国35年（1945年）9月中国收回法租界广州湾，并将广州湾改称为湛江市，当局动员民工仓促抢通公路383千米。1949年湛江解放前夕，国民党军队败退时肆意破坏，湛江公路千疮百孔，仅有破烂不堪的砂土公路260.1千米，行车时速15至20千米。

　　1949年10月1日中华人民共和国成立，湛江市于1949年12月19日解放。为支援中国人民解放军解放海南岛，大力抢修公路，1950年湛江公路里程恢复到514千米（其中省养公路480.5千米）。1953年，交通部制定《公路养护办法》，公路管理实行统一领导，分级管理，公路养路费统一征收，主要用以省养公路为主，地方公路适当给予补助。由此，湛江省养公路全部均由道班养护。20世纪50年代，为适应农垦和糖业的发展，湛江加快公路建设，1959年公路里程达2207.1千米（其中省养公路1196.3千米）。20世纪60年代，结合公路绿化，对公路截弯取直，并逐步将砂土路改为低、中级路面；车次较多的公路改为沥青、渣油路面，次高级路面从无到有。20世纪70年代湛江省养公路道班全面开展"三个一"活动（油路道班着重搞好一公里罩面、铺筑一公里油路肩、挖掘一公里标准水沟、修好一公里混凝土永久边线。沙土路道班着重铺筑一公里磨耗层、修通一公里标准水沟、搞好一公里混凝土边线或草皮边线），自力更生改弯降坡、加宽路基，大搞简易表处油路，改变了公路面貌。新中国成立后，湛江公路建设经历恢复、发展、改善、提高阶段，即靠国家投资，又靠公路养护部门艰苦奋斗不断地提高公路技术状况。1978年末，全市公路里程达4699.6千米（其中省养公路1310.5千米，），通车里程比1949年增长18.07倍，比1950年增长9.14倍。

中共十一届三中全会以后，随着改革开放政策的实施和经济发展，湛江公路建设、养护事业进入新的发展时期。1979年1月，广东省首座地市自行设计、自行施工的预应力钢筋混凝土大桥—广湛公路石门大桥建成通车，广湛公路车辆可以不再经过湛江渡口，保障台风期间广湛公路畅通。1981年，湛江公路桥梁全部实现永久化，桥梁载荷由20世纪50年代前期的旧汽—6（7.8吨）和旧汽—8（10.4吨），逐步提高到汽—15、挂80（汽车总重20吨、四轴平挂车80吨）和汽—20、挂100（汽车总重30吨、四轴平挂车100吨）。1982年，湛江公路系统开始全面开展创好创优劳动竞赛活动，逐步改善提高路况；1982年末，好路率达74.7%，1987年末，好路率达89.8%。1983年4月，根据广东省人民政府决定，公路养路费原由交通监理部门征收，改由公路部门征收。湛江地区公路局成立养征科，下设赤坎、霞山、吴川、遂溪、廉江、海康、徐闻养征站，确保公路养路费征稽工作顺利开展，为公路建设、养护事业提供经费保障。1984年，湛江地、市合并后，湛江地区公路局更名为湛江公路局，管辖湛江、吴川、遂溪、廉江、海康、徐闻6个工区，共管养公路54条线路（国道2条、省道8条、县道22条、乡道22条）总里程1317.80千米。1988年，湛江国道全部实现路面黑色化。湛江公路局吴川工区、遂溪工区、廉江工区、海康工区、徐闻工区更名为湛江公路局吴川分局、遂溪分局、廉江分局、海康分局、徐闻分局，湛江工区更名为湛江公路局直属分局。1994年，鉴于海康撤县改为雷州市，湛江公路局海康分局更名为湛江公路局雷州分局。20世纪末，湛江省养公路达1376.1千米，好路率92%。进入21世纪，湛江公路逐步实现线形等级化、路面硬底化、桥梁永久化、养护机械化，公路质量技术等级和通行保障能力大大提高。湛江公路现有国道G325广南线、G207锡海线通过，G010（广湛）、G050（渝湛）两条高速公路在此交汇，湛江海湾大桥、东海岛疏港公路跨海大桥建成通车，极大改善了湛江市公路网络、促进了湛江与珠江三角洲、北部湾、海南特区等地的经济联系。2012年末，湛江市公路通车总里程达到 2.18 万千米（其中省养公路 1375.07 千米），比 1949 年增长 83.81 倍，比 1978 年增长 4.39 倍，公路密度达到 164 千米/百平方千米。湛江建成了以国、省道为骨十，配以一般干线、县、乡道纵横交错、四通八达的公路网。

三

1990 年始，按照《广东省公路管理体制改革方案》，全省公路系统实行省、市、县分级管理，养路费投资计划实行切块包干。市公路局隶属于市委、市政府及省公路局的双重领导，组织上接受市委、市政府领导，业务上接受省公路局垂直领导。湛江公路局主要职责是负责湛江市省养公路的规划、建设、养护及路政管理，负责公路规费及过路费征收等；全局管养公路总里程 1361.70 千米，下辖直属、廉江、吴川、遂溪、海康、徐闻 6 个分局共设 108 个道班管养。湛江公路局共有下属单位 21 个，其中公路分局 6 个、直属单位 15 个；在职干部职工 2845 人。市公路局机关及其下属事业单位的经费来源在征收的公路规费返还中安排。2009 年，国家实施征收养路费改为燃油税，市公路局机关及其下属事业单位的经费来源改为财政从燃油税返还中列支。

进入 20 世纪 90 年代以来，市公路局积极贯彻国家《公路法》《公路安全保护条例》《广东省公路条例》《广东省公路路政管理条例》等法律法规，依照交通部《公路科学养护与规范管理》，坚持"全面规划、协调发展、加强养护、积极改善、科学管理、提高质量、依法治路、保证畅通"的"32"字方针，以养好现有公路路面为中心，并以国、省道为重点，确保省养公路处于优良路况为宗旨，统筹兼顾积极筹措资金建设好公路新改建项目，加快湛江市路网升级改造进程，确保公路交通适应经济发展的需要。市公路局深化改革，加强管理，持续开展"创好创优""双增双节""文明建设"劳动竞赛活动，持续推行《分局领导任期目标责任制》《道班班长任期目标责任制》《班组承包责任制》等制度，明确各级人员的职责、权利和义务。运用目标机制约束和激励公路干部职工积极完成任务。公路道班实行优化劳动组合和竞争投标管理。分局根据班长的工作实绩、组织管理能力、技术素质等综合情况，组织职工公选确定班长资格，由班长竞选道班和组聘职工。促进公路道班管理更加民主、更加科学、更加可行。湛江公路系统全面开展道班"双百分"考核管理。将道班的两个文明建设工作任务具体化，变为看得见，摸得着的考核指标。公路养护指标定性定量，细化量化，落实到每个职工。坚持市局领导季度巡路、分局领导月度查路、道班长天天上路的制度，每季、每月一小评，半年、年度大评比，严格科学地考评工作业绩，实行考评实绩和职工收入挂钩，分等级奖罚。充分调动公路职工工作积极性和创造性，养好公路，保障畅通。

"八五"期间（1991—1995 年），湛江市政府与省交通厅签订《广东省国道改造工程定额补助投资项目总承包合同》，湛江"八五"计划按二级路标准改造国道 G207 线、G325 线共 168.4 千米。省、市公路局多方筹集资金 6.13 亿元，修建库竹、安榄、大山江等大中小型桥梁 21 座，库竹、安榄公路渡口结束历史使命；完成一级路基107.74千米、一级水泥路71.5千米的建设，改变湛江无水泥高等级公路的历史。1995年末，湛江省养公路总里程达1363.9千米，按公路等级分为一级公路71.5千米，二级公路156.2千米，三级公路177.7千米，四级公路958.5千米。按路面类别分为混凝土路105.5千米，沥青路762.4千米，砂土路486千米。

"九五"期间（1996—2000年），根据省政府《关于第三轮公路养路费切块承包方案的批复》，省公路系统养路费投资计划仍然实行切块包干。1998年开始受金融风暴、费改税等因素影响，湛江公路规费征收逐年减少，加上省在养路费切块投资中增加提取水利建设基金、防范和化解金融危机风险金等，湛江省养公路切块包干投资从1996年13152万元，到2000年降为9603万元，相对1996年度投资计划减少4500多万元；严重制约公路事业整体发展水平。

1996年，湛江市政府颁发《湛江市公路达标实施办法》和《湛江市"九五"公路达标建设计划》，全市掀起路网改造和"村村通公路"建设高潮。"九五"期间，湛江省养公路共投入11.7亿元，改造公路234.66千米，其中国道219.36千米，省道15千米。至2000年底，湛江省养公路公路里程达1336.1千米，其中一级公路达到278.5千米，二级公路里程达350.3千米；其中水泥混凝土路从105.5千米增加到350.3千米；沥青路856.9千米。省道黄海线洋村渡口改桥建成通车，结束霞山至雷州公路过渡的历史。湛江逐渐形成省到市通高速公路、市到县（市）通一级公路、县到镇通二级以上公路的公路网络，公路建设逐步从较落后中走向全省前列。湛江省养公路道班标准化、规范化建设成就显著，道班"两个文明"建设和"四小"（小菜园、小果园、小花园、小鱼塘）建设初见成效，被湛江市授予花园式道班27个。被评为全国先进班组2个，省级先进班组28个，建成文明样板路153.8千米。2000年，市公路局完成首次"迎国检"任务，受到交通部、省交通厅、省公路局的表扬。

"十五"期间（2001—2005年），省委、省政府、市委、市政府提出：交通基础设施要实现新的跨越式的发展。市公路局面对公路改造资金紧张，待建项目多的诸多困难，在省交通厅、省公路局的大力支持下，重点安排新改建工程计划投资7.45亿元。市公路局完成国省道改建工程项目6个，共101.81千米，其中：一级公路31.63千米，二级公路66.08千米。完成县道二级路改造工程项目4个，共54.4千米。完成县通镇公路改建工程项目6个，完成县通镇公路路基改造工程142.66千米，完成县通镇二、三级公路改建256.79千米，完成出省通道改建工程133.08千米。加固国、省道三、四类桥梁32座；建成公路养护站（大道班）24个；建设文明样板路工程310.83千米；完成省公路局下达省道砂土路上油路工程94.39千米，湛江省道砂土路全部实现硬底化、油路化；市公路局配合省路桥中心完成湛江国道改造工程345.59千米；配合湛江市南亚热带旅游观光带建设，湛江国道G325线、G207线全程建成300千米绿色长廊；湛江国道G207线全段建成全省文明建设样板路，成为雷州半岛南亚热带一道亮丽的风景线。2005年湛江省养公路通过全国公路行业内最高规格的验收检查，圆满地完成第二次"迎国检"各项任务。2005年末，湛江省养公路里程达1376.57千米，年平均好路率达87.7%，其中国省道干线平均好路率达89.7%。湛江省养公路技术状况和公路等级普遍提高。

"十一五"期间（2006—2010年），湛江地区汽车保有量随着社会经济发展开始大幅增长，2008年，公路规费征收达3亿元；2006年广东省开始实行养路费切块包干"五年不变"政策，2009年费改税后仍按2007年基数不变，2006—2010年，省下达湛江公路养路费切块包干投资计划每年基本上维持在1.2亿元左右的水平。随着社会物价、人工费用不断提高，公路建设、养护工作的难度在不断增加。市公路局以"量入为出，收支平衡，确保稳定，统筹安排，突出重点"的原则，克服切块包干资金严重不足的实际困难，确保公路职工工资正常发放，稳定职工队伍思想，保障公路路况完好畅通的前提下，重点筹集公路项目建设资金，升级改造国、省道干线，以及改造县通镇公路，促进湛江路网发展。市公路局通过创新养护管理机制，推行养护内部招投标管理，打破养护工人吃"大锅饭"现象，调动养护工人的工作积极性；抓好公路日常预防性养护，保障路况基本稳定。

　　"十一五"期间，市公路局坚持"公路建设是发展，养护管理也是发展，而且是可持续发展"的理念，克服养路费经费紧缺、公路建设征地工作困难等不利因素，完成公路建设工程总投资12.47亿元，创下历年公路建设工程量之最。完成公路改造工程580千米，其中县通镇公路改造工程138.08千米，完成危险路段改造112.258千米；完成县乡道砂土路改油路30.48千米，至此，湛江省养公路消除全部砂土路，改善公路养护工人作业环境；加固改造桥梁26座，基本消除国、省道干线上的危桥；建设养护设施配套齐全、生活环境优美的养护站（大道班）20个。湛江国道干线公路的水泥、沥青路面铺设达100%，省道干线公路的水泥、沥青路面铺设达86%。完成GBM工程168.788千米；建设绿色通道353.518千米；通过绿化、美化公路，使省养公路绿化率达90%以上，营造了畅、洁、绿、美的交通公路环境。以疏港公路、东海岛跨海大桥、国道G325线文车至北罗坑段、石门大桥、国道G207线海安入港段、遂溪至龙门段、省道S286线、S373线、S376线新改建工程等为代表的一批重点项目竣工通车，湛江公路建设事业创上新台阶。2010年12月30日，东海岛跨海大桥建成通车。"十一五"期末，市公路局所属6个分局共设25个养护站（大道班），管养公路1389.24千米，其中国道345.04千米，省道690.71千米，县乡道353.49千米；湛江省养公路技术等级和总体水平全面提高。

　　"十二五"期间（2011—2015年），湛江市围绕"做大做优经济蛋糕"和"争当粤西地区振兴发展龙头"的战略目标，积极推进"三环四通"公路交通网络建设发展规划。市公路局把公路项目建设作为重点工作来筹划布局，加大公路基础设施重点建设力度，加快道路升级和路面改造进程。"十二五"期间，湛江规划新改建公路815.90千米，总投资55.87亿元。其中建成一级公路390.59千米，国道一级路改造工程项目全部完成，实施路面改造730.914千米，路面灌缝310千米，桥梁改造加固26座。其中，2011年，市公路局积极实施车辆通行费年票制，抓好公路绿化、美化、保洁等管理工作，圆满完成第三次"迎国检"工作。完成东海岛疏港公路主体工程20千米，实现"十二五"良好开局。2012年，市公路局抓好公路预防性日常养护，路域环境显著改善，顺利完成"省检"工作。

　　2012年末，市公路局有职工4480人，其中在职职工3226人，离退休职工1254

人。局机关下设科室13个，属下直属单位14个、公路分局6个。全局共设养护站（大道班）24个，管养公路里程1375.07千米。其中一级公路达469.15千米，二级公路达607.08千米；公路桥梁共278座、总长度12927.71延米，其中大型桥梁23座、总长度5946.14延米；中型桥梁72座、总长度3647延米；公路保障通行能力明显增强。

湛江市在2013年之前财政基本没有安排公路建设项目配套资金。"十二五"后两年市财政给予一定支持。市公路局为了筹措公路建设资金，积极争取部、省项目补助，争取上级对湛江省养公路切块资金增量支持，争取地方政府政策支持和帮助，争取筹融资渠道和形式的多样化，依靠银行贷款、借款、引资等形式来解决公路项目配套资金。截至2012年底，市公路局累计债务达8.66亿元，其中：政府还贷收费公路"还贷余额"4.90亿元（市公路局偿还银行贷款本息0.66亿元），非收费公路养护工程负债3.16亿元，基建工程负债0.46亿元，欠交社保0.14亿元。

"十二五"期末，市公路局完成与地方公路省、县道移交后（移交214.61千米，接养111.38千米），湛江省养公路里程达1301.68千米，其中，国道335.44千米，省道811.92千米，县道138.37千米，专道15.64千米。其中一级公路455.03千米，二级公路598.11千米。湛江省养公路基本达到优良路。

四

"十三五"期间，湛江市的经济发展进入新的阶段，是湛江公路发展的重要时期，根据国务院批复的《国家公路网规划（2013年—2030年）》，随着省公路网调整规划，湛江市将增加1000多千米的国省道公路。交通运输部提出"尽快调整投资结构，确保普通国省道保持一定的建设规模和发展速度，从而完善路网功能，保障公路两个体系协调发展"的意见，"十三五"期间规划湛江省养公路新改（扩）建工程项目154.57千米，其中国道70.28千米、省道84.29千米；周期性路面改造工程项目338千米，其中国道131千米、省道207千米，逐步改善公路通车环境及服务品质。

千里之行，始于足下。从1991年到2012年，湛江公路人艰苦奋斗历经22年风雨，勇于自我奉献，甘于争当"铺路石"，湛江省养公路建设、公路养护、路政管理、费规征收取得辉煌成就。公路工作线长、面广、点多，公路建设事业任重道远，湛江省养公路系统广大干部、职工面临着新的形势、新的机遇、新的挑战，随着湛江社会经济持续发展，公路建设任务日益繁重，公路养护压力日渐凸显，现行公路管理体制与公路建设发展需求的深层次矛盾日益加剧。湛江公路人将继续努力坚持公路建设、养护、管理、服务、安全五位并举，围绕"改革攻坚、养护转型、管理升级、服务提质"四个方面精准发力，奋发图强，为湛江全面建成小康社会当好先行者。

大事记

1991 年

1 月　湛江公路局在全省公路系统 1990 年度劳动竞赛中被评为一等先进局。

2 月　省道梅（菉）化（州）线吴川改线工程竣工通车，该改线工程全长 5.4 千米，其中 3 座大桥，共长 495 延米，工程预算 1600 万元，实际投资 1100 万元。

2 月 13 日　湛江公路局成立库竹渡口改桥工程指挥部，该桥由湛江公路局第一工程处承建。

3 月　湛江公路局、湛江市交通安全委员会、市公安交警支队、市保险公司联合开展共建"文明公路"活动。

4 月 21—22 日，湛江公路局召开第六届职工、第五届工会会员代表大会第三次会议。

5 月　湛江公路局各养征站开始使用电脑收费管理系统。

△ 湛江国道 G207 线徐闻县城首段一级路水泥路面改造工程动工。

7 月中旬　是年第 6 号强台风挟带大海潮袭击湛江，中心风力 12 级以上，湛江省养公路水毁严重，直接经济损失达 300 多万元。

7 月 31 日　湛江市成为广东省第一个全面实现绿化达标市。其中湛江省养公路绿化率达 99.1%，超过省颁标准 4.1%。

△ 湛江公路局与交通部科学研究所合作，在国道 G207 线海康南渡路段开展废橡胶粉沥青混合料铺设路面试验工作。

8 月 1 日　湛江公路局第一工程处承建的湛江市康顺立交桥竣工通车，经省公路质检站的静压测试验检，达到优质工程标准。

8 月 17 日，是年第 11 号强台风正面袭击徐闻县，中心风力 12 级以上，普降暴雨，湛江省养公路水毁严重，直接经济损失 357 万元。

8 月　交通部颁布《公路科学养护与规范化管理纲要》，湛江公路局发文通知各分局认真学习贯彻执行。

△ 湛江公路局在全市范围开展公路征费宣传月活动。

9 月 1 日　湛江公路局各养征站按照全省统一部署开征高等级公路还贷资金。

10月1日　湛江公路局成立沙角收费所，国道G325线沙角—麻章路段正式实行双向收费。

10月15日　湛江省养公路开展为期24小时年度公路分类比重和车速调查工作。

11月　湛江公路局党委书记吴启明调任湛江市经委副主任；蒋绍裘任湛江公路局党委书记兼局长。

11月12日　湛江市政府通报表彰湛江公路局及第一、二工程处在康顺路立交桥、康宁路工程建设中工作显著，并颁发奖旗，给蒋绍裘等11名先进个人颁发荣誉证书。

12月　湛江市政府与省交通厅签订《广东省国道改造工程定额补助投资项目总承包合同》，湛江"八五"计划按二级路标准改造国道G207线、G325线共168.4千米。

△　湛江公路局公路规费全年征收首次突破1亿元大关。

△　经湛江公路局年度工作检查验收，吴川分局10个道班全部被评为全优道班。吴川分局被评为湛江省养公路系统首个全优分局。

1992年

1月　湛江公路局在全省公路系统1991年度公路大检查和立功创先劳动竞赛中被评为一等局。

3月30—31日　湛江公路局召开第六届职工、第五届工会会员代表大会第四次会议。

5月　广东第一批13个单位推广应用"干线公路路面评价养护系统"（CPMS），湛江公路局列为其中之一。

7月　湛江公路局与海康县政府签订安榄渡口改建桥梁合同，开始实施安榄渡口改桥建设工程。

7月23日　是年第7号台风正面袭击湛江市，最大风力达12级，湛江遭受台风水毁公路损失严重，省养公路经济损失312万多元。

8月24日　上午8时左右，湛江公路局遂溪分局黄某某驾驶工程车（广东36-00555）途径国道G207线白坭坡路段，违章越线与遂溪506车队客车（广东36-00030）相撞，造成包括黄某某6人死亡，4人重伤，53人轻伤，两车严重损坏的特大交通安全事故，事故直接经济损失50多万元。次日，湛江市安委会、公安交警部门召开"8·24"特大交通安全事故现场会。

8月　经湛江市机构编制委员会批准，湛江公路局成立湛江公路工程大队，为湛江公路局下属科级事业单位；湛江公路局第一、第二、第三工程处改称为湛江公路工程大队第一、第二、第三工程处。公路局设计室改称为湛江公路工程大队设计室。上述单位改称后原机构规格和性质不变。

9月9日　省公路局发文通报遂溪公路分局"8·24"特大交通安全事故。

11月　湛江公路局启动规费征收管理电算化工作。

是年 湛江省养公路路况年末好路率达 100%，年平均好路率达 96.4%。

1993 年

1 月 3 日 湛江公路局召开春运安全生产工作会议，成立春运工作领导小组。

1 月 23 日 大年初一，湛江市副市长汤文藩，市政府副秘书长、市经委主任张马成，市经委副主任吴启明，市公路局党委书记、局长蒋绍裘等领导，到湛江渡口所给节日坚守岗位的公路渡口职工拜年，勉励渡口职工做好春运工作。

2 月 27 日 湛江公路局召开第七届职工、第六届工会会员代表大会。

3 月 12 日 湛江市中级人民法院公路执行室在湛江公路局成立。

3 月 23 日 根据市政府《湛江堵海工程指挥部留守处划归市劳动局管理》的会议纪要精神，东海大堤收费站（包括职工 15 名、民工 1 名）移交市劳动局管理。

△ 广东省路面评价养护系统（CPMS）推广协调会在湛江召开。

4 月 13—14 日 广东省公路系统 1992 年度安全生产工作表彰现场会议在廉江召开。

5 月 24—30 日 湛江公路局开展以"遵章守纪、杜绝'三违'"为主题，以控制事故为目的的"安全生产周"活动。

6 月 5 日 湛江公路局通报表彰奖励连续 8 年荣获得省、市公路局先进征收单位称号的吴川分局养征站、海康分局养征站和从事公路征费工作 10 周年的庄大光等 35 名征费工作人员。

6 月 28 日 经省交通厅批复同意湛江渡口所湛机 1206 渡车船开赴澳门参加国际机场工程施工。

8 月 24 日 湛江公路局在遂溪分局召开安全生产工作形势分析会；局领导蒋绍裘、王袖等及各分局、直属单位主管领导、安全员共 80 多人参加。

8 月 湛江公路局组织开展《东海岛公路大堤加宽设计方案》论证和审查工作，并报送市政府。

10 月 29 日 湛江公路局召开路政和公路执行室工作会议，会议要求加强公路"不准建筑区"管理工作。

10 月 湛江公路局启动公路财务电算化工作。

11 月 10 日 湛江市召开交通通信工作会议，湛江市委、市人大、市政府、市政协领导成员，市直有关单位、中央和省驻湛有关单位主要负责人，各县（区）长、各县（区）有关部门主要领导，乡镇（街道办）党委书记等参加。交通部副部长刘锷、省经委副主任胡朝懿及省交通厅，省邮电局等部门领导出席会议并作讲话。会议提出在全市范围内，掀起一个大搞基础设施建设，开创交通通信建设的新局面。

11 月 13 日 湛江公路局召开会议贯彻落实湛江市交通通信工作会议精神，湛江公路局及各分局成立公路建设工作专责办公室，为全市掀起公路建设高潮积极当好"先行者"。

11 月下旬 湛江公路局组织工程技术人员对市规划建设的国道 G207 线、G325

线和省道黄海线、东海岛至九洲江的"两纵两横"一级公路进行实地踏勘并纸上定线工作。

12月2日　廉江分局荣获"广东省文明单位"称号。

12月　湛江境内国道G325线、G207线改造工程全面铺开，其中一级路改建工程89.54千米（包括大山江、塘尾两座大桥），二级路改造48.08千米。

1994年

1月3日　经省公路局考核验收，1993年度湛江公路局单位安全建设达标，其中：基层单位22个全部达标，单位安全建设达标率100%；生产班组206个，安全建设合格班组201个，班组安全建设合格率97.6%。

1月17日　湛江公路局召开春运工作会议，湛江公路局及各分局、各单位相应成立春运工作领导小组。

△　湛江公路局召开公路职工教育工作会议。

1月　湛江公路局在全省公路系统1993年度公路大检查和立功创先劳动竞赛中被评为一等局。

△　王袖任湛江公路局党委书记，并主持全面工作。

2月18日　湛江市举行交通通信募捐万人行活动，湛江公路系统干部、职工捐款70.3万元。

3月7—10日　湛江市政协副主席汤文藩率领市政协委员一行15人视察湛江市交通、通信、能源建设发展情况；建议湛江公路局向市政府专题报告公路建设存在的问题。

3月15—16日　湛江公路局召开第七届职工、第六届工会会员代表大会第二次会议。

4月6日　湛江公路局召开工程管理工作会议，会议通报公路工程建设质量抽查情况。

4月18日　湛江公路局获省委、省政府"绿化广东"贡献突出单位称号，受到省公路局通报表彰并奖励1万元。

5月8日　湛江首项中港合作经营项目国道G207线、325线遂溪路段一级路改造工程全线动工，全长20.8千米，宽40米，工程总投资1.5亿元。

5月　湛江公路局开始执行《广东省国家干线实GBM工程实施暂行管理办法》。

△　湛江公路局组织开展全国第四次"安全生产周"（5月12日至22日）和"反三违月"活动。

6月8日　是年第3号强热带风暴在徐闻登陆，最大风力11级，受风暴天气影响，雷州半岛普降暴雨属百年一遇，国道G207线、G325线及部分省道、县乡道交通中断；公路水毁严重损失达4000多万元。

6月12日　中共中央政治局委员、省委书记谢飞，副省长欧广源视察湛江国道G325线廉江横山桥断桥情况，并指示要求在4天之内建好简易桥梁恢复国道交通。

经公路部门日以继夜连续 96 个小时抢险工作，6 月 16 日下午 5 时湛江国道 G325 线恢复通车。

6 月 13 日　湛江公路局、湛江高速公路公司与韩国韩农建设电气株式会社在湛江海滨宾馆举行合同签定仪式，合作建设湛江"两纵两横"一级公路（总投资 18.6 亿元、路长 309.7 千米）；湛江公路局局长蒋绍裘和韩国韩农建设电气株式会社董事长分别在合同上签字；湛江市委常委、常务副市长谢鉴明，副市长罗果静出席签字仪式。

6 月 14 日　广东省公路渡口管理工作会议在湛江召开，省公路局副局长钟寿春、养护渡口科、各市公路局、地方公路管理总站以及各渡口所领导和管理干部共 43 人参加。会议提出进一步抓好渡口文明建设工作。

7 月 1 日　湛江市公路征费、路政专用车辆启用新的"中国公路征费""中国公路路政管理"标志牌。

7 月 23 日　市政府决定成立湛江高速公路建设指挥部，湛江公路局局长蒋绍裘任办公室主任、副局长王如文任办公室副主任。

7 月 25 日　湛江市委、市政府召开抗洪救灾表彰大会，湛江公路局及雷州公路分局被市委、市政府授予抗洪救灾先进单位。

7 月　安榄渡口建桥通车，安榄渡口干部、职工"站好渡运最后一班岗"受到省公路局通报表彰奖励。

8 月 3 日　湛江公路工程大队第三工程处承建的海门大桥被省公路工程质检站评为全优工程，获省高速公路授予的"质量特别奖"和"广东省高速公路工程施工先进单位"称号。

8 月 8 日　广东省恒通水泥厂在廉江破土动工兴建，恒通水泥厂规划为年产水泥 32 万吨，首期上马 16 万吨，总投资约 5000 万元。

8 月 12—13 日　湛江公路局两个文明建设现场会在廉江召开。

8 月 27 日　是年第 19 号强热带风暴在湛江徐闻登陆，风力达 11 级，湛江各地普降暴雨，省养公路水毁严重，经济损失达 300 多万元。

9 月 11 日　湛江市纪委、市监察局决定给予蒋绍裘撤销湛江公路局党委书记、委员职务，行政记大过的处分。

9 月 23—26 日　省公路局在廉江分局召开全省公路系统两个文明建设现场经验交流会，省交通厅、省公路局、湛江市委、廉江市委等有关领导及全省各市、县公路局主要领导共 250 人参加会议。会上廉江分局等九个单位作经验介绍；与会代表到廉江分局良垌、高桥、塘蓬道班现场参观指导工作。

10 月 11 日　广湛高速公路湛江段开工典礼在石门大桥工地举行，中共广东省委常委、常务副省长张高丽，南海舰队副政委赵英富和省、市、县相关部门领导及外宾等共 300 多人参加。广湛高速公路湛江段从茂名镇隆至遂溪源水，全长 47.28 千米，总投资 20 多亿元，其中石门大桥长 880 米，桥面宽 27 米，设 6 车道，东岸引道 1938 米，西岸引道 235 米，由湛江公路工程大队第三工程处承建。

11 月 3 日　湛江公路局 973 名职工参加《劳动法》知识竞赛，参赛人数超过上级提出的本单位职工不低于 20% 的要求，其中有 2 名参赛职工分别获得省、市三等奖。

12 月 6 日　省公路管理局制订《公路规费征稽管理职责及征稽人员岗位职责》（试行），并发文通知各市、县（区）公路局遵照执行。

1995 年

1 月 17—18 日　湛江公路局承办的 1994 年度广东省行业体协年谊会在湛江举行。

1 月 28 日　湛江公路工程大队第二工程处承建的湛江市重点工程建设项目国道 G325 线赤坎康宁路段实现双车道通车。

1 月 31 日　农历大年初一，湛江市副市长谢鉴明及市交委、公路局等有关部门领导，到沙角收费所、湛江渡口所等单位，对坚守工作岗位的第一线公路职工进行节日慰问。

1 月　省公路局副局长钟寿春带领省局春运工作检查组莅湛检查指导工作。

2 月　廉江分局党总支书记、局长叶家春获"全国交通系统先进工作者"称号。

3 月 21—22 日　湛江公路局召开公路管理工作会议，会上传达省公路局 1995 年公路管理工作会议精神，表彰工作先进单位和先进个人，湛江市委常委、常务副市长谢鉴明到会指导工作。

3 月　在省公路局工会组织的全省公路报评比中，《湛江公路》获 1993、1994 年度一等奖。

△　叶家春获"全省交通系统两个文明建设先进个人"称号。

△　受 1994 年第 3 号台风水毁损坏的国道 G325 线廉江缸瓦窑桥重建工程竣工通车。

4 月 1 日　湛江国道 G325 线青平收费站举行开征典礼仪式。

4 月　湛江公路局在湛江公路分校举办四期"过路、过桥、过渡"收费人员岗位培训班，历时 45 天，249 人参加培训。

5 月 2 日　黄华钧任湛江公路局局长兼党委副书记。

5 月 4—5 日　湛江公路局在吴川分局召开 1994 年安全生产表彰会议，会议表彰安全工作先进单位、先进班组、先进个人。

5 月 10 日　湛江公路局获 1994 年度全省公路系统工作评比一等市局先进称号。

5 月 31 日　一辆 24 座中巴（车牌：广东 26—T0090）在洋村渡口因刹车失灵冲入河中，造成 8 人死亡的特大交通事故。事发后，湛江市政府以及交警、海事、交通、公路等部门领导赶到现场紧急处理事故善后工作，省公路局副局长钟寿春带队连夜赶到湛江现场指导事故查处工作。

6 月 8—9 日　湛江公路局召开湛江市国、省道改造工程质量管理会议，会议强调要从政治高度抓好公路工程质量。

6 月 22 日　交通部专家会同省交通厅、省建委、省公路质监站、省高速公司等有关部门领导一行 22 人，到湛江公路工程大队第三工程处承建的海门特大桥施工工地检查指导工作。

6月　湛江公路局举办第三届职工乒乓球比赛，12 支代表队 44 名运动员参赛；第三工程处和直属分局分获男、女团体冠军，机修厂王志伟和供应站王红玉分获男、女单打冠军。

7月 10 日　湛江公路局召开座谈会庆祝《湛江公路》报出版 100 期。

7月 21 日　省公路局通报表彰洋村渡口渡运一班在"5·31"特大交通事故中抢救落水乘客行为，奖励 1 万元。

7月　省交通厅制定《广东省公路养护职工劳动保护用品发放标准实施细则》，省公路局通知贯彻执行并决定经费由省、市公路局、使用单位各负责三分一。

△　受 1994 年第 3 号台风水毁损坏的国道 G325 线廉江横山桥重建工程竣工通车。

8月 3 日　湛江公路局召开路政工作会议，制定措施（五条规定）治理公路"三乱"。

8月 30 日　广西壮族自治区交通征费稽查局副局长简隆健一行 11 人，莅湛考察微机征费和养征管理工作。

8月　是年第 6 号热带风暴在雷州市登陆，中心风力达 10 级以上，雷州半岛普降暴雨，湛江公路系统水毁损失达 626 万元。

9月 3 日　省交通厅、省公路局建设文明样板路工作领导小组莅湛检查国道 G325 线文明样板路建设情况，支持市公路局借贷款 250 万元，建设文明样板路和综合治理公路"三乱"，做好"迎国检"准备工作。

9月　省公路局制定《广东公路小修保养工程材料、机械每年消耗定额》，并发文要求全省公路系统贯彻执行。

△　由徐闻分局工程队负责施工的国道 G207 线中修沥青石屑表处工程，发现龟裂、网裂较多，影响工程质量，受到省公路局通报。

10月 6—7 日　全省公路系统纪检监察工作座谈会在湛江召开。

10月 7—8 日　遂溪分局组织干部职工奋战 2 天抢修加固国道 G207 线山笃桥，防止国道中断交通情况发生。

10月 16—17 日　湛江公路局在雷州分局召开道班文明建设经验交流会。

10月　湛江公路局党委书记王袖调任市交委党委书记；朱华生任湛江公路局党委书记。

10月 22—24 日　湛江市召开交通工作会议，会议总结"八五"期间交通工作情况，部署"九五"期间省下达的公路达标任务。会上湛江市市长庄礼祥与各县（市）、区主要领导签订"九五"期间公路建设达标责任书。

10月 28 日　国道 G325 线、G207 线遂溪县城路段改建一级路工程（全长 20.8 千米，宽 40 米）建成通车。

△　湛江公路系统干部职工响应市委、市政府号召，积极捐款 80 多万元支持公路建设达标工作。

△　湛江公路局职工乒乓球代表队获省公路系统首届"公路杯"乒乓球比赛男

单冠军，男、女团体亚军，女单和男双第三名。

12月20—22日　湛江公路局召开路政工作会议贯彻《广东省公路路政管理条例》。

△　省公路局颁发《广东公路桥梁养护管理办法》（试行）。

1996 年

1月6日　湛江市委宣传部副部长林向凡向湛江公路局直属分局授予省委、省政府命名的"文明单位"奖匾。

1月8日　市委常委、常务副市长谢鉴明带市交委领导到湛江公路局现场办公，就如何加快湛江公路建设的问题，与湛江公路局机关科级干部座谈。

1月16日　国道G325线遂溪一级路新桥收费站正式开始征收车辆通行费。

△　省道黄海线洋村大桥正式动工，由湛江公路局第二工程处筹资承建。该桥跨径16米，桥面净宽11米，设计荷载汽—20、挂—100，引道为二级路。

△　由省、市公路局、廉江公路分局按股份投资的广东恒通水泥有限公司在廉江注册成立，该公司实行董事会管理制度。

2月6日　湛江公路局实施《湛江公路局机关财务管理有关规定》《湛江公路局机关水电管理规定》《湛江公路局公文处理管理规定》《湛江公路局机关公务车管理规定》《湛江公路局住宅电话等通讯工具管理规定》《湛江公路局固定资产管理办法》等6项管理制度。

2月　广东省交通厅工会、省公路管理局工会领导到遂溪分局白坭坡道班慰问，并送上春节慰问金。

3月13日　湛江公路局直属分局机修车间收到国家专利局颁发的液压抽洒水专利车证书。

3月17日　国道G207线一级路城月收费站正式开始征收车辆通行费，并由遂溪城月镇政府派员负责管理。

△　广东省恒通水泥厂正式点火投入试产。

3月29日　湛江公路局雷州分局公树道班、平湖道班；直属分局麻雷道班被湛江市绿委、市建委评为"花园式单位"。

4月11—12日　湛江公路局召开1996年度公路工作暨表彰先进会议。

5月1日　国道G325线湛江至吴川塘尾路段二级路改建工程举行奠基仪式。

5月13日　湛江市交委批复同意湛江公路局成立湛江市路桥建设发展有限公司。

△　湛江市职工摄影协会公路局分会成立。

5月　湛江公路局开展"安全宣传月"活动，组织3800多名职工参加安全生产知识的学习和考试。

7月2日　广东省路桥建设发展公司、湛江经济技术开发区恒丰企业发展公司、湛江公路局三方签约《合作建设经营湛江市国道G207线雷州客路至南兴一级公路合同书》。

8月16日　省交通厅副厅长孙民权率领征费检查组到湛江调研公路征费工作情况。

8月　湛江公路局分别与第一工程处、第二工程处、第三工程处、徐闻分局、雷州分局签订《国道 G207 线南兴至龙门路段施工合同》，工程总承包款额分别为1489.1 万元、1254.6 万元、802.3 万元、821.9 万元、1304 万元，全部工程均于年底完成。

9月　湛江连续二次受到强台风袭击（9 月 9 日上午 10 时许，40 年一遇的第 15 号强台风袭击湛江，风力达 12 级以上；9 月 20 日第 18 号强台风又在徐闻县登陆，风力达 11 级以上），湛江省养公路直接损失达 8694 万元。湛江公路局领导带领 4 个工作组深入救灾第一线，组织车辆、机械 116 台次，出动 2100 多人次抢修公路，清除路障；保障国、省道当日恢复通车。

△　湛江渡口所在锚地避风的渡船人员顶着狂风巨浪搭救了 8 艘渔船，船上 46 位渔民全部获救，受到市委、市政府表彰，湛江渡口荣立集体二等功。

10月3日　湛江市中级人民法院因湛江市宏大建筑工程公司与湛江公路工程大队第二工程处第一施工队工程款纠纷一案查封湛江公路局账户；湛江公路局提出申请要求解封银行账户。

11月7日　湛江公路局召开养征工作会议，提出"奋战五十天，坚决完成规费征收任务"的口号，局机关派出工作组指导、协助基层养征部门查扣漏征车辆和追缴规费工作。

11月15日　省公路局重新划定全省道路线并发文通知即日起生效实施。

△　湛江公路局举行第七届职工男子篮球赛，全市公路系统 13 支篮球队 100 多名业余运动员参加为期 9 天的角逐。

11月29日　廉江分局塘蓬道班获"广东省青年文明号"称号。

12月上旬　省公路局在湛江召开全省各市公路局办公室主任会议，省公路局副书记李华卿、副局长李光宏到会并讲话。

12月18日　广东省推广使用自动式多功能散装水泥集装箱现场会在廉江广东省恒通水泥厂召开。

12月　湛江市委、市政府在雷州市召开全市公路达标建设现场会，推广了市公路局的公路达标建设工作经验，表彰雷州、廉江、遂溪县及雷州公路分局、雷州市调风镇、廉江石颈镇、遂溪港门镇等 20 个公路达标工作单位。

是年　湛江公路局征收公路规费达 2.77 亿元。

1997 年

1月　省交通厅工会主席冯日森和省公路管理局党委副书记李华卿到遂溪分局洋青道班、廉江分局良垌道班进行慰问，并为特困户送上慰问金。

1月23日　湛江公路局召开基层工会主席会议，提出进一步抓好道班建设从"四小建设"转为"花园式建设"。

2月中旬　省道黄海线洋村渡口改桥建成通车，结束霞山至雷州公路过渡的历史。

3月4日　湛江公路局召开计划生育工作会议，会议通过《湛江公路局计划生育实施细则》；局长黄华钧与23个基层单位签订《湛江公路局人口计划任期目标责任书》。

3月7日　湛江公路局举行局领导述职报告会，局领导各自从德、能、勤、绩四个方面作了自我评价；会议对领导进行民意测验。

4月16—18日　湛江公路局召开第八届职工、第七届工会会员代表大会第一次会议暨表彰先进会议。省公路管理局工会副主席刘清香、劳动竞赛办主任李培豪等领导到会指导工作。

5月19日　湛江公路局、湛江市法制局联合举办《行政处罚法》等法律法规学习培训班，路政征稽人员共62人参加培训。

5月23日　省道S373线湖光收费站正式开始征收车辆通行费。

5月31日　国道G325线赤坎沙角至吴川中山路段改造工程全线开工，该路段全长32千米，总投资1.6亿元。

5月　国道G325线石门大桥桥墩因受社会上不法分子肆意在大桥水下炸鱼损害严重，湛江公路局直属分局组织技术力量进行全面检查，并请广州打捞局湛江救助站专业人员潜水探测，对受损桥墩采用灌浆处理进行抢修。

△　廉江分局党支部书记、局长叶家春获全国"五一"劳动奖章。

△　湛江公路局吴川分局覃巴道班被省交通厅工会、南方日报社、省公路管理局工会评为"双十佳道班"。

△　雷州市政府发文《关于确保公路两侧绿化地有关问题的通知》中明确规定：国、省、县道公路两侧解决水沟外缘4米内的地带为公路绿化用地，任何单位和个人不得占作它用。雷州市政府这一举措，创出全省公路部门拥有路树占有权的先例，受到省公路局肯定。

6月14日　湛江公路局离休干部抗战老战士谢德华"迎香港回归书法作品暨珍藏古今名家书画展"在湛江市博物馆开展。

6月18日　由中华全国总工会书记处书记李永安、经济工作部副部长高明歧、全国劳动竞赛研究会理事长张进禄率领的全国12个省市工会组织代表组成的全国劳动竞赛考察团一行50多人到湛江公路局廉江分局、恒通水泥有限公司考察。

7月25日　廉江分局三角塘、良垌道班被评为湛江市"花园式单位"。

8月22日　是年第13号亚热带风暴在湛江登陆，台风刮倒路树阻塞公路，省道遂六线、塘茶线交通一度中断，湛江公路局干部职工奋力抗灾清路障保畅通，当晚7时前恢复通车。

8月　湛江公路局档案管理工作经省、市档案管理部门考核评定为省特级综合档案管理单位。

8月25日　湛江公路局召开安全生产工作会议，局长黄华钧在会上与各单位安全责任人首次签订了安全生产风险保证金责任书。

9月5日　湛江公路技校举行建校二十周年庆典大会，来自茂名、阳江、湛江等粤西地区的200多名校友到会庆贺；省交通厅、省公路局、市交委、市公路局和茂名市公路局等有关领导到会祝贺；

9月18日　茂湛高速公路官渡至源水段工程举行开工仪式。

10月1日　国道G207线雷州龙门40千米二级路改造路段举行竣工通车典礼及龙门收费站开征仪式。

10月　湛江日报社记者就《公路法》所涉及的一些热点问题，采访湛江公路局局长黄华钧，并在《湛江日报》《湛江公路报》刊登答记者问。

10月下旬　湛江公路局养征科组织征稽人员，到深圳等地进行稽查，共查扣漏征车辆20多辆，追补缴公路规费达20多万元。

12月6日　当晚20时，广东卫视台现场直播省公路系统《公路法》知识竞赛总决赛实况，湛江公路局代表队获季军。

12月16日　吴川分局大桥道班班长蔡华生获湛江市"劳动模范"称号。

12月21日　国道G325线湛江路段扩建项目1788万美元贷款签字仪式在湛江海滨宾馆举行，市领导庄礼祥、陈周攸、赵东花、植标志、汤文藩、陈杏明及中银集团港澳管理处业务部副总经理魏安世、新华银行香港分行副总经理周伟财等出席签字仪式；市公路局局长黄华钧、新华银行香港分行副总经理周伟财分别在贷款仪式上签了字；标志着湛江市引外资修公路实现零的突破。

12月26日　湛江市交委和湛江公路局联合举办《公路法》学习班，邀请北京交通干部管理学院副教授张柱庭授课。全市交通公路系统各单位的行政执法人员共130多人参加学习。

12月28日　湛江公路工程大队第三工程处承建的高速公路石门大桥胜利合龙，大桥合龙仪式由市政府秘书长陈杏明主持，市长庄礼祥按动电钮成功合龙主梁。该桥是湛江市三大重点工程之一，全长820米，桥面宽27米，工程总造价5000多万元。

1998 年

1月21日　雷州分局被广东省委、省政府授予"文明单位"称号。

1月24日　廉江分局廉城、关洞、合江三个道班组成的廉城中心道班正式挂牌运作，成为湛江省养公路组建的首个大道班。

1月28日　市委常委、秘书长郑流和湛江公路局有关领导到湛江渡口所，向坚守工作岗位职工致以春节慰问。

1月　雷州分局、直属分局被评为省公路系统两个文明建设先进县公路局；覃巴道班、良垌道班、公树道班被评为省公路系统两个文明建设先进养护道班。

2月24日　全省公路征稽通讯工作及表彰大会在珠海召开，湛江公路局被评为征稽通讯先进单位，王继业被评为优秀通讯员。

3月16日　湛江公路局召开养征工作现场会，制定养征目标管理考核办法，提出全年规费超收2000万元的目标。

3月　在全省春运工作总结会议上湛江渡口所被评为省交通系统1998年春运工作先进单位，为全省公路渡口维一荣膺。

△　湛江公路局7个养征站，实现全市养征系统电脑联网办理征稽规费。

4月14—15日　湛江公路局召开第八届职工、第七届工会会员代表大会第二次会议。

4月　省公路管理局在惠州市召开全省征稽标准计量会议，湛江公路局在会上作工作经验介绍。

△　湛江公路局湛江收费所被转制为三资企业，交由三资企业湛江恒紫公司管理。

5月　湛江公路局组织开展第八次"安全生产周"、第五次"反三违月"活动，举办32场次动员宣传活动，参加职工3000多人次。

△　廉江分局党总支书记兼局长叶家春在廉江市第十二届人民代表大会第一次会议上当选为廉江市政府副市长。

6月6日　省公路管理局决定在肇庆、韶关、湛江公路局开展安全生产规范化管理试点工作，湛江公路工程大队第三工程处浪网工地（广珠高速公路工程十四标段）列为公路工程施工安全生产规范化管理试点单位。

7月17日　省交通厅副厅长孙文权率队到公路工程大队第三工程处施工的石门大桥施工现场检查指导工作。

8月20日　由全市各条战线、民主党派和街道办基层单位领导及有关人员组成的湛江市行风评议团一行15人到湛江公路局开展行风工作检查评比。

8月　湛江公路局吴川分局大桥道班班长蔡华生被广东省总工会评为"广东省职工职业道德建设先进个人"。

9月14日　湛江公路局召开计划生育工作专题会议，全面清理党员、干部历史遗留的计划外生育问题。

10月1日　《谢德华书法选集》由上海东方出版社出版，雷州市政府在雷州西湖为湛江公路局离休干部谢德华举行了隆重的首发式。

10月20—24日　广东省公路职工思想政治工作研究会在湛江召开西片年会，省公路局党委书记吴嘉启、政治处副主任陈湘华、政研会副秘书长林健芳，以及西片的肇庆、江门、阳江、茂名、云浮、湛江公路局的政研会会长和秘书长出席会议。

10月　遂溪分局杨柑道班被中华全国总工会授予"模范职工小家"称号。

11月3日　湛江公路工程大队经建设部批准晋升为一级资质公路建筑企业。

11月18日　湛江公路工程大队中标承建的京珠高速公路粤境北段第十合同段14.693千米全线动工，工程总投资1.3多亿元。

11月20日　省公路局副局长李光宏带领的检查组一行7人，对湛江国道G207线、325线公路在建工程进行质量安全工作检查。

12月　湛江公路局雷州分局养征站被评为全省公路系统"十佳征稽站"。

△　湛江公路局组织职工开展书法摄影比赛，并选送作品参加省公路局比赛，获书法一等奖1名，二等奖2名，三等奖1名；摄影一等奖4名，二等奖2名；绘画二

等奖 1 名；湛江公路女职工代表参加省公路局的"巾帼爱路敬业，岗位奉献"演讲比赛获一等奖。

是年 湛江公路局征收公路规费达 2.84 亿元，完成计划 114.17%；超收 2500 多万元。

1999 年

1 月 22 日 湛江公路局召开春运工作会议。要求各分局和施工单位制订具体措施，保障春运期间公路安全畅通。

1 月 29 日 凌晨，国道 G325 线廉江排里大桥在一辆超重车辆经过后突然倒塌，无人员伤亡。

1 月 31 日 省经委在廉江召开国道 G325 线排里大桥断桥事故专题处置会议，参加会议的有省经委、省交通厅、省公路管理局、湛江市政府、市交委、市公路局、市地方公路管理总站、廉江市政府、廉江市交通局、廉江市交警大队、廉江公路分局、廉江市地方公路管理站等单位领导及有关人员共 50 多人参加，成立保障交通协调小组，采取绕道行驶保障交通方案等。`

△ 省交通厅副总工程师黄建跃主持召开新建排里大桥设计方案和组织施工工作会议，省、市公路局、湛江公路局设计室、廉江分局及电白机械公司等单位人员 40 多人参加会议。

2 月 16 日 农历大年初一，吴川市委书记、市人大常委会主任张文山带领四套班子领导到国道 G325 线吴川收费站，慰问坚守工作一线的公路干部职工。

3 月 3 日 湛江市机构编制委员会批复同意广东省交通技工学校湛江公路分校更名为湛江公路技工学校，更名后其机构规格、性质和隶属关系等不变。

3 月 22 日 湛江市中级人民法院民事裁定，原告中国建设银行遂溪县支行与被告湛江浪淘工程有限公司、湛江公路局借款合同纠纷案，法院准许原告中国建设银行遂溪县支行撤回对被告湛江公路局的起诉。

3 月 29 日 廉江合江大桥（危桥）挂牌设立地磅限载检查站，禁止 50 吨以上的车辆通过，确保大桥交通安全。

3 月 31 日 湛江公路局党委宣布撤销宋田盛的遂溪分局局长职务。

4 月 15—16 日 湛江公路局召开第八届职工、第七届工会会员代表大会第三次会议。

4 月 遂溪分局杨柑道班、黄草道班、草塘道班被湛江市绿化委员会、市建设委员会授予"花园式单位"称号。

5 月 1 日 湛江市总工会召开先进表彰大会，其中：湛江公路局雷州分局获"市职工职业道德建设十佳单位"称号；遂溪分局杨柑道班班长杨邓荣获"市职工职业道德建设十佳标兵"称号；湛江渡口所、吴川分局、廉江分局等获"市职工民主管理先进单位"称号；直属分局获"市先进职工之家"称号；雷州分局工会主席朱明英荣获"市优秀工会工作者"称号。

5月15日　下午 2 时许，遂溪县城月镇谭葛村地带遭受强劲龙卷风袭击，造成人员伤亡 12 人，财产损失严重；谭葛道班门楼围墙倒塌，班房窗门全部损坏，道班人员轻伤 2 人。事发后，湛江公路局、遂溪分局组织干部职工捐款救助谭葛村和道班复产及重建家园。

5月20日　湛江公路局召开国道 G325 线吴川路段改建工程工作会议，会上确定取消湛江恒紫公路建设有限公司有关工程对口管理等问题。

6月8日　湛江公路局成立厂务公开领导小组；并成立厂务公开监督小组，由局纪委书记任组长。各分局、直属单位也成立了相应的厂务公开领导机构，开展厂务公开工作。

6月15日　湛江市机构编制委员会批复同意湛江公路工程大队更名为湛江市公路建设总公司，更名后的湛江市公路建设总公司及其下属工程处性质由事业单位改为企业单位，仍归湛江公路局管理。

6月16日　吴川烟花炮竹厂发生爆炸事故，殃及一路之隔的黄坡道班，道班门窗全部损毁，1 名女职工受伤，事故造成黄坡道班直接经济损失达 15 万多元；国道 G325 线交通受阻 3 个多小时。

7月6日　广东省恒通水泥厂立窑车间二号窑发生塌窑事故，造成加料室的 5 名职工不同程度被烧伤（重伤 2 人轻伤 3 人），事故直接经济损失 30 万多元。

7月12日　湛江公路局召开养征工作会议，局党委书记朱华生主持，市政府副秘书长杜林、市中级法院副院长曾昭杰、市交警支队副支队长何任康等领导到会并表示支持公路规费征收工作。

8月18日　湛江公路局直属分局和渡口所组成的民兵预备役高炮二连二班参加广东省军区组织的民兵高炮实弹射击训练考核，取得击落靶机的好成绩，受到省军区表彰。

8月28日　国道 G325 线新建的廉江排里大桥正式通车，新桥全长 292 米、宽 18 米、4 车道，为 18 孔 x16 米跨钢筋砼 T 梁桥。

9月1日　经报请湛江市委常委会议批准，市纪委决定给予吴民华开除党籍处分；经湛江市政府批准，市监察局决定给予吴民华行政开除处分。

9月8日　湛江公路局决定将辖区国省道新改建公路工程、路桥收费工作移交省路桥公司接管。

9月13日　湛江公路局决定将广东省恒通水泥有限公司 40%股权转让给湛江市路桥建设发展有限公司。

9月29日　湛江公路局组织本系统干部职工在运通宾馆举行歌颂祖国五十华诞和迎澳门回归庆祝活动及歌咏比赛。

10月20日　经广东省纪委、省监察厅、湛江市纪委、市监察局组成的案件联合审理小组提出意见，省纪委同意，并报中央工作组批准，市纪委给予黄华钧撤销党内一切职务处分；市监察局给予黄华钧撤销湛江市交通委员会副主任、湛江公路局局长职务处分。

10月21日　湛江公路局召开过路（桥）收费工作会议，进行"三讲"教育，吸取汕头市澄海收费所集体贪污160万多元的教训，预防职务犯罪。

10月　省公路局修订《广东省公路管理局公路建设施工安全生产管理暂行规定》，并印发全省公路系统试行。湛江公路局参与编写工作受到省公路局表彰奖励。

△　廉江分局良垌道班班长王坤在全省公路系统职工养护技能大比武中荣获"养护能手"称号。

11月5日　湛江公路局综合楼B副楼住宅部分交付使用。6日湛江公路局与湛江市建筑工程集团赤坎公司签订移交协议书。

11月25日　经湛江市中级人民法院一审判决，湛江公路局作为原告与被告龙基公司、南桥村房屋拆迁赔偿纠纷案胜诉。

11月30日　省公路系统办公室主任暨调研信息工作会议在从化召开。会上湛江公路局调研信息工作被省局评为一等奖。

△　湛江公路局工程质量监督站更名为湛江公路工程质量监测站，其隶属湛江公路局关系不变，事业单位性质不变。

12月　湛江公路局廉江分局中心、鸡公塘、平坦三个道班被湛江市绿化委员会评为"花园式单位"称号。

是年　湛江公路局全年完成国省道一级公路改造60.2千米，完成投资3.45亿元元。

△　湛江公路局征收公路规费达2.63亿元。

2000 年

1月　湛江公路局开始实施养护大道班建设计划，启动国道G325线直属分局上圩大道班、G207线遂溪分局白坭坡大道班建设。

△　湛江公路局与湛江渡口所签订第二轮（2000年1月1日至2002年12月31日）以渡养渡经济承包合同。湛江渡口所湛机1502号船投入使用，该船由省公路局投资365.3万元建造。

3月10日　湛江公路局召开公路工作暨表彰先进会议。

3月20日　广东省高级人民法院终审判决恒通公司偿还广东信托投资公司湛江办事处100万元借款本金及利息108.37万元（湛江公路局负连带责任），二审案件受理费人民币20429元由湛江公路局负担。

5月9日　湛江暴雨成灾，湛江省养公路遭受水毁损失达360万多元。

5月31日　湛江公路局成立执法纪律教育领导小组。

6月13日　湛江市机构编制委员会批复同意组建湛江市公路工程质量监测站，为湛江公路局下属科级事业单位。省交通厅工程质量监督站组织省交通建设质监中心、省公路局监测站、省高速公路公司检测试验中心，对湛江公路工程质量监督检测站进行资质等级认证考核。

8月31日　湛江公路局及各分局相继成立迎接全国干线公路大检查工作领导小组，切实做好"迎国检"准备工作。

9月4日　湛江市副市长阮日生带领市有关部门和坡头区政府及有关单位领导进行"创卫"工作巡查和现场督办，要求湛江渡口所彻底整改东岸码头"脏、乱、差"现象。

9月22日　湛江公路局成立依法行政年活动领导小组。

10月17—18日　交通部全国干线公路养护与管理检查组莅湛，沿途检查了国道G325线（吴川路段—黄坡大桥—湛江市—麻章—遂溪），G207线（遂溪—海安）。

10月26日　湛江恒通开发公司按法律程序申请破产。

△　湛江公路局通报表彰做好迎接国道检查工作单位：一等奖：徐闻分局；二等奖：雷州分局、遂溪分局、吴川分局、直属分局、第一工程处、第三工程处、机修厂、徐闻分局第二工程队、直属分局机修车间；三等奖：第二工程处。

10月31日　湛江渡口所湛机1501渡船投入渡运，该船由省公路局投资445.67万元建造。

11月4—5日　省公路局组织有关单位对国道G207线廉江良垌至遂溪县城段改建工程测量外业工作进行验收。

11月30日　湛江市委决定：朱辉任湛江公路局党委副书记，免去朱华生湛江公路局党委委员、书记职务。

12月15日　省公路局在湛江召开专题研究国道G207线湛江段文明样板路建设有关工作会议。

12月18日　朱辉任湛江公路局副局长（法定代表人）。

△　经省公路管理局考核验收，湛江公路局2000年度安全建设达标单位30个，合格班组208个。

是年　湛江省养公路年末好路率达92%，建成文明样板路82.4千米。

△　湛江公路局征收公路规费达2.41亿元。

2001 年

1月　湛江公路局单独投资设立国有独资有限责任公司湛江市路桥建设发展有限公司。

2月23日　湛江国道G325线遂溪徐屋至廉江中垌段一级公路改造工程（K489+438.054~K523+361.186，全长33.92千米）通过验收，并由湛江公路局遂溪分局、廉江分局接养各自管养路段。

2月28日　省公路局为全省市一级公路路政管理机构配备路政管理法律检索软件系统。

3月8日　湛江公路局分别与雷州分局、徐闻分局、湛江公路工程大队签订国道G207线建设文明样板路完善工程施工承包合同，要求工程在2001年5月31日前建成。

3月15日　市公路局组织开展2001年公路分类交通量比重调查及车速调查工作。

3月30日　湛江公路局决定将湛江市公路工程监理公司更名为湛江市恒达公路建设监理有限公司。

4月5日　湛江公路局纪委决定给予湛江公路局工会副主席兼任湛江恒通公路开发公司经理陈妃宏开除党籍和行政开除公职的处分。

4月11日　湛江公路局在湛江渡口所召开了厂务公开工作经验交流现场会。

4月26日　湛江公路局制订《湛江公路局过路过桥收费所管理制度（试行）》并发文要求各分局、收费所贯彻执行。

5月27—28日　湛江受低压槽辐合带影响，遭遇到数年罕见的大暴雨，湛江省养公路水毁严重，其中被冲毁路基5525平方米、路面31万平方米，局部损坏桥梁6座，省道S287六遂线塘蓬路段交通中断。湛江公路局组织干部职工抢修水毁路段恢复交通。

5月31日晚　湛江渡口所湛机1203渡船由东岸开往西岸航行中，被巴拿马万吨货船碰撞，渡船上乘客7人受伤送海军第422医院救治。市政府、市安委会、湛江海事局、省、市公路局领导及时赶赴现场组织抢救、处理事故和布置恢复渡运生产。"5·31"撞船事故直接损失（医疗赔偿等）20万多元，经湛江海事部门判决由巴拿马货船方完全负责赔偿。

5月　交通部和国家统计局联合组织开展第二次全国公路普查，湛江省养公路开始进行外业采集工作。

5月中旬—6月上旬　湛江市政府牵头由公路、交通、公安、法制、武警军警等部门组成联合稽查队，在全市范围内整治无牌无证无规费车辆，共查扣各类无牌无证无规费车辆893辆，查扣证件190本，追回公路规费170万多元。

6月18日　省交通厅厅长张远贻率队到湛江检查交通建设情况，并召开办公会议研究渝湛国道主干线先行工程的建设问题。

6月18—20日　省交通厅、省公路局在湛江召开全省国省道文明样板路建设现场会，推广湛江国道G207线、325线文明样板路建设经验。国道G207线遂溪至徐闻全程151千米，全线实现"畅、洁、绿、美"，受到副省长游宁丰肯定，被省绿委推荐为"全国绿色通道示范路段"；中共中央政治局委员、广东省委书记李长春到徐闻视察工作时赞誉为雷州半岛绿色经济走廊。

6月　湛江公路局男女羽毛球队参加省公路系统比赛，获男子团体和男子单打第一名。

7月2日　是年第3号强热带风暴（榴莲）在湛江登陆，台风中心最大风力达12级以上，并挟带特大暴雨，湛江省养公路遭受水毁损失严重，24条线路交通中断，直接经济损失达4670万元。湛江公路局紧急出动抢险人员（含民工）4046人次，调动筑养路工程机械1450台次，展开长达11个小时抢险清障工作，保障省公路基本疏通。

8月31日　省交通厅批复同意省道S287线遂溪至廉江段全线按一级公路技术标准，双向四车道改建，路线全长28.475千米。

9月18日　省交通厅发函督促京珠高速公路粤境北J合同段承包人湛江公路工程

大队，要求采取有效措施抓紧工程组织实施，加强管理，加快进度，确保工程按期、优质建成通车。

9月18—19日　省交通厅文明建设样板路领导小组办公室主任、省公路局副局长苏纪开一行检查G325线吴川段及G207线湛江段文明样板路建设情况，召开专题会议提出工作意见，要求各有关单位贯彻执行。

9月25—27日　湛江国道G325线吴川收费站、青平收费站，国道G207线南渡收费站开放式计算机管理系统工程交工验收。

10月15日　朱辉任湛江公路局局长。

10月　遂溪分局杨柑道班被省总工会授予"职工职业道德模范班组"称号。

11月9日　湛江市政府发文同意湛江公路局《关于加快全市绿色通道建设的意见》，要求各县（市、区）政府、湛江经济技术开发区、东海岛经济开发区、市直有关单位认真贯彻执行。

11月16日　朱辉任职湛江公路局党委书记。

11月　湛江公路局组织实施县道X672廉石线二级路改造工程。

是年　湛江公路局完成省道S288线、S373线、S290线沥青路面工程共35.38千米。

△　湛江公路局征收公路规费达2.4亿元。

2002 年

1月9日　省公路局在廉江组织验收由湛江公路局设计室负责的县道X672线廉江段改建工程勘测外业工作。

1月17日　在省公路系统2000—2001年度双文明劳动竞赛中，湛江公路局直属分局、廉江分局被评为双文明劳动竞赛先进县公路局；杨柑道班、上圩道班被评为双文明劳动竞赛文明道班；廉江分局路政股被评为双文明劳动竞赛先进路政所。

1月27日　省交通厅印发《关于广东省交通行政执法人员实施学历教育工作的意见的通知》，要求今后凡调入路政、养征部门的人员，学历不能低于大学专科。

1月　吴川最后一条沙土路县道六王线梅箓至王村港路段3.5千米砂土路面改建沥青路面工程竣工通车。

2月6—7日　中共湛江市公路管理局第一届党员代表大会召开，选举产生新一届党委和纪委。

2月8日　湛江公路局乔迁至赤坎区康顺路38号新综合大楼（公路大厦）办公，副市长阮日生代表市政府前来表示祝贺。

2月27—28日　湛江公路局召开第九届职工、第八届工会会员代表大会第一会议。副市长阮日生代表市政府到会并作话祝贺。

3月15日　湛江公路工程大队承建的县道X672线廉江至石角段二级路改建工程正式开工，路线全长39.17千米，工程概算总额1.01亿元。

3月29日　省交通厅纪委书记王志荣、省局纪委书记李光宏到湛江检查国道

G207 线遂溪至雷州路段和部分道班，听取市公路局领导汇报建设文明样板路工程进展情况。

4月2日 省公路管理局通报 2001 年公路统计工作考评结果，湛江公路局获一等奖。

4月15日 市政府召开部署国道 G207 线湛江段（全长 154 千米）文明建设样板路工作会议，公安、交通、公路、工商、城建、国土等部门的负责人以及沿线分管交通的县（市）长共 60 多人参加；会议要求市各有关部门共同努力，奋战 40 天完成任务，迎接省交通厅、省公路局的验收。

5月23日 湛江公路局召开全市公路系统行风评议动员大会，各分局、直属单位有关领导和市局机关全体干部职工共 200 多人参加。

7月17日 湛江公路局设计室由事业编制改为企业编制。

7月25日 湛江公路局在落实市容环境卫生管理目标责任制工作方面取得较好成绩，被市政府授予"红旗先进单位"。

7月 省道 S287 六遂线遂溪至廉江一级公路改建工程（K+000～K19+758）由阳江市公路局公路工程公司中标承包施工，工程承包价为 3967.8 万元。

8月7日 湛江市机构编制委员会印发《关于印发湛江市公路管理局机构编制方案的通知》，湛江公路局更名为湛江市公路管理局，为市主管公路行业的正处级事业单位。

8月17—24日 湛江省养公路系统 12 名安全管理干部参加湛江市注册安全主任培训，经安监部门考核取得注册证书。

8月19—20日 是年第 14 号强热带风暴"黄蜂"在吴川登陆，最大风力 11 级，阵风 12 级，给湛江地区带来狂风暴雨，水毁损失严重，据不完全统计省养公路直接经济损失达 2219 万元。市公路局组织 3000 多名干部职工和民工，抢修水毁公路清理路障，保障干线公路基本畅通。

8月26日 市公路局机关科室经双向选择定编在职人员全部到位。局党委重新任命局机关 12 个科室正、副科长（主任），其他无任职的人员，原任职务自然免除，保留原级别待遇。市公路局及机关科室启用新印章，旧印章同时作废。

是月 省道 S287 线第二期工程遂溪县城至园岭仔收费站全长 19.76 千米，投资 14681.63 万元，工程施工为湛江公路工程大队（一标）及阳江市公路局公路工程公司（二标）组织施工。

9月5日 市公路局获全省公路系统法律知识竞赛一等奖。

9月17—20日 省交通厅厅长张远贻率领省交通厅、省公路管理局有关领导，深入湛江市交通公路建设现场指导工作；湛江市委书记邓维龙、市长徐少华就湛江公路建设等工作与张远贻厅长交换意见。市委、市政府领导表示要突出抓好湛江国道"300 千米公路绿色长廊"的规划和建设工作。

9月19日 市公路局重组安全生产委员会、社会治安综合治理领导小组。

9月 市公路局 146 名职工报考北京交通大学远程学历教育。湛江公路技校经省交通厅、省公路管理局同意作为北京交通大学现代远程教育广东交通教学中心教学点，负责粤西片交通公路系统远程教育培训工作。

10 月　位于国道 G325 线广东廉江高桥镇与广西合浦县山口镇国道 G325k514+
800 米处的广东、广西两省（区）公路养护交界的公路界牌，被人移入广东省公路管
理路段范围内距原分界点约 600 米处。事件发生后，经广东、广西两省（区）公路
部门协商，同意两省（区）公路分界牌依据交通部颁发行政区域划分公路界牌的规
定与标准恢复原状。

10 月 9 日　省公路局制定《广东省"十五"桥梁技术改造实施办法》，要求在
"十五"期间做好全省辖区内公路桥梁技术改造，使现有国、省、县道干线公路桥梁
荷载标准逐步达到汽—20、挂—100，基本消灭公路网上的危桥，保障公路交通安全。

10 月 15—16 日　湛江省养公路开展为期 24 小时（15 日上午 6 时至 16 日上午 6
时）公路分类交通量比重调查及车速调查专项工作。

10 月 25—26 日　省公路局在从化召开各市公路主管工程局长、总工程师、工程
科长、监测站长及市交通工程质量监督站站长会议，研究部署"八五"期间以来国、
省道改建工程验收工作；其中湛江市"八五"期间尚未完成国、省道改建工程检测
验收的项目总里程为 192.18 千米。

10 月 30 日　湛江市市长徐少华在坡头区主持召开湛江海湾大桥筹建工作现场办
公会议，研究加快筹建工作等问题。

10 月　省公路管理局在惠州市召开第二次全国公路普查总结表彰大会，湛江市
普查办及张振林分别被授予"全国公路普查先进集体和先进个人"称号；市公路局、
遂溪分局普查办及张振林等 7 人分别被授予"广东省公路普查先进集体和先进个人"
称号。

11 月 15 日　湛江市政府在廉江召开公路建设现场办公会议，市委常委、常务副
市长阮日生在会上强调，廉石段改建工程公路沿线的征地、拆迁工作必须在 11 月底
完成。

11 月　国道 G207 线遂溪至徐闻 154.2 千米文明建设样板路通过省交通厅、省公
路管理局验收组的验收，成为全省连线最长的文明样板路，并被推荐为全国绿色通道
示范路段。

△　市公路局组织干部职工掀起学习贯彻党的十六大精神的高潮。

12 月 18 日　因陆通招待所加层扩建工程经济纠纷，湛江市中级人民法院民事判
决湛江公路局赔偿湛江市赤坎房地产建筑装饰工程公司工程款利息损失 497078.58
元。

12 月 30 日　湛江市召开第二次全国公路普查工作总结会议；市公路局普查办、
遂溪分局、直属分局和张振林、陈永忠、郑强、钟兰珍等被授予"湛江市公路普查
先进集体和先进个人"称号。

12 月　市公路局完成辖属单位机构改革工作。11 个基层单位的中层干部通过竞
争上岗、民主推荐、组织考察等全部到位任职，一般股室人员通过双向选择配备到
位。

是年　市公路局完成砂土路改建油路工程 94.45 千米。湛江省养公路年末好路里

程 1247.1 千米。年末好路率达 91%。

△ 市公路局征收养路规费 2.36 亿元。

2003 年

1 月 10 日　市委副书记、市长徐少华带领市有关部门领导深入省道平洋线、六遂线施工现场办公指导工作。

1 月 20 日　国道 G207 线一级公路改建工程通过省公路局竣工验收，并颁发竣工验收鉴定书。

1 月　湛江公路管理局启用中国共产党党务管理信息系统管理党建工作。

2 月 12 日　市委副书记、市长徐少华、市委常委、常务副市长阮日生和市政府副秘书长黄光等在市公路局召开交通公路建设现场办公会议，市交通局、市公路管理局领导班子成员和中层干部共 40 多人参加。

2 月 19—20 日　省公路局局长柳和平率省局计划处、基建处、路桥管理中心、质监站等部门领导到湛江检查指导工作。

2 月 24—25 日　市公路局召开第九届职工、第八届工会会员代表大会第二次会议暨 2002 年双文明劳动竞赛先进单位、先进个人表彰大会。

2 月 25 日　湛江市政府召开湛江市国道 300 千米绿色长廊建设工作会议，湛江市及各县（市、区）政府、绿化委员会、财政局、国土局、公安局、建设局、交通局、公路局、林业局、农业局及国道沿线各镇政府、街道办、农场（公司）、广东省湛江农垦局、雷州林业局、省路桥建设管理中心及有关新闻单位领导共 300 多人参加。市委常委、常务副市长阮日生在会上要求，以绿化国道 300 千米绿色长廊为重点，带动湛江市 6000 多千米公路的绿化工作。

2 月 27 日　根据省公路管理局提出的机械化公路养护站建设目标要求，市公路局制定《湛江市公路管理局公路养护站规划方案》，规划将原有的 93 个道班合并为 25 个公路养护站。

3 月 12 日　湛江市组织市直机关、部队官兵、公路职工共 2000 多人参加义务植树活动，共种植树苗 3 万多棵，绿化公路 11 千米。

3 月 21 日　市公路局启用湛江市公路管理局新印章，原广东省湛江市公路管理局印章同时作废。

3 月　湛江市湖光拱桥（古桥）位于县道 X668 高厚线 K12+701，建于 1921 年法国租占期，被一辆货车撞坏后被禁止通行。

4 月 1 日　原属廉江市政府路桥公司管辖的省道 S287 六遂线园岭仔收费所，即日起移交市公路局管理。

4 月 8 日　市公路局组织有关专家人员实地勘察和认真评审，通过湛江市疏港一级公路初测外业验收。

4 月 8—10 日　全省公路路政工作会议在湛江召开。全省各市公路局、地方公路总站分管领导及各市公路局路政科（处）长、高速公路路政大队队长共 180 人参加会议。省公路局局长柳和平作了工作报告，省交通厅副厅长蔡高文、省人大财经委主任黄平到会并作了讲话。

4月14日　国道G325线湛江收费站新站（位于遂溪县白沙村旁）正式启用。

4月23日　省公路管理局安全生产督察组莅临湛江检查督导工作。

5月　国道G207线徐闻收费站新站正式启用。

6月7日　湛江市委常委、常务副市长阮日生率领有关单位、部门领导到市公路局研究解决市区北出口公路绿化样板工程相关事宜，明确市公路局为该项目负责单位。

6月9日　市公路局遂溪分局杨柑道班班长杨邓获全国"五一"劳动奖章。

7月24日　湛江受是年第7号强台风"伊布都"的影响，风力达11级以上，全市普降大暴雨，省养公路直接经济损失达4495万元。

7月30日　湛江市劳动和社会保障局批复同意市公路局《湛江恒通公路开发公司企业破产职工安置方案》。

8月25日　是年第12号强台风"科罗旺"凌晨6时在湛江市徐闻登陆，中心风力达12级。强风暴雨肆虐，给湛江公路及基础设施造成了极大的破坏，省养公路直接经济损失达5218万元。

8月29日　湛江市委组织部印发《关于湛江公路局领导班子成员职务改称的通知》，湛江公路局更名为湛江市公路管理局后，原湛江公路局领导职务相应更名为湛江市公路管理局领导职务。

9月8日　市公路局各分局养征站实现公路规费电脑联网征稽。

9月13日　粤海铁路北港通港公路开工，全长13.62千米，总投资约2700万元，并于2003年底建成通车。

9月22日　湛江市人大、市政协、市政府办理建议督查组到市公路局检查办理工作，对市公路局的办理工作表示满意。

9月23日　由省绿委、林业厅、交通厅的领导和专家组成的省绿化检查组检查湛江国道G207线公路绿化建设情况，检查组同意推荐该路段为"全国绿色通道示范路段"。

9月28日　省公路管理局批准同意湛江15条省道上设置间隙式交通量观测站，以准确把握、反映道路的交通变化情况。

10月1日　市公路局将青平公路征费稽查站正式委托给廉江市交通局管理。

11月5日　广东省政府批复同意市公路局撤销龙门、梅江桥、洋村3个收费站；保留吴川、湛江、青平、徐闻、南渡、城月、湖光、园岭仔8个收费站。

11月12日　市公路局制订《湛江市公路管理局系统内竞争上岗选拔科级领导干部实施细则》，开始实施科级干部竞争上岗工作。

11月19—22日　国道G207线广东段全线通过省交通厅文明建设样板路检查验收组验收，其中湛江154.28千米，达标率为134.4%。

11月26日　湛江举行渝湛高速公路粤境段、湛江疏港公路、国道G207线改建工程开工暨省道S374平洋线、S287六遂线、县道X672廉石线"三线"改建工程竣工通车仪式，省交通厅副厅长陈冠雄、省公路局局长柳和平以及湛江市委、市政府相关领导参加了开通仪式，副省长游宁丰为"二线"开通剪彩。

是月　湛江市交通行政执法人员岗位培训班在湛江公路技校举办，全市交通系统公路路政、规费征稽和水路运政执法人员共157人参加培训，其中市公路局公路路政28人、规费征稽22人参加了培训。

12月11日　市公路局被省公路管理局选定为桥梁管理系统（CBMS）新版应用4个试点单位之一。

12月23—24日　2003年度全省公路教育工作暨公路研究会年会在湛江召开。省公路局副书记匡训杰、科教处处长何振星、各市公路局主管领导及省公路局直属有关单位理事成员代表共60人参加。会上，市公路局作了公路职教工作经验介绍。会议通过《广东省交通教育研究会公路研究分会工作规程》，理事会推举常务理事13名（其中湛江市公路局郑兴坚当选），匡训杰当选为会长，何振星、陈超华、刘青香、谢瑞龙等当选为副会长，宋贵均当选为秘书长。

是年　湛江公路局公路规费征收达2.08亿元。

2004 年

1月1日　省公路局路桥管理中心与湛江市公路局在广州签署园岭仔收费站、南渡桥收费站、龙门收费站、青平收费站、吴川收费站收费管理委托合同。

1月5日　市公路局召开公路系统2004年春运工作动员大会。

1月10日　省公路局在湛江市召开省道S288线、S290线、S373线砂土路面改善工程竣工验收会议，评议通过验收并颁发竣工验收鉴定书。

△　湛江省养公路乡道Y001覃村至吉兆线（国防公路）全长11千米沙土路改油路工程竣工，通过省公路局验收。

2月8日　市公路局召开第九届职工、第八届工会会员代表大会第三次会议。

2月11日　省公路局在廉江组织召开茂名市公路设计院设计的县道X680（廉江至安铺）初测外业验收会议。

2月12日　湛江市政府通报表彰市公路局在公路建、管、养、征等工作取得显著成就。

2月26日　市公路局设计室更名为湛江市公路勘察设计院，原单位性质不变。

△　国道G207线廉江至遂溪段改建工程公路与铁路平交位置路线方案研讨会在遂溪县国土资源局召开，会议同意初拟的原公路与铁路平交位置路线下穿铁路方案。

3月8日　徐闻县委书记黄心强带领县五套领导班子和县政府机关干部、部队官兵、学校师生、公路职工共1000多人在国道G207线和家路段开展植树活动，当日植树8万多株。

3月11日　遂溪县委、县政府组织县直机关、洋青镇政府干部和遂溪公路分局职工共500多人，在省道平杨线茶亭至洋青路段开展植树活动。

3月17日　省公路局纪委、监察室主任张卫平带队，省局纪委重点工程建设项目廉政建设制度编写组一行3人，在湛江召开《广东省公路局系统重点工程建设廉政建设监督实施细则》等制度修改意见专题座谈会。

3月30日　市公路局在雷州分局召开专题研究解决雷州市公路改造工作会议。

4月1日　市公路局遂溪分局7个大养护站正式挂牌运作。

4月15日　省公路局局长柳和平带领有关处处长、工程师一行10多人到湛江国道G325线吴川覃巴至廉江青平和国道G207线良垌路段施工现场考察，并召开专题工作研讨有关事项。

4月26日　市公路局党委决定局领导不再兼任湛江市路桥建设发展有限公司董事长、副董事长、董事会成员、监事长、监事会成员等职务。

4月30日　市公路局党委决定：戴范任湛江市路桥建设发展有限公司董事长；曾卫权任湛江市路桥建设发展有限公司总经理。

4月　市公路局被省局选定为桥梁管理系统（CBMS）新版应用试点单位，5月20日前完成桥梁管理系统数据采集工作。

5月26日　市公路局为保持湛江市湖光拱桥（古桥）原貌，采取下承式刚性系杆拱桥方案修复古桥，经直属分局施工顺利竣工，并恢复通车。

6月3日　中国共产党湛江市公路管理局委员会、中国共产党湛江市公路管理局纪律检查委员会新印章启用。

6月7日　市公路局首期参加市直机关固本强基工作队，分别进驻雷州市客路镇赵宅、高桥、泰坡村，开始为期6个月的湛江市第一期实施固本强基工程。

6月15日　湛江市政府召开全市治理车辆超限超载工作会议，正式启动对所在区域货运机动车辆超限超载进行综合治理的行动。

6月20日　按照市政府《开展车辆超限超载治理工作路面集中治理具体方案》，市公路局、交通局、市公安交警共出动130多名执法人员，在省政府批准的3个固定执法点全面开展治超工作。

6月24日　省公路局对湛江公路县道路线进行调整，原乡道Y001线（国防公路）覃村至吉兆线全长11千米调整为县道X704线；原乡道Y016线沟尾一麻斜线全长6.7千米调整为县道X705线。

6月29日　市委常委、常务副市长阮日生主持召开国道G325线遂溪路段东海河塘口渡槽遗留工作会议，湛江市相关部门主要负责人共30多人参加。

6月　市公路局开展副科以上干部述职活动，并组织41人评议团对述职者进行"优秀、称职、基本称职、不称职"评议。

△　吴川分局实施公路养护内部招投标方案，各养护站长及站员均公开竞标产生和聘用。

7月24日　市委副书记、市长徐少华，市委常委、副市长阮日生，市重点工程指挥部副总指挥陈杏明带队检查疏港公路工程建设情况。

7月26日　中纪委委员、国家交通部党组成员、纪检组长金道铭率交通部调研组，由省交通厅纪检组长王志荣陪同，到湛江市公路局调研指导工作。

8月12—13日　省交通厅厅长张远赠率省厅处室、省公路局、省海峡办及省交通集团有关领导考察遂溪新桥治超检查点、渝湛高速公路高桥临界点及国道 G325 线排里桥施工现场建设情况。湛江市市长徐少华、副市长赵志辉及有关单位的领导陪同考察。

9 月 14 日 市公路局投资 200 万多元改造乡道 Y014 拱湖线油路上水泥路工程动工。

10 月 13 日 省公路局在雷州召开省道 S375 线客路至河头段二级路改造工程外业验收会议。

10 月 27 日 省公路局在湛江市召开国道 G325 线吴川黄蒲至麻章段大修工程设计方案评审会。

10 月 市公路局举行第五届职工运动会，有 8 个项目、6 个赛区、19 个单位、503 名职工参加竞赛；省交通工会主席陈仁彬、省公路局工会主席陈立明、湛江市人大常委会副主任高焱明、市政协副主席王克明、市政府副市长潘那生等领导出席开幕式。

11 月 29 日 省公路局批复同意设立东海岛养路费征收点，作为霞山养路费征稽所征费窗口的延伸，由东海岛试验区管委会交通局代管。

12 月 9 日 市人民检察院、市公路局、省局路桥管理中心联合召开湛江公路建设项目预防职务犯罪工作会议。

△ 市公路局将湛江市赤坎区南桥南路 27 号的综合楼出租给湛江市赤坎区政府作为一站式社区服务中心，租用期限为 10 年。

12 月 16 日 省公路局纪委检查落实党风廉政建设西片会议在湛江召开。

12 月 21 日 市公路局在全省公路系统"三个文明"劳动竞赛中获"优胜奖"。遂溪分局、雷州分局、湛江渡口所、湛江收费站等 11 个单位获"先进单位"。

12 月 27 日 湛江市政府通知市公路局辖下的龙门收费站、洋村收费站、梅江桥收费站，定于 12 月 31 日 12 时撤销，被撤销的 3 个收费站债务分别纳入湛江市的南渡、徐闻、吴川 3 个收费站。

是年 市公路局养路费征收 2.32 亿元。

2005 年

1 月 8—9 日 省交通厅厅长张远贻、省公路局局长柳和平等领导到湛江检查交通公路工作，湛江市委常委、常务副市长阮日生陪同检查。

1 月 19 日 湛江市委决定免去朱辉的湛江市公路管理局党委书记、委员职务。

1 月 28 日 湛江市政府批准免去朱辉的湛江市公路管理局局长职务。

△ 全国治超领导小组副组长、交通部副部长冯正霖一行到湛江新桥治超执勤点检查指导工作。

2 月 1 日 市公路局成立县通镇公路改建工程招投标领导小组。

2 月 5 日 湛江市委常委、常务副市长阮日生带领市政府相关领导在市公路局领导陪同下到廉江公路分局横山养护站，对一线公路养护职工进行春节慰问。

2月24日　湛江市委常委、常务副市长、市交通重点工程建设指挥部总指挥阮日生主持召开办公会议，研究解决湛江疏港公路建设过程中的争议地、插花地等特殊个案处理问题。。

3月15日　市公路局举办"全国五一劳动奖章"获得者、湛江市劳动模范杨邓的保持共产党先进性事迹报告会。

3月31日　湛江市政府在廉江召开全市县通镇公路建设工作会议，市政府与各县（市）政府和市公路局签订县通镇公路建设责任书，明确要求在2005年年底全面完成湛江县通镇公路建设任务。

4月1日　湛江市委决定郭德应任湛江市公路管理局党委书记。

4月29日　郭德应任湛江市公路管理局局长；市公路管理局副局长刘兵调任市政府副秘书长。

5月13日　县道X667东西线K15+700—K23+300民安段公路改建工程开工。该路段沿线人口3万多人，途经11个村委会。该工程总投资550万元，由直属分局负责施工。

5月16日　市公路局决定将恒通公路开发公司综合楼划归收回管理使用（恒通公司至2003年12月终结破产程序）。

5月17日　市公路局召开第九届职工、第八届工会会员代表大会第四次会议。

5月23日　湛江市委常委、常务副市长阮日生主持召开市交通重点建设项目现场办公会议，研究加快渝湛高速公路粤境段、湛江疏港公路和国道G207线廉江良垌至遂溪关村仔段改造工程建设问题。

5月26日　市公路局与遂溪分局签订国道G207线廉江良垌至遂溪关村仔段改建工程的绿化工程协议；该工程由遂溪分局组织实施。

6月10日　市公路局决定对省道S287线廉江至遂溪段开设路口过多安全隐患实施整改。

6月15日　戴景礼、张景聪、谢康权荣获广东省公路系统"优秀养护工"光荣称号。

6月23日　湛江市召开治超工作会议，贯彻全国、全省2005年车辆超限超载治理工作电视电话会议精神；市公路局党委书记、局长兼治超办主任郭德应主持会议，市交通局、市交警支队、市公路局以及市治超办等部门负责人20多人参加。

6月29日　市公路局召开2005年纪检监察工作暨"七一"党员表彰大会。

7月1日　市公路局召开《中国路谱》广东省部分湛江辖区路谱资料填报（编写）工作会议并部署具体实施方案。

7月11—12日　省治超办理论组组长、省公路局路政处处长黄展等一行4人，到湛江检查指导公路治超工作。

7月28日　省安委会茂石化输油管道被占压隐患专项整治督查组到湛江市进行专项督查，听取湛江市政府、市公路局、茂石化公司关于管道被占压隐患整治的工作汇报。

△　根据湛江市地方志主管部门的工作要求，市公路局成立湛江公路史编写委员

会，开展《湛江公路史》续编工作。

8月4日　市公路局党委决定：同意各分局进行事业单位法人登记，经核准登记后成为单位法人。

8月27日　湛江市委常委徐志农，市政府交通顾问、市交通重点工程建设指挥部副总指挥陈杏明到疏港公路麻章区路段现场办公，研究解决工程建设征地拆迁等遗留问题。

8月31日　市公路局与柳州铁路局湛江工务段签订协议书，确定湛江公路国道交叉铁路道口警示标志由市公路局负责维护管理。

9月7日　湛江市纪委、市检察院在市公路局召开会议，重点研究县通镇公路建设项目路基桥涵工程内部竞价问题。

9月28日　遂溪分局女职工彭莉萍代表全省公路系统参加省交通厅在佛山举行的女职工"爱国、守法、诚信、知礼"演讲比赛中，获前4名的好成绩。

10月10日　市公路局成立企业改革工作领导小组。

10月17日　市公路局与北京多维路桥科技发展公司签订省道 S374 线、S290 线慢裂快凝改性乳化沥青微表处工程施工合同。

10月29日　市公路局调整行政执法监督领导小组成员。

11月15日　市公路局成立"迎国检"外业组、内业组、交通安全组、后勤接待组四个工作小组，做好公路国检的各项准备工作。

10月17日　市公路局与北京多维路桥科技发展公司签订省道 S374 线、S290 线慢裂快凝改性乳化沥青微表处工程施工合同。

11月17—25日　2005年全国干线公路养护与管理工作检查组在广东进行公路国检；其中抽检湛江国道 G207 线、G325 线路段。

11月23日　省公路局同意并授权市公路局对省道 S287 线遂溪至廉江段改建工程进行交工验收。

11月26—27日　省交通厅厅长张远贻率厅机关、省质监站、造价站和省公路局路桥管理中心有关人员到湛江检查渝湛高速公路粤境段、湛江海湾大桥、湛江疏港公路等重点工程项目建设情况。

12月31日　市公路局与团市委签订合作协议：双方决定对湛茂高速公路官渡出口至湛江市区坡头段公路两旁开展"青春共建绿色长廊"活动。

12月　省路桥管理中心委托市公路局负责国道 G325 线吴川收费站、G325 线青平收费站。G207 线南渡桥收费站、省道 S287 六遂线园岭仔收费站的收费管理工作，委托管理期限为一年。

△　湛江公路局征收公路规费达 2.53 亿元。

2006 年

3月21日　市公路局召开第九届职工、第八届工会会员代表大会第五次会议。

4月1日　市公路局行政执法工作综合考评成绩名列市级机关（全市 43 个行政

执法单位）第二名。

5月24日 以省公路管理局助理巡视员罗米足为组长的省政府治超检查组一行7人到遂溪、廉江公路治超点进行检查指导工作。

6月16日 湛江市公路学会组织80多名公路工程技术人员到湛江海湾大桥观摩主跨梁合龙技术，现场听取了海湾大桥工程指挥部技术主管介绍有关工程技术。

6月30日 市公路局党委被湛江市直工委授予"先进基层党组织"和"先进党委"称号。

7月1日 市公路局遂溪分局被湛江市委评为"先进基层党支部"。

7月25日 市公路局召开纪律学习月活动动员大会，局机关全体人员及各直属单位负责人近100人参加。

7月28日 市公路局组织"八一"拥军慰问团一行22人，慰问海军陆战旅特种团。

8月16日 省总工会基层工会部部长周王森一行在市总工会副主席肖光瑞的陪同下，到市公路局进行"广东省模范职工之家"检查验收工作。

8月31日 省公路局局长柳和平，带领省局计划、财审、路政、人事等处负责人到湛江对公路建设和管理工作开展调研。

9月1日 省公路局在遂溪召开湛江省道白流线二级公路改建工程二阶段设计外业验收会议。

9月12日 受广东省档案局委托，湛江市档案局联合遂溪县档案局对遂溪公路分局的省特级档案管理进行复查验收。

9月14日 省交通厅通报湛江县道X672（廉石）线二级路改建工程质量及招投标有关问题，督促相关单位及时整改，处理质量问题。

9月29日 市公路局与雷州分局联合驻点的雷州市客路镇高桥村委会彬家东村当选"湛江最美的村庄"。

10月10日 市公路局召开收费、路政管理工作会议，总结前三季度工作情况，部署第四季度工作任务。

11月5日 市公路局党委书记、局长郭德应，副局长陈华真、曹栋一行15人到河源市参观学习公路管理、公路改造和大道班建设先进经验。

11月15日 湛江市流动治超试点工作总结会议在市公路局召开。

11月21日 徐闻分局管养的省道S376线绿色通道建设通过省公路局的验收。

11月23日 省交通厅厅长张远贻、副厅长陈冠雄、省公路局局长柳和平等带领省厅、省局部门负责人到湛江调研工作。

11月26日 湛江疏港公路一期工程正式建成通车。全长30.67千米、总投资3.5亿元。并由市公路局直属分局正式接管疏港公路养护工作。

12月 湛江公路局征收公路规费达2.6亿元。

2007年

1月16日 市公路局、麻章区领导带队检查湛江市区西出口整治工程。

1月19日　湛江市政府秘书长李连和市公路局、遂溪分局，廉江分局等有关单位领导，到遂溪、廉江两县（市）交界地段，现场协调S290线分界危桥改造复工工作。

1月30日　国道G207线廉江良垌至遂溪关村仔段改建工程的建成通车，标志着广东省国道高等级公路改造任务完成。庆祝仪式在遂溪县城文化广场举行，省交通厅副厅长陈冠雄，湛江市委常委、常务副市长潘那生，市政府交通顾问陈杏明，市政府秘书长李连，茂名市政府副秘书长陈海亭，省公路局党委书记顾青波，省公路局局长柳和平等有关领导以及参加全省公路管理工作会议的代表参加庆祝仪式。

1月31日　省公路局党委书记顾青波、副书记匡训杰率省局慰问组到廉江良垌养护站进行春节慰问。

2月2日　市公路局举行路政执法培训班，全局路政执法人员60多人参加培训。

2月5日　市公路局机关乔迁入公路大厦主楼办公，并举办全市公路系统2007年迎春文艺会演。

2月8日　市公路局承建的拥军工程湛江军分区干休所道路建设工程完工。

2月10日　省道S290线遂溪沙古分界桥完工通车。

5月16日　市公路局召开全系统办公室暨政务信息工作会议。

5月21日　省治超检查组关永光一行4人到湛江检查调研，赞扬湛江治超三年成效显著。

7月25日　湛江市治超办召开全市治超流动巡查执法动员大会，全面铺开公路治超工作。

8月10日　湛江市遭受百年一遇的特大暴雨袭击，国道G207线黄麻桥被洪水冲垮。

9月6日　市公路局领导带队深入廉江六遂线石岭段、河唇路口、廉坡线以及城区各道路出入口现场办公。

9月18日　省交通厅召开全省道路运输管理工作会议，印发湛江市动静结合，促进治理超限超载运输上新台阶的经验材料。

9月19日　省公路局在湛江召开国道G325线文车至北罗坑段改线工程初测外业验收会议。

9月31日　湛江疏港公路海大路口至东海岛蔚律港一级公路可行性研究报告通过省、市专家组评审。

11月21日　市公路局获全省公路系统"养路费征收业绩优胜单位"称号。

12月3日　国道G325线塘尾至黄坡段被评为市"城乡清洁工程"样板路。

12月12日　省公路局党委书记顾青波、局长柳和平一行到湛江调研，并深入公路治超各个站点现场检查指导工作。

12月14日　省公路局检查组到徐闻分局对建、养、管、征工作及规范化管理进行评比检查。

12月25日　湛江市公路局网站正式开通。

是年　湛江公路局征收公路规费达2.66亿元。

2008 年

1月16日　市公路局党委全面学习贯彻落实党的十七大精神，在全局开展思想大解放学习讨论活动。

1月　廉江分局技术攻关小组自行设计、成功研制出一台效率高、性能好的大型移动式碎石机。

2月2日　市公路局召开抗寒救灾紧急会议，部署抗击冻害工作及春运工作。

2月29日　湛江市公路学会在湛江公路大厦召开第五次会员代表大会，来自全市交通公路系统26个团体会员共50多人参加会议。省公路学会、省公路局科技处、市科协、市民政局、市交通局、市公路局、市地方公路管理总站等单位领导到会指导工作。大会审议通过第四届理事会的工作报告，选举产生第五届理事会。

3月18日　市公路局召开2008年公路建设管理暨党风廉政建设工作会议。

3月24日　湛江市公路局赤坎养路费征收站从公路大厦副楼二楼，搬迁到赤坎区海田路120号新站房办理公路规费收费业务。

3月　2007年8月被洪水冲垮的国道G207线黄麻桥抢建工程全部竣工并通车。

△　省道S287线廉江九洲江开发区至廉江石岭镇石岭圩路段二级路改造工程竣工，全长8.12千米，工程总投资1200万多元。该路段建成通车疏通廉江通往广西的交通。

4月13日　凌晨2时许，吴川黄坡镇遭受一场龙卷风突袭，大树连根拔起，棚屋瓦房倒塌。吴川分局中山道班和国道G325线黄坡路段位于龙卷风中心受损严重，道班房门窗破碎围墙倒塌；国道受倒树影响交通一度受阻。吴川分局及时组织抢险清除路障，上午8时许恢复国道交通。

4月21—22日　省公路局局长柳和平一行到湛江调研公路工作。

5月14日　市公路系统干部职工为汶川地震灾区捐款26.77万元。

5月19日　湛江市委常委、常务副市长潘那生到市公路局现场办公，解决市重点公路建设项目存在的困难和问题。

5月26日　国道G325线湛江石门大桥扩建工程正式动工。

△　市公路局党员积极交纳抗震救灾"特殊党费"共92287元，其中交纳"特殊党费"超过1000元的党员28人。

6月30日　市公路局党委召开纪念中国共产党成立87周年暨"七一"表彰大会，表彰先进基层党组织、优秀党员和优秀党务工作者。

7月15日　廉江分局工会获全国"模范职工之家"称号。

8月5日　市公路局在吴川分局举行防风救灾应急演练。市局领导及安全科、养护科、监察科等科室负责人，各分局分管安全工作领导、安全员及吴川市政府、湛江市安监局、吴川市安监局领导共120多人在现场观摩。

8月6日　受是年第9号台风"北冕"影响，湛江普降暴雨，尤其徐闻、雷州遭受了百年一遇的洪涝灾害，国道G207线、省道S289线、S376线多个路段路堤塌坍，桥梁出现险情，公路水毁严重，交通中断；省养公路经济损失约 2600 万元。各级公路部门启动抗灾抢险应急预案，省、市公路局领导连夜驱车赶赴徐闻指挥抢险救灾，迅速组织公路职工投入抢险救灾，在当地政府和公安交警及武警官兵支援下，经过近 17 个小时的艰苦奋战，至 7 日下午 5 时，交通中断路段全部恢复畅通。

8 月 15 日　市公路局在徐闻召开养护工作总结会议，与会人员到海南省定安县和琼海市参观了公路养护道班及水沟植草样板路，并听取海南省琼海分局公路养护经验介绍。

8 月 28 日　国道 G325 线文车至北罗坑段改建工程正式动工建设。

9 月 4 日　省道 S374 线平乐至洋青段改建工程竣工档案通过省局派遣验收组的验收。

9 月 17 日　市公路局召开 2008 年办公室暨政务信息工作会议，会议表彰 2007 年度市公路局政务信息工作先进单位和个人，并组织与会人员到徐闻县参观公路绿化及社会主义新农村建设。

9 月 19 日　省公路局在湛江召开国道 G325 线文车至北罗坑段改建工程初测外业验收会。该改建工程是湛江市交通公路"十一五"规划中重点建设项目。

9 月 24 日　强台风"黑格比"于 24 日凌晨 6 时 45 分登陆电白，挟风裹雨横扫吴川、廉江，公路路树几乎摧毁，国道 G325 线覃巴、中山路段，省道塘企线、蓬吴线公路路基、挡土墙、涵洞口多处坍塌、毁坏，公路交通一度中断；三丫、大桥、中山三个班围墙全部倒塌，班房门窗损坏，台风水毁造成公路部门损失达 380 万多元。

10 月 5 日　省公路局党委书记顾青波一行到湛江调研，现场调研蓬吴线、梅录至浅水高速路连接线、沙塘公路、梅塘线、吴川市水口渡大桥等路桥现状和规划情况。

10 月 27 日　市公路局在雷州市召开养护工作会议。市局主要领导、市局养护科、计划科、财审科、办公室等部门负责人，雷州分局领导班子成员，其他各分局局长、分管养护副局长、生产股长等近 40 人参加。与会人员实地观察国道 G207 线公路养护现场。

11 月 5 日至 7 日　市公路局组织党务工作人员 15 人参加市直工委举办的党务工作者培训班学习。

11 月 25 日　湛江市委召开会议，学习贯彻中共中央政治局委员、广东省委书记汪洋视察湛江时的重要讲话精神，听取各单位就重点项目进展情况的汇报。市公路局重点工程项目进展获市领导赞扬。

12 月 2 日　由省交通厅副厅长徐欣带队的省治超检查组到湛江检查治超工作，检查组认为湛江市治超工作措施得当、工作得力、成绩突出，希望湛江的治超工作继续走在全省前列。

12 月 3 日　市公路局决定从即日起限制宽度 2.2 米以上的车辆通行省道六遂线合江大桥。

12 月 4 日　广东省发展和改革委员会批文同意湛江市建设海大路口至蔚律港疏港公路。

是年　湛江公路局征收公路规费达 3.08 亿元创历史新高。

2009 年

1 月 1 日　全国实行税费改革，取消公路规费，实施征收燃油税，

△　按照省交通运输厅的统一部署，市公路局停止行使行政处罚和行政强制两项具体行政行为。

1 月 18 日　湛江海大路口至蔚律港疏港公路先行工程东海岛跨海大桥开工。

2 月 12 日　遂溪分局、公路机修厂获"2007—2008 年度广东省公路系统勤政廉政先进单位"称号。

3 月 19 日　市公路局召开 2009 年公路建设管理暨党风廉政建设工作会议。全市公路系统近 200 名代表及省公路管理局党委副书记李光宏，市政府副秘书长黄光，市纪委常委、监察局副局长陈琼，市交通局副局长周华等特邀嘉宾参加。

3 月 31 日　市公路局在直属分局召开 2009 年路政管理工作会议。

4 月 1 日　市公路局与市交通局签订行政执法委托书，接受市交通局的行政委托，继续行使路政处罚和路政强制两项具体行政行为，履行公路管理机构维护路产路权的职责。

4 月 1 日　市公路局邀请湛江师范学院副教授王栋进行深入学习实践科学发展观专题讲座辅导。局机关及直属各单位的 80 多名党员参加。

4 月 3 日　市公路局被湛江市委、湛江市政府授予"2008 年度'十百千万'干部下基层驻农村推进固本强基工程先进单位"称号。

4 月 8 日　市人大、市政府、市政协在市政府联合召开湛江市建议提案办理工作会议。市委副书记、市长阮日生点名表扬市公路局的建议提案办理工作。

4 月 22 日　湛江市公路会计学会召开第四届换届理事会议，市公路局、市财政局、市科联、市民间组织管理办公室等有关部门领导及市公路会计学会理事成员共 77 人参加，选举产生第五届理事会。

4 月 23 日　省公路局党委书记顾青波一行实地调研省道 S286 廉坡线、省道六遂线合江大桥及县道 X672 廉石线等工程施工现场，并在廉江分局召开有关工作会议。

4 月 28 日　市公路局成立实施车辆通行费年票制筹办工作领导小组，正式启动实施年票制筹办工作。

5 月 2 日　省道 S287 线合江大桥施工过程中，架桥机发生翻侧，造成一死一伤的安全事故。事故发生后，市公路局领导及时赶到现场处置，组织抢救伤亡人员，安抚伤亡人员家属。

5 月 5 日　市公路局在廉江分局组织召开"5·2"伤亡事故现场会。通报事故经过，剖析事故原因，反思事故灾难。局党委班子成员、分局和直属单位领导、机关科长及安全员等 60 人参加。省公路局助理调研员郭美亮、主任科员陆锦涛到会督导工作。

5 月　省公路局在湛江公路技校举办两期省公路系统汽车养路费征稽人员转岗培

训班。来自茂名、阳江以及湛江三个市公路局的征稽人员共267人参加。省局科教处何振星处长、湛炳坚副处长结合当前形势对养路费征稽人员的安置分流政策进行介绍，对学员提出了指导意见和具体要求。

6月3日　湛江市委老干局副局长谢那静带领老干检查组，到市公路局检查指导老干工作并召开离退休干部座谈会。

6月10日　湛江渡口所与湛江鑫宇化工有限公司合作成立的湛江宝盛投资有限公司鑫龙造船厂在湛江渡口东岸码头举行投产仪式。

6月　湛江公路技校举办职工晋升技术等级考核培训班，完成了交通公路及市政系统180名工人晋升技术等级考核任务。经过考核98%以上的职工晋升上一个档次的技术等级。

△　市公路局积极开展"安全生产月"活动，组织安全生产知识竞赛，各分局及直属单位14支代表队参加。公路技校、吴川分局、青平收费站分别获一、二、三等奖。

7月23日　中国共产党湛江市公路管理局第一次代表大会胜利召开；全市公路系统正式代表98名、列席代表11名参加。

8月5日　东海跨海大桥第一片预应力混凝土预制小箱梁成功架设，标志着项目建设施工进入新的阶段。

8月18日　市公路局召开深入学习实践科学发展观活动总结大会，局机关党员、各单位党支部（总支）委员共80人参加。

8月21日　市公路局与市检察院联合召开东海岛疏港公路建设项目专项预防职务犯罪工作会议。

9月22日　市公路局召开公路工程建设工作会议，市局正科以上干部，各分局局长、直属相关单位主要领导，各工程项目管理处负责人、各项目各标段施工单位负责人、监理监督单位负责人，五县四区分管交通工作领导、交通局领导、国土局领导共70多人参加。

9月27日　湛江市官渡互通立交出入口改造工程施工图设计通过专家评审。

9月29日　湛江市团委授予东海岛疏港公路建设项目部东海岛跨海大桥施工队"青年先锋队""湛江疏港公路建设项目团支部"旗帜。

10月　市公路局建立60万元退休职工住房基金，帮助湛江公路系统养路职工告别危房和茅草房，改建住房给予每户补助1.5万元。

11月10日　石门大桥扩建工程最后一片T梁成功架设，完成桥梁主体工程。

11月18日　湛江市实施路桥收费年（次）票制听证会在市物价局举行。参加听证会人员33人，对路桥收费年（次）票制实施方案发表看法和建议，持赞成意见的有31人，持反对意见的有2人。

12月23日　省公路局在湛江召开全省公路收费工作座谈会。省局党委副书记李光宏、省局收费处负责人、各地市公路局分管领导及收费科科长等共60余人参加。

12月28日　湛江市公路学会召开五届二次理事会议，与会人员参观考察东海岛跨海大桥施工现场，观摩大桥第三标段196T预制梁吊装情况。

2010 年

1月17日　县道 X672 廉石线路面改造工程竣工通车；湛江市领导陈耀光、潘那生、王中丙、赵志辉，廉江市四套班子成员，市公路局领导成员及各科室负责人等参加通车仪式。

1月18日　省道 S287 六遂线合江大桥经过 15 个月的紧张施工，建成通车。

1月18—23日　市公路局举办公路系统职工男子篮球赛。

1月19日　省公路局安全生产责任制考核小组到湛江考核市公路局安全生产工作。

3月16—17日　市公路局召开 2010 年公路建设管理暨党风廉政建设工作会议，市委常委、常务副市长王中丙出席并讲话。

3月24日　市公路局召开 2010 年全市路政管理工作会议。市局、各分局及渡口所分管路政领导、有关科室负责人及全体路政人员共 80 多人参加。省公路局副局长王军、路政处张志刚到会指导工作。

3月30日　省交通厅副厅长、省公路局党委书记顾青波率养护处、办公室等领导一行到湛江现场调研公路建设、养护和迎"国检"等方面工作。

4月12日　市公路局召开国省道里程桩号传递布置工作会议。

4月16—17日　省公路局国检预检小组副处长张红英一行 6 人到湛江检查指导路政工作；认为湛江市公路管理路政档案可作为全省的公路国检样本。

4月22日　市公路局在东海岛疏港公路跨海大桥施工现场举行施工安全应急演练。

4月27日　省公路局局长柳和平带领省局计划处、基建处、养护处、办公室及省路桥管理中心、省路桥规划勘察中心、省公路工程质量监测站的有关领导到湛江调研"迎国检"公路大修工程进展情况。

4月28日　在全省公路信息暨办公室主任会议上，市公路局被授予"2009 年度省公路系统政务信息工作先进单位"称号。

5月7日　国道 G207 线雷州路段迎国检大修工程全线开工。

5月7日　湛江公路系统干部职工向青海玉树地震灾区捐款 13.53 万元。

5月22日　东海岛跨海大桥第三标段最后一片梁架设完成，至此第三标段的主体工程全部完成，比合同工期提前半年左右。

6月4日　湛江海大路口至蔚律港疏港公路第六合同段红星水库跨海大桥第一片预应力混凝土预制小箱梁顺利架设完成，标志着红星水库大桥项目桥梁架设工作正式开始。

6月11—12日　新疆哈密地区交通局管理人员研修班一行 29 人，在省公路局副巡视员庞新民、科技教育处调研员宋贵均陪同下，到湛江进行交通公路工作考察。

6月23日　市公路局党委召开纪念中国共产党成立 89 周年暨"七一"表彰大会，表彰先进党组织、优秀党员、优秀党务工作者。

6月30日 "广东扶贫济困日",市公路系统干部职工捐款35万多元。

7月22日 是年第3号台风"灿都"在吴川沿海登陆,公路受损严重,市公路局干部职工奋战18小时,积极抢险救灾,保障公路畅通。

7月25日 市公路局邀请湛江中心人民医院心血管党总支24名医务工作者为雷州市南兴镇东吴村贫困户和风灾群众义诊送医送药。当天为群众义诊159人,赠送医药价值1000多元。

7月28日 市公路局、市水利局领导到市公路局扶贫点雷州市南兴镇东吴村开展水库区移民扶贫工作专题调研,寻求水利部门综合利用国家水库移民政策,帮扶贫困户脱贫。

8月12日 市公路局帮助修建东吴村委会6个自然村总长为8.5千米的道路开工,并赠送18头耕牛给对口帮扶的该村18户贫困户。

8月30日 湛江市四套班子领导及沿线区、镇政府领导参加东海岛大桥合龙和国道G325线文车至北罗坑一级公路试通车仪式。

10月14日 市公路局完成年度四类公路交通量比重和车速调查工作。

10月30日 市公路局女职工参加全省公路系统女职工环保手工艺品制作比赛,分别获一、二、三等奖。

11月16日 省道S286廉坡线廉江至平坦23千米路段路面改造工程举行试通车仪式。

11月17日 市委常委、常务副市长王中丙在东海岛疏港公路工程管理处主持召开加快重点项目进度联席会议。

11月19日 市公路局在湛江公路技校举行消防应急演练,有40多名安全管理人员参加。

12月9日 广东省公路职工政治思想工作研究会西片第二十次年会在湛江召开。省公路职工政研会、肇庆、云浮、江门、阳江、茂名、湛江等6市公路职工政研会会长、秘书长参加,湛江市公路局各分局、直属各单位和机关各科(室)负责人列席会议。省公路局监察室主任许桂宣、省公路职工政研会秘书长郭小华到会指导工作。

12月20日 吴川市蓬吴线公路新建工程开工暨中段大修及梅塘线通车仪式在长歧镇沙尾村现场举行。

12月21日 市公路局在徐闻召开国道G207线海安入港段改建工程交工验收会,会议认为该工程质量符合设计和评定技术标准要求,该项工程竣工意味着湛江市境内的国道G207线基本改造完毕。

12月22日 省扶贫工作考评组对市公路局对口帮扶的雷州市南兴镇东吴村进行年度扶贫开发"双到"工作全面考评,工作总评为优秀。

12月28日 湛江市海大路口至蔚律港疏港公路第1至第3合同段(含东海岛大桥)完工,并试通车。

2011 年

1月4—15日 市公路局在湛江公路技校举办收费人员转岗技术等级培训。100

多名转岗人员经培训、考试通过转岗技术等级考核。

1月7日　省公路局局长柳和平一行到湛江调研国道G207线、G325线"迎国检"路段大修工程进展情况。

1月13日　市公路局举行公路系统迎春职工拔河比赛，各分局及直属单位共12支代表队参加比赛。徐闻分局获冠军，廉江分局获第二名，渡口所、雷州分局并列第三名，公路技校、吴川分局并列第四名。

1月18日　省道外西线徐闻县大水桥两头水堤坝段加宽改造工程竣工通车。

2月20日　吴川分局覃巴养护站获中国海员建设工会全国委员会"工人先锋号"称号。

3月9日　市公路局被评为"湛江市2010年度爱国卫生标兵单位"。

3月15日　市公路局召开2011年公路建设管理暨党风廉政建设工作会议。全市公路系统近200名代表及湛江市委常委、常务副市长王中丙，市政府副秘书长黄光，市交通运输局副局长周华，市纪委党廉室主任孙黄洲等特邀嘉宾参加。

3月21日　湛江市召开2011年度建议提案办理工作暨表彰大会，市公路局被评为"先进单位"，林盛智被评为先进个人。

4月3日　湛江市交通综合行政执法人员岗位培训班第一期开学典礼在湛江公路技校举行。省交通运输厅执法局、市交通运输局和各县（市、区）交通运输局的有关领导出席开班典礼。全市500多名学员分为11期培训，每期14天，采取半封闭式脱产培训。

4月7—9日　2010年全国干线公路养护管理检查组到湛江检查，抽检湛江国道G207线全线、国道G325线部分路段。

5月11日　市公路局对国道G207线湛江市路段（龙门至海安段）交通安全设施整治工程进行验收，并同意交由养护单位管养。

5月29日　吴川市重大基础设施工程项目蓬吴线吴川段小东江大桥和袂花江大桥正式开工建设。省道S285线蓬吴线一期吴川龙首高速公路出口至市区段，全长7.6千米，其中小东江大桥长217.54米，袂花江大桥长185.54米，工期609天，总造价约1.1亿元。该项目业主单位是湛江市公路管理局，由广州市政集团有限公司施工，湛江市交通工程质量监督站监督，佛山市盛建公路工程建设监理有限公司监理。

5月31日　市委、市政府授予市公路局"湛江市2010年度扶贫开发'规划到户、责任到人'工作先进单位"称号。

6月22—24日　在湛江市庆祝中国共产党建党90周年红色经典群众歌咏大赛暨首届合唱节上，市公路局合唱队获初赛金奖、决赛银奖。

6月28日　湛江市委、市政府为庆祝中国共产党诞辰90周年，开展"送关爱、促和谐、保进度"慰问活动。湛江市委常委、常务副市长王中丙带队深入工地，慰问在建的东海岛疏港公路工程第5合同段的党员、工人。

△　市公路局举办为期7天《公路安全保护条例》学习培训班，特邀市委党校教授刘国军给学员解读《公路安全保护条例》；市局机关以及各分局路政执法人员共100余人参加。

6月30日　市公路局举办庆祝建党90周年，建设"幸福公路"演讲比赛，来自各单位的16名选手参加比赛；局领导、各分局、直属各单位的领导成员、局机关全体党员等共150人观看比赛。

7月19日　市公路局组织技术人员勘察省道客江线河头至江洪段22.23千米公路损毁情况，并委托公路勘察设计院抓紧编制该路段大修的工程可行性研究报告，对该路段进行立项大修。

8月16日　湛江市公路学会2011年年会暨公路路面技术讲座在湛江市公路大厦举行。

8月18日　市公路局举行公路系统公路养护站管理系统操作应用技能竞赛，并邀请养护大道班管理系统开发商珠海联迪软件公司技术专家进行专业技术指导。6个分局各选派3名一线养护工通过同台竞赛，最后决出一等奖选手3名（遂溪分局戴景礼、郑少镭、廉江分局林家翘）参加广东省公路养护大道班管理系统养护工操作应用技能竞赛。

8月　市公路局在雷州举办公路养护技术培训班，各分局、各养护站等有关人员约80多人参加培训。邀请中山辛美来亚、广州天翔、肇庆佳理等机械设备公司进行了讲课及现场养护机械操作演示；

9月21—22日　省公路局局长柳和平带领有关处室负责人到湛江检查迎"国检"大修工程工作情况。

9月29日　是年台风"纳莎"吹袭湛江，市公路局组织干部职工全力抗击抢险，保障公路畅通。

9月　湛江市公路学会组织工程技术人员撰写论文，参加"湛江市第八届自然科学优秀论文和优秀建议奖"评选活动，获二等奖1个；三等奖1个。

10月10日　市公路局在雷州召开公路养护技术培训会议，各分局分管领导、专业工程技术人员、养护站长等共90多人参加。

10月12日　遂溪县委书记林少明、代县长高诚苗带领遂溪县相关领导到市公路局调研遂溪县省养公路建设养护工作，局党委书记、局长郭德应，副书记、副局长陈华真及相关科室领导参加调研会。

10月19—20日　湛江省养公路开展为期24小时的2010年度四类公路机动车交通量和车速调查。

10月28日　市公路局副局长李志正、戴范、副调研员冯滨等领导带领干部职工到卫生责任街区开展创卫清洁大行动。

11月1日　省公路局工会举办全省公路系统"身边的感动"为主题的征文比赛。市公路局一批优秀征文参加全省公路系统的征文比赛，分别获二等奖、三等奖。

11月10日　直属分局政研会被省局西片政研会第二十一次年会评为先进单位，一批优秀政研论文获政研会表彰。

11月15日　广东省政协副主席覃卫东率队到市公路局扶贫帮扶点雷州市南兴镇东吴村委林宅村调研。

12月11日　直属分局湖光公路养护站举行乔迁仪式。市公路局领导、市局有关科室及直属分局领导、各股室干部、湖光养护站全体职工等共 80 多人参加。

12 月 25 日　市公路局扶贫点东吴林宅村举行文体活动中心揭牌暨环村路通车庆典活动，市公路局，市水务局，雷州市民政局、雷州南兴镇政府等有关领导参加。

12 月 27 日　湛江市委书记刘小华率队到市公路局和市交通运输局调研。市委常委、常务副市长赵志辉，市委秘书长胡海运陪同调研。

12 月　市公路局党委决定给予直属分局原副局长庄平行政开除和开除党籍处分。

2012 年

1 月 15 日　省扶贫考核验收工作组到市公路局扶贫帮扶点雷州市南兴镇东吴村考核验收扶贫开发"规划到户、责任到人"工作。

1 月 20 日　市委副书记、市长王中丙带领相关单位及吴川、廉江市领导到省道 S285 廉坡线施工现场，检查廉坡线建设和春运保畅情况。

1 月 22 日　市公路局召开 2013 年春运暨养护大中修管理工作会议。

2 月 14 日　湛江、茂名两市公路局在湛江举行工作座谈会，探讨在新形势下抓好公路建设和养护管理工作。

2 月 22—23 日　省公路局副书记李光宏率领省局收费与科技教育处处长刘瀚飙、调研员王文武、副处长湛炳坚、副处长柯建雄、副处长靳迎等一行 8 人莅湛调研科技教育、公路收费工作。市公路局副局长李志正及市局有关科室人员陪同调研。

2 月 28 日　市公路局召开 2012 年公路建设管理暨党风廉政建设工作会议。

3 月 14 日　市公路局召开"机关作风整治年"活动动员大会，

3 月 21 日　市公路局党委书记、局长郭德应，副局长戴范及相关科室人员一行到吴川分局调研。并会同吴川市委书记曹兴、市长江毅等领导在 S285 蓬吴线施工现场办公，解决工程建设问题。

4 月 18 日　省交通运输厅副厅长、省公路局书记顾青波、省公路局局长柳和平率队莅湛调研公路建设管理工作，实地察看国道 G207 线大修状况，并到市公路局召开座谈会听取湛江公路建设管理情况汇报。

4 月　湛江市政府确定市公路局为数字湛江地理空间框架建设应用示范 5 个单位之一。

5 月 3 日　湛江市公路车辆通行费征收管理中心挂牌成立。市政府决定从 2013 年 1 月 1 日起湛江继续试行路桥车辆通行费年票制。

5 月 7 日　曾卫权任湛江市路桥建设发展有限公司董事长；郑华友任湛江市路桥建设发展有限公司总经理。

5 月 16 日　湛江市委副书记、市长王中丙，市委常委陈岸明在市公路局副局长戴范等陪同下到省道 S285 线吴川龙首至市区改建工程施工现场进行调研。

5 月 27 日　市公路局邀请市政府督办科、市主流媒体以及施工方来到省道 S373 线邦塘至唐家路段现场观摩路面升级改造工程；昔日颠簸的差等路如今成为优良高等级路。

6月4日　市公路局组织湛江晨鸣木浆项目外围配套工程——县道 X684 线百龙至城月段路面大修工程交工验收，该工程质量评分为 91.1 分，工程质量等级合格。该路段全长 14.17 千米，设计行车速度 40 千米/小时，设计荷载：汽-20，挂-100。

6月21日　市公路局召开职工教育培训工作座谈会，市局副局长蒋夕文、市局有关科室，各单位负责人 40 多人参加。

6月29日　市公路局举办"公路安全知识"讲座，市局安委会成员、各单位分管领导、安全员 60 多人参加。随后与会人员到省道 S286 线廉江石城路段，现场观摩公路水毁现场应急演练。

6月　省公路局培训中心派员到湛江，查证公路技校负责人违章托运丢失北京交通大学远程学历教育 2009 级（60 人）学员毕业证书事件。

7月8日　省道 S286 廉坡线路面改造工程正式竣工试通车。

7月28日　省公路职工教育培训中心在湛江公路技校举办湛江市公路与桥梁养护及维修技术继续教育培训班，来自湛江市交通公路系统的 176 名工程技术人员参加学习并通过理论测试，成绩合格者取得了《广东省专业技术人员继续教育证书》。

8月17日　是年第 13 号强台风"启德"在麻章区湖光镇登陆，中心风力达 13 级，阵风 14 级，给湛江造成巨大经济损失，省养公路系统直接经济损失达 9421 万元。

8月22日　市公路局直属分局在抗击是年第 13 号强台风"启德"工作中表现突出，及时抢修水毁公路，确保公路安全畅通，被湛江市委、市政府评为全市防风抗风"先进单位"。

9月18日　湛江市公路学会举办公路桥梁维修加固技术交流讲座，邀请北京特希达交通勘察设计院教授魏洪昌讲授《公路桥梁维修加固技术》、市公路局袁伟强工程师讲授《公路桥梁日常养护技术》。湛江市科协、市公路局、市公路学会有关领导、理事成员、工程技术人员等 100 多人参加。

9月21日　市公路局召开国庆节假期收费公路免收小型客车通行费工作会议，并成立专责工作领导小组。

9月27日　省公路局纪委书记陈超华带队莅湛检查国庆假期收费公路免收小型客车通行费工作情况，市公路局副局长蒋夕文陪同检查。

11月2日　市公路局召开 2012 年公路养护工作现场会，与会人员现场观察省道 S375 线遂溪河头段水毁路面修复情况。

11月　省道 S287 线塘蓬段路面大修工程正式动工。

12月　国道 G325 线文东东桥加固维修工程及省道 S373 线安榄桥段路面大修工程正式动工。两项工程于 2013 年 1 月完工。

第一章　机构设置

第一节　公路机构概况

1990年始，按照《广东省公路管理体制改革方案》，广东省公路系统实行省、市、县分级管理。湛江公路局（简称"市公路局"）作为湛江市公路管理机构为事业性质单位，隶属于湛江市委、市政府、省公路局领导；组织上接受湛江市委、市政府领导，业务上接受省公路局垂直管理为主。

1991—2001年，湛江公路局机关办公地址位于湛江市赤坎区南桥南路42号。2002年1月，湛江公路局机关迁至湛江市赤坎区康顺路38号公路大厦副楼办公。2002年9月，广东省湛江公路局改称为"广东省湛江市公路管理局"；2003年3月，广东省湛江市公路管理局改称为"湛江市公路管理局"。2006年，市公路局机关由公路大厦副楼搬到主楼办公。2009年前，市公路局机关及其下属事业单位的经费来源在征收的公路规费返还中安排；从2009年1月开始，市公路局经费来源从燃油税返还中列支。

1991年，湛江公路局下属单位20个，其中公路分局6个（直属分局、廉江分局、吴川分局、遂溪分局、海康分局、徐闻分局）；直属单位14个（湛江渡口所、机械材料供应站、第一、第二、第三工程处、设计室、质监站、公路技校、机械修配厂、湛江收费站、局船厂、医务所、幼儿园、恒通公司）。全局在职职工2845人（其中固定工2027人、合同工673人、临时工145人）。全局有专业技术人员242人，其中高级职称4人，中级职称32人，初级职称206人。

1992年8月，经湛江市机构编制委员会批准，湛江公路局成立湛江公路工程大队，为湛江公路局下属科级事业单位；湛江公路局第一、第二、第三工程处改称为湛江公路工程大队第一、第二、第三工程处；市局设计室改称为湛江公路工程大队设计室。上述单位改称后原机构规格和性质不变。

1993年，湛江公路局增设赤坎养征站、霞山养征站。

1994年，鉴于海康撤县设市改称雷州市，湛江公路局海康分局改称为湛江公路局雷州分局，隶属关系不变。

1995年4月，湛江公路局设立国道G325线青平收费站。

2001年2月，湛江市中级人民法院裁定，湛江恒通公路开发公司进入破产还债程序，恒通公司由法院清算小组接管。

2002年8月，根据《湛江市公路管理局机构编制方案》，市公路局机构改革，设置直属事业单位5个：湛江公路工程质量监测站、湛江公路技校、湛江渡口所为正科级事业单位，湛江收费站和青平收费站由原来的正股级事业单位升格为副科级事业单位。湛江公路工程大队、第一、第二、第三工程处、材料供应站、机修厂、设计院由事业单位改制为企业单位。市公路局撤销局医务所、幼儿园，局船厂并入湛江渡口所。市公路局属下分局 6 个、直属单位 14 个；全局在职职工（含固定工、合同工、临时工）3535 人。

2009 年 12 月，市公路局撤销青平收费站。

2010 年，按照省政府有关事业单位分级分类管理的规定，市公路局主要任务有所调整，取消"组织公路养路费等公路规费的征稽"职责；增设"对全市公路收费站（点）实施行业管理；负责指导全市通行费年票征管工作""承担全市公路交通战备、应急抢救工作"等项职责。是年 12 月，根据省政府《印发广东省成品油价格和税费改革实施方案的通知》，市公路局完成赤坎、霞山养征站撤站和征稽人员分流安置工作。

2011 年 11 月，湛江市编委批复同意成立湛江市公路车辆通行费征收管理中心，为市公路局管理的公益三类事业单位（正科级）。

截止 2012 年底，市公路局下属分局 6 个（徐闻分局、雷州分局、遂溪分局、廉江分局、吴川分局、直属分局），直属单位 12 个（工程大队、第一、第二、第三工程处、机械材料管理站、设计院、质监站、机修厂、公路技校、湛江渡口所、湛江收费站、车辆通行费征收管理中心）。全局在编干部职工 4108 人，其中在职职工 2640人（固定工 853 人，合同制工 1539 人，临时工 248 人；其中技师 10 人、高级工 927人、中级工 318 人）。全局共有专业技术人员 473 人，其中高级工程师 20 人，工程师152 人，初级职称技术人员 237 人；高级经济师 1 人，经济师 1 人；高级会计师 1 人，会计师 7 人；高级政工师 11 人，政工师 43 人。

第二节　行政管理机构

一、市公路局行政管理机构

（一）市局领导班子

市公路局实行党委集体领导下分工负责制，副职协助正职工作，各司其职，各负其责，全体领导成员对党委工作负责。

1991 年 11 月，湛江公路局党委书记吴启明离任，局长蒋绍裘兼任党委书记职务。

1992 年 2 月，王袖任湛江公路局副局长并增补为局党委委员。由于局党委领导成员变动，局领导分工如下：

蒋绍裘（党委书记、局长）主持党政全面工作，兼管人事、组织、计财、养征、工程师室、设计室工作。

伍锋（党委副书记）分管党务、宣传、统战、老干、纪检监察、工会、共青团工作。

何杰生（党委委员、副局长）分管机械、渡口、材料供应、审计工作。

王袖（党委委员、副局长）分管行政办、劳资、保卫、计划生育、生产安全、职工教育工作。

王如文（党委委员、副局长）分管工程、养护、路政、劳动竞赛工作。

1993年6月，王佳任湛江公路局纪委书记。

1994年1月，王袖任湛江公路局党委书记，并主持全面工作。何杰生被免去党委委员、副局长职务，任调研员。

1994年12月，杨为真任湛江公路局副局长并增补为局党委委员。

1994年12月，由于局主要党委成员工作变动，局领导分工如下：

王袖（党委书记、副局长）负责局的全面工作。兼管组织、人事、计财、党务、计划生育、审计、老干部工作。

伍锋（党委副书记、副局长）分管工程、劳资、安全生产、宣传、统战、设计、总工室工作。

王如文（党委委员、副局长）分管养护、路政、机械、保卫、劳动竞赛工作。

杨为真（党委委员、副局长）分管养征、行政、渡口、材料供应、工会、团委工作。

王佳（党委委员、纪委书记）分管纪检、监察、第三产业工作。

1995年5月，黄华钧任湛江公路局局长、党委副书记。

1995年7月，局党政领导班子成员具体分工调整如下：

王袖（党委书记、副局长）负责党务全面工作，主管组织、人事、宣传、养征、计划生育、老干、统战工作。

黄华钧（党委副书记、局长）负责行政全面工作，主管计财、审计、养护（路政）工作。

伍锋（党委副书记、副局长）分管工程、劳资、总工室、设计室、安全生产工作。

杨为真（党委委员、副局长）分管行政、渡口、机械、保卫、工会、团委、材料供应工作。

王佳（党委委员、纪委书记）负责纪检、监察工作，兼管局第三产业工作。

1995年12月，湛江公路局党委书记王袖调任，朱华生任局党委书记。

1996年1月，鉴于局党委主要成员工作变动，局领导分工如下：

朱华生（党委书记）负责党务全面工作，主管组织、人事、宣传、路政、计划生育、老干、统战工作。

黄华钧（党委副书记、局长）负责行政全面工作，主管计财、审计、养护、养征工作。

伍锋（党委副书记、副局长）分管工程、劳资、总工室、设计室、安全生产工作。

杨为真（党委委员、副局长）分管行政、渡口、机械、保卫、工会、团委、材料供应工作。

王佳（党委委员、纪委书记）负责纪检、监察工作，兼管局第三产业工作。

1996年1月，张炳积任局党委委员。

1997年2月，郭德应任湛江公路局副局长并增补为局党委委员。

1997年4月，吴民华任湛江公路局副局长并增补为局党委委员。

1997年5月，因局党委主要成员工作变动，局领导分工如下：

朱华生（党委书记）负责党务全面工作，主管组织、人事、宣传、计划生育、老干、统战、劳动竞赛工作。

黄华钧（党委副书记、局长）负责行政全面工作，主管计财、审计、养征工作。

伍锋（党委副书记、副局长）分管工程、劳资、总工室、设计室工作。

杨为真（党委委员、副局长）分管行政、渡口、机械、工会、团委、材料供应工作。

吴民华（党委委员、副局长）分管行政、第三产业工作，协管路桥收费工作。

郭德应（党委委员、副局长）分管养护、安全生产、保卫工作。

王佳（党委委员、纪委书记）负责纪检、监察工作。

1999年，中央纪律委员会查处湛江"9898"走私案件，同年9月，市公路局副局长吴民华行贿受贿被开除党籍，行政开除处分。同年10月，局长黄华钧被撤销职务调离湛江公路局，湛江公路局党委书记朱华生主持全面工作。

1999年12月，张振林任湛江公路局副局长并增补为局党委委员。

2000年8月，杨为真被免去湛江公路局副局长、党委委员职务，办理退休。

2000年10月，局领导班子成员调整分管工作：

朱华生（党委书记）负责党政全面工作，主管组织、人事、宣传、计财、审计、养征、计划生育、老干、统战工作。

伍锋（副书记、副局长）分管工会、工程、劳资、总工室、设计室工作。

张振林（副局长）协助朱华生书记抓养征工作；分管行政、安全生产、保卫工作。

郭德应（副局长）分管养护、路政、机械、渡口、机械材料供应站、机修厂、湛江渡口所、船厂等工作。

王佳（党委委员、纪委书记）负责纪检、监察工作。

2000年11月，朱辉任湛江公路局副局长主持行政全面工作；刘兵任湛江公路局副局长并为党委委员候选人。

2000年12月，市委决定：朱辉任湛江公路局党委副书记；免去朱华生局党委书记、委员职务。刘兵增补为湛江公路局党委委员。

2001年1月，因市公路局党委主要成员工作变动，局领导分工如下：

朱辉（党委副书记、副局长、法定代表人）负责局党政全面工作，兼管计财工作。

伍锋（党委副书记、副局长）分管组织、人事、宣传、工会、老干、计生、劳资、统战、审计、路桥收费、渡口所、船厂工作。

郭德应（党委委员、副局长）分管工程、路政、总工室、设计室、工程大队、监测站、路桥公司工作。

张振林（党委委员、副局长）分管养护、机械、机修厂、机械材料供应站、劳动竞赛工作。

刘兵（副局长、党委委员）分管养征、行政、保卫、教育、公路技工学校、共青团、安全生产工作。

王佳（党委委员、纪委书记）负责纪检、监察工作。

张炳炽（党委委员、调研员）分管恒通公司、恒通水泥厂、第三产业工作。

2002年7月，市公路局领导分工调整如下：

朱辉（党委书记、局长）主持局党政全面工作，兼管办公室、计划、财审工作。

伍锋（党委副书记、副局长）协助局长管办公室、财审工作，分管人事、老干、工会工作。

郭德应（党委委员、副局长）分管基建、路政工作。

张振林（党委委员、副局长）分管养护（渡口）、科技工作。

刘兵（党委委员、副局长）分管收费、安全保卫工作。

廖陆（党委委员、纪委书记）分管纪检、监察工作。

2005年1月，市公路局党委书记、局长朱辉离任。

2005年4月，曹栋任市公路局副局长，后增补为局党委委员。市公路局副局长刘兵离任。郭德应任市公路局党委书记、局长。

2005年6月，由于市公路局领导成员变动，局领导分工如下：

郭德应（党委书记、局长）主持局党政全面工作，兼管办公室、计划、财审、路桥公司、医务所工作。

伍锋（党委副书记、副局长）协助局长管办公室、医务所工作，分管人事、老干、工会、幼儿园、科教、公路技校工作。

张振林（党委委员、副局长）分管收费（收费站）、路政、行政服务中心窗口、有关法规工作。

曹栋（党委委员、副局长）分管养护、渡口、机修厂、供应站、安全保卫工作。

廖陆（党委委员、纪委书记）分管纪检、监察、基建、工程大队（一、二、三处）、设计院、质监站、恒通水泥厂工作。

2006年8月，陈华真任市公路局副局长，后增补为局党委委员。伍锋被免去副局长职务，任为正处级干部。

2007年9月，陈华真兼任市公路局党委副书记。

2007年10月，董剑任市公路局总工程师（副处级）。

2008年4月，李志正任市公路局副局长，后增补为局党委委员。

2008年9月，鉴于市公路局领导班子成员变动，局领导班子成员分工调整如下：

郭德应（党委书记、局长）主持局党政全面工作，兼管计划、财审、人事工作。

陈华真（党委副书记、副局长）协助书记负责党委日常工作，协管人事、财审工作，分管基建、总工室、工程大队（一、二、三处）、设计院、质监站、恒通水泥厂工作。

李志正（党委委员、副局长）分管办公室、安全保卫、科教、工会、老干、公路技校、幼儿园、医务所工作。

张振林（党委委员、副局长）分管路政、规费征收、收费站、行政服务中心窗口工作。

曹栋（党委委员、副局长）分管养护、渡口、机修厂、供应站工作。

廖陆（党委委员、纪委书记）协管计划工作，分管纪检、监察、计生、路桥公司、东海岛疏港公路项目工作。

2009年7月，董剑增补为市公路局党委委员。

2009年8月，冯滨任市公路局副调研员，后增补为局党委委员。

2010年1月，市公路局副局长曹栋离任。是年3月，李国平任市公路局副调研员，后增补为局党委委员。

2010年5月，鉴于市公路局领导成员变动，局领导班子成员分工调整如下：

郭德应（党委书记、局长）主持局党政全面工作，兼管计划、财审、人事、养护工作。

陈华真（党委副书记、副局长）协助郭德应管理党委日常工作和人事、财审工作，分管基建、总工室、工程大队（一、二、三处）、设计院、质监站，恒通水泥厂工作。

李志正（党委委员、副局长）分管办公室、安全保卫、科教、工会、老干、公路技校、幼儿园、医务所工作。

张振林（党委委员、副局长）分管路政、规费征收、收费站、行政服务中心窗口工作。

廖陆（党委委员、纪委书记）协助郭德应管理计划工作，分管纪检、监察、计生、路桥公司、东海岛疏港公路项目工作。

董剑（党委委员、总工程师）负责总工室工作，协助陈华真管理基建工作。

冯滨（党委委员、副调研员）协助李志正管理办公室、安全保卫、科教、工会、老干、公路技校、幼儿园、医务所工作。

李国平（党委委员、副调研员）协助郭德应管理养护工作，分管渡口、机修厂、供应站工作。

2010年12月，戴范任湛江市公路管理局副局长，其后增补为局党委委员。

2011年3月，鉴于市公路局领导成员变动，局领导成员分工调整如下：

郭德应（党委书记、局长）主持局党政全面工作，兼管财审工作。

陈华真（党委副书记、副局长）协助郭德应管理党委日常工作和财审工作，分管人事、养护、渡口所（含合作公司）工作。

李志正（党委委员、副局长）分管办公室、科教、工会（含计生）、公路技校、幼儿园、医务所工作。

张振林（党委委员、副局长）分管路政、收费、年票管理中心、收费站、行政服务中心窗口工作。

廖陆（党委委员、纪委书记）分管纪检、监察、信访工作，负责东海岛疏港公路项目工作。

戴范（党委委员、副局长）分管计划、基建、路桥公司、恒通水泥厂工作。

董剑（党委委员、总工程师）负责技术管理工作，分管总工室、设计院、质监站工作。

冯滨（党委委员、副调研员）分管劳资、老干、扶贫工作。

李国平（党委委员、副调研员）协助戴范管理基建工作，分管安保、工程大队（含一、二、三处）、供应站、机修厂工作。

2012年3月，蒋夕文任市公路局副局长，后增补为局党委委员。

2012年5月，鉴于局领导成员变动，局领导班子成员分工调整如下：

郭德应（党委书记、局长）主持局党政全面工作，主管财审工作。

李志正（党委委员、副局长）协助郭德应管理党委日常工作和财审工作，分管人事、办公室、医务所工作。

张振林（党委委员、副局长）分管养护、渡口所（含合作公司）、年票管理中心工作。

廖陆（党委委员、纪委书记）分管纪检、监察、信访工作，负责东海岛疏港公路项目工作。

戴范（党委委员、副局长）分管计划、基建、路桥公司、恒通水泥厂工作。

蒋夕文（党委委员、副局长）分管收费、科教、工会（含计生）、收费站、公路技校、幼儿园工作。

董剑（党委委员、总工程师）负责技术管理工作，分管总工室、设计院、质监站工作。

冯滨（党委委员、副调研员）分管劳资、老干、扶贫工作。

李国平（副调研员）分管路政、安全保卫、行政服务中心窗口、工程大队（含一、二、三处）、供应站、机修厂工作。

2012年5月，张振林被免去市公路局副局长职务，任正处级调研员。是年11月，董剑被免去局党委委员职务，任副调研员。

2012年12月，局党委决定副局长戴范分管计划、基建、总工室、路桥公司、恒通水泥厂、设计院、质监站工作，负责技术管理工作。董剑协助副局长戴范管理总工室、设计院、质监站工作。

1991—2002年湛江公路局历任负责人一览表

表1—2—1

姓名	职务	级别	任职时间
吴启明	党委书记	正处	1985.9—1991.11
蒋绍裘	党委书记	正处	1991.11—1993.12

姓名	职务	级别	任职时间
王　袖	党委书记	正处	1994.1—1995.12
朱华生	党委书记	正处	1995.12—2000.11
朱　辉	党委书记	正处	2001.11—2002.8
蒋绍裘	局　长	正处	1984.1—1994.5
黄华钧	局　长	正处	1995.5—1999.10
朱　辉	局　长	正处	2001.10—2002.8
伍　锋	副书记	副处	1984.1—2002.8
黄华钧	副书记	副处	1995.5—1999.10
朱　辉	副书记	副处	2000.11—2001.10
何杰生	副局长	副处	1984.1—1994.1
王　袖	副局长	副处	1990.10—1995.12
王如文	副局长	副处	1991.11—1995.5
伍　锋	副局长	副处	1993.06—2002.8
杨为真	副局长	副处	1994.12—2000.12
郭德应	副局长	副处	1997.2—2002.8
吴民华	副局长	副处	1997.4—1999.9
张振林	副局长	副处	1999.12—2002.8
朱　辉	副局长	副处	2000.12—2001.10
刘　兵	副局长	副处	2000.12—2002.8
王　佳	纪委书记	副处	1993.6—2001.12
廖　陆	纪委书记	副处	2002.7—2002.8
何杰生	调研员	正处	1994.1—1996.12
张炳炽	党委委员	副处	1996.1—2001.12

注：2000.12—2001.10 期间党委书记一职空缺；1994.6—1995.4、1999.11—2001.9 期间局长一职空缺。

2002—2012年湛江市公路管理局历任负责人一览表

表1—2—2

姓名	职务	级别	任职时间
朱 辉	党委书记	正处	2002.8—2005.1
郭德应	党委书记	正处	2005.4—
朱 辉	局长	正处	2002.8—2005.1
郭德应	局长	正处	2005.4—
伍 锋	副书记	副处	2002.8—2007.5
陈华真	副书记	副处	2007.9—2012.4
伍 锋	副局长	副处	2002.8—2006.8
郭德应	副局长	副处	2002.8—2005.4
张振林	副局长	副处	2002.8—2012.5
刘 兵	副局长	副处	2002.8—2005.4
曹 栋	副局长	副处	2005.4—2010.1
陈华真	副局长	副处	2006.8—2012.4
李志正	副局长	正处	2008.4—
戴 范	副局长	副处	2010.12—
廖 陆	纪委书记	副处	2002.8—
蒋夕文	副局长	副处	2012.3—
董 剑	总工程师	副处	2007.10—2012.11
张振林	调研员	正处	2012.5—
冯 滨	副调研员	副处	2009.8—
李国平	副调研员	副处	2010.3—

注：2005.2—2005.3期间党委书记、局长一职空缺；2012.12后总工程师一职空缺。

（二）科室机构设置

1991年，市公路局机关设置纪检、党委办公室（含团委）、劳动工资科、保卫科、养路科、渡口科、工程科、计财科、路政征收科、行政办公室、总工程师室、审计科、工会、老干科等科室15个。

1992 年 8 月，湛江市机构编制委员会批复同意市公路局撤销路政征收科，设立路政科、养路费征收科和机械科；工程师室改称为总工程师室。

1992 年 10 月，市公路局机关科室增设安全生产办公室（以下简称"安全办"），配备安全办副主任 1 名。

1993 年 3 月，市中级人民法院湛江公路局执行室成立，负责公路规费追缴等执法工作。

1994 年 1 月，市公路局机关科室增设计划生育办公室（以下简称"计生办"），配备计生办副主任 1 名。市局机关科室 19 个，配备正、副科长（工会主席、主任、副主任）40 人。

1997 年，湛江公路局机关科室 19 个，配备正、副科长（工会主席、主任、副主任）35 人。

1998 年，市公路局机关科室 19 个，配备正、副科长（工会主席、主任、副主任）32 人。

2002 年，湛江市编委根据《湛江市市级党政机构改革方案实施意见》，确定湛江市公路管理局机构编制方案，"湛江公路局"改称为"湛江市公路管理局"，为市主管公路行业的正处级事业单位。市局机关事业编制 75 名（含后勤和离退休老干部服务人员编制）。其中局长、书记 1 名，副局长 3 名，纪委书记 1 名，正、副科长（工会主席、主任）26 名，市局机关设置 12 个正科级科室：办公室（与党委办公室合署，加挂工会牌子）、计划科、财审科、基本建设科、养护管理科、路政管理科、收费管理科、安全保卫科、科技教育科（挂总工程师室牌子）、人事科、监察科（与纪律检查委员会合署）、老干科。是年 8 月，市公路局颁发科室中层干部任职通知，新设置科室开始运作。

2004 年，市公路局设置 12 个科室，配备正、副科长（工会主席、主任、副主任）25 人。

2006 年，市公路局设置 12 个科室，配备正、副科长（工会主席、主任、副主任）28 人。

2007 年，市公路局机关增置总工程师室，设置科室 13 个，配备正、副科长（工会主席、主任、副主任）26 人。

2010 年，市公路局机关设置科室 13 个，配备正、副科长（工会主席、主任、副主任）25 人。

2012 年，根据广东省委、广东省人民政府《关于印发〈广东省事业单位分类改革的意见〉》，市公路局机关科室核定事业编制 75 名，设置科室 13 个，科室领导职数 27 名，其中正科职数 13 名，副科职数 14 名。

（三）科室行政职责

2002 年，根据湛江市编委批准的机构设置方案，市公路管理局 12 个科（室）主要行政职责业务工作范围如下：

办公室（与党委办公室合署，加挂工会牌子）：组织协调局机关行政和党委日常事务工作；负责局综合性、规范性文件和重要报告的起草，组织全局性的会议，负责文秘、督办、调研、宣传和普法教育工作，负责机要、信访、档案和机关后勤、工会等工作。

计划科：负责编报国道、省道公路建设规划方案；编制公路规费的征收计划与公路养护费的使用计划；按照分级管理的规定，负责工程可行性研究报告的审核和上报；编报综合统计报表。

财审科：负责公路规费收入的上缴、养路经费的管理和核算；检查和监督各项支出计划的执行情况；指导和帮助下属单位搞好财务工作，并负责内部审计工作，及时向上级和领导提供有关财审信息。

基本建设科：按照分级管理原则，审查、审核国道、省道各项新改建工程设计方案；监督、指导工程的实施；审核工程预决算；负责工程技术档案的清理工作；负责工程交工、竣工验收资料的上报工作。

养护管理科：按照公路养护技术规范和操作规程，负责公路、桥梁、渡口养护管理工作和机械设备管理工作；负责公路普查工作；负责文明样板路的评选审核工作；负责指导公路绿化工作。

路政管理科：负责国道、省道的路政管理，查处违反路政法规行为；指导县（市）公路路政管理工作；组织实施路产路权管理，协调处理与公路有关的各项互扰工程。

收费管理科：负责公路养路费等公路规费的征稽和管理；监督、指导县（市）公路规费征稽管理工作；负责公路、桥梁通行费站（点）的管理；负责收费站（点）设置的初审、上报工作。

安全保卫科：负责公路行业的安全生产和交通战备有关工作；负责局机关及直属单位的安全保卫和治安综合治理等工作。

科技教育科（挂总工程师室牌子）：负责组织制定公路改造规划的技术标准及等级的划定，审定养建科技规划；负责重大技术事故鉴定调查；负责电脑、信息开发管理、交通流量的调查、汇总工作；负责制定职工教育培训计划并组织实施。

人事科：负责人事、机构编制、劳资、社会保险、专业技术职称评审等工作。

监察科（与纪律检查委员会合署）：负责局机关及指导所属单位的纪检、监察、党建、计划生育、团委等工作；指导公路行业精神文明建设；组织实施创建文明样板路工作。

老干科：负责离退休人员管理服务工作。

2012年，按照省政府有关事业单位分级分类管理的规定，市公路局科室职责与2002年机构编制方案比较有所变动。

办公室（与党委办公室合署，加挂工会牌子）：原有业务工作范围不变，增加妇女、计划生育等工作职责。

计划科：原有业务工作范围不变。

财审科：取消公路规费业务管理工作职责。

基本建设科：原有业务工作范围不变。

养护管理科：原有业务工作范围不变。

路政管理科：取消查处违反路政法规行为的行政职能。

收费管理科：取消负责公路养路费等公路规费的征稽和管理的工作职责。

安全保卫科：增加承担公路的应急管理工作职责。

科技教育科：取消负责组织制定公路改造规划的技术标准及等级的划定，审定养建科技规划，负责重大技术事故鉴定调查等业务管理工作职责。

人事科：原有业务工作范围不变。

监察科（与纪律检查委员会合署）：取消组织实施创建文明样板路工作职责。

老干科：原有业务工作范围不变。

总工程师室：负责组织制订公路规划、改造的技术标准及等级的划定；负责重大工程项目的勘察、设计、施工技术、安全生产方案的审定；负责科研成果、先进技术的推广应用工作；负责重大工程质量事故分析处理；参与新（改）建工程的交（竣）工验收。

1991—2002 年湛江公路局各科室负责人一览表

表 1—2—3

科室	姓名	职务	级别	任职时间
工会	曾日洪	主席	正科	1985.8—1993.1
	曾日洪	主席	副处	1993.1—1993.4
	陈书标	主席	正科	1993.3—1997.4
	黄日正	主席	正科	1997.4—2000.10
	全宝连	副主席	副科	1984.4—1991.12
	刘培珍	副主席	副科	1992.10—2000.7
	陈妃宏	副主席	副科	1992.10—1999.4
	李飞龙	副主席	正科	1996.3—2002.8
	龙飞	女工委副主任	副科	1996.7—2007.7
总工室	邱吉林	主任	正科	1988.9—1993.7
	林盛智	副主任	副科	1997.1—2002.8
	董剑	副主任	正科	1999.11—2002.8
	邱吉林	总工程师	副处	1993.7—1996.12
党委办	陈书标	主任	正科	1985.8—1992.10
	方良亭	主任	正科	1993.5—2002.8

科室	姓名	职务	级别	任职时间
党委办	方良亭	副主任	副科	1989.11—1993.5
	杨桂生	副主任	副科	1994.8—2002.8
	凌阳洲	副主任	副科	2002.1—2002.8
计财科	陈乃升	科长	正科	1992.10—2001.7
	陈乃升	副科长	副科	1988.6—1992.9
	潘兆佐	副科长	副科	1984.10—1992.9
	谢车政	副科长	副科	1992.10—2002.8
	戴范	副科长	副科	1996.7—2002.8
行政办	陈耀	主任	正科	1994.9—2002.8
	陈山	副主任	副科	1989.8—1992.10
	陈山	副主任	正科	1992.10—1997.7
	李飞龙	副主任	副科	1989.3—1992.8
	张应南	副主任	副科	1985.8—2001.8
	王立利	副主任	副科	1992.10—2002.2
	黄真珍	副主任	副科	1999.4—2002.8
纪检	王永玉	副科级纪检员	副科	1996.1—2005.3
工程科	林天钲	科长	正科	1987.2—1992.9
	廖陆	科长	正科	1998.7—2002.7
	廖陆	副科长	副科	1992.10—1998.7
	庞广瑞	副科长	副科	1992.10—2002.8
养路科	钟英德	科长	正科	1987.2—2002.8
	董剑	副科长	副科	1992.10—1994.4
	董剑	副科长	副科	1995.10—1998.5
	陈土荣	副科长	副科	1999.5—2002.8
路政征收科	黄日正	科长	正科	1988.3—1992.9
	覃继超	副科长	副科	1985.8—1992.10
	庄大光	副科长	副科	1984.4—1992.10
	吴立琪	副科长	副科	1988.9—1992.10

续上表

科室	姓名	职务	级别	任职时间
养征科	黄日正	科　长	正科	1988.3—1997.4
	魏志宪	科　长	正科	1997.4—2002.8
	庄大光	副科长	正科	1992.10—2002.8
	魏志宪	副科长	副科	1992.10—1997.4
	吴立琪	副科长	副科	1992.10—1999.4
路政科	覃继超	科　长	正科	1992.10—1996.12
	李培贵	科　长	正科	1998.7—2002.8
	陈　远	副科长	副科	1996.12—2002.8
	李培贵	副科长	副科	1992.10—1998.7
保卫科	李康有	科　长	正科	1988.3—1995.4
	黄奕和	科　长	正科	1995.4—2000.7
渡口科	陈镇礼	科　长	正科	1984.7—1998.4
	廖匡万	副科长	副科	1984.4—1992.8
	陈纪湛	副科长	副科	1996.7—1996.8
	何鸿标	副科长	副科	1999.4—2002.8
劳资科	陈车金	科　长	正科	1992.10—2002.8
	陈车金	副科长	副科	1985.8—1992.10
	秦吕梁	副科长	副科	1996.7—2002.8
老干部科	欧光保	科　长	正科	1992.10—2000.12
	欧光保	副科长	副科	1989.6—1992.10
监察科	李石庆	科　长	正科	1998.7—1999.12
	李石庆	副科长	副科	1992.10—1998.6
审计科	潘兆佐	科　长	正科	1992.10—1993.12
	罗筱云	副科长	副科	1994.8—2002.8
团委	钟日高	副书记	副科	1992.10—1996.3
	陈艳华	副书记	副科	1996.7—2002.8
机械科	何辉进	科　长	正科	1992.8—1997.7
	何辉进	副科长	副科	1984.4—1992.8

续上表

科室	姓名	职务	级别	任职时间
机械科	廖匡万	副科长	正科	1992.8—1998.9
	李永景	副科长	正科	1992.8—2000.12
	郑兴坚	副科长	副科	1992.8—1992.9
安全办	郑兴坚	副主任	副科	1992.10—2002.8
计生办	候蓓莲	副主任	副科	1996.7—2002.8

2002—2012年湛江市公路管理局各科室负责人一览表

表1—2—4

科室	姓名	职务	级别	任职时间
办公室	凌阳洲	主任	正科	2002.8—
	李国庆	副主任	副科	2002.8—2007.11
	梁云山	副主任	副科	2010.5—2011.03
	蔡伟兵	副主任	副科	2010.9—
	陈荣	副主任	副科	2012.11—
工会	王立利	主席	正科	2002.2—
计划科	戴范	科长	正科	2002.8—2010.12
	林盛智	科长	正科	2012.5—
	罗筱云	副科长	副科	2002.8—
	唐辉	副科长	副科	2006.12—2012.5
财审科	曾卫权	科长	正科	2002.8—
	曾卫权	副科长	副科	2002.8—2002.8
	谢车政	副科长	副科	2002.8—2010.8
	梁准	副科长	副科	2010.9—
基建科	庞广瑞	科长	正科	2002.8—2006.6
	董剑	科长	正科	2006.6—2007.10
	何坚	科长	正科	2010.8—
	何坚	副科长	副科	2002.8—2010.8
	游尚友	副科长	副科	2004.8—

续上表

科室	姓名	职务	级别	任职时间
基建科	莫秋旭	副科长	副科	2010.8—
养护科	董 剑	科 长	正科	2002.8—2006.6
	林盛智	科 长	正科	2006.6—2012.5
	何国成	科 长	正科	2012.7—
	何鸿标	副科长	副科	2002.8—2006.12
	韩燕红	副科长	副科	2004.1—2011.3
	何国成	副科长	副科	2006.6—2012.7
	袁伟强	副科长	副科	2012.9—
	陈永忠	副科长	副科	2012.9—
路政科	李培贵	科 长	正科	2002.8—2012.11
	陈 远	科 长	正科	2012.11—
	邓志春	副科长	副科	2002.8—2006.12
	何鸿标	副科长	副科	2006.12—
收费科	魏志宪	科 长	正科	2002.8—2011.9
	李国庆	科 长	正科	2012.7—
	游尚友	副科长	副科	2002.8—2004.8
	钟保华	副科长	副科	2004.12—
安保科	杨桂生	科 长	正科	2002.8—2003.12
	陈土荣	科 长	正科	2006.6—-2011.6
	黎华春	科 长	正科	2011.6—
	唐 辉	副科长	副科	2004.6—2006.10
	蔡振勋	副科长	副科	2005.9—2006.11
	李国庆	副科长	副科	2007.11—2012.7
	赵勇军	副科长	副科	2012.9—
科教科	陈土荣	科 长	正科	2002.8—2006.5
	庞广瑞	科 长	正科	2006.6—2012.5
	唐 辉	科 长	正科	2012.7—
	郑兴坚	副科长	副科	2002.8—2004.8

续上表

科室	姓名	职务	级别	任职时间
科教科	唐 辉	副科长	副科	2012.5—2012.7
人事科	秦吕梁	科 长	正科	2002.9—
	王 茵	副科长	副科	2002.8—2004.8
	蔡振勋	副科长	正科	2006.12—2010.3
	王 茵	副科长	副科	2010.8—
监察科	陈 远	科 长	正科	2002.8—2012.11
	马立强	科 长	正科	2012.12—
	王继业	副科长	副科	2002.8—2010.8
	李栩敏	副科长	副科	2012.9—
老干科	李飞龙	负责人	正科	2002.8—2006.10
	邓志春	科 长	正科	2007.1—
	邓志春	副科长	副科	2006.12—2007.1

二、分局行政管理机构

（一）股室机构设置

1991—2002年，市公路局下属6个分局：徐闻分局、雷州分局、遂溪分局、廉江分局、吴川分局、直属分局，编制为正科级事业单位。每个分局设置股室（站）10个（办公室、财务股、生产技术股、路政股、养征站、人事股、监察股、工会、老干股、机械股）。

2002年，根据湛江市编制委员会《关于印发湛江市公路管理局下属分局机构编制方案的通知》，市公路局下属6个分局，编制为正科级事业单位。每个分局设定领导职数：局长1名，副局长3名。各分局设置职能股室8个（办公室、财务股、生产技术股、路政管理所、收费管理所、人事股、监察股、工会）。撤销老干股、机械股。

1991—2012 年市公路局各分局负责人一览表

表 1—2—5

单位	姓名	职务	级别	任职时间	备注
直属分局	王　佳	书记、局长	正科	1988.9—1993.8	
	郭德应	书记、局长	正科	1994.11—1997.9	
	陈　石	书记、局长	正科	1997.9—2002.8	
	劳期祥	书记、局长	正科	2002.8—2009.3	
	庄光权	书记、局长	正科	2009.4—2010.9	
	陈乃清	书记、局长	正科	2010.11—2011.2	
	梁云山	书记、局长	正科	2011.3—	
	郭德应	局　长	正科	1992.7—1997.9	
	林学隆	副书记	副科	1991—1992	
	陈日春	副书记	正科	1992—1996.4	
	钟海涵	副书记	副科	2000—2012.12	
	陈日春	副局长	正科	1988.9—1996.4	
	梁林泰	副局长	副科	1988.9—1993.11	
	郭德应	副局长	副科	1988.9—1992.7	
	林　周	副局长	副科	1989.9—2002.10	
	罗德荣	副局长	副科	1989.9—1992.7	
	曹惠英	副局长	副科	1992.7—1998.12	
	李那却	副局长	副科	1992.7—2002.10	
	卢有强	副局长	副科	1996.3—	
	庄　平	副局长	副科	2003.0—2011.11	行政开除
	何国成	副局长	副科	2002.8—2006.7	
	陈乃清	副局长	副科	2006.9—2010.11	
	李华栋	副局长	副科	2012.1—	
	庄　平	纪检组长	副科	1992.7—2003.3	
	钟海涵	副局长	副科	2012.4—	

单位	姓名	职务	级别	任职时间	备注
吴川分局	刘国雄	书记	正科	1987.4—1992.2	
	刘国雄	书记、局长	正科	1988.6—1992.2	
	叶华生	党支部书记	正科	1992.7—1998.5	
	戴福华	党支部书记	正科	1998.5—2002.10	
	吴志东	党支部书记	正科	2002.10—2007.8	
	黄永生	书记、局长	正科	2007.8—	
	梁文焜	局长	正科	1992.7—1998.5	
	董剑	局长	正科	1998.5—1999.11	
	吴志东	局长	正科	1999.11—2006.8	
	黄永生	局长	正科	2006.8—	
	叶华生	副书记	正科	1988.6—1992.7	
	林水养	副书记	副科	1994.9—2010.7	
	戴福华	副书记	正科	1996.7—1998.5	
	吴志东	副书记	正科	2000.1—2002.10	
	招忠	副局长	副科	1989.6—2002.10	
	黄海	副局长	副科	1992.7—2010.6	
	黄永生	副局长	副科	1997.9—2007.8	
	陈帝康	副局长	副科	2000.1—	
	凌阳洲	副局长	正科	2001.11—2002.8	
	吴土保	副局长	副科	2007.9—2012.7	
	柯杨东	副局长	副科	2010.6—	
	陈康贤	副局长	副科	2012.7—	
遂溪分局	叶华生	书记	正科	1992.4—1994.12	
	曾兴	书记	正科	1995.6—2000.9	
	郑华友	书记	正科	2000.9—2011.6	
	庞广瑞	书记	正科	2012.3—	

单位	姓名	职务	级别	任职时间	备注
遂溪分局	叶华生	局 长	正科	1988.6—1992.4	
	宋田盛	局 长	正科	1992.4—1999.3	处分免职
	郑华友	局 长	正科	1999.5—2011.06	
	庞广瑞	局 长	正科	2011.6—	
	陈 茂	副书记	副科	1988.6—1991.3	
	劳 海	副书记	副科	1996.7—2002.12	
	庞 忠	副书记	副科	2010.6—	
	劳建民	副局长	副科	1988.6—2010.6	
	张光福	副局长	副科	1990.1—1995.10	
	陈 茂	副局长	副科	1991.3—1992.8	
	曾 兴	副局长	副科	1991.3—1995.5	
	王进光	副局长	副科	1996.7—2010.5	
	王 护	副局长	副科	1999.8—2012.9	
	陈待择	副局长	副科	2010.6—	
	庞 忠	副局长	副科	2010.6—	
	陈 贤	副局长	副科	2012.11—	
廉江分局	叶家春	书记、局长	正科	1991.1—1998.5	
	韩贵章	书 记	正科	1998.5—2010.6	
	黎华春	局 长	正科	1998.5—2011.6	
	黎华春	书 记	正科	2010.6—2011.6	
	陈土荣	书记、局长	正科	2011.6—	
	韩贵章	副书记	副科	1992.8—1998.5	
	钟一伟	副局长	副科	1993.5—2009.10	
	黎华春	副局长	副科	1988.6—1998.5	
	刘英玉	副局长	副科	1988.6—1994.12	
	梁志文	副局长	副科	1992.08—	
	邹万坤	副局长	副科	1996.10—2010.6	
	林 明	副局长	副科	2010.02—	

单位	姓名	职务	级别	任职时间	备注
廉江分局	黎　恒	副局长	副科	2010.6—	
	徐喜林	副主任科员	副科	2010.8—	
雷州分局	陈妃宏	总支书记	正科	1991—1992.8	
	劳期祥	总支书记	正科	1992.8—2002.8	
	庄光权	书记.局长	正科	2002.8—2009.4	
	黄　盛	书记.局长	正科	2009.4—	
	戴以刚	局　长	正科	1988.6—1992.12	
	劳期祥	局　长	正科	1993.1—2002.8	
	曹惠英	副书记	副科	1988.6—1992.8	
	曹惠英	副局长	副科	1988.6—1992.8	
	邓　玲	副书记	副科	1999.8—2010.6	
	黄前进	副局长	副科	1992.8—1998.8	
	张　进	副局长	副科	1992.9—2002.7	
	刘明超	副局长	副科	1992.8—2002.10	
	邓　玲	副局长	副科	1996.10—1999.8	
	邓　玲	副局长	副科	2002.8—2010.6	
	黄　盛	副局长	副科	1999.8—2009.4	
	曾太民	副局长	副科	2002.8—	
	许海良	副局长	副科	2009.4—	
	林德光	副局长	副科	2010.9—	
徐闻分局	沈　业	书　记	正科	1991.1—2001.7	
	郑康奋	书　记	正科	2001.8—2010.6	
	陈开逊	书　记	正科	2010.7—	
	张水中	局　长	正科	1989.6—1992.8	
	陈　石	局　长	正科	1996.4—1997.9	
	郑康奋	局　长	正科	1998.5—2006.8	
	陈开逊	局　长	正科	2006.8—	
	林盛智	副局长	副科	1989.6—1994.11	

续上表

单位	姓名	职务	级别	任职时间	备注
徐闻分局	陈景耀	副书记	正科	1993.4—2006.2	
	黄启兴	副书记	副科	2006.2—2010.6	
	王林荣	副局长	副科	1992.8—2005	
	黄启兴	副局长	副科	1994.3—2006.2	
	郑康奋	副局长	正科	1996.4—1998.4	
	陈景耀	副局长	正科	2006.2—2010.6	
	陈英奋	副局长	副科	2004.3—	
	陈祖文	副局长	副科	2010.6—	
	朱堪威	副局长	副科	2012.1—	
	李华栋	副局长	副科	2010.6—2011.12	

（二）股室行政职责

各分局对管辖内的公路进行规划、设计、建设、维修、养护；维护路产、路权；对公路规费进行征收；对过路、过桥的机动车辆进行收费；完成市公路管理局和地方政府交给的任务。根据上述任务和工作职责，各分局行政机构设置的8个股（所、室）行政职责业务范围：

办公室：组织协调局机关行政和党总支（支部）日常工作；负责局综合性、规范性文件和重要报告的起草，组织全局性的会议，负责文秘、督办、宣传和普法教育工作，负责机要、信访、档案和机关后勤等工作，负责局机关的安全保卫和治安综合治理等工作。

财务股：负责公路规费收入的上缴、养路经费的管理和核算；检查和监督各项支出计划的执行情况；负责内部审计工作，及时向上级和领导提供有关财审信息。

生产技术股：按照分级管理原则，审查、审核国道、省道各项新改建工程设计方案；监督、指导工程的实施；编制工程预决算；负责工程技术档案的清理工作；负责工程交工、竣工验收资料的上报工作；负责编制国道、省道公路建设规划方案；编制公路养路费的使用计划；检查和监督养路费使用计划的执行情况；按照分级管理的规定，负责工程可行性报告的审核和上报；编制综合统计报表。按照公路养护技术规范和操作规程，负责公路、桥梁、渡口养护管理工作和机械设备管理工作；负责公路普查工作；负责文明样板路的建设和评选工作；负责指导公路绿化工作；负责组织制订公路改造规划的技术标准等级的划定，编制养建科技规划；负责公路行业的安全生产和交通战备有关工作；负责重大技术事故鉴定调查；负责电脑、信息开发管理、交通流量的调查、汇总工作。

路政管理所：负责国道、省道、县道和乡道的路政管理，查处违反路政法规行为；组织实施路产路权管理，协调处理与公路有关的各项互扰工程。

收费管理所：负责公路养路费等公路规费的征稽和管理；负责公路、桥梁通行费站（点）的管理；负责收费站（点）设置的初审、上报工作。

人事股：负责人事、机构编制、劳资、社会保险、专业技术职称评审等工作；负责制定职工教育培训计划并组织实施；负责离退休人员管理服务工作。

监察股：负责局纪检、监察、党建、计划生育、团支部等工作；指导公路行业精神文明建设；组织实施创建文明样板路工作。

工会：负责组织职工依照法律规定参加本单位的民主管理和民主监督；完成分局党、政领导交给的各项工作任务，配合党、政领导开展各项工作。

第三节　公路养护机构

1993年，根据广东省机构编制委员会、省交通厅、省人事局、省劳动局《关于颁发广东省公路养护定员标准（试行）的通知》，公路养护按每千米、交通量、公路等级来配置定员，每个道班负责养护公路10千米左右。湛江公路局6个分局共设置养护道班108个，其中：

直属分局设置道班20个（上圩、坡头、龙头、坡龙、沙湾、麻雷、调文、东南、民安、东简、官渡、麻章、谭排、拱桥、太平、铺仔、东山、坡塘、南山、海滨）。

吴川分局设置道班10个（覃巴、梅菉、围兰涌、大桥、昌洒、吉兆、三鸦、中山、黄坡、长岐）。

遂溪分局设置道班23个（榄罗、白坭坡、西埇、河头、杨柑、茅塘、龙眼、下六、芝兰、大塘、南昌、黄草、新桥、铺塘、南亭、岭北、罗马云、谭葛、城月、企山、茶亭、北坡、洋青）。

廉江分局设置道班20个（平朗、良垌、四角塘、廉城、合江、塘蓬、长沙垌、安铺、平坦、白坟坡、长山、端坡、鸡公塘、关垌、高桥、大岭、石岭、青平、三角塘、甫洋）。

海康分局设置道班22个（草黎、平湖、田头、纪家、高家、白银、公树、黎廓、杨家、唐家、企水、龙门、金星、调风、北和、海康、乌石、客路、英利、沈塘、南兴、南渡）。

徐闻分局设置道班13个（附城、西连、迈代、二沟、迈埚、龙塘、锦和、大黄、南华、下桥、前山、和家、曲界）。

随着公路建设和社会发展，公路小道班制已不适应高等级公路养护工作的发展，20世纪末，市公路局开始逐步推进公路养护大道班制改革工作。

2003年，省公路局提出机械化公路养护站建设目标要求，公路基层道班一律改建为公路养护站。

2004年，市公路局按照管养50千米公路的标准，结合管养公路线路实际情况，实行养护体制内部改革。全局93个道班全部撤销，组建成34个养护站。其中：直属分局养护站6个，吴川分局养护站4个，遂溪分局养护站7个，廉江分局养护站6个，雷州分局养护站6个，徐闻分局养护站5个。

2007年，市公路局重新调整公路养护站管理机制，撤销了调文、塘尾、城月、大塘、河头、石岭、平湖、南华、大水桥等养护站9个；全局设置养护站25个，其中：

直属分局养护站4个：坡头、麻章、湖光、东海；
吴川分局养护站3个：覃巴、梅菉、黄坡；
遂溪分局养护站5个：新桥、白泥坡、洋青、杨柑、北坡；
廉江分局养护站5个：廉城、良垌、青平、塘蓬、横山；
雷州分局养护站5个：客路、雷城、塘家、龙门、北和；
徐闻分局养护站3个：下桥、迈陈、曲界。

1991年湛江省养公路道班概况表

表1—3—1

分局名称	道班名称	养护线路	养护里程（千米）	其　　中		路基宽度（米）	养护职工人数	配备四轮机动车
				高级路面	次高级路面			
廉江分局	平朗	国道207线	9.4		9.4	10—12		
	良垌	国道207线	11		11	10—12		
	三角塘	国道325线	15		15	10—12		
	四角塘	国道325线	15		15	10—12		
	青平	国道325线	14		14	10—12		
	高桥	国道325线	14.8		14.8	12		
	大岭	省道廉坡线	15.8		15.8	7.5		
	平坦	省道廉坡线	11.6		11.6	7—11		
	廉城	省道遂六线	15	1.1	13.9	7—12		
	合江	省道遂六线	14		14	7—12		
	石岭	省道遂六线	14		14	7—12		
	塘蓬	省道遂六线	13			8.5—12		
	长沙垌	省道遂六线	9.8			7—10		
	鸡公塘	遂合线	14.5		13	7.5-8.5		
	鸡公塘	廉江火车站	1			7.5-8.5		

分局名称	道班名称	养护线路	养护里程（千米）	其中		路基宽度（米）	养护职工人数	配备四轮机动车
				高级路面	次高级路面			
廉江分局	关垌	廉上线	14		14	7.5		
	甫洋	廉上线	13.3		13.3	7.5		
	瑞坡	安长线	12			6.5		
	长山	安长线	10			6.5		
	白坟坡	安和线	15			6.5		
	安铺	三安线	7.5		7.5	11—12		
	合　计		259.7	1.1	196.6		179	44
遂溪分局	揽罗	国道207线	12		12	8.5—12	14	2
	白坭坡	国道207线	11		11	8.5—12	14	1
	茶亭	国道207线	11		11	8.5—12	14	2
	城月	国道207线	12		12	10—12	15	1
	南亭	国道325线	8.9		8.9	12	11	2
	新桥	国道325线	11.4	0.8	10.6	10—12	11	1
	西埇	国道325线	11		11	8.5—12	15	2
	铺塘	省道遂六线	14	1	13	7.5	13	1
	铺塘	遂溪火车站线	2.7		2.7	12		
	岭北	省道平茶线	8.9		8.9	7—12	11	2
	河头	省道客龙线	14		7.8	7.5—12	13	2
	洋青	省道塘茶线	11		11	7.5	11	1
	洋青	省道洋龙线	1			7.5		
	罗马云	省道塘茶线	11.2		11.2	7.5—12	11	2
	草塘	省道洋龙线	11			7.5—12	15	2
	杨柑	省道洋龙线	11			7.5	14	2
	杨柑	杨柑支线	1			7.5		
	谭葛	城草线	12			7.5	12	2
	茅塘	城草线	12			7.5	13	2

分局名称	道班名称	养护线路	养护里程（千米）	其中		路基宽度（米）	养护职工人数	配备四轮机动车
				高级路面	次高级路面			
遂溪分局	龙眼	城草线	9			12	13	2
	龙眼	洋龙线	4			7.5		
	下六	城草线	9			7.5	12	2
	下六	下菉支线	3.1			7.5		
	芝兰	白北线	10			7.5	14	2
	大塘	白北线	11			7.5	13	2
	大塘	界炮支线	1.1			7.5		
	南昌	白北线	5.2			7.5	13	2
	南昌	豆崩线	7.8			7.5		
	黄草	扫江线	15.3			6	14	2
	企山	城百线	9			6.—7.5	13	1
	企山	企斗线	5			6.5		
	合计		279.7	1.8	131.8		299	40
雷州分局	客路	国道207线	13	0.4	12.6	7-13	12	3
	草黎	国道207线	13		13	11-14	10	3
	海康	国道207线	14		14	12	10	2
	南兴	国道207线	15	0.7	14.3	12	13	3
	龙门	国道207线	15		15	8-12	14	3
	英利	国道207线	15		15	8-12	9	3
	田头	省道客龙线	18		18	7-12	13	3
	纪家	省道客龙线	12			10-12	9	2
	高家	省道客龙线	13			12	9	3
	白艮	省道客龙线	14			10-12	14	3
	公树	省道客龙线	12.8			10-12	10	3
	平湖	省道龙乌线	14		14	7.5	11	2
	北和	省道龙乌线	11		11	7.5	8	2

| 分局名称 | 道班名称 | 养护线路 | 养护里程（千米） | 其中 | | 路基宽度（米） | 养护职工人数 | 配备四轮机动车 |
				高级路面	次高级路面			
雷州分局	前山	龙云线	13.2			7.5	12	2
	乌石	省道龙乌线	12.3		12.3	6-7.5	10	3
	沈塘	省道黄海线	16.7	1.1	15.6	6-12	12	3
	金星	龙云线	17			7.5	11	3
	调风	龙云线	17.3			7.5	10	2
	黎郭	帮企线	11.3			6.5-7	9	3
	杨家	帮企线	9.7			6.5-7	9	2
	唐家	帮企线	11			6.5-7	10	3
	企水	帮企线	10.7			6.5-7	10	3
	南渡	雷东线	9.8	1.1	8.7	7-10	11	2
	龙门	龙门糖厂支线	1		1	7.5		
合计			296.6	3.3	153.4		230	58
徐闻分局	下桥	国道207线	12		12	8.5-12	13	1
	和家	国道207线	11		11	10-12	13	2
	附城	国道207线	11.25		11.25	10.5-12	12	2
	大黄	徐西线	12.6		12.6	7-12	10	1
	迈代	徐西线	8.4		2	7-12	9	2
	西连	徐西线	10			7	9	2
	迈埚	下公线	9			7.5	11	3
	二沟	下公线	1.7			7.5	7	3
	大水桥	徐曲线	14		14	7-12	11	2
	曲界	徐曲线	12.7		12.7	7-12	1	1
	龙塘	那龙线	12.5		12.5	7.5	11	1
	锦和	曲锦线	14.2			6-8	8	2
合计			160.4		87.82		137	24

续上表

分局名称	道班名称	养护线路	养护里程（千米）	其中		路基宽度（米）	养护职工人数	配备四轮机动车
				高级路面	次高级路面			
吴川分局	覃巴	国道325线	10.8		10.8	12-13.5	13	2
	梅菉	国道325线	11		11	11-15.5	13	3
	大桥	国道325线	11		11	7.5-12.5	13	3
	黄坡	国道325线	11		11	7.5-13	13	2
	中山	省道黄海线	9	0.3	8.7	12-14	11	2
	围兰涌	省道梅石线	9.3		9.3	7-13	11	2
	长岐	省道梅石线	9.3		9.3	7-11.5	11	2
	昌洒	六王线	9.5			5.5-7	8	2
	三鸦	省道廉坡线	10		6	7-8.5	13	2
	三鸦	牛塘线	2			7-8.5		
	吉兆	覃吉线	9		2	6.5	8	2
合计			101.9	0.3	78.5		114	24
直属分局	坡头	省道黄海线	16.3		14.3	10-12	16	3
	坡头	麻斜线	6.4		6.4	7	4	
	龙头	省道廉坡线	9		9	7-8.5	10	2
	坡龙	省道廉坡线	8.2		8.2	8.5	12	2
	上圩	国道325线	10		10		8	1
	官渡	国道325线	10.1		10.1	12	10	1
	沙湾	国道325线	10		10	12	10	1
	麻章	国道325线	9		9	11-14	8	2
	麻章	霞云线	4.2		4.2	8-9	4	
	麻章	北站线	1.6		1.6	8	2	
	麻雷	省道平茶线	13.4		13.4	8-14	8	2
	海滨	省道黄海线	3		3	10-13	3	1
	海滨	省道平茶线	5.9		5.9	8-12	6	
	海滨	机场线	3		3	8.5	3	

分局名称	道班名称	养护线路	养护里程（千米）	其 中		路基宽度（米）	养护职工人数	配备四轮机动车
				高级路面	次高级路面			
直属分局	海滨	霞云线	3.1		3.1	8-9	3	
	海滨	机场线	3		3	8.5	3	
	海滨	霞云线	3.1		3.1	8-9	3	
	坡塘	麻后线	12		6.2	7.5	15	1
	拱桥	麻后线	10.3		2.5	7.5	10	2
	拱桥	拱湖线	5.3		3	6	8	
	南三	湖田线	12.5	0.6		8	13	1
	铺仔	省道黄海线	12.9		12.9	8-12	14	1
	铺仔	铺东线	6		6	7.5-9	4	
	谭排	省道黄海线	10.6		10.6	6.5-12	11	1
	太平	省道黄海线	14.2			6.8-8	16	2
	太平	城百线	5.8			6.8	4	
	调文	铺东线	9		9	7.5-8.5	9	1
	东南	铺东线	11		10.8	6.5-7.5	14	2
	东山	铺东线	9		2.6	5.5-7.5	8	2
	东山	东参线	7.1			4.5-5.8	10	
	东简	铺东线	9			6.5-7.5	10	2
	东简	东简线	4		1	6	6	
	民安	西湾线	11.5			6.5	12	
合 计			263.4	0.6	157.2		271	32
全局总计			1361.7	7.1	805.32		1051	178

第四节　直属单位

一、湛江公路工程大队

1992 年 8 月，经湛江市编委批复同意湛江公路局成立湛江公路工程大队，将第一工程处、第二工程处、第三工程处、设计室并为公路工程大队下属单位，并为湛江公路局下属具有法人资格的科级事业单位，管理上实行独立核算、自收自支、自负盈亏。湛江公路工程大队办公地址位于湛江市赤坎区南桥南路 42 号（原市公路局旧办公大楼）；内设部（室）5 个：办公室、工程部、财务部、人事部和安全办。该单位机械设备有混凝土搅拌站设备 3 套，三滚轴摊铺机 2 套，装载机 2 台，压路机 1 台、洒水车 1 辆、搅拌运输车 1 辆、发电机组、压力试验机等公路施工机械设备一批，能满足 30 千米/年公路路面大修工程项目施工的需要。可承担各级公路的土石方、中小桥涵、防护及排水、软基处理工程，各级公路的各类路面和钢桥面工程，各类桥梁工程的施工。

1998 年 10 月 30 日，湛江公路工程大队经国家建设部批准为路面、路基、桥梁工程施工一级企业（证书编号：B1271044080201）；2000 年 3 月 6 日，通过交通部一级公路施工资信登记（编号 GDP1110529）。

2002 年 8 月，湛江公路局机构改革，湛江公路工程大队及其下属工程处性质由事业单位改为企业单位，隶属关系不变。

1991—2012 年，湛江公路工程大队及下属单位第一工程处、第二工程处、第三工程处积极参与市场竞争，参加许多重大公路建设项目，其中，湛江地区承建的工程项目主要有：国道 G325 线青平路段二级路改造工程、国道 G325 线湛江过境路段一级路改造工程、国道 G325 线麻章路段二级路改造工程、国道 G325 线吴川塘尾至中山路段二级路改造工程、国道 G207 线雷州南兴路段二级路改造工程、省道 S376 线锦和至徐闻县城段路面大修工程 1 标、徐闻县城至西连段 1 标工程项目、县道 X672 线二级路面改造工程 1 标、县道 X684 线百龙至城月段路面大修工程等。承建外地的工程项目主要有：国道 G106 线佛冈路段一级路改建工程、京珠高速公路新隆段、坦尾段等。建成大型桥梁 30 余座总计 14000 米，主要有：湛江市康顺路立交桥、湖光库竹大桥、雷州洋村大桥、雷州安榄大桥、吴川黄坡大桥、吴川塘尾大桥、广深高速公路塘岗大桥、博罗龙溪大桥、四会立交桥、四会大旺彩虹桥、南海五斗大桥、紫金古竹大桥、茂湛高速公路石门大桥、深汕高速公路海门大桥、京珠高速公路华子山高架桥、汾汕高速公路外砂河、清远连阳大桥等等；完成公路建设工程总值达 20 多亿元。

（一）第一工程处

1988 年 8 月，广东省湛江公路局桥梁工程队湛江公路局第一工程公司；1990 年 1

月，湛江公路局第一工程公司更名为湛江公路局第一工程处；1992年10月，湛江公路局第一工程处更名为广东省湛江公路工程大队第一工程处。2012年末，该单位在职人员172人（其中在岗20人、待岗144人），离退休92人（离退休干部5人，退休87人）。具有路桥、机械专业技术职称人员38人，其中高级职称6人，中级职称20人，初级职称12人。

（二）第二工程处

1988年8月，广东省湛江公路局路面工程队更名为湛江公路局第二工程公司；1990年1月，湛江公路局第二工程公司更名为湛江公路局第二工程处；1992年10月，湛江公路局第二工程处更名为湛江公路工程大队第二工程处。2012年末，该单位在职人员90人，其中工程技术人员19人。现有路面施工设备JS1000水泥混凝土搅拌机、22T液压振动压路机各一台，50C装载机2台，工具车2台，旧水车2台，三菱小车2台，以及发电机组等设备。

（三）第三工程处

1988年8月，广东省湛江公路局知青劳动服务公司更名为湛江公路局劳动服务公司；1990年1月，湛江公路局劳动服务公司更名为湛江公路局第三工程处；1992年10月，湛江公路局第三工程处更名为湛江公路工程大队第三工程处。2012年末，该单位在职人员71人，其中工程技术人员30人。

20世纪80、90年代，第一、第二、第三工程处在省内外承建了一大批公路建设工程，在全省交通公路系统享受有一定的声誉，第一工程处曾被省交通厅领导赞誉为"广东响当当的公路桥梁建设队伍"；第二工程处承建广西南宁至北海公路建设工程被评为全优工程；第三工程处承建广汕高速海门大桥被评为优等质量工程。然而20世纪末以来，由于种种历史原因，第一、第二、第三工程处管理机制多次变动，管理经营不善，工程机械设备基本报废处理，技术人员基本流失或外出寻找工作，对外市场竞争力逐步减弱，对内承建工程施工任务有限，经济收入难以维持发放职工工资，拖欠社保医保数额较大。从1994年1月至2011年8月，湛江公路工程大队属下第一、二、三工程处共欠缴社保费1168.72万元。为确保职工队伍和谐稳定，保障职工基本生活，从2011年9月起，市公路局决定筹集资金，缴交第一、二、三工程处拖欠的社保、医保费，解决职工的退休和医疗问题。并对第一、二、三工程处待岗人员每人每月发给生活费450元和门诊医疗补助费50元。如待岗人员享受医保后，不再发给门诊医疗补助费，每月生活费500元。

1992—2012 年湛江公路工程大队经营情况表

表 1—4—1

单位：人、万元

年份	职工人数（本部）	高级职称	中级职称	产值
1992	3			
1993	4			
1994	4			8400
1995	5			6100
1996	6		1	6800
1997	6		1	5628
1998	8		1	6142
1999	8		1	6215
2000	19		3	4538
2001	19		3	8130
2002	19		3	3326
2003	20		3	2836
2004	20		3	11626
2005	29		6	10896
2006	29		7	12628
2007	31	1	8	10380
2008	35	1	8	10340
2009	39	2	7	12186
2010	37	3	10	11629
2011	40	3	10	11679
2012	44	3	10	12254

二、湛江市公路管理局养护机械材料管理站

　　机械材料管理站位于湛江市赤坎区椹川大道北 65 号，占地面积约 6000 平方米，北接原国道 G325 线，南邻原火车站北站口，交通便捷，地理环境优越。该单位技术力量雄厚，机械设备齐全，可以完成大、中修工程、土方工程任务。该站为市公路局直属正科级单位，内设股（室）5 个：办公室、工会、财务、业务、机械大队。

1989年1月，湛江公路局机械科和湛江公路局材料供应站合并，改称为广东省湛江公路局机械材料供应公司。

1990年2月，市公路局机械管理业务工作撤回局机关，广东省湛江公路局机械材料供应公司更名为广东省湛江公路局机械材料供应站。

1991年在职人数50人；2001年在职人数58人；2011年底，在职干部职工33人、离退休30人；2012年在职人数34人，其中有中级技术职称3人、初级技术职称11人、机械操作手12人（技师1人、高级工3人，中级工2人，初级工2人，普通工4人），离退休30人。

2004年6月，湛江市公路管理局党委研究决定"湛江市公路管理局机械材料供应站"更名为湛江市公路管理局养护机械材料管理站。

2010年，市公路局在机械材料供应站基础上成立湛江市应急养护中心，配置机械设备23台（套），其中摊铺机和拌和站2台（套）、挖掘机3台、装载机3台、压路机3台、推土机2台、半推车1台、水泥路面破碎机1台、自卸车4台、小车3台、发电机1台；常年储备应急材料有沥青20吨，麻袋2万个。其主要工作职责是确保应急抢险机械设备一直保持良好状态，随时能够快速出动，第一时间投入应急抢险行动中，发挥公路应急抢险救援中心对湛江市公路应急保障的作用。

三、湛江市公路勘察设计院

湛江市公路勘察设计院位于湛江市赤坎区南桥南路42号，1991—2002年，其前身湛江公路局设计室为市公路局直属正科级事业单位。主要负责湛江公路工程勘察设计任务。

2002年，广东省湛江公路局设计室在工商部门注册登记更名为湛江市公路局设计室。由事业单位改制为企业单位。

2004年2月26日，经市公路局党委研究同意湛江市公路局设计室更名为湛江市公路勘察设计院，为正科级直属单位。设计院内设：总工室、测设一室、测设二室、财务室、综合办公室（含政工、行政）、经营办公室，至2012年底，有职工41人，其中工程技术人员35人（高级工程师10人、工程师15人、其他10人）。2004年获得省建设厅颁发"乙级工程勘察证书"（证书编号：192054-ky）；2010年获得国家住房和城乡建设部颁发"乙级公路行业（公路）工程设计资质证书"（证书编号：A14401887）。

2006—2011年，该院工程设计完成产值1000多万元，完成公路工程勘察设计项目53个、施工图纸设计项目131个（包括变更设计12个），其中：省道S287线遂溪至廉江一级公路改建工程设计获得2011年度广东省优秀工程勘察设计奖（公共交通优秀工程设计）三等奖、湛江市优秀工程勘察规划设计奖（公路设计）一等奖；县道X672廉石线路面大修工程设计获得湛江市优秀工程勘察规划设计奖（公路设计）二等奖。

四、湛江市公路工程质量监测站

湛江市公路工程质量监测站位于湛江市赤坎区南桥南路 42 号，为市公路局直属正科级事业单位。主要负责湛江公路工程质量检测、公路工程所用材料、构件、产品室内试验等任务。

1999 年 11 月，湛江公路局党委研究同意湛江公路局工程质量监督站改称为湛江公路工程质量监测站。

2000 年 5 月 19 日，湛江市编委批复同意湛江公路工程质量监测站更名为湛江市公路工程质量监测站。核定事业编制 15 名，其中站长 1 名，副站长 2 名。

五、湛江公路局机械修配厂

湛江公路局机械修配厂建于 1978 年，经济单独核算，为市公路局正科级直属单位。1984 年初迁至湛江市赤坎区康达路 17 号，厂区占地面积 3.5 万平方米，厂房建筑面积 3050 平方米。厂内设股（室）4 个：行政人事股、财务股、工程经营股、材料供销股；生产车间 3 个：修理、制配、钣锻。生产设备主要有车床、铣床、磨床等各种加工机床，风焊、电焊设备。

该厂主要以公路交通工程中生产制作各种反光标志牌、杆、护栏，划道路标志线等交通安全标志设施和生产小型公路养护施工机械设备为主。1991—2012 年，该厂生产总值达 14952 万元。20 世纪 80 年代，该厂试制成功 12 匹马力小四轮牵引机，并由省公路机械修配厂定型生产，成为全省公路道班养护主要机械。90 年代前后主要生产沥青洒播车、洒水车、四轮机拖卡、四轮机配件、桥梁模板、护筒、导梁车、3吨压路机等。1996 年后，该厂新任领导班子加强管理，建全规章，广开生产门路，提高经营效益。

2002 年，湛江公路局机构改革，确定该厂由事业单位改制成为企业单位。2012年，该厂在职职工 38 人，其中工程技术人员 8 人、高级工 6 人、中级工 7 人。

六、湛江公路枝校

（一）基本概况

湛江公路枝校位于湛江市赤坎区康达路 15 号，占地面积 1.05 万平方米，总建筑面积 4470 平方米。一幢四层教学楼设有 15 间标准教室及 9 间各部门办公室，一幢教职工和学生宿舍（培训学员与技工共用）综合楼，以及一幢两层楼学生饭堂（一层是学生饭堂，二层是综合大教室）面积 660 平方米。

1977 年，湛江地区公路工程学校在石门大桥工地成立；1980 年，经省交通厅、省劳动局批准，该校挂靠广东省交通技工学校并定名为广东省交通技工学校湛江公路分校，行政隶属于湛江公路局，教学业务上受湛江公路局和广东省技工学校双重管理，承担湛江地区公路系统职工技术培训任务和开展全日制教育。1999年3月，湛江市编委批复同意广东省交通技工学校湛江公路分校更名为湛江公路技工学校。

2002年8月7日，湛江编委批复湛江公路技工学校更名为湛江公路技校，为市公路局直属正科级事业单位；编制定额为32名，校级领导编制一正两副。截至2012年底止，公路技校在职教职员工共35人（其中含原市公路局幼儿园教职工10人），其中高级职称3人，中级职称14人，初级职称14人，大学专科以上文化程度33人；离退休人员27人（其中含原公路局幼儿园教职工5人）。

（二）办学情况

1977年至2012年，公路技校开办公路施工人员培训班、公路工程监理培训班、养路工初、中、高级技术等级考核培训班、筑机维修、道班班长培训班、交通行政执法人员岗位培训班、路桥收费员培训班等各种专业技术培训班，开展职工文化补习、大中专、本科学历教育，教学课程涵盖了湛江市交通公路系统所有的岗位和工种，人数超过万人次。

1979年，公路技校开始招收第一届技工生，1984年，停办技工教育，1987年，恢复中技教育；1979—1999年共招收全日制技工生14届，专业有路桥施工、机械维修、筑路机械维修、汽车维修、交通管理等，该校技工毕业生遍布整个广东省交通公路系统。1998年，受到公路部门从社会招工政策影响，公路职工子弟报读公路中技教育的生源大幅减少，湛江公路技校因99届招生人数太少，达不到市劳动部门规定的200名招生办学条件，2000年，将99届21名学生转到省交通技工学校学习，湛江公路技校从此停办全日制中专技工教育。

1991—1999年湛江公路技工学校中专教育情况表

表1—4—2   单位：人

学年	招生专业及招生人数						
	公路工程	路桥工程	筑路机械	机械维修	汽车维修	交通运输	合计
1991	12		48				60
1992	46						46
1993	46						46
1994		46		54	55		155
1995			48	30			78
1996		40					40

续上表

学年	招生专业及招生人数						
	公路工程	路桥工程	筑路机械	机械维修	汽车维修	交通运输	合计
1997		20					20
1998				12			12
1999				11		10	21
2000	99届21人转到省交通技工学校学习，湛江公路技校从此停办全日制中专技工教育。						

2002年，省公路局公路培训中心同意将湛江公路技校列为北交大现代远程教育广东交通教学中心教学点，进行联合开办远程学历教育，共有高起专和专升本两个层次，高起专层次设置的专业有公路工程与管理、交通运输管理、物流管理、会计、汽车运用技术；专升本层次设置的专业有土木工程（公路工程与管理方向）、交通运输（交通运输管理方向、路政管理方向、汽车运用技术方向）、物流管理、会计学。2003—2012年共招11个年级、学员1032人，历届毕业825人。

2002—2012年北京交通大学远程教育湛江教学点学员统计表

表1—4—3

学历层次	专业名称	各年级学员人数										
		03春	03秋	04秋	05秋	06秋	07秋	08秋	09秋	10秋	11秋	12秋
高中起点专科	公路工程与管理	28	6	15	12	88	22	11	23	55	43	25
	交通运输管理	24	5	3	3		7	5	6		15	14
	会计学					1	4	2	7	7	8	6
	物流管理						1	5	10		2	3
	汽车运用技术								1			
专科起点本科	公路工程与管理	24	14	11	17	2	31	10	18	24	32	21
	交通运输管理	6					14	1	6	5	5	7
	公路路政管理						24	4	5	2	9	
	会计学		5		1	1	12		12	9	11	6
	物流管理						4	4	2	4	4	8

续上表

学历层次	专业名称	各年级学员人数										
		03春	03秋	04秋	05秋	06秋	07秋	08秋	09秋	10秋	11秋	12秋
专科起点本科	汽车运用工程								1	1		
	工商管理					1						
	法学					1						
高中起点本科	公路工程与管理					6	11	8				
	交通运输管理					3	13	4				
	公路路政管理											
学员合计		157	30	36	32	105	166	57	104	128	126	91
毕业数		82	27	28	32	100	128	37	80	110	120	81

备注：1. 因"非典"事件影响，2002秋学员改为2003春入学，2003秋即2003秋季入学年级，2010秋即2010秋季入学年级，依此类推。

2. 表中数字为新生入学时人数。招生数是指参加入学考试的人数，毕业数是指该年级按正常学习年限毕业的人数。

3. 北交大远程教育湛江教学点自2002秋（03春）第一批至2012级共招学员1032人，毕业825人，其中湛江公路系统学员359人，毕业269人（含各专业，层次）。

七、湛江渡口所

湛江渡口所地址位于湛江市海滨东二路15号。湛江渡口始建于1954年6月，位于省道S373塘企线（吴川塘尾至雷州企水公路）K41+300处，是湛江的交通要道。该渡口处于湛江海湾（麻斜海）上，海面宽（航距）1800米，水深19米，最大潮差4.5米，东西两岸分别设有两组斜坡码头和"凸"字形码头（6级差0.6米）。湛江渡口所为市公路局直属正科级事业单位（核定编制人员223名），至2012年底，是广东省最大规模的正常渡运公路渡口和二级战备渡口。2007年11月，省交通战备办批准在湛江渡口所成立广东省国防交通粤西应急保障基地，为应急保障基地的经营实体，根据"平战结合"的原则，任何情况下渡口都必须确保国防交通应急保障有效实施。

湛江渡口所主要任务是：负责渡运（由西岸平乐来往东岸坡头南油）的机动车辆、人员和维修渡口船舶、码头设施及维护码头交通秩序等工作。核定事业编制223名，其中所长1名，副所长3名。至2012年底，渡口所拥有车渡船7艘（其中15车渡船3艘，12车渡船4艘），在职职工154人，有专业技术职称人员20人，固定资产

3000 万元。日均机动车辆流量 800 台次,日均乘客流量 1500 人次。渡口所曾经多次被省、市公路部门和交通部门评为文明渡口、三个文明建设先进单位、安全生产先进单位、先进党组织等荣誉称号。(详情见第二章第四节)

八、湛江公路局船厂

湛江公路局船厂位于湛江渡口东岸(坡头区南调路),厂区占地面积 2.38 万平方米,厂房建筑面积 3082 平方米,拥有 100 吨、200 吨船排各一座,主要从事船舶维修保养工作。船厂是一个实行自负盈亏生产经营模式的事业单位,是市公路局属下的一个股级单位,厂级领导由市公路局直接任命。船厂在市公路局的直接领导下,有计划地负责系统内渡船的大中修工作。2002 年末共有干部职工 44 人,其中离退休职工 9 人;厂内设机构:厂长办、生产技术办、财务办、劳资行政工会办、仓库及门卫后勤共 6 个部门。生产班组 5 个:电焊一、二班、机修一、二班、电工、车工及木工组成的综合班。

1989 年,船厂首次承担湛机 1203 车渡船进厂上排中修(在此之前湛江渡口车渡船均由湛江船厂、航运局船厂承接修理)。1991—1992 年,由于管理不善,每年未能按原计划完成市局下达的修船任务。1992 年底,市局重新调整船厂领导班子,新领导班子上任后,切实抓好职工业务素质和专业技术的培训,力争做到职工一专多能;实行三级制质量管理,抓好生产质量管理;认真贯彻"预防为主、安全第一"方针,实际抓好职工安全意识教育和安全隐患整改;全厂职工思想素质、职业道德、业务水平逐步得到提高,船厂生产创上一个新的台阶。1996 年初,市公路局对船厂领导班子再作出调整,新领导班子在原有制度的基础上加以补充和完善,全面修订船厂规章管理制度,确保每艘船都做到按计划下排、试航和交船,修船质量和效率获得局主管部门和船方的肯定和好评。1996 年,船厂 200 吨船排排车行走装置(卷扬机)进行技术改造,使改造后的船排吃水比改造前降低 10 厘米,摩擦阻力比原来减少三分之一,上下排时间缩短一半,提高修船工效。1997 年,建造面积约 120 平方米材料仓库一座。1997 年后,船厂开始对外承接船舶维修任务(例如南三渡口所、硇洲渡口所等)。1998 年,200 吨船排旁新建面积约 18 平方米电焊机房一间,改焊机输出线由暗渠通到船排旁接线箱内,保障修船人员安全。1991—1992 年,船厂年均完成工业产值约 30 万元,1993—2002 年,每年都按计划完成系统内修船任务,年均完成工业产值 220 万元,1997—2002 年,船厂完成系统外修船产值达 150 万元。

1993—2000 年,船厂连续八年获市公路局两个文明建设先进单位称号;1994—1996 年,连续三年获广东省公路管理局文明建设先进单位称号。

1991—2002 年,湛江公路局船厂先后招收正式职工共 13 人,其中转业退伍军人 3 人;招收临时工(职工子女及家属)共 8 人。

2000 年末,船厂由于生产任务不够饱满,辞退全部临时工,并遵照国家有关规定发给每人应得的补偿费。

2002 年 6 月,市公路局机构改革,船厂并归湛江渡口所管理,船厂所有债权债务、资产及全体职工一律移交湛江渡口所接收。在湛江渡口所的直接领导下，继续执行原有的管理制度开展修船工作。

2002—2007 年，船厂完成大、中修渡船达 42 艘次，年均维修船只产值约 100 多万元，船厂基本达到收支平衡，略有节余。2007 年，船厂因湛江渡口合作经营需要被湛江市宝盛投资有限公司兼并，船厂原有厂房设施及固定资产另作他用。

九、湛江公路局医务所

1975 年 1 月，省公路管理局批复同意湛江地区公路局成立湛江地区公路局医务所，医务所经赤坎区卫生局核准为"非盈利医疗机构"，执业许可诊疗科目：预防保健科、全科医疗科。为做好公路职工医疗保健工作，方便公路职工、干部看病就诊，1984 年，市公路局在赤坎区南桥北路 7 号宿舍区修建医务所和老干部活动室，建筑面积约 200 平方米。1985 年 4 月 30 日，市公路局颁文将湛江地区公路局医务所改称为湛江公路局医务所，同时挂牌开业，实行事业单位内部独立经济核算，按照市公路局相关规定对患病职工实行优惠医药收费，差价由市公路局财务部门核销。至 1991 年，局医务所工作人员共有 10 人（其中：主治医师 3 人、医师 1 人、主管护士 1 人、护士 2 人、会计、出纳各 1 人，退休 1 人）；2002 年末，局医务所在职人员 6 人（医师 1 人、护士 2 人、会计、出纳各 1 人，退休 5 人）；2007 年，局医务所在职人员 5 人（从湛江渡口所借调主治医师 1 人作为负责人、护士 2 人、会计、出纳各 1 人，退休 6 人）；2012 年，局医务所在职人员 5 人（返聘主治医师 1 人作为负责人、护士 2 人、财务 1 人，退休 7 人）。由于市公路局年度投资计划经费有限（1991—2002 年人均经费不到 2 万元，2002—2009 年人均经费不到 2.5 万元，2010—2012 年经费人均经费 4 万元），到 2008 年医务所累计经费超支 10.43 万元，由市公路局用事业发展基金核销处理。

1991 年以来，公路局医务所认真贯彻"预防为主"卫生保健方针，为公路系统患病职工、家属提供门诊医疗、输液、防疫、健康咨询等方便，做好公路离退休干部医疗保健、送医送药等服务工作，免去干部职工到大医院挂号、诊治、计价交费、领药等排队之烦恼。医务所在每次年度职工健康体检工作中，及时与市体检中心沟通，合理选择体检项目，筛选体检结果中的存在问题，让有需要的职工得到早期治疗。1991—2012 年，医务所门诊病患者达 2 万人次以上，配合市公路局相关部门做好职工工伤事故处置、老干部突发重病送医院救治等应急工作，受到公路系统干部职工的好评。

2002 年，市公路局机构改革撤销医务所、医务所银行账号及机构代码证书被取消，医务所职工工资及其他经费暂由市公路局财务代发。

十、湛江公路局幼儿园

1984 年 6 月，市公路局成立幼儿园（主管部门为工会，黄玉霞担任幼儿园长），并经赤坎区教育局验收合格，同意招生办学。幼儿园开始只有教职员工 5 人（均为公路职工子女）。幼儿园位于南桥新村 29 号（康顺路公路局宿舍大院），占地面积 300 平方米，配置了电视机、电脑、滑梯、独木桥、蹦蹦床、秋千、木马等一批幼儿教学设备。幼儿园每学期都有添置幼儿床上用品、生活用具。幼儿园曾多次被赤坎区教育局评为"湛江市先进单位""幼儿饮食营养达标先进单位""卫生达标先进单位"。

1984 年 9 月，市公路局幼儿园开班，共招幼儿学生 22 名。

1986 年，市公路局幼儿园新招幼儿老师 2 名，共有教职员工 7 人。

1987—2004 年，市公路局幼儿园教职员工 15 名，其中社会招工 3 人，职工子弟 12 人。其中，小学高级教师 1 人，小学一级教师 5 人，小学二级教师 2 人，会计、出纳（教师兼职）各 1 人，厨工 3 人。幼儿园设有学前班、大班、中班、小班，每年招一个班。幼儿学生约 180 人左右。

2004 年，市公路局机构改革撤销幼儿园，幼儿园停止办学。

2007 年，市公路局幼儿园原有职工并入湛江公路技校管理，幼儿园场地租给私人办学。

十一、国道 G325 线青平收费站

1995 年 4 月，湛江公路局设立国道 G325 线青平收费站，主要任务是对国道 G325 线青平路段过往车辆征收通行费。2002 年市公路局机构改革，青平收费站定编为副科级事业单位。主要任务是：负责国道 G325 线青平路段过往机动车辆通行费征收工作。核定事业编制 64 名，其中站长 1 名。内设机构有：办公室、收费征稽股、财务股、监控室。2009 年 12 月 31 日，撤销国道 G325 线青平收费站，该站 49 人转入廉江分局养护编制。（详情见第五章第二节）

十二、湛江收费站

1991 年 10 月，湛江公路局沙麻路段沙角收费所成立，主要任务是：负责征收国道 G325 线湛江市区过境路段（沙角至麻章）车辆通行费；1993 年 4 月，改称为湛江过路费收费所；均为股级事业编制。2002 年，市公路局机构改革，湛江过路费收费所 改称为湛江市公路管理局湛江收费站，并定编为副科级事业单位。核定事业编制 64 名，其中站长 1 名，副站长 2 名，正副股长 8 名，内设机构有：办公室、收费征稽股、财务股、监控室。（详情见第五章第二节）

十三、湛江公路局赤坎养征站

1993 年，根据省公路局"执行公路规费征收定员标准"规定，市公路局成立赤坎养征站，定为股级事业单位，编制定为 20 名。主要任务是：负责赤坎、麻章、坡头等区机动车辆公路规费的征收和稽查工作。2002 年，核定事业编制 14 名。2010 年 12

月，根据省政府《印发广东省成品油价格和税费改革实施方案的通知》精神，市公路局完成赤坎养征站撤站和征稽员安置工作。（详情见第五章第一节）

十四、湛江公路局霞山养征站

1993年，根据省公路局"执行公路规费征收定员标准"规定，市公路局成立霞山养征站，定为股级事业单位，编制定为20名。主要任务是：负责霞山、东海、南三等区、镇机动车辆公路规费的征收和稽查工作。2002年，核定事业编制为14名。2010年，根据省政府《印发广东省成品油价格和税费改革实施方案的通知》精神，市公路局完成霞山养征站撤站和人员分流安置工作。（详情见第五章第一节）

十五、湛江市公路车辆通行费征收管理中心

2011年11月11日，经市编委会研究并报市委、市政府主要领导批准，同意成立湛江市公路车辆通行费征收管理中心，为市公路局管理的公益三类事业单位，正科级。主要任务为：负责湛江市收费还贷公路机动车辆年（次）票征收管理工作。核定事业编制10名，其中主任、副主任各1名。同意成立湛江市公路车辆通行费征收直属管理所，为湛江市公路管理局直属分局管理的公益三类事业单位，副科级。主要任务为：负责赤坎、霞山、麻章、坡头、开发区（含东海岛）收费还贷公路机动车辆通行费年票征收工作。核定事业编制27名，其中，所长（副科级）1名，副所长（正股级）2名。同意成立雷州市公路车辆通行费征收管理所，为湛江市公路管理局雷州分局管理的公益三类事业单位，正股级。主要任务为：负责属地的收费还贷公路机动车辆路桥通行费年票征收工作。核定事业编制10名，其中所长、副所长各1名。同意成立廉江市公路车辆通行费征收管理所，为湛江市公路管理局廉江分局管理的公益三类事业单位，正股级。主要任务为：负责属地的收费还贷公路机动车辆路桥通行费年票征收工作。核定事业编制10名，其中所长、副所长各1名。同意成立吴川市公路车辆通行费征收管理所，为湛江市公路管理局吴川分局管理的公益三类事业单位，正股级。主要任务为：负责属地的收费还贷公路机动车辆路桥通行费年票征收工作。核定事业编制10名，其中所长、副所长各1名。同意成立遂溪县公路车辆通行费征收管理所，为湛江市公路管理局遂溪分局管理的公益三类事业单位，正股级。主要任务为：负责属地的收费还贷公路机动车辆路桥通行费年票征收工作。核定事业编制10名，其中所长、副所长各1名。同意成立徐闻县公路车辆通行费征收管理所，为湛江市公路管理局徐闻分局管理的公益三类事业单位，正股级。主要任务为：负责属地的收费还贷公路机动车辆路桥通行费年票征收工作。核定事业编制10名，其中所长、副所长各1名。

十六、第三产业单位

(一) 湛江恒通公路开发公司

1992 年，为促进第三产业发展，提高单位经济效益，湛江公路局决定成立湛江恒通公路开发公司，为湛江公路局属下正科级单位，属国有企业性质，注册资本 152万元，公司经理、法人代表人为陈妃宏。恒通公司地址位于湛江市赤坎区南桥路 27号（原陆通招待所），是年在职员工 52 人。公司主要业务经营范围：公路建筑、桥梁建筑、路面机械、建筑材料、金属材料、石油制品、土砂工程建筑等。

1993 年 3 月，恒通公司将综合楼（陆通招待所）出租给湛江市赤坎房地产装饰公司经营旅业，更名为湛江恒通大酒店。1994 年初，经市公路局同意投入资金对综合楼进行扩建加层，是年底完工投入使用。由于恒通公司租赁经营不善，经济纠纷严重影响了公司正常运作，自 1996 年起官司接连不断，至 1999 年 3 月，恒通公司亏损严重，已资不抵债。2000 年 10 月，局任命陈驱为湛江恒通公路开发公司副经理、法人代表，负责恒通公司申请破产后续工作。2001 年 1 月，恒通公司向湛江市中级人民法院提出破产申请。2001 年 2 月 16 日，湛江市中级人民法院裁定，湛江恒通公路开发公司进入破产还债程序，恒通公司由法院清算小组接管。2003 年 8 月恒通公司完成职工安置工作（2001 年 2 月 16 日全部在册职工解除劳动合同，按规定支付一次性经济补偿金）。2003 年 12 月 23 日，法院终结破产还债程序。

(二) 广东恒通水泥有限公司 (股份制单位)

"八五"期间，广东省掀起公路建设高潮，对国省道进行升级改造，随之对公路建设材料需求量很大，为满足公路建设对材料的需求，省、市公路局及廉江分局研究决定在廉江市成立广东恒通水泥有限公司生产水泥。广东恒通水泥有限公司（以下简称"公司""水泥厂"），于 1996 年 1 月注册设立，1994 年 6 月开始筹建，1996年 4 月建成投产，2000 年 11 月底由于经营亏损停产。2001 年 6 月实行租赁经营，2011 年 12 月 24 日进行"三旧"改造。

1995 年 4 月，在广东省公路管理局召开恒通水泥厂有限公司第一次董事会（董事会成员组共 9 人、按 4、3、2 比例分配：省公路局（4 人）：朱永灵、朱光义、刘健、朱建忠，湛江公路局（3 人）：王袖、王佳、陈乃升，廉江公路局（2 人）：叶家春、揭育和。董事长由朱永灵担任（1996 年改为苏纪开），副董事长由王袖、叶家春担任），董事会讨论通过并作决议：水泥厂正式命名为广东省恒通水泥厂有限公司；董事会任命叶家春为水泥厂第一任总经理，副总经理的人选由总经理提名，水泥厂的生产架构及人员配置由总经理提出方案，经董事会研究决定。水泥厂投资总额为

4200万元，即省公路局2100万元占50%，市公路局1680万元占40%，廉江公路分局420万元占10%，并于4月底前全部到位。有限公司注册资金为1000万元。水泥厂年设计生产立窑水泥为17.6万吨，整个投资规模控制在6500万元以内。由水泥厂按投资比例向投资三方借款，年息15%，在水泥厂投产后的收益中首先偿还。

1995年12月，恒通水泥厂招工270人，其中管理人员及合同制工人优先安排公路系统内人员，除主要技术骨干和管理人员外临时工为113人。

1996年1月，广东恒通水泥有限公司注册登记，注册资本为4200万元。由于建厂规模超计划和配套生产经营流动资金，投产前股东按股本比例再借资投入3300万元（其中：省公路局1650万元，市公路局1320万元，廉江分局330万元）。4月，恒通水泥厂建成投产（从奠基到点火仅一年七个月，创下本地水泥厂建设史上最快纪录）。该厂设置业务科室5个：财务科、供销科、生产科、设备科、化验室；生产车间5个：生料车间、立窑车间、成品车间、电力车间、机修车间。生产工艺采用两窑管一条大磨的生产线，为粤西地区同行业最大最先进的设备，其中：立窑规格为3米×11米，球磨机为2.6米×13米，各种立库30个，可储存原（燃）料9000吨，生料3500吨，熟料4500吨，袋装水泥5000吨，散装水泥1200吨。产品达到国家标准425标号，恒通水泥质量稳定，广泛用于公路、桥梁及高层建筑，深受市场用户好评。恒通水泥厂年均产量达16万吨以上，年工业总产值达5000万元左右。

1998年5月，叶家春当选廉江副市长，调离廉江公路分局，陈帝康接任总经理。2000年开始，受金融风暴影响水泥市场逐年疲软，价格逐年下降，以至该公司连年亏损，负债累累，无法维持生产，2000年11月底，该公司因管理不善资不抵债被迫停产，当时有职工293名，其中临时工100多名。到2000年12月，该公司资产负债率达到108%。

2001年2月，该公司召开董事会议，会议同意保留恒通水泥厂基本架构租赁经营，董事会委任公司领导，留守人员6人，负责租赁合同履行，管理出租资产，收租、收债清偿债务及留守管理工作日常事务。该公司租赁经营期间（2001—2013年）总经理为梁卓煜，留厂工作人员：罗敏、邱永强、麦国、张锦华。经市场调查和论证，向社会公开招选租赁方，最后确定租赁方为廉江市新恒通建材有限公司，每年租金200万元。为了公司财产解封恢复生产，市公路局领导、恒通水泥厂留守人员和租赁方共同与债权人多次沟通协商，承诺还债，签订还债协议。

2001年5月，该公司召开董事会议，免去总经理陈帝康、副总经理唐仁祚、总经理助理孟光月等人的职务。由常务副经理黎清荣负责留守机构的日常工作。

2001年6月，该公司实行租赁经营，恢复生产（恒通水泥厂租赁经营期间，通过租金收入、租赁方预付或垫付资金以及市公路局多方筹集资金，逐年按比例偿还欠债，到2011年公司基本理顺债务纠纷问题，化解了债务危机）。

2006年，市公路局在经费极其困难的情况下，努力筹资1160多万元，解决与公司职工解除劳动关系的问题，保障该公司租赁经营期间的稳定生产，廉江市政府和省公路局多次给予肯定和赞扬。

2007年12月，省公路局党委经研究同意将省局50%的股权划拨市公路局，省公路局委托市公路局管理水泥厂后，面对债主追债，工厂停产职工生活无着落的困境，市公路局成立工作组，积极为企业寻求出路。根据国家限时淘汰立窑水泥生产的政策，廉江市要求公司在2014年前停止立窑水泥生产，并将公司地块纳入"十二五"规划和城市总体规划。在当地政府支持下，公司抓住难得机遇，申报列入廉江市２０１２年"三旧"改造企业项目，得到廉江市政府的批准，纳入"三旧"改造计划。通过职能部门编制规划，申报省批准立项，土地法定评估，组织公开招投标等法定程序，2011年11月，在廉江市公开招得"三旧"改造项目的合作伙伴（廉江市新恒通投资发展有限公司），合作方式为公司提供现有的土地，合作方提供资金，合作拟建廉江市家电研究发展中心，星级酒店和商品房、商业铺位。合作经营期为5年，即2011年12月24日至2016年12月24日，该项目正在推进实施。

2011年11月10日，公司召开董事会议。董事们一致通过恒通水泥厂的"三旧"改造方案，推选陈驱为公司第四届董事会董事长，聘任梁卓煜为恒通水泥有限公司总经理，负责公司"三旧"改造项目的日常管理工作。公司实现"三旧"改造，妥善处理职工的分流安置和厂房、设备资产处置问题，确保公司从负债累累、资不抵债到实现公司资产的保值增值，基本解决公司的债务问题。

2012年5月，按照廉江市委、市政府的要求，恒通水泥有限公司全部完成厂房和设备的拆除工作，实施"三旧"改造项目。

附：广东恒通水泥有限公司"三旧"改造收支情况

（1）预计收益14040.74万元

①合作合同约定收益13563.87万元。

②厂房、设备拍卖收益476.87万元。

（2）至2014年6月收到的收益9014.02万元。

①职工安置费支出2168.36万元。

②上交湛江公路局6845.67万元。

（3）预计收益余额5026.72万元用于偿还债务、交税。

①偿还新恒通债务2683.24万元。

②代湛江公路局偿还新恒通水泥款386.80万元。

③2012年交土地使用契税501.14万元。

④剩余1455.54万元。

1991—2012 年市公路局各直属单位负责人一览表

表 1—4—4

单位	姓名	职务	级别	任职时间	备注
湛江公路工程大队	邱吉林	大队长	正科	1994.4—1996.9	
	翁旺庆	大队长	正科	1998.7—2002.6	
	陈纪湛	大队长	正科	2002.7—	
	邓志春	书记	正科	2002.7—2009.12	
	陈远	书记	正科	2009.12—	
	尹建平	副大队长	正科	1992.10—1994.3	
	冯清	副书记	副科	2007.7—	
	陈纪湛	副大队长	副科	1996.9—1998.6	法人代表
	尹建平	副大队长	正科	1999.7—2012.12	
	赵建社	副大队长	正科	2006.4—2012.12	
第一工程处	刘久钧	书记、经理（主任）	正科	1988.9—1992.8	
	尹建平	主任	正科	1996.4—	
	黄祖云	书记、主任	正科	1999.8—2002.8	
	邓志春	书记	正科	2009.1—	兼任
	雷源海	副经理	副科	1988.9—1992.8	
	翁旺庆	副经理	副科	1988.9—1992.8	
	赵保华	副书记	副科	1988.9—	
	尹建平	副书记	副科	1997.9—1999.7	
	陈纪湛	主任	正科	2002.8—	
	李观保	副主任	副科	1992.8—1997.9	
	黄祖云	副主任	副科	1992.8—1999.8	
	庞向东	副主任	副科	1997.9—	
	李建忠	副主任	副科	2008.8—	
	吴小全	副主任	副科	2011.5—	
第二工程处	曹腾明	书记、经理	正科	1988.9—1992.8	
	曹腾明	书记、主任	正科	1992.8—1997.9	
	吴志东	书记、主任	正科	1997.9—2000.1	

单位	姓名	职务	级别	任职时间	备注
第二 工程处	彭景友	书记、主任	正科	2000.1—	
	林伯欣	副书记	副科	1988.9—1992.8	
	麦振强	副书记	副科	1992.8—1997.9	
	肖亚华	副书记	副科	2008.8—	
	陈至善	副经理	副科	1988.9—1992.8	
	刘效忠	副经理	副科	1988.9—1992.8	
	陈至善	副主任	副科	1992.8—1993.11	
	潘英奇	副主任	副科	1992.8—2008.10	
	庞向东	副主任	副科	1992.8—1997.9	
	彭景友	副主任	副科	1997.9—2000.1	
第三 工程处	李凤华	书记、经理	正科	1990.1—1992.8	
	翁旺庆	书记、主任	正科	1992.8—2002.6	
	赵建社	书记、主任	正科	2008.5—	
	刘和平	副经理	副科	1990.1—1991.6	
	王 拓	副书记	副科	1992.8—2009.1	
	吴志东	副主任	副科	1992.8—1997.9	
	赵建社	副主任	副科	1992.8—2008.5	
	孙 东	副主任	副科	1992.8—2008.7	
	李观保	副主任	副科	1997.9—	
	彭志强	副主任	副科	2011.5—	
机械材料 供应站	杨廷国	书记、站长	正科	1991—1996.3	
	赵 安	书记、站长	正科	1996.3—2002.4.	
	张振林	书记、站长	副处	2002.4—2004.1	兼任
	季跃生	书记	正科	2004.1—2009.5	
	季跃生	站长	正科	2004.1—2008.7	
	孙 东	书记、站长	正科	2009.5—2010.6	负责全面工作
	陈 驱	书记、站长	正科	2011.5—	
	陈 茂	副书记、副站长	副科	1992.8—1999.12	

单位	姓名	职务	级别	任职时间	备注
机械材料供应站	陈驱	副书记	副科	2009.5—2011.5	
	曾声良	副站长、工会主席	副科	1991.1—1993.12	
	何辉进	副站长	正科	1990.7—1992.9	
	赵安	副站长	副科	1991—1996.3	
	梁集生	副站长	副科	1992.8—1997.3	
	季跃生	副站长	副科	1998.—2004.1.2	
	何兵	副站长	副科	2002.6—2004.1	
	郑杰	副站长	副科	2004.1—2007.7	
	邓甫仁	副站长	副科	2007.7—	
	孙东	副站长	副科	2008.—2009.5.4	
	陈驱	副站长	副科	2009.5—2011.5.	
公路勘察设计室	罗德荣	书记、主任	正科	1992.7—1996.3	
	邝朗基	副主任	副科	1992.7—1997.4	
	钟日高	书记	正科	1996.3—2009.9	
	张海明	主任	正科	1998.7—2001.7	
	曾捷	主任	正科	2003.10—2004.2	法人代表
	曾捷	副主任	副科	2001.7—2003.10	
	岑之娟	副主任	副科	2001.7—2004.2	
	陈学彬	副主任	副科	2003.10—2004.2	
	岑之娟	副院长	副科	2004.2—2007.11	
	岑之娟	副院长、总工程师	副科	2007.11—2008.5	
	岑之娟	院长	正科	2008.5—	
	蔡振勋	书记	正科	2009.12—	
	陈学彬	副院长	副科	2004.2—	
	黄祖云	副院长	正科	2005.9—	
	邱彤	副院长	副科	2011.11—	
工程质量监测站	林盛智	书记、站长	正科	1997.3—2007.6	
	郑杰	书记、站长	正科	2007.8—2013.10	

单位	姓名	职务	级别	任职时间	备注
工程质量监测站	纪承灼	副站长	副股	1993.8—1997.10	负责全面工作
	周 平	副站长	副科	2006.8—	
机械修配厂	李永景	厂长、书记	正科	1991.1—1992.7	
	李飞龙	书记	正科	1992.7—1996.3	
	卢有强	厂长	正科	1992.7—1996.3	
	黎树发	厂长、书记	正科	1996.3—	
	陈 驱	副书记	副科	1990.8—2009.4	
	季跃生	副书记	正科	2009.4—	
	黎树发	副厂长	副科	1992.2—1992.8	
	凌康养	副厂长	副科	1990.12—	
	陈 驱	副厂长	副科	1990.12—2009.4	
	王志周	副厂长	副科	2009.5—2009.12	
湛江公路技校	黄 炳	校长	正科	1997.9—2002.12	
	詹亚轩	书记	正科	1997.12—2009.2	
	何 兵	校长	正科	2004.1—2005.4	
	陈土荣	校长	正科	2005.6—2006.6	
	陈冠霖	书记	正科	2009.5—	2012年4月25日被赤坎区人民检察院取保候审
	陈冠霖	校长	正科	2007.7—	
	郭 松	副书记、副校长	副科	1991.1—1992.12	
	曹兆龙	副书记、副校长	副科	1992.12—1997.12	
	黄 炳	副校长	副科	1992.12—1997.12	
	詹亚轩	副书记	副科	1996.8—1997.12	
	陈冠霖	副校长	副科	2002.8—2007.7	
	李国庆	副校长	副科	2007.1—2007.5	负责全面工作
	沈世锋	副校长	副科	2009.5—	
	史能勤	副书记、副校长	副科	2012.6—	负责全面工作

续上表

单位	姓名	职务	级别	任职时间	备注
湛江渡口所	黄亦和	书记、所长	正科	1991.1—1992.7	
	詹亚轩	书 记	正科	1992.7—1996.7	
	蔡振勋	书 记	正科	1996.7—2005.9	
	蔡振勋	所 长	正科	1992.7—2005.9	
	吴 杰	书记、所长	正科	2005.9—2009.12	
	王志周	副所长	副科	2009.12—2011.9	法人代表
	王志周	书记、所长	正科	2011.10—	
	蔡日生	副书记	副科	1992.7—	
	蔡振勋	副所长	副科	1988.6—1996.6	
	詹亚轩	副所长	副科	1992.7—1996.6	
	冯计强	副所长	副科	1996.7—201012	
	陈 肃	副所长	副科	1999.4—	
	蔡日生	副所长	副科	2008.1—	
	谢剑波	副所长	副科	2008.1—	
	王志周	副书记	副科	2009.12—	
医务所	王其庄	所 长	副科	1988.9—2002.10	
	范启秀	负责人	无	2002.11—2007.5	局领导伍锋口头任命
	黄 平	负责人	无	2007.6—	2007.6—2010.4 借调 2010.5— 在任返聘
幼儿园	黄玉霞	园长	正股	1984.6—2004	
湛江公路局船厂	李阳耀	书记、厂长	股级	1989.6—1992.8	
	黎树发	书记、厂长	股级	1992.8—1996.3	
	郑 杨	书记、厂长	股级	1996.3—2002.12	
	陆天余	副厂长	股级	1989.6—1992.8	
	王宗健	副厂长	副股级	1992.8—2002.12	
	郑 杨	副厂长	副股级	1992.8—1996.3	
	朱盛明	副厂长	副股级	1998.4—2002.12	

续上表

单位	姓名	职务	级别	任职时间	备注
国道 G325 线青平收费站	黎清荣	书记、所长	正股	1995—2000.3	
	钟华	书记、站长	副科	2000.3—2009.4	
湛江公路局沙角收费所	陈肃	所长	副科	1991.12—1993	
	毕建新	副所长	副股	1991—1993	
湛江公路局湛江过路费收费所	陈肃	书记、所长	副科	1992.12—1999.4	
	邓志春	书记	正科	1994—1999.8	
	吴杰	所长、书记	副科	1999.8—2002	
	陈肃	所长	副科	1993—1999.4	
	毕建新	副所长	正股	1993—2002.8	
	吴杰	副所长	正股	1998.11—1999	
湛江市公路管理局湛江收费站	史能勤	站长、书记	副科	2005.9—2012.6	
	毕建新	副站长	正股	2002.8—	
湛江市公路管理局湛江收费站	戴恩马	副站长	正股	2007.8—	
	梁远奇	副站长	正股	2012—	
湛江车辆通行费征收管理中心	许海良	主任	正科	2011.12—	
	刘宇轩	副主任	副科	2012.4—	
恒通公司	陈妃宏	书记、经理	正科	1992.3—2000.8	处分免职
	陈驱	副科	正科	2000.10—	法人代表

第五节　人事管理

一、人事编制

1991—2002年，市公路局机构编制、人事任免、人事档案、职称评审、年度考核等工作由党委办负责。2002年，市公路局机构改革，撤销党委办，成立人事科，由此开始负责人事任免、人事档案、职称评定、机构编制、人员定编、年度考核等工作。

1992年起，市公路局制订《分局领导任期目标责任制》和《道班班长任期目标责任制》，促进公路工作规范管理。

1993年10月，广东省机构编制委员会、省交通厅、省人事局、省劳动局《关于颁发广东省公路养护定员标准（试行）的通知》，此定员编制成为各市公路部门增加配备人员的重要依据。省公路管理局制定《执行公路规费征收定员标准》，湛江公路局养路费定员102人，桥路收费定员35人，渡口收费定员50人。

1994年，根据《国务院关于机关和事业单位工作人员工资制度改革问题的通知》《国务院办公厅关于印发机关、事业单位工资制度改革三个实施办法的通知》和人事部《关于印发〈机关、事业单位工人技术等级岗位考核暂行办法〉的通知》的规定，市公路局开始实施机关、事业单位工人技术等级岗位考核工作；并为晋升、聘任、奖惩、培训、辞退以及调整工资待遇提供了依据。

1995年，根据《广东省事业单位工作人员考核暂行办法》，按照中共湛江市委组织部和市人事局的统一部署，市公路局精心组织，以德、能、勤、绩四个方面为基本依据，坚持客观公正、注重实绩和民主公开三个原则，开展年度干部职工考核工作；至3月中旬，考核工作全部完成。基本情况如下：全局干部职工3224人，参加考核3074人，占总人数的95.3%；被评为优秀381人，占总人数的11.8%；合格等次2583人，占总人数的80.41%；不合格24人，占总人数的0.74%；不定等次86人，主要是见习期人员；未参加考核150人，主要是停薪留职和长病人员。是年，经人事局批复同意，市公路局组建初级职称任职资格评审委员会。

1998年9月3日，湛江公路局制定《湛江公路局机关考勤管理制度》，要求各科室贯彻执行。

2001年，市公路局根据中共中央《党政领导干部选拔任用工作条例》和上级文件精神，成立竞争上岗领导小组及办公室；引进竞争机制、风险机制和激励机制，公布竞争职位，坚持公开、平等、择优的原则，做好机关中层干部竞争上岗工作。局机关33名符合条件干部，经过组织笔试、演讲答辩、民主测评、组织考察、择优录用，市公路局对局机关科级上岗干部实行聘任制，再由受聘者组阁其科室人员。

2002年8月，根据市编委《湛江市公路管理局机构编制方案》，市公路局核定5个直属事业单位编制（其中：湛江公路工程质量监测站核定事业编制15名；湛江公路技校核定事业编制 32 名；湛江渡口所核定事业编制 259 名；湛江收费站核定事业编制 64 名；青平收费站核定事业编制 64 名）。

2002 年，根据湛市编委《关于印发湛江市公路管理局下属分局机构编制方案的通知》，市公路局下属各分局为正科级事业单位，按照"三定方案"设定人员编制、领导职数和内设股室。市公路局各分局编制和领导职数如下：

（1）徐闻分局核定机关事业编制 51 名，其中局长 1 名，副局长 3 名；正副股长 18 名；公路养护人员编制 190 名；下属徐闻收费站编制 64 名。

（2）雷州分局核定机关事业编制 66 名，其中局长 1 名，副局长 3 名；正副股长 18 名，公路养护人员编制 363 名，下属龙门收费站人员编制 64 名，南渡收费站人员编制 64 名，洋村收费站人员编制 27 名，南渡渡口所人员编制 25 名。

（3）遂溪分局核定机关事业编制 62 名，其中局长 1 名，副局长 3 名；正副股长 18 名；公路养护人员编制 336 名，下属新桥收费站人员编制 64 名，城月收费站人员编制 64 名。

（4）廉江分局核定机关事业编制 59 名，其中局长 1 名，副局长 3 名；正副股长 18 名；公路养护人员编制 312 名，下属园岭仔收费站人员编制 46 名。

（5）吴川分局核定机关事业编制 43 名，其中局长 1 名，副局长 3 名；正副股长 18 名；公路养护人员编制 138 名，下属吴川收费站人员编制 64 名。

（6）直属分局核定机关事业编制 58 名，其中局长 1 名，副局长 3 名；正副股长 18 名；公路养护人员编制 314 名，下属湖光收费站人员编制 46 名。

以上各分局招调人员必须报市局研究批准后，再报市编委办和市人事局审批。经费在征收的公路规费返还中安排。各分局下属收费站经费从征收的过路费中提取安排。

2002 年湛江市公路局"三定方案"情况表

表 1—5—1   单位：人

单位	编制数	领导职数配备情况			内设科（股）室数
		处级职数	科级职数	股级职数	
市局机关	75	6	26		12
徐闻分局机关	51		4	18	8
雷州分局机关	66		4	18	8
遂溪分局机关	62		4	18	8
廉江分局机关	59		4	18	8
吴川分局机关	43		4	18	8
直属分局机关	58		4	18	8

2002年湛江市公路管理局各分局编制概况表

表1—5—2
单位：人

单位名称	编制人员			分局下属机构名称	编制数
	合　计	机关事业人员编制	公路养护人员编制		
直属分局	372	58	314	湖光收费站	46
遂溪分局	398	62	336	新桥收费站 城月收费站	64 64
廉江分局	371	59	312	园岭仔收费站	46
吴川分局	181	43	138	吴川收费站	64
雷州分局	429	66	363	南渡收费站 南渡渡口所	64 25
徐闻分局	241	51	190	徐闻收费站	64

2003年11月11日，市公路局制定《湛江市公路管理局系统内竞争上岗选拔科级领导干部实施细则》。决定在系统内竞争上岗选拔湛江公路技校等单位正科级领导干部。

2008年5月，根据湛江人事局《关于同意湛江市公路管理局及下属分局参照公务员法管理的通知》，市公路局及6个分局行政人员参照公务员法管理，不实行事业单位的专业技术职务、工资、奖金等人事管理制度。

2009年4月，根据《中华人民共和国公务员法》《广东省参照公务员管理事业单位工作人员登记办法》，市公路局制定《湛江市公路管理局参照公务员法管理登记工作实施方案》，并成立登记工作领导小组，并在人事科下设办公室，具体负责登记的日常工作。

2010年1月，市公路局及下属各分局行政人员共414人完成公务员登记工作，其中：处级7人、科级62人、股级109人、科员236人。

2010年9月，市公路局制定《湛江市公路管理局工作效能考核实施方案》，提高工作效能。12月，市公路局决定将吴川收费站的人事、财务工作委托吴川分局管理。将南渡收费站的人事、财务工作委托雷州分局管理。将徐闻收费站的人事、财务工作委托徐闻分局管理。

2010年11月，湛江市人社局发文批复同意市公路局下属19个事业单位的岗位设置方案：1.湛江市公路工程质量监督站编制20名；2.湛江市公路管理局湛江渡口所编制223名；3.湛江市公路管理局湛江收费所编制64名；4.湛江公路技校编制32名；5.湛江市公路管理局霞山养征站编制14名；6.湛江市公路管理局赤坎养征站编制14名；7.湛江市公路管理局直属分局（养护）编制360名；8.湛江市公路管理局雷州分局（养护）编制 426 名；9. 湛江市公路管理局廉江分局（养护）编制 361 名；10. 湛江市公路管理局吴川分局（养护）编制 138 名；11. 湛江市公路管理局遂溪分局（养护）编制 336 名；12. 湛江市公路管理局徐闻分局（养护）编制 190 名；13. 湛江市公路管理局雷州分局南渡口所编制 25 名；14. 湛江市公路管理局雷州分局南渡收费站编制 64 名；15. 湛江市公路管理局廉江分局园岭仔收费站编制 46 名；16. 湛江市公路管理局徐闻分局徐闻收费站编制 64 名；17. 国道 G325 线吴川收费站编制 64 名；18. 湛江市公路管理局遂溪分局新桥收费站编制 64 名（由省路桥公司与合资公司管理为主，2011 年 9 月撤销）；19. 湛江市公路管理局遂溪分局城月收费站编制 64 名（由省局委托城月镇政府派员管理为主，2011 年 9 月撤销）。

2012 年 1 月，市公路局制定《湛江市公路管理局组织人事干部职业道德规范》。9 月，依据《湛江市政府部门行政首长问责办法》及有关规定，市公路局制定《湛江市公路管理局行政问责办法（试行）》，强化行政责任，促进全局各级领导干部和机关行政人员恪尽职守，防止和减少工作过错，做到为民、务实、高效、廉洁。

公路局制定《湛江市公路管理局行政问责办法（试行）》，强化行政责任，促进全局各级领导干部和机关行政人员恪尽职守，防止和减少工作过错，做到为民、务实、高效、廉洁。

表 1—5—3　湛江市公路管理局各分局及下属事业单位分类改革前后机构编制情况表

单位：人

单位名称	2002 年机构改革编制情况					2010 年事业单位分类改革编制情况								
	编制数			实有在编人数	领导职数	单位名称	编制数					增减（＋，－）	领导职数	备注
	小计	核拨	核补	自筹				小计	规格类别					
									公益一类	公益二类	公益三类			
湛江市公路管理局	75			74	33	湛江市公路管理局	75						34	
徐闻分局	305	241	64	230	4	徐闻分局	305	241	64			4	
遂溪分局	526	336	128	236	4	遂溪分局	462	336	64		-64	4	
雷州分局	609	454	155	348	4	雷州分局	536	406	64		-73	4	
吴川分局	245	181	64	172	4	吴川分局	245	138	64			4	
廉江分局	417	371	46	289	4	廉江分局	466	361	46		49	4	
直属分局	418	372	46	246	4	直属分局	409	351	46		-46	4	
湛江渡口所	223	223		163	4	湛江渡口所	176	176			-47	5	
湛江公路技校	32	32		27	3	湛江公路技校	32	32				3	
公路工程质量监测站	20	20		14	3	公路工程质量监测站	20	20				3	
湛江收费站	64		64	61	1	湛江收费站	64		64			3	
青平收费站	64		64	49	1	青平收费站					-64		撤销
赤坎养征站	14	14		13		赤坎养征站					-14		撤销
霞山养征站	14	14		14		霞山养征站					-14		撤销

二、劳动工资管理

1991—2002 年，市公路局系统内招工、劳动工资、社会保险、工人技术等级考核等管理工作由劳资科具体负责。2002 年 8 月，市公路局机构改革撤销劳资科，由此开始劳资科原有工作职能、职责由人事科负责。

1993 年 1 月，省交通厅人事处副处长熊美云等一行 4 人莅临遂溪分局就养路工工资待遇及如何养好人、养好路，促进公路事业发展进行调研工作。是年，人事部颁发《事业单位工作人员工资制度改革方案》，公路养护机构作为第一类事业单位，按照规定实行全额拨款，进行工资制度改革。

1994 年，根据人事部、交通部《关于印发交通部门公路养护事业单位贯彻〈事业单位工作人员工资制度改革方案〉的实施意见的通知》、交通部《关于贯彻〈交通部门公路养护事业单位贯彻事业单位工作人员工资制度改革方案的实施意见〉有关部门补充意见的通知》的规定，对公路养护人员其津贴部分可在国家规定比例的基础上适当高一些，高出比例按 8~10% 掌握。11 月 15 日至 18 日，省公路系统劳资工作座谈会在徐闻分局召开。省交通厅、省公路局、各市公路局劳资科长一共 26 人参加，会上贯彻人事部、交通部《关于印发交通部门公路养路事业单位贯彻〈事业单位工作人员工资制度改革方案〉的实施意见的通知》，讨论广东省公路养护职工劳动保护用品标准实施细则。

2002 年，省公路局下拨 900 万元专项经费，支持市公路局解决职工反映比较大的养老保险金缴费问题。

2006 年，市公路局积极采取措施帮助下属企业（有职工近 1000 人）解困，争取市政府相关部门支持，将第一、二、三工程处列为市困难企业，将军转干部纳入市统筹基本生活费补助对象，积极做好困难企业稳定工作。

2007 年，在省公路局的支持下，市公路局与廉江当地政府及有关职能部门协调，分流安置恒通水泥厂职工 288 人。市公路局成立企业转制领导小组，启动筹划工程大队和第一、二、三工程处总体转制和安置方案。市公路局争取市政府同意，将第一工程处社保滞纳金 1100 万元作挂账处理；所欠社保费本金 900 多万元，经与社保局协商，确定分期缴交方案。是年，市公路局安排资金 300 万元帮助下属企业解困，并把困难单位的离休干部离休费纳入市局统筹管理。

2008 年 5 月，根据市人事局《关于同意湛江市公路局及下属分局参照公务员法管理的通知》，市公路局及下属直属分局、雷州分局、徐闻分局、遂溪分局、廉江分局、吴川分局参照公务员法管理，对在编在职行政人员确定登记对象，进行培训、登记、确定职务与级别、套改工资。

2009 年 12 月，根据《关于增发市直机关事业单位在职干部岗位补贴和离退休人员生活补贴的通知》《湛江市社会保险暂行办法》和《关于调整市直机关事业单位住房公积金缴存比例的通知》的规定，市公路局为加强工资管理，规范收入分配秩序，决定从 2010 年 1 月起，统一各分局在职人员的工资、社保金与住房公积金的缴存标准、离退休人员的离退休费的发放标准。

2010 年，为了稳定公路养护职工队伍，体现国家在工资分配上向苦、脏、累、险工作岗位倾斜的政策，市公路局根据上级文件规定，在职养路工每人每月增发养护津贴 100 元，8 月，根据市人事局《关于印发〈湛江市规范市直机关公务员津贴补贴实施办法〉的通知》，市公路局下文《关于执行公务员工资福利待遇的通知》，决定各分局机关的公务员、核定的工勤人员和离退休人员工资福利待遇统一按公务员有关政策规定执行。

2010 年 12 月，各分局由于经费困难，参公人员津贴补贴难以依照市公路局通知标准发放。为稳定工作和职工队伍，市公路局召开"分局机关参公人员工资发放座谈会"。局领导、机关办公室、计划、财审、人事科室负责人、各分局局长、分管人事副局长、人事部门负责人等人员参加。会议讨论"分局机关参公人员工资发放"所遇到的实际问题，提出建议和解决措施。

2011 年 1 月，市公路局筹措资金解决第一、二、三工程处缴交拖欠的社保、医保费、解决职工的退休和医疗问题。并对第一、二、三工程处、机械材料供应站待岗人员发放生活费每人每月 450 元。

2012 年 7 月，经市人社局、财政局批准，市公路局机关工作人员工资由财政统发。是年，市公路局筹措资金 626 万元，解决下属困难企业职工的社保、医保与下岗人员生活费问题。

三、老干部及离退休人员管理

1991—2012 年，市公路局老干工作，在市委组织部和老干部局指导下，提高服务大局意识，做好离退休人员管理工作。

市公路局落实老干工作的各项方针政策，将老干工作列入日常工作议程。坚持组织老干部参加重要会议和重大活动制度。每当元旦、春节、重阳等重大节日举行茶话会，局领导亲自带队对老干部进行慰问，对长期患病、家庭困难的老党员、老干部进行慰问帮扶，让老干部感受到组织的关心和温暖。按规定为离退休人员订阅《湛江日报》《老年报》《秋光》等报刊。市公路局在办公楼和职工住宅区分别建有职工活动之家，设有阅览室、桌球、麻将、象棋、扑克、乒乓球及健身室等，为干部职工和离退休老干部娱乐提供活动场所，并配备专职人员负责管理。除此之外，局机关组织离退休人员开展时事政治、科技、法律、保健等知识学习、考察活动，开拓老干部的视野；丰富老干部晚年生活。

1989 年 3 月，市编委批复同意市公路局成立老干部科，在编人员 3 名，专职负责市局老干部及离退休人员管理工作。市局配备老干专用公务车 1 辆，解决离休老干部参加活动和就医送诊服务急需用车问题。

1993 年春节，市公路局在陆通招待所举行迎春座谈会。会上市局离退休老干部宣读了给公路职工慰问信，祝愿公路职工在党的十四大精神指导下，再接再厉，团结拼搏，创造条件加快湛江公路的建设和发展。

1994年春节，市公路局召开老干部迎春座谈会，市局老干部响应市委、市政府《关于加快我市交通通信基础设施建设的决定》的号召，捐款1450元支持湛江加快发展交通通信，其中张元宝300元，马福贵200元，脱玉保150元，其他老干部100元。

1995年9月2日，市公路局举行抗战老战士座谈会，纪念抗日战争反法西斯战争胜利50周年，抗战老战士张元宝、曹棠、张道读、黄余悦、谢德华、龚德海、王树勤、许合乐、黄森、全一忠、罗长顺等出席，局纪委书记王佳参加。10月，市公路局举行老干部座谈会欢度重阳老人节；市局领导特向老工程师张鸿发祝寿其82岁生日。

1997年6月，市公路局72岁高龄离休老干部谢德华迎香港回归书法作品在湛江市博物馆展览。谢德华书法作品展由湛江市文联、湛江市书协、老年书画研究会主办，湛江市博物馆、湛江市公路局协办，共展出其作品60件，还有他多年来收集的古今中外书画家墨宝百幅，以及从中央到省市各级领导为他题词近200多幅。湛江市委常委、市委秘书长郑流，市委常委、宣传部长黄国威，市人大常委会副主任陈臻，市委副秘书长郑耀，市文联主席、党组书记黄振强；原地委副书记、行署专员黄明德，原市政府巡视员陈东；赤坎区副区长梁剑、市公路局副局长杨为真等领导，以及200多名书法爱好者参加。展览仪式由市文联副主席黄志远主持。谢德华是湛江市一位知名书法家，其大批书法佳作曾在国内外展出获奖，并流传到日本、香港、澳门、澳大利亚、新加坡等地，国内外许多书法爱好者慕名来信来人求教。

2002年9月，市公路局老干部科更名为老干科，在编人员4名。10月，市公路局30名离退休老干部参加市委老干部局、市体育局主办的重阳节千人健步走活动；市公路局组织19名离退休老干部到湖南参观革命领袖毛泽东、刘少奇故居。

2003年，市公路局更新2个老干活动室用具，保障老干部顺利开展活动。9月，市公路局组织30多名离退休老干部到北京瞻仰毛主席纪念堂，参观人民大会堂、天安门广场，游览长城。是年，市局老干科被评为全市老干工作先进单位；李飞龙被评为市老干部工作先进个人。

2004年，市公路局退管会被评为"先进离退休职工之家"，李飞龙被评为"先进退管工作者"，受到市退管工作会议表彰。

2005年，市公路局老干科组织机关离退休老干部到廉江参观公路大道班建设成果；参观湛江市市政建设、森林公园和工业博览会；到香港、澳门等地观光考察等活动。

2007年，市公路局先后组织老干部参观市工博会、海湾大桥和廉江、徐闻社会主义新农村建设现场；组织党员学习《广东省老干部政治理论读本》；邀请教授专家宣讲党的十七大报告和有关文件专题报告。市公路局克服资金困难，将特困企业的离休人员纳入市局统筹管理，保证离休人员离休费的正常发放。10月16日重阳节前夕，市局下属困难企业供应站和机修厂的30多位离、退休老干部，送给市局领导一面"勤廉树新风，诚心为群众"锦旗，对市局老干工作表示赞赏。是年，市公路局被评为市老干先进单位，邓志春被评为先进个人。

2008年，市公路局决定每月10日上午，定为老干党支活动日（早茶会）。市局机关安排资金对老干党支部活动室进行修整。"5·12"四川汶川大地震，全局59名离退休老干部捐款共4600元，43名老干部党员再次交特殊党费15828元，捐款1000元以上9人。从10月1日起，市政府实行《湛江市老年人优待办法》，市区老年人使用专门IC优惠卡及免费乘坐市区线路公交车。市公路局老干科帮助离退休人员办理IC优惠卡。中共湛江市委组织部、市老干局《关于表彰全市老干工作先进集体和先进工作者暨老干部"老有所为"先进个人的决定》，市公路局被评为全市老干工作先进单位，黄真珍被评为老干工作先进个人。市公路局被市总工会评为退管工作先进单位。

2009年，市公路局机关建立老干部信息库，注重做好老干部来信来访工作；按照"再难不能难老同志"的原则，春节给老干部发放6万多元慰问金、慰问品。市公路局被评为全市老干工作先进单位。梁琦被评为老干先进个人。邓志春撰写的《做好新时期老干工作初探》获省老干工作征文三等奖。

2010年，市公路局将第一工程处、机修厂、供应站、湛江渡口所等直属企业单位12名离休人员生活待遇纳入市财政统筹管理，保障离休人员的生活待遇。纪念抗战胜利65周年，局领导带队上门慰问6名抗战老战士；组织局机关全体老干部参观国道G325线文车至北罗坑段、东海岛跨海大桥、湖光岩风景区等活动。市公路局老干科被市总工会评为全市退管工作先进单位，冯滨被评为先进个人。

2010年7月1日，市局机关老干党支部召开纪念中国共产党建党89周年座谈会，并结合广东开展扶贫日活动，参加座谈会的28名党员共捐款3850元。

2011年，市公路局机关为6名离休干部办理享受副司局级医疗待遇；局机关组织全体老干部参观国道G207线、湛徐高速公路、廉江社会主义新农村建设、北海一日游等活动。王佳撰写《永远怀念他们》获全国老干部征文优秀奖。

2012年8月，市局关工委组织老干部和40多名公路职工子弟参观湛江港。是年老人节，市局党委委员、副调研员冯滨带队慰问市局离休老干部和80岁以上退休人员。

至2012年底，市公路局共有离退休人员1558人（其中离休人员32人、退休人员1526人）；随着社会人口老龄化，市公路局退休人员持续增加，老干工作和离退休人员管理凸显重要。

1991—2012年湛江市公路系统离退休人员概况表

表1—5—4

单位：人

年度	合计	市局机关		各分局、直属单位		备　注
		离休	退休	离休	退休	
1991	674	16	11	38	609	16个单位
1992	734	16	16	43	659	17个单位，增养征科

年度	合计	巾局机关		各分局、直属单位		备　注
		离休	退休	离休	退休	
1993	786	17	18	43	708	18 个单位，增恒通公司
1994	857	16	19	43	779	18 个单位
1995	888	16	18	43	811	18 个单位
1996	898	16	26	43	813	20 个单位，增设计室、幼儿园
1997	928	17	30	38	843	20 个单位
1998	987	16	33	38	900	25 个单位，增质监站、湛江收费所、青平收费所 恒通水泥厂、工程大队
1999	1019	16	32	37	934	26 个单位，增市局工会
2000	1067	16	37	36	978	25 个单位，减市局工会
2001	1094	14	41	35	1004	24 个单位，减恒通水泥厂
2002	1115	14	42	34	1025	24 个单位
2003	1140	12	43	34	1051	23 个单位，减恒通公司
2004	1193	12	44	34	1103	23 个单位
2005	1254	12	47	33	1162	23 个单位
2006	1290	12	47	31	1200	23 个单位
2007	1322	12	47	29	1234	23 个单位
2008	1358	11	50	27	1270	23 个单位
2009	1400	11	52	26	1311	23 个单位
2010	1462	11	53	24	1374	23 个单位
2011	1485	11	53	21	1400	23 个单位
2012	1558	9	58	23	1468	23 个单位

注：1991 年湛江公路系统 16 个单位：市局机关、直属分局、吴川分局、遂溪分局、徐闻分局、廉江分局、海康分局、湛江渡口、技校、船厂、医务所、一处、二处、三处、供应站、机修厂。

2012 年湛江公路系统 23 个单位：市局机关、直属分局、吴川分局、遂溪分局、徐闻分局、廉江分局、雷州分局、湛江渡口、技校、赤坎养征站、霞山养征站、湛江收费站、年票中心、质监站、医务所、幼儿园、工程大队、一处、二处、三处、设计院、机修厂、供应站。

第二章　公路建设

第一节　公路建设

20世纪80年代以来，公路被视为支撑经济发展的基础。1990年，中共广东省委、省政府提出：公路交通三年大变，五年适应，十年超前，到2010年基本实现现代化宏伟目标。

"八五"期间（1991—1995年），湛江市国省道公路干线改建初具规模。市公路局筹集建设资金6.13亿元，修建国道G325线吴川大山江、省道塘企线库竹、安榄等大中小型桥梁21座；完成国省道新改建工程一级路基107.74千米、一级水泥混凝土路面86千米、二级水泥混凝土路面19.9千米，开创湛江公路水泥混凝土路面的历史。市公路局完成国道G325线吴川至湛江段、廉江至山口段和国道G207线客路至雷城段、龙门至徐闻段及省道黄海线洋村渡改桥的勘测设计工作，为实现湛江公路建设规划目标做好准备工作。

1991—1995年，经广东省计委、省交通厅批复立项，湛江市国道G325线吴川市覃巴至塘尾段、湛江市区沙角至麻章段、遂溪穿城路段、廉江青平至山口段改造工程项目共70.3千米，其中一级路44.9千米，二级路25.4千米；其中开工路段55.6千米，完成一级水泥混凝土路面22千米，完成二级水泥混凝土路面13.2千米，未开工的路段为遂溪县穿城段及廉江市青平至山口段第二期改造工程。经广东省计委、省交通厅批复立项，国道G207线徐闻县余庆至海安段、遂溪县穿城段、雷州市客路至南渡桥段、遂溪县城月段、徐闻县海安港改造工程共86.8千米，其中一级路64.1千米，二级路22.7千米；其中开工路段42.5千米，完成一级水泥混凝土路面23.1千米，完成二级水泥混凝土路面6.7千米，未开工的为第二期改造工程。经省计委批复立项，省道遂六线廉江市区至广西六深段、遂六线遂溪分界至廉江市区工业大道段共60.8千米，其中一级路23.5千米，二级路37.3千米；其中开工路段39.8千米，完成一级水泥混凝土路面32.7千米，湛江市国省道改建初具规模。

"八五"期间，市公路局所属施工单位第一、二、三工程处在完成湛江自身的公路建设任务外，还参与邻近省、市公路建设，承建广西南（宁）北（海）公路，海南省环岛高速公路及广东省广（州）深（圳）汕（头）高速公路等工程。共修建了海门等特大、大、中型桥梁16座，总长760千米，修建公路136千米。

1991年5月，湛江国道改造水泥混凝土路面工程首先从G207线徐闻县城段实施，总长4.2千米，工程投资387万元。是年，湛江国道G325线新改建计划实施工程34.03千米，其中吴川覃巴调魏至塘尾路段改建及新建工程21.93千米，遂溪平石路段二级路改造10.4千米，湛江市区过境路段扩建工程1.7千米。

1992年，湛江省养公路新改建工程92.45千米，其中国道G325线湛江沙角至麻章路段改建工程10千米；国道G207线徐闻路段改建工程34.75千米；省道遂六线廉江县城至广西六深交界处改建公路47.7千米，工程分两期建设，第一期建设廉城至乌泥坝长10.4千米，按平原微丘区一级公路技术标准建设，路基宽36米，水泥混凝土路面宽32米。第二期工程从乌泥坝至塘蓬长27.6千米，按平原微丘区二级公路技术标准建设，路基宽12米，沥青路面宽9米；塘蓬至终点六深长9.7千米，按山岭重丘区二级公路技术标准建设，路基宽8.5米，沥青路面宽7米。湛江国道G207线首段水泥混凝土路面徐闻县城路段4.2千米改造工程，历经16个月施工建设，是年国庆节前建成通车。10月，市公路局响应全国公路"学山东"的号召，市公路局局长蒋绍裘带队实地考察山东省的国省道改造工程建设情况。市公路局结合大中修工程，逐步把国道改造为水泥混凝土路面，在年度计划优先解决国道城镇路段的改造工程资金。

1993年，中共湛江市委、市政府制定《关于加快我市交通通信基础设施建设的决定》，动员全社会的力量大办交通事业。市公路局动员公路干部、职工捐资支持交通通信建设，局领导每人带头捐款500元、科级干部每人捐款300元、一般干部、职工每人捐款200元。市公路局所属单位、个人共捐款60多万元，上交市交通通信建设基金会。是年，湛江省养公路新改建工程50.38千米，其中国道G325线廉江青平路段改建25.38千米；国道G207线海康客路至雷城路段改建25千米。11月13日，湛江公路局召开会议贯彻落实湛江市交通通信工作会议精神，市局领导、各分局党总支（支部）书记、局长、生产股长和局机关科以上干部80多人参加会议。湛江公路局及各分局成立公路建设工作专责办公室，为全市公路建设工作当好"先行"。全市国省道改造全面铺开。各县（市）政府以"以地换路"的形式，结合城市开发实施公路改造：廉江市政府组织实施的省道遂六线廉江市区至九洲江段工业大道及廉江市区段南北大道；徐闻县政府组织实施的国道G207线徐闻县城至海安段；海安开发区组织实施的海安港段；雷州市政府组织实施的省道黄海线工业大道段；麻章区政府组织实施的国道G325线麻章段路基工程、省道平茶线路基工程及湛江市经济走廊东海岛至麻章段路基工程；遂溪县政府引进外资，组织实施的G325线、G207线遂溪穿城路段；吴川市政府组织实施的国道G325线大山江至塘尾段；城月镇政府等5个单位联合成立207总公司组织实施的国道G207线城月段。这些改造工程项目陆续上马，使湛江市国省道改造掀起以各级地方政府为主体的公路改造高潮。但有些地方征地单价过高，搬迁费用过大，建设规模扩宽，从而增加公路工程投资，造成工程资金缺口严重，给湛江公路改造带来一定的工作影响。

1994年4月6日，湛江公路局召开工程管理工作会议，局党委书记王袖、局长蒋绍裘、副局长王如文和各分局、第一、二、三工程处主管领导、施工队长、技术主办、工程监理人员及局机关有关科室共74人参加；会议通报公路工程建设质量抽查情况，要求在全面铺开国道改造工程将近200千米的情况下，规范施工，确保质量。是年，市公路局抓住湛江全市兴起大办公路交通的良好机遇，规划实施公路建设，省养公路水泥路改造工程有国道G207线遂溪、雷州、徐闻和国道G325线吴川、遂溪、廉江等 10 个项目，总投资 11.34 亿元，总长 212.89 千米；其中一级路 187.25 千米，超二级路 25.64 千米。完成路基工程 131.89 千米，完成路面工程 107.59 千米，全年完成改造工程投资 6.81 亿元（其中国道 G325、G207 线遂溪县城路段改建 20.8 千米；国道 G207 线遂溪城月路段改造 18.61 千米；国道 G207 线海康客路至海康城路段改造 25.73 千米；国道 G207 线徐闻海安港路段改建 3 千米（二段）；省道遂六线遂溪与廉江交界至廉江高田路段一级公路新改建 13.12 千米等共 81.26 千米）。

1995 年 6 月，市公路局召开湛江市国省道改造工程质量管理会议，传达贯彻广东省国省道改造工程质量管理现场会精神；会议要求通过工程三级监理、承包责任制、工程质量抵押金和加强现场管理等途径严把工程质量关，做好全市国省道改造工程的工作，避免工程返工造成的资金浪费和延误工期，确保公路建设顺利开展。市公路局党委书记王袖，局党委副书记、副局长伍锋及各分局主管领导、生产股长、各县（市）国省道改造工程指挥部办公室负责人、各工地主管、工程技术人员共 103 人参加。会议强调要从政治高度抓好公路工程质量，全面完成省公路局及湛江市府交给国省道改造任务。9 月，徐闻分局工程队负责施工的国道 G207 线中修沥青石屑表处工程发现龟裂、网裂较多影响工程质量，受到省公路局通报。根据省公路局《关于进行国省道改建工程质量检查评比的通知》要求，市公路局展开在建工程质量检查工作，并专题作"湛江市国省道改建工程质量情况汇报"报省局。

1995 年，湛江省养公路投资 2.02 亿元，市公路局组织实施的国省道改造工程在建项目 9 个（其中国道 G207 线雷州市金星场至徐闻交界处采用一级公路标准改建 30 千米；吴川市梅菉至塘㙍路段一级公路改造 28.71 千米；廉江市石圭坡至平坦路段一级公路建设 67 千米及遂六线一级公路 7 千米），全年完成改造工程 53.3 千米，建成文明样板路 53 千米。市公路局设计室在人员少、时间紧、任务重的情况下，强化管理，落实责任，全年完成国道 G207 线、G325 线、省道黄海线、遂六线、东海岛中线公路、廉江至合江一级公路设计任务 160 千米；完成国道 G325 线 90 千米工程可行性研究工作。

"八五"期末，湛江省养公路年末好路率达到 100%，按公路等级分为一级公路 71.5 千米，二级公路 156.2 千米，三级公路 177.7 千米，四级公路 958.5 千米；按路面类别分为混凝土路 105.5 千米，沥青路 762.4 千米，砂土路 483.8 千米，无路面 12.2 千米。

"九五"期间（1996—2000 年），省政府提出公路达标要求：市政府所在地到县（市、区）政府所在地通一级标准公路，县（市、区）政府所在地到镇政府所在地通二级或三级标准公路，镇政府所在地到管理区所在地通四级以上标准公路；市政府印发《湛江市公路达标实施办法》和《湛江市"九五"公路达标建设计划》，湛江市、各县（市、区）成立公路达标建设指挥部，统筹负责公路达标年度计划的制定、组织实施和监督质量等工作。1996 年 12 月，湛江市委、市政府在雷州召开全市公路达标建设现场会，并下达公路达标任务。市公路局依据省、市公路达标建设计划将工程推向社会，实行工程施工的招投标，将技术力量雄厚，设备先进，经验丰富的高资质施工队伍引进来。市公路局建立工程事前检查、施工抽查、事后验收的工作制度，保持国道改造工程每千米配一名监理人员，长住工地，跟班旁站，按照工程监理程序操作运转，强化施工队接受监理的观念，共同把好公路工程建设质量关。湛江公路局为保证达标公路工程质量，坚持"三级"质量监理制度，完善建设单位，施工单位，工程监理部门"三为一体"齐抓共管，严格设计标准，技术标准，质量标准，各负其责，确保工程质量。1997年完成二级路达标47.4千米，1998年完成二级路达标218.7千米，1999年完成二级路达标43.8千米。

"九五"期间，湛江省养公路共投入11.7亿元，改造公路234.66千米，其中国道219.36千米，省道15千米，一级公路比1995年增加了209.9千米，二级公路比1995年增加了275.8千米，沥青路比1995年增加了94.5千米；建成文明样板路153.8千米。"九五"期末，湛江逐渐形成省到市通高速公路、市到县（市）通一级公路、县到镇通二级以上公路的公路网络，公路建设逐步从较落后中走向全省前列。

1996年，湛江省养公路新改建工程170.78千米，其中国道G325线遂溪徐屋至廉江中垌路段一级公路改建33.74千米；国道G325线吴川塘尾至湛江北郊谭屋路段改建21.45千米；硇洲岛战备公路改建四条支线38.57千米；省道1990线吴川燕子岭至雷州邦塘新村接国道G207线止路段改建74.02千米（两段组成）。是年，全局完成公路改造工程78.64千米，工程总投资1.49亿元。其中国道G325线吴川调魏至塘尾11.1千米，国道G325线廉江青平路段11.9千米，国道G207线客路至南兴路段17千米，国道G207线龙门路段13.8千米，省道S1990线（黄海线）化工厂至东海大堤路口10千米；实施洋村渡口改桥工程，完成主体工程投资600万元；国道G325线黄坡至沙角收费站28千米改建工程动工。建成文明样板路44.47千米。市公路局设计室完成国道G207线、G325线、省道黄海线、遂六线、东海岛中线公路、廉江至合江一级公路设计任务160千米；完成国道G325线92千米工程可行性研究工作，完成产值380多万元。12月，湛江市委、市政府在雷州市召开全市公路达标建设现场会，推广了市公路局抓紧抓实县以下公路达标建设的经验，表彰了雷州、廉江、遂溪县及雷州公路分局、雷州市调风镇、廉江市石颈镇、遂溪县港门镇等20个公路达标工作单位。

1997年，湛江省养公路国道G207线廉江良垌至遂溪关村仔、遂溪沙坭至坡罗园、遂溪曲口村至雷州客路、雷州白沙至龙门分四路段改建73千米。是年，全局完成工程总投资2.1亿元，完成改建国道一级水泥路20.4千米，完成二级路建设达标218.7千米，其中省道黄海线洋村渡口改桥建成通车（工程总投资为730万元），结束了霞山至雷州公路过渡的历史。国道G325线赤坎沙角至吴川中山路段改造工程全线开工，该工程全长32千米，总投资1.6亿元。是年国庆节，国道207线雷州龙门40千米二级路改造路段举行通车典礼及收费站开征仪式。12月21日，国道G325线湛江路段扩建项目1788万美元贷款在湛江海滨宾馆签字，市领导庄礼祥、陈周攸、赵东花、植标志、汤文藩、陈杏明及中银集团港澳管理处业务部副总经理魏安世、新华银行香港分行副总经理周伟财等出席签字仪式，市公路局局长黄华钧、新华银行香港分行副总经理周伟财分别在贷款仪式上签字，标志着湛江市尝试引进外资修建公路实现零的突破。

1998年，市公路局完成工程投资总额2.61亿元，完成改建国道一级水泥路46.24千米，完成二级路建设达标120千米。

1999年，市公路局完成工程总投资4.60亿元，完成国省道改造工程91.5千米，其中完成国省道一级公路改造60.2千米，完成投资3.45亿元。完成省道六遂线遂溪县城至廉江交界处一级公路改建13.7千米。7月，为消除湛江"9898"走私案件影响，市公路局对国道G325线吴川塘尾至中山路段（k404+387—k424+943，全长20.8千米，计划投资4616万元）改建工程遗留问题提出善后解决方案，决定取消湛江恒紫公路建设有限公司对改造路段的管理权限（该工程项目原来由湛江恒紫公路建设有限公司投资建设，湛江公路工程大队负责施工，该工程已完成11.9千米。结转计划9千米路面工程，改由广东省路桥建设发展公司投资建设，路面工程由广东美培混凝土有限公司负责施工，黄坡特大桥工程继续由湛江公路工程大队第一工程处施工）。9月28日广东省路桥建设发展公司、湛江路桥建设发展有限公司、电白县机械筑路工程公司在广州签署签订国道G325线廉江路段股权转让协议书，由省路桥公司接收湛江路桥公司、电白筑路工程公司转让拥有的国道G325线廉江路段的股权。

2000年，湛江国省道新改建工程5个项目，改建工程里程共计79千米。6月，国道G325线（k473+000—k489+400）、G207线（k3524+609—k3530+000）遂城路段改建工程，全长20.8千米，工程计划投资3.18亿元，已完成15.5千米。该项目工程原来由省路桥建设发展公司、遂溪县路建物资综合公司和香港浪淘花纱有限公司三方合作，改为英属维尔京群岛（BVI）GOLDEN IDEA CORPORATION、遂溪县路建物资综合公司与广东省路桥建设发展公司三方按48.95%：5%：46.05%的比例合作建设经营。结转工程5.3千米，投资2300万元，由省路桥建设发展公司负责建设，电白机械筑路有限公司负责施工完成。11月，廉江分局动工改建省道S287线石岭至塘蓬路段（K47+650—K66+700，全长19.065千米）。12月15日，省公路局在湛江召开专题研究国道G207线湛江段文明样板路建设有关工作会议，省公路局要求市公路局在2001年4月20日前完成任务，确保全省文明样板路建设现场会的召开。是年，市公路局完成徐闻县西连至大井战备公路二级路建设4.24千米；省道S376线徐闻曲界路段二级公路改造2.6千米；新铺油路4.9千米。

2000年末，湛江省养公路总里程1376.1千米，按公路等级分为一级公路281.14千米，二级公路407.2千米，三级公路301.0千米，四级公路386.5千米。按路面类别分为混凝土路381.3千米，沥青路856.9千米，砂土路121.7千米，无路面2.2千米。

"十五"期间（2001—2005年），湛江省养公路建设投资达7.45亿元，完成国省道改建工程项目6个，共101.81千米，其中：一级公路31.63千米，二级公路66.08千米；完成县道二级路改造工程项目4个，共54.4千米，完成县通镇公路改建工程项目6个，共77.85千米，完成县通镇公路改造路基工程142.66千米。

2001年，湛江省养公路新改建工程154.67千米，其中：国道G325线麻章路段一级公路改造4.1千米，省道S285线吴川龙首至市区路段一级路改建18.3千米，省道S287线（六遂线）遂溪至廉江调整改建28.5千米（廉江段改建19.7千米），省道 S374 线湛江平乐至遂溪洋青路段改建 40.7 千米；县道 X672 线廉江廉城至石角广西交界处二级公路改建 39.17 千米；县道 X679 线廉江吉水至和寮二级公路改造 23.9 千米。是年，市公路局负责组织施工的 3 条省道 S288 湖硇线、S290 白流线、S373 塘企线 4 个改造项目 35.38 千米基本完工；9 月，国道 G325 线麻章段 4.1 千米一级公路改造工程动工。完成市政府下达的二级达标路建设任务，吴川大王线 8.83 千米和梅塘线 6.4 千米；市公路局负责引资建设的省道 S374 平杨线平乐至洋青路段改建工程（建成后为收费公路）40.7 千米，其中一级公路 29.7 千米，二级公路 11 千米，该项目总投资 2.5 亿元，由湛江市平洋交通投资有限公司贷款承建。6 月 20—21 日，省交通厅、省公路局在湛江召开全省国省道建设现场会，推广湛江国道文明建设样板路的经验。

2002 年，湛江省养公路新改建工程 52.27 千米，其中：国道 G325 线湛江北出口路段整治 15.26 千米；渝湛国道主干线粤境起点连接线建设 1.03 千米；省道 S287 六遂线廉江至遂城段改建 19.7 千米，修建廉江和寮至文地二级公路 8 千米；湛江坡头区麻斜支线二级公路改造 8.28 千米。市公路局为确保公路工程改建质量，从各分局、各工程处抽调专业技术人员，成立工程建设项目管理处，作为市局派驻工程项目现场的管理机构，抓好省道 S374 平洋线、S287 六遂线、县道 X672 廉石线"三线"公路改建工程。其中，省道 S374 平洋线改建工程进入施工期；原来由廉江市政府负责组织施工的省道 S287 六遂线廉江至遂城段改建工程 19.7 千米，投资 1.47 亿元，改由市公路局负责组织施工，7 月完成招投标工作，8 月进场施工。县道 X672 线廉江至石角段二级路改造工程 39.15 千米，是通往广西陆川的出省通道，工程投资 1.01 亿元，9 月进场施工。是年，市公路局组织工程专业技术力量，及时做好国道 G207 线、G325 线改造工程的设计修编、概算调整、竣工决算工作，11 月，省交通厅、省公路局、公路工程质监等有关部门 20 多名专家、技术人员组成验收组，对国道 G207 线白茶、城月、客龙、英利及国道 G325 线吴川塘尾至水果场一级公路改造工程进行竣工验收，全部评为合格工程，其中白茶段被评为优良工程。11 月，国道 G207 线湛江段文明建设样板路建设工程通过省交通厅、省公路局的工作验收，成为广东连线最长的文明样板路。

2003 年，湛江省养公路新改建工程 108.52 千米，其中：国道 G207 线徐闻县城路段改线 6.29 千米；廉江和寮至文地二级公路改建 5.9 千米；硇洲海防战备公路改造 13.6 千米；徐闻粤海铁路北港码头进港二级公路建设 14 千米；县道 X699 线龙门至那双二级公路改造 4.5 千米；县道 X680 线廉江石城至安铺路段二级公路改建 33.93 千米（2005 年 1 月开工）；湛江疏港公路建设 30.3 千米。是年，市公路局完成多项工程项目：11 月 26 日，湛江举行省道 S374 平洋线、S287 六遂线、县道 X672 廉石线"三线"公路改建工程竣工通车仪式；广东省副省长游宁丰亲自为"三线"开通剪彩。其中：省道 S374 线平乐至洋青段改建工程，全长 40.7 千米，由湛江市平洋交通投资有限公司设立大鹏收费站，成为市公路局首条引进民营企业收费还贷公路。是年，市公路局组织完成徐闻北港通港路段等 6 个路段的工程可行性研究报告和疏港公路等路段的地质勘测工作。湛江公路工程大队中标海湾大桥联接线 2 标工程，总造价 3000 万元；完成江洪镇通港大道等工程 200 多万元。国道 G325 线广西山口与渝湛高速公路连接线工程，全长 1.03 千米，工程投资 2940.15 万元，由第三工程处于 2002 年 5 月开始施工，2003 年 3 月竣工通车。

2004 年，湛江省养公路新改建工程 125.43 千米，其中省道 S375 线雷州客路至遂溪河头路段公路改造 18 千米；省道 S289 线徐闻曲界至前山路段改建 2.96 千米；省道 S289 线雷州坑尾至收获农场路段二级公路改建 2.94 千米；省道 S290 线雷州那双至房参路段二级公路改造 28.88 千米；省道 S373 线雷州企水镇路段二级公路改造 2.88 千米；省道 S286 线廉江至塘墄路段二级公路改造 29.9 千米；省道 S287 线廉江石岭至西莲塘路段改建 8.86 千米；县道 X682 线遂溪南圩至洋青路段二级公路改建 8.75 千米；县道 X689 线雷州谢家至坑尾路段二级公路改建 22.26 千米。市公路局成立湛江疏港公路工程建设项目管理处，作为市局派驻工程项目现场的管理机构，协同市局基建科对工程建设项目加强管理，完善和编制疏港公路工程建设管理办法及工程管理制度，对工程技术、质量管理、工程进度管理、工程造价管理、安全生产、文明施工进行全面管理。3 月，湛江疏港公路工程开始动工建设。

2005 年，市公路局重点推进疏港公路工程建设，完成投资 1.25 亿元，占合同投资的 71%。湛江省养公路新改建工程 98.61 千米，其中省道 S290 线遂溪豆坡圩至龙眼桥路段二级公路改建 10.1 千米，后调整为 11.29 千米。完成省道 S374 线麻章区金康路段续建工程并于国庆前建成通车。廉江县道 X680 石安线（石城至安铺）改造工程开工，石安公路全长 34.6 千米，路基宽 12 米，路面宽 9 米。完成国道 G325 线吴阳段 900 米软基路段铺设水泥路面工程。完成省道 S286 线廉江至塘墄高速路口段和省道 S287 线廉江石岭至西莲塘段二级路改建工程的勘察、设计及施工图设计工作。部分完成了国道 G325 线文车至北罗坑段一级路改建、国道 G207 线海安入港段改建、省道 S290 线豆坡圩至龙眼桥段二级公路改建和省道 S285 线龙首至吴川段一级公路改建的可行性研究报告的编制、土地预审、环境评估、地质灾害、压矿评估等的评审工作。是年，省交通厅批复省道 S290 线豆坡圩至龙眼桥段二级公路改建工程可行性研究报告。

"十一五"期间（2006—2010 年），湛江市公路建设投资 104.93 亿元，比"十五"期间增长 98%；主要完成海湾大桥、湛徐高速公路、东海岛跨海大桥、营仔大桥、湛江疏港公路、国道 G325 线文车至北罗坑一级公路改线工程，县道廉石线、石安线，石门大桥扩建、国道路面大修、新建南三大桥等。至 2010 年底，全市公路通车总里程达 22130.8 千米，其中高速公路 231 千米，二级以上公路 1814 千米，比"十五"期末新增高速公路 114.6 千米、一级公路 115.6 千米、二级公路 254.5 千米、三级公路 102.9 千米；农村路面硬化工程完成 6700 多千米。全市公路密度达到 164 千米/百平方千米，公路技术等级和总体水平提高，公路通行能力增强，建成以国省道干线公路为骨架，县乡村公路为脉络的现代公路交通网。

"十一五"期间，市公路局推进重点工程建设，完成投资 14.01 亿元，其中建设一级公路 3 条 47.6 千米、桥梁 22 座 7283 延米，完成投资 4.5 亿元；改造县通镇二级公路 15 条 194.7 千米，完成投资 7.5 亿元；建设出省通道及省、县道大中修工 340

千米，其中包括国道 G207 线大修工程 91.5 千米，国道 G325 线大修工程 19.9 千米，省道 S285、S286、S376、S290 线等共 79 千米，县道 X672 廉石线路面大修工程 34.2 千米；市公路局公路建设取得历史性突破，受到市委、市政府领导的肯定。市公路局结合市政府"创园"工作要求，投入资金 8000 多万元，完成省养公路市区穿城路段及城镇出入口路段的绿化美化整治工程共 9 个路段 32 千米，对改善湛江投资环境起到了积极作用。

2006 年，市公路局成立县通镇公路改造工程指挥部，集中精干力量实施县通镇公路改造工程。市公路局克服征地、拆迁、资金等方面的困难，开展改造工程项目 17 个 237.08 千米，其中全部完成的项目 11 个，共计 113.29 千米，进入路面施工的有 60.26 千米，进入路基施工的 57.53 千米。9 月 29 日，湛江市重点交通公路工程——疏港公路建成通车（全长 30.67 千米，投资 3.5 亿元）。市公路局还完成县道 X670（麻志）线 11.44 千米和县道 X678（白青）线 2 千米砂土路改沥青路工程；完成国道 G207 线 26.2 千米 GBM 工程；完成省道 S376（外西）线 52 千米绿色通道工程。GBM 工程和绿色通道工程通过省公路局的验收，改善了湛江市公路主干线的通行环境。

2007 年，市公路局负责建设的县通镇工程项目 17 个 237.08 千米，共完成了项目 14 个 177.64 千米，占全部计划的 75%，尚在施工 59.44 千米。是年，市公路局负责实施的国道 G325 线石门大桥扩建工程（扩建工程全长 939 米，其中桥长 398.4 米，引道 540.60 米，工程预算 2442.79 万元）进入施工阶级；国道 G325 线文车至北罗坑段一级公路改线进入施工招标、征地拆迁阶段。改建工程全长约 6.21 千米，工程概算约 1.2 亿元；国道 G207 线徐闻海安入港段改造续建工程完成施工招标，准备动工建设；省道 S290 线豆坡至龙眼桥段二级公路改建工程全长 11.28 千米，批复概算投资 2887 万元，先期工程杨柑镇圩 2.96 千米路段部分开工。完成市重点交通工程项目——湛江疏港公路海大路口至蔚律港段一级路工程工程设计招标工作。

2008 年，市公路局全面展开重点交通公路工程建设项目，其中国道 G325 线文车至北罗坑段改建工程（国道 G325 线改建工程，全长 6.3 千米，按一级公路设计，设计时速 100 千米/小时，路基宽度为 26 米，四车道水泥混凝土路面，投资 1.25 亿元）。国道 G325 线石门大桥扩建工程，全长 939 米，其中扩建的新桥全长 398.4 米，桥宽 12.25 米，两侧引道长 540.6 米，设计时速 100 千米/小时，投资 2442.8 万元，新桥扩建完成后，将对旧桥重新铺设，建成双向四车道新桥。该项目进入桥桩基础施工期。市公路局负责的县通镇二级公路工程建设改造项目共完成 199.94 千米，占全部计划的 84%。在建项目有 3 个，分别是省道白流线那双至房参段 19.2 千米（已完成 11.9 千米），省道廉坡线廉江至平坦段 30.7 千米，以及省道六遂线合江大桥。

2009 年，市公路局完成省道 S285 线吴川龙首至良村、梅北至东升路段改建工程 6.6 千米，良村至沙尾连接线工程 1.2 千米。

2010 年，市公路局完成路面改造工程 34.91 千米，其中省道 S289 线徐闻县勇士至曲界、塘仔尾至前山路段路面改造，两段分别为 9.35 千米和 7.16 千米；省道 S289 线雷州市南兴至雷高路段路面改造 18.4 千米；另省道 S290 线遂溪县龙眼至牛皮塘路段路面大修 5 千米；湛江市坡胡至雷林公路（属疏港公路配套工程）改建工程 14.17 千米。市公路局完成省道 S286（廉坡）线廉江段路面工程、龙头至坡头段大修工程、廉城至塘墱段二级公路改造工程及上跨铁路立交桥建设工程；完成省道 S376（外西）线曲界至徐闻县城段大修工程、省道 S285（蓬吴）线吴川良村至梅北段大修工程、省道 S290（白流）线遂溪杨柑段改建工程、国道 G207 线海安入港段改建工程。是年国庆节前，国道 G325 线湛江石门大桥扩建工程及国道 G325 线文车至北罗坑段改建工程先后建成通车；湛江海大路口至蔚律港疏港公路建设工程进展顺利，12 月 30 日，东海岛跨海大桥建成通车，受到市政府的表扬。市公路局全年完成工程总投资 12.47 亿元，县通镇工程项目 17 个 237.08 千米全部完成，创下历年公路建设工程量之最。

2011 年，是全面实施"十二五"发展规划的第一年。为推进中科炼化、广钢环保迁建等大项目落户湛江市，湛江市委、市政府要求，各职能部门要结合自身工作，紧扣重点项目建设主题，加快重大项目基础配套设施建设。市公路局作为公路项目建设业主单位筹划重点工作布局，继建成东海岛跨海大桥之后，市公路局再组织完成东海岛疏港公路主体工程 20 千米。为配合举行中科炼化项目动工仪式，仅用 30 多天的时间，完成路基 4 千米、路面 5 千米、便道 5.3 千米、以及路灯安装工程 8.4 千米。5 月 29 日，省道 S285（蓬吴）线吴川龙首高速公路出口至吴川市区段（全长 7.6 千米）一期工程项目开工建设。其中，小东江大桥长 217.54 米，袂花江大桥长 185.54 米，总工期 609 天，总造价约 1.1 亿元。该项目列为吴川市重大基础设施工程，由佛山市盛建公路工程建设监理有限公司监理，广州市政集团有限公司施工，湛江市交通工程质量监督站监督。是年，湛江省养公路完成路面改造工程总长 74.8 千米，其中国道 G207 线雷州市客路迈哉至婆仔段、客路草黎至白沙水店段、白沙南渡桥至龙门竹仔山段路面改造总长 30.6 千米；省道 S373 线雷州市邦塘北村至唐家镇圩路段路面改造 29.2 千米；省道 S290 线遂溪北坡粮所至中兴街路段路面改造 1.8 千米及田东至扫帚塘路段路面改造 13.2 千米。市公路局为迎国检工作，全局总动员不到半年时间完成国道大修 112 千米的施工任务，得到了上级部门的肯定；市领导多次表扬市公路局职工是一支"敢打硬仗、能打硬仗、善打硬仗"的队伍。

2012 年，湛江市推进"三环四通"公路交通网络建设，促进"十二五"公路建设良好开局。市公路局加大公路基础设施建设力度，全年完成新改建公路工程 26.15 千米，改造加固桥梁 4 座，完成投资 3.75 亿元。其中，完成湛江海大路口至蔚律港疏港公路工程第四至第六合同段 11.60 千米、第七合同段 5 千米路面底基层建设；完成省道 S285 线吴川市龙首至市区段 5.90 千米、国道 G207 线徐闻县城段 3.65 千米新改建工程。是年，湛江省养公路实施路面改造工程 195.29 千米，其中省道 S376 线徐闻县外罗至锦和路段路面改造 7.8 千米（水泥混凝土路面）；省道 S376 线徐闻县徐城至西连路段路面改造 30.5 千米（水泥混凝土路面）；省道 S375 线遂溪河头镇至江洪镇路段路面改造 22.2 千米；省道 S289 线雷高至调风路段路面改造 19.7 千米；省道 S290 线廉江百桔至遂溪豆坡路段路面改造 29.66 千米；省道 S290 线雷州市唐家镇至龙门那双路段路面改造 28.46 千米；省道 S287 线廉江六深至石岭路段路面改造 31.03

千米；省道 S374 线遂溪县洋青至豆坡路段路面改造 15.4 千米；省道 S288 线湛江市硇洲路段路面改造 9.7 千米；县道 X666 线南三岛新屋仔至南三镇路段路面改造 9.13 千米；乡道 Y014 线湛江市职工疗养院路段改线 840 米；完成省道 S285 线吴川市良村至梅北路段一级公路改建工程 8.2 千米

2012 年末，湛江省养公路总里程达 1393.30 千米，其中一级公路达 469.15 千米，二级公路达 607.08 千米，为湛江市构建大交通格局夯实基础。

第二节　公路重点工程建设

按照湛江市委、市政府工作部署，市公路局作为公路行业主管部门（业主单位），在省交通厅、省公路局的支持下，以及沿线各地党委政府和人民群众配合下，广大公路建设者共同努力下，完成国道 G325 线文车至北罗坑改线工程、石门大桥扩建工程、湛江疏港公路（省道 S293 线）、海大路口至蔚律港疏港一级公路等一批省、市重点工程。

一、国道 G325 线湛江石门大桥扩建工程

2006 年，湛江市发改委发文（湛发改基〔2006〕347 号）批复国道 G325 线湛江石门大桥扩建工程建设项目。该工程全长 939 米，其中扩建新石门大桥长 398.44 米，引道长 540.56 米。加宽桥梁 12.25 米，净宽 11.25 米，上部采用 12 孔标准跨径 32.7 米预应力砼 T 梁，下部为柱式墩，基础采用砼灌注桩，桥涵荷载汽车—超 20、挂车—120，全线采用双向 4 车道一级公路技术标准。工程预算总投资 2442.79 万元。该项目设计单位湛江市公路勘察设计院，施工单位江西中煤建设工程有限公司，监理单位珠海市公路工程监理有限公司，监督单位湛江市交通工程质量监督站。2008 年 4 月开工建设，2011 年 6 月完成交工验收。

二、国道 G325 线文车至北罗坑段改建工程

2007 年，省发改委发文（粤发改交〔2007〕505 号）批复国道 G325 线湛江市文车至北罗坑段改建工程项目。该工程起于国道 G325 线湛江文车村路口，经洋林村、九东村、新坡上村、北罗坑村接国道 G325 线，路线全长约 6.25 千米。全线采用一级公路技术标准，设计速度 100 千米/小时，路基宽度 26 米，水泥混凝土路面双向四车道；桥涵与路基同宽，桥涵荷载汽车—超 20、挂车—120。工程预算总投资 1.25 亿元，建设资金除省按规定标准给予补助外，其余由市公路局自筹解决。该项目设计单位惠州市道路桥梁勘察设计院，施工单位茂名市交通建设工程总公司（第 A 合同段）及中铁十五局集团第二工程有限公司（第 B 合同段），监理单位北京华路顺工程咨询有限公司，监督单位湛江市交通工程质量监督站。2009 年 3 月开工建设，2011 年 7 月完成交工验收。

三、省道 S293 线（湛江疏港公路即疏港大道）

2003 年，省交通厅发文（粤交规〔2003〕396 号）批复湛江疏港公路建设工程项目。该项目起点（桩号 K0+000）接湛江港第一、二作业区规划扩建港区的港前大道中部，向北偏西行经仙塘村、宝满村至湛江畜产出口公司南侧，折向西南经湛江市霞山变电站、北潭村、海尾村北侧，至东田村北侧，折向北行经群井村、月岭村、湛江海洋大学北侧、交椅岭南坡、蜈蚣岭、湛江市果牧场、克初村、古河村、冯家塘村、车路溪村、上塘村，与省道 S374 交叉后至麻章经济开发试验区，在粤海铁路预留的麻章车站东侧约 130 米的南畔村南侧跨越粤海铁路，经甘林村西侧至田寮村东侧，与国道 G325 相接（终点桩号 K29+787.68）。连接线起点位于湛江市南出口路终点处，向南经东田村连接省道 S373 线（连接处为 S373 线与东海岛军民大堤的交叉处。路线全长 30.67 千米。全线采用一级公路技术标准，路基宽度 25.5 米，设计速度 100 千米/小时，向 4 车道，全长 30.67 千米。行车道路路面面层为厚度 26 厘米的水泥砼，硬路肩路面面层为厚度 5 厘米的中粒式沥青砼。本工程概算投资 2.86 亿元（未含公路两侧扩征 20 米预留用地、特殊青苗补助及附着物拆迁等约 6700 万元）。建设资金除省给予适当补助，其余由湛江市自筹解决，本项目为非收费公路。

桥涵工程：湛江疏港公路桥涵工程包括 K10+846 海洋大学跨线桥、K22+868 上塘运河中桥、K26+333.68 合流铁路立交中桥共计 3 座，以及其它小桥 5 座，盖板涵 54 道、圆管涵 37 道。桥涵设计车辆荷载为汽车—超 20、挂车—120；桥面净宽为 11.75 米×2；桥梁基础采用钻（冲）孔灌注桩基础。

参建单位：业主单位湛江市路桥建设发展有限公司，设计单位铁道部第二勘察设计院，监理单位中国公路工程咨询监理总公司，监督单位湛江市交通工程质量监督站，施工单位：路基路面桥涵工程由深圳市交运工程有限公司（第一合同段）、广东恒大路桥建设有限公司（第二合同段）、江门市交通工程建设总公司（第三合同段）、海南省公路建设第三工程公司（第四合同段）、中铁四局集团第一工程有限公司（第五合同段）、中国建筑第八工程局（第六合同段）、茂名市交通建设工程总公司（第七合同段）等七家施工单位负责实施。交通工程由广东省湛江公路局机械修配厂承担。

施工概况：湛江疏港公路土建工程分七个合同段分别建设，2004 年 3 月 18 日，全线正式开工，2006 年 1 月 6 日，第五合同段工程项目全部完工，2006 年 8 月 22 日，进行交工验收。2006 年 8 月 18 日，第一、二、三、四、六、七合同段工程项目全部完工，2006 年 9 月 22 日交工验收，建设期长达 30 个月。

2007 年 8 月，省公路局将湛江疏港公路列为省养公路，编号为省道 S293 线，由市公路局直属分局接养。

四、湛江海大路口至蔚律港疏港公路工程

2008 年，省发改委发文（粤发改交〔2008〕1352 号）批复湛江海大路口至蔚律

港疏港一级公路工程建设项目。2011年，省发改委发文（粤发改交通函〔2011〕472号）对工程项目作了相应调整。该项目路线起于湛江麻章区海大路口至红星水库北侧路段，路线与原工可批复一致，红星水库北侧之后至终点路段，调整为于红星水库北侧向南，经上湛村、龙腾河东岸后折向东，经调屋村、与龙腾路平交后折向北行，终于东海岛龙腾村东北面（顺接东海岛规划钢铁城道路），路线长度由原批复的24.4千米调整为27.39千米。全线采用一级公路标准建设，设计时速为100千米/小时，主线均为整体式路基。该项目岛外路段（K0+000～K8+245，含东海岛特大桥）为双向八车道，路基宽按41米标；岛内路段（K8+245～K27+387）为双向六车道，路基宽33.5米；桥涵与路基同宽，桥涵设计荷载为汽车—超20、挂车—120。工程概算总投资为21.49亿元。建设资金除省给予适当补助，其余由湛江市自筹解决，本项目为非收费公路。

工程概况：湛江海大路口至蔚律港疏港公路路线起点桩号K0+000位于湛江疏港公路海大路口，终于龙腾村北面，接东海岛湛江钢铁基地1号大门，终点桩号K27+387，全长27.39千米。设特大桥1座、大桥4座、主线跨线桥1座、中桥3座、小桥2座，桥梁共计23.85万平方米/6140.94米。该项目分二期实施。第一期工程（不含东海岛特大桥左半幅四车道及其引道）于2009年4月正式开工建设，总工期2年。第二期工程（东海岛特大桥左半幅四车道及其引道）前期工作已基本完成，其施工图设计省交通运输厅已经批复，工程概算总投资为5.09亿元。建设投资方案待市政府确定后，可实施。

第一期工程参建单位：业主单位市公路局，设计单位为广东省公路勘察规划设计院有限公司，施工单位第1合同段为利越集团有限公司，第2合同段为广东长宏公路工程有限公司，第3合同段为福建省闽西交通工程有限公司，第4合同段为中铁七局集团第三工程有限公司，第5合同段为中铁五局集团机械化工程有限责任公司，第6合同段为河南高速发展路桥工程有限公司，第7合同段为沈阳市公路建设股份有限公司，第10合同段为广东能达高等级公路维护有限公司，第12合同段为湛江市园林建设公司，监理单位上海华申信联公路工程监理有限公司，后改为广州华申建设工程管理有限公司。

工程建设情况：至2012年底，整个工程项目完成投资16.99亿元，除东海岛特大桥左半幅外，占工程概算总投资的75%。

2010年12月28日，1—3合同段（含东海岛大桥）完工并试通车。2011年6月10日，第1—3合同段通过交工验收。

2011年12月，第4—5合同段完工通过交工验收。

2012年10月，第6合同段完工通过交工验收。

2012年12月，第7合同段（K19+100～k27+387）全长8.287千米，累计完成工作量的72%，约1.63亿元。该合同前段5千米6车道水泥砼路面、桥梁工程全部完成；后段3.3千米路段由于受征地拆迁影响，计划2014年11月底前全部完成路基土方及涵洞工程，2015年春节前完成路面工程。

第10合同段交通工程已完成总工程量的30%。

第 11 合同段养护房屋已完成施工图设计，计划在 2014 年 11 月进行施工招标。

第 12 合同段绿化工程已完成总工程量的 30%。

市委、市政府对上述重点公路工程建设项目非常重视，主要领导经常指导、督促工程施工，深入工地调研工程进展，组织协调省、市相关职能部门，采取一系列加快项目建设的措施，研究、解决重点工程建设项目影响进度的瓶颈问题，确保重点公路建设项目顺利开展。构筑湛江港、东海岛快速疏港通道，改善湛江市城市主骨架路网，对于促进湛江经济崛起具有十分重要的意义。

第三节 公路桥梁

进入 20 世纪 90 年代，湛江省养公路桥梁总座数、总长度不断地增加，桥梁建设技术标准不断地提高，市公路局在高标准建设新的公路桥梁的同时，按照新的设计标准和技术要求，对旧有的公路桥梁进行改造、改建，提高公路桥梁技术状况，确保公路桥梁通行安全。

1991—2012 年，湛江省养公路桥梁新改建、改造总共 160 座、总长度 14198.23 延米，其中：特大型 1 座、大型 20 座、中型 51 座、小型桥梁 88 座。以国道 G325 线湛江石门大桥扩建工程、东海岛跨海特大桥等为标志的重点工程桥梁建设，展示了湛江公路桥梁建设新技术、新工艺、新成就。

1991 年，国道 G325 线湛江市赤坎改建立交桥，包引道全长 830 米，总投资 690 万元；省道黄海线库竹渡口改桥 418.44 米，总投资 626 万元。

1992 年，为促进当地经济发展，解决海康县通往杨家、唐家等五个乡镇及企水渔港交通不便的问题，海康安揽渡口改建桥梁。安揽大桥桥长 216 米，为双柱式钻孔，预制丁型樑桥，桥宽 11 米；桥头两岸引道公路长 1.67 千米。引道路基总宽 12 米，其中路面宽 9 米，路肩 2×1.5 米。工程预算 441.21 万元（其中桥樑工程 239.43 万元，引道造价 201.78 万元），全部由市公路局贷款解决，五年内贷款利息由海康县政府从财政收入中支付。五年期满后，由市公路局在养路费投资中逐年安排还贷。

1994 年，湛江省养公路完成中小桥梁改造 7 座 155 延米。海康安揽大桥竣工通车。

1995 年 1 月，省道黄海线洋村大桥正式动工，由湛江公路局第二工程处筹资承建。该桥长 170 米，宽 17 米，跨径 16 米，设计荷载汽—20 挂—100，引道为二级路。工程总造价 730 万元。是年，国道 G325 线横山桥、缸瓦窑桥改建工程总投资 133.2 万元；海康安揽渡口改桥建设工程投资 200 万元。

1997 年，市公路局实施国道 G325 线黄坡大桥建设工程，大桥全长 829 米，桥宽 18 米，跨径总长 824.00 米，单孔最大跨径 40 米，T 形刚构，钢筋混凝土，双柱式墩，设计荷载汽—20 挂—100。该工程承建单位为湛江公路工程大队第一工程处。

1999 年 1 月 29 日，国道 G325 线廉江排里大桥发生断塌，经过 8 个月紧张施工，8 月 28 日，廉江排里新建大桥正式通车，新桥全长 292 米、宽 18 米 4 车道，为 18 孔 ×16 米跨钢筋砼 T 梁桥；吴川浅水大桥新建工程竣工，桥长 106 米，桥面总宽 8.5 米。

2000 年 12 月，国道 G325 线黄坡大桥竣工通车。

2001 年 4 月，省公路局发文通知全省共 28 座桥梁列入交通部路网结构改造项目 2001 年度计划，其中湛江公路局年内完成国道 G207 线山笃桥、国道 G325 线官渡桥、新桥等桥梁加固任务。

2002 年 10 月，省公路局制定《广东省"十五"桥梁技术改造实施办法》，要求在"十五"期间做好全省辖区内公路桥梁技术改造，使现有国、省、县道干线公路桥梁荷载标准逐步达到汽—20、挂—100，基本消灭公路网上的危桥，保障公路交通安全。

2003 年，湛江省养公路实施 S373 线蕉仔岭桥，S287 线头铺营桥，S287 线百丈桥、那山水利桥、东高岭桥，X668 线拱桥等 6 座桥梁改造加固。

2004 年，湛江省养公路实施沟尾桥、砖石桥、合江大桥、三六桥，S373 线三元桥，S289 线板桥，X680 线塘甫塘桥，X693 线长坞水利桥，S290 线西湾桥，S373 线田西桥和赏村桥及谢村水利桥等 12 座桥梁加固、加宽改造。3 月，湛江疏港公路全线开工；桥涵工程包括 K10+846 海洋大学跨线桥、K22+868 上塘运河中桥、K26+333.68 合流铁路立交中桥共计 3 座，以及其它小桥 5 座，盖板涵 54 道、圆管涵 37 道。

2005 年，对 S373 线洪排桥、乌黎桥、X664 线新梅桥、X684 线茅塘桥等 4 座桥梁改造加固。

"十一五"期间（2006—2010 年），湛江省养公路新改建桥梁 22 座 7283 延米，总投资 4.5 亿元。

2006 年，市公路实施国道 G325 线石门大桥进行加宽扩建工程，对 S290（白流）线分界桥，S286（廉坡）线山背桥，S373（塘企）线糖厂桥，S287 线英塘桥，X684（百石）线城月桥等加固加宽改造。是年 9 月，湛江疏港公路桥涵工程包括海洋大学跨线桥、上塘运河中桥、合流铁路立交中桥共计 3 座，以及其它小桥 5 座，盖板涵 54 道、圆管涵 37 道等全部竣工。

2007 年，市公路局完成分界桥、山背桥、糖厂桥、城月桥、曾家桥、上桥、长坞水利桥等 7 座大桥改建工程。实施 S286 线平坦水利桥、牛仔坡桥，国道 G325 线官渡桥等加固改造工程。

2008 年，市公路局实施合江大桥、石门大桥在改建工程，完成人民、库竹等 8 座大桥改造设计工作。

2009 年，市公路局完成合江大桥、牛仔坡桥、海田桥、龙门排洪桥、造甲桥等 5 座桥梁改造，正在改造施工的有旧石门大桥、人民大桥、大岸大桥、西湾桥、豆坡桥、塘尾大桥、库竹大桥、肖山一桥等 8 座桥梁；计划改造加固的有三阳桥。是年 1 月，湛江海大路口至蔚律港疏港公路第一期工程特大桥 1 座、大桥 4 座、主线跨线桥 1 座（东海岛跨海特大桥全长 4.38 千米，桥宽 20 米）、中桥 3 座、小桥 2 座，桥梁共计 23.85 万平方米/6140.94 米开工建设。

2010 年，市公路局完成 G325 线石门大桥、塘尾大桥、官渡桥，S373 线人民大桥、大岸大桥、库竹大桥、造甲桥，S290 线西湾大桥、豆坡大桥，S286 线砂漠地桥，

S285 线肖山一桥、三阳桥等 12 座桥梁的加固改造（建）工程。8 月 30 日，东海岛跨海特大桥胜利合龙；12 月 28 日，东海岛跨海特大桥建成试通车，桥长 4385.54 米，桥宽 40.5 米。

2011 年，市公路局完成国道 G325 线上圩桥，S290 线金岗桥、迈车桥，S374 线合树桥等桥梁改造；正在改造施工的有 G325 线东边勇桥、塘尾大桥、S290 线崩塘桥 3 座。

2012 年 12 月，湛江市重点建设工程，海大路口至蔚律港疏港公路桥梁第一期工程全部竣工。

表 2—3—1

1991—2012 年湛江市国道、省道省养公路桥梁新改建概况表

路线名称	桥梁名称	中心桩号	桥长（米）	桥宽（米）	类型	结构类型	建设单位	施工单位	修建年度	管养单位	技术等级
G207 锡海线	余庆桥	3633.080	32.00	23.10	中桥	整体现浇板	市公路局	湛江市公路管理局第一工程处	1999	雷州分局	一类
G207 锡海线	良垌桥	3634.675	24.00	23.10	小桥	整体现浇板	市公路局	湛江市公路管理局第一工程处	1997	雷州分局	二类
G207 锡海线	三㴶桥	3635.350	6.30	23.10	小桥	整体现浇板	市公路局	湛江市公路管理局第一工程处	1999	雷州分局	一类
G207 锡海线	旋安一桥	3635.889	14.20	28.00	小桥	实心板梁	市公路局	徐闻县第三建筑工程总公司	1997	徐闻分局	一类
G207 锡海线	旋安二桥	3636.352	13.10	28.00	小桥	实心板梁	市公路局	徐闻县第三建筑工程总公司	1997	徐闻分局	一类
G207 锡海线	上桥	3638.916	21.70	13.50	小桥	空心板梁	市公路局	徐闻县第三建筑工程总公司	1997	徐闻分局	一类
G207 锡海线	下桥	3643.169	18.92	24.00	小桥	实心板梁	市公路局	徐闻县第三建筑工程总公司	1993	徐闻分局	三类
G207 锡海线	马林桥	3648.205	14.10	24.00	小桥	实心板梁	市公路局	湛江市路桥公司	1997	徐闻分局	二类
G207 锡海线	三阳桥	3648.278	21.70	24.00	小桥	空心板梁	市公路局	湛江市路桥公司	1997	徐闻分局	二类
G207 锡海线	九头铺桥	3661.307	14.40	32.00	小桥	实心板梁	市公路局	湛江七建公司	1995	徐闻分局	一类
G207 锡海线	迈颜桥	3663.686	12.20	60.00	小桥	实心板梁	市公路局	徐闻分局工程队	1996	徐闻分局	二类
G207 锡海线	后朗桥	3664.541	12.20	60.00	小桥	实心板梁	市公路局	粤西建筑公司	1996	徐闻分局	一类
G325 广南线	米朗水利一桥	352.540	5.00	23.00	小桥	整体现浇板	市公路局	湛江公路工程大队	1994	吴川分局	二类
G325 广南线	米朗水利二桥	352.807	5.00	23.00	小桥	整体现浇板	市公路局	湛江公路工程大队	1994	吴川分局	二类
G325 广南线	那合水利一桥	353.433	5.00	23.00	小桥	整体现浇板	市公路局	湛江公路工程大队	1994	吴川分局	二类
G325 广南线	那合水利二桥	353.622	6.00	23.00	小桥	整体现浇板	市公路局	湛江公路工程大队	1994	吴川分局	二类

续上表

路线名称	桥梁名称	中心桩号	桥长（米）	桥宽（米）	类型	结构类型	建设单位	施工单位	修建年度	管养单位	技术等级
G325广南线	那孔桥	359.511	27.00	15.00	小桥	T形刚构	市公路局	湛江公路工程大队	1994	吴川分局	三类
G325广南线	大山江桥	361.227	148.00	15.00	大桥	T形刚构	市公路局	湛江公路工程大队	1994	吴川分局	三类
G325广南线	塘尾大桥	368.006	332.00	15.00	大桥	T形刚构	市公路局	湛江公路工程大队	1994	吴川分局	四类
G325广南线	大方田桥	370.549	13.00	18.00	小桥	整体现浇板	市公路局	湛江公路工程大队	1999	吴川分局	三类
G325广南线	那蒙水利一桥	374.018	10.00	18.00	小桥	整体现浇板	市公路局	湛江公路工程大队	1998	吴川分局	三类
G325广南线	那蒙水利二桥	374.420	25.00	18.00	小桥	整体现浇板	市公路局	湛江公路工程大队	1999	吴川分局	三类
G325广南线	东边勇桥	374.813	30.00	18.00	小桥	整体现浇板	吴川分局	湛江公路工程大队第二工程处	2000	吴川分局	三类
G325广南线	新勇桥	377.322	13.00	18.00	小桥	整体现浇板	市公路局	湛江公路工程大队	2000	吴川分局	三类
G325广南线	那良桥	378.715	12.00	18.00	小桥	整体现浇板	吴川分局	湛江公路工程大队第二工程处	2000	吴川分局	三类
G325广南线	三端桥	380.637	14.00	18.00	小桥	整体现浇板	吴川分局	湛江公路工程大队第二工程处	2000	吴川分局	三类
G325广南线	黄坡大桥	381.922	829.00	18.00	大桥	T形刚构	市公路局	湛江公路工程大队	2000	吴川分局	四类
G325广南线	蕉子岭桥	383.344	48.40	18.00	中桥	T形刚构	市公路局	湛江公路工程大队	2000	吴川分局	一类
G325广南线	水流石桥	390.776	30.50	8.80	中桥	T梁	市公路局	直属分局工程队	1997	直属分局	一类
G325广南线	塘丁桥	392.265	31.60	8.80	中桥	T梁	市公路局	湛江市公路管理局直属分局工程队	1997	直属分局	一类
G325广南线	官渡桥（新）	403.764	55.90	19.10	中桥	T梁	市公路局	廉第三工程处	2005	直属分局	三类
G325广南线	石门大桥（新）	409.046	398.44	24.50	大桥	T梁	市公路局	湛江市公路管理局第一工程处	2011	直属分局	一类
G325广南线	文车东桥	417.240	36.00	24.50	中桥	空心板梁	市公路局	广东省湛江公路工程大队	1998	遂溪分局	二类

续上表

路线名称	桥梁名称	中心桩号	桥长（米）	桥宽（米）	类型	结构类型	建设单位	施工单位	修建年度	管养单位	技术等级
G325广南线	文车西桥	417.904	70.04	26.00	中桥	空心板梁	市公路局	茂名市交通建设工程总公司	2011	遂溪分局	一类
G325广南线	北河桥	420.417	53.00	26.00	中桥	空心板梁	市公路局	茂名市交通建设工程总公司	2011	遂溪分局	一类
G325广南线	大路前桥	423.843	28.00	25.40	小桥	T梁	市公路局	湛江市公路管理局直属分局工程队	2000	遂溪分局	三类
G325广南线	水塘水利桥	424.853	8.00	34.00	小桥	整体现浇板	市公路局	湛江市公路管理局直属分局工程队	2000	遂溪分局	三类
G325广南线	新桥桥（加宽）	433.305	148.00	27.20	大桥	T梁	市公路局	湛江公路工程大队	1995	遂溪分局	三类
G325广南线	遂城桥	437.487	26.44	38.71	小桥	空心板梁	浪淘工程有限公司	湛江公路工程大队	1997	遂溪分局	一类
G325广南线	西溪桥（加宽）	438.540	117.00	26.20	大桥	T梁	市公路局	深圳市道路工程公司	1995	遂溪分局	五类
G325广南线	西涌桥	449.528	36.00	17.00	中桥	空心板梁	市公路局	湛江公路工程大队	2000	遂溪分局	三类
G325广南线	后溪中桥	453.204	36.00	17.00	中桥	空心板梁	市公路局	电白县机械筑路工程公司	2000	廉江分局	四类
G325广南线	西海运河桥	456.320	30.04	18.00	小桥	空心板梁	市公路局	广东省电白县机械筑路工程公司	2000	廉江分局	三类
G325广南线	横山中桥	459.170	36.04	18.00	中桥	T梁	市公路局	广东省电白县机械筑路工程公司	2000	廉江分局	三类
G325广南线	缸瓦窑小桥	461.050	28.90	18.00	小桥	实心板梁	市公路局	广东省机械筑路工程公司	2000	廉江分局	四类
G325广南线	排里大桥	461.680	292.40	18.00	大桥	T梁	市公路局	广东省电白县机械筑路工程公司	1999	廉江分局	三类
G325广南线	下山仔桥	468.560	19.72	18.00	小桥	整体现浇板	市公路局	广东省电白县机械筑路工程公司	2000	廉江分局	四类
G325广南线	西涌塘小桥	469.080	14.42	18.00	小桥	整体现浇板	市公路局	广东省电白县机械筑路工程公司	2000	廉江分局	三类
G325广南线	洞口上桥	469.771	14.42	18.00	小桥	整体现浇板	市公路局	广东省电白县机械筑路工程公司	2000	廉江分局	三类

续上表

路线名称	桥梁名称	中心桩号	桥长（米）	桥宽（米）	类型	结构类型	建设单位	施工单位	修建年度	管养单位	技术等级
G325广南线	丰田涌桥	470.495	30.04	18.00	小桥	空心板梁	市公路局	广东省电白县机械筑路工程公司	2000	廉江分局	三类
G325广南线	屋背涌小桥	474.321	7.25	18.00	小桥	整体现浇板	市公路局	广东省电白县机械筑路工程公司	2000	廉江分局	四类
G325广南线	中垌桥（新）	477.936	32.50	7.89	中桥	T梁	市公路局	廉江分局工程队	1996	廉江分局	五类
G325广南线	青平桥	483.881	8.00	16.10	小桥	整体现浇板	市公路局	廉江分局工程队	1992	廉江分局	四类
G325广南线	高桥桥（新）	496.742	84.82	9.60	中桥	T梁	市公路局	廉江分局工程队	1996	廉江分局	三类
G325广南线	洗米河桥	502.284	32.64	17.60	中桥	T梁	市公路局	廉江分局工程队	1996	廉江分局	三类
G325广南线	石门桥（扩建）		398.44	12.25	大桥	T梁	市公路局	江西中煤建筑工程有限公司	2010	直属分局	
G325广南线	文车中桥（新）		70.04	24.50	中桥	空心板梁	市公路局	茂名市交通建设总公司	2010	直属分局	
G325广南线	北河中桥（新）		53.00	24.50	中桥	空心板梁	市公路局	茂名市交通建设总公司	2010	直属分局	
S286廉坡线	十八塘立交桥	1.135	97.00	17.00	中桥	箱形梁	市公路局	湛江公路工程大队	2010	廉江分局	一类
S286廉坡线	官通道通桥	1.313	12.00	32.00	小桥	整体现浇板	市公路局	湛江公路工程大队	2010	廉江分局	一类
S286廉坡线	飞鼠田运河中桥	4.475	64.40	12.00	中桥	空心板梁	市公路局	湛江公路工程大队	2010	廉江分局	一类
S286廉坡线	铜罗涌小桥	6.283	11.00	12.00	小桥	整体现浇板	市公路局	湛江公路工程大队	2010	廉江分局	三类
S286廉坡线	大岭小桥	6.585	11.00	12.00	小桥	整体现浇板	市公路局	湛江公路工程大队	2010	廉江分局	一类
S286廉坡线	良垌中桥	17.328	64.10	12.00	中桥	空心板梁	市公路局	湛江公路工程大队	2010	廉江分局	一类
S286廉坡线	南桥中桥	20.815	85.70	12.00	中桥	空心板梁	市公路局	湛江公路工程大队	2011	廉江分局	一类
S286廉坡线	上坡小桥	26.394	12.00	12.00	小桥	整体现浇板	市公路局	湛江公路工程大队	2012	廉江分局	一类

续上表

路线名称	桥梁名称	中心桩号	桥长（米）	桥宽（米）	类型	结构类型	建设单位	施工单位	修建年度	管养单位	技术等级
S286廉坡线	杨子涌立交二桥	30.871	82.00	8.00	大桥	T形刚构	市公路局	湛江公路工程大队	2000	吴川分局	一类
S286廉坡线	杨子涌立交一桥	31.056	45.00	8.00	中桥	整体现浇板	市公路局	湛江公路工程大队	2000	吴川分局	一类
S286廉坡线	山背桥	35.518	12.00	8.00	小桥	空心板梁	市公路局	湛江公路工程大队	2000	吴川分局	一类
S287六遂线	长沙垌桥	3.188	11.00	12.00	小桥	整体现浇板	市公路局	廉江公路分局工程队	2003	廉江分局	一类
S287六遂线	英埔桥（新）	7.523	53.04	6.60	中桥	空心板梁	市公路局	廉江公路分局工程队	2006	廉江分局	三类
S287六遂线	南充桥	8.088	11.00	12.00	小桥	整体现浇板	市公路局	廉江公路分局工程队	2003	廉江分局	三类
S287六遂线	石宁桥	9.742	12.00	12.00	小桥	整体现浇板	市公路局	廉江公路分局工程队	2003	廉江分局	一类
S287六遂线	合江大桥	38.505	265.00	12.50	大桥	箱形梁	市公路局	湛江公路工程大队	2009	廉江分局	一类
S287六遂线	鹤岭桥	42.546	12.00	35.80	小桥	空心板梁	市公路局	湛江劳建公司	1993	廉江分局	四类
S287六遂线	廉江桥	49.726	65.00	51.70	中桥	T梁	市公路局	廉江市水电局工程队	1994	廉江分局	一类
S287六遂线	书房仔桥	54.710	66.10	20.60	中桥	空心板梁	市公路局	廉江公路分局工程队	1994	廉江分局	三类
S287六遂线	南阳小桥	58.688	30.00	24.60	小桥	空心板梁	市公路局	湛江公路工程大队	2003	廉江分局	三类
S287六遂线	三角塘北桥	59.820	30.00	24.40	小桥	空心板梁	市公路局	湛江公路工程大队	2003	廉江分局	一类
S287六遂线	三角塘南桥	60.775	11.00	24.40	小桥	整体现浇板	市公路局	湛江公路工程大队	2003	廉江分局	二类
S287六遂线	分界桥	64.560	36.30	22.00	中桥	空心板梁	市公路局	湛江公路工程大队	2003	遂溪分局	二类
S287六遂线	白水桥	68.260	12.00	23.00	小桥	整体现浇板	市公路局	湛江公路工程大队	2003	遂溪分局	三类
S287六遂线	高楼桥	68.882	24.70	23.00	中桥	空心板梁	市公路局	湛江公路工程大队	2003	遂溪分局	一类

续上表

路线名称	桥梁名称	中心桩号	桥长（米）	桥宽（米）	类型	结构类型	建设单位	施工单位	修建年度	管养单位	技术等级
S287 六遂线	头铺营桥	69.998	12.90	23.00	小桥	整体现浇板	市公路局	湛江公路工程大队	2003	遂溪分局	三类
S287 六遂线	三中桥	74.545	23.00	23.00	小桥	空心板梁	市公路局	湛江公路工程大队	2004	遂溪分局	一类
S287 六遂线	欧屋一桥	75.138	24.90	23.00	小桥	空心板梁	市公路局	湛江公路工程大队	2004	遂溪分局	三类
S287 六遂线	欧屋二桥	75.193	35.00	23.00	中桥	箱形梁	市公路局	湛江公路工程大队	2004	遂溪分局	一类
S287 六遂线	欧屋三桥	75.253	23.00	23.00	小桥	空心板梁	市公路局	湛江公路工程大队	2004	遂溪分局	三类
S288 湖硐线	调埠桥	11.125	33.60	20.00	小桥	空心板梁	市公路局	不详	1992	直属分局	三类
S290 白流线	分界桥	2.346	14.00	12.00	小桥	整体现浇板	市公路局	遂溪公路分局	2007	遂溪分局	一类
S290 白流线	芝兰桥	5.533	11.80	12.00	小桥	整体现浇板	市公路局	不详	1997	遂溪分局	三类
S290 白流线	老鼠沟桥	8.722	14.00	12.00	小桥	整体现浇板	市公路局	不详	1997	遂溪分局	三类
S290 白流线	龙头图桥	10.126	8.00	12.00	小桥	整体现浇板	市公路局	不详	1997	遂溪分局	三类
S290 白流线	崩塘桥	21.595	34.04	12.00	小桥	空心板梁	市公路局	湛江公路工程大队	2011	遂溪分局	一类
S290 白流线	马骝仔桥	39.547	9.30	11.40	小桥	整体现浇板	市公路局	湛江公路工程大队	1993	遂溪分局	一类
S290 白流线	老周桥	42.703	9.50	12.00	小桥	整体现浇板	市公路局	湛江公路工程大队	1993	遂溪分局	三类
S290 白流线	金岗桥	70.107	17.58	12.00	小桥	空心板梁	市公路局	湛江公路工程大队	2011	遂溪分局	一类
S290 白流线	迈车桥	132.960	28.00	8.10	小桥	T梁	市公路局	湛江公路工程大队	2011	雷州分局	三类
S290 白流线	龙屋桥	144.330	30.00	12.00	小桥	空心板梁	市公路局	湛江公路工程大队	2009	雷州分局	一类
S290 白流线	金竹桥（新）	151.051	32.00	6.00	中桥	T梁	市公路局	湛江公路工程大队	2011	雷州分局	一类

路线名称	桥梁名称	中心桩号	桥长（米）	桥宽（米）	类型	结构类型	建设单位	施工单位	修建年度	管养单位	技术等级
S293疏港公路	南畔运河桥	2.928	26.04	25.50	小桥	空心板梁	市公路局	茂名市交通建设总公司	2006	直属分局	一类
S293疏港公路	合流铁路桥	3.464	56.20	25.50	中桥	空心板梁	市公路局	茂名市交通建设总公司	2006	直属分局	一类
S293疏港公路	上塘运河桥	6.929	50.04	25.50	中桥	空心板梁	市公路局	中国建筑第八工程局	2006	直属分局	一类
S293疏港公路	笃头桥	7.976	23.00	25.50	小桥	空心板梁	市公路局	中国建筑第八工程局	2006	直属分局	一类
S293疏港公路	克初运河桥	14.280	30.00	25.50	小桥	空心板梁	市公路局	中铁四局集体第一工程有限公司	2006	直属分局	一类
S293疏港公路	猪场桥	15.659	31.04	25.50	小桥	空心板梁	市公路局	海南省公路建设第三工程公司	2006	直属分局	一类
S293疏港公路	交椅岭一桥	17.406	57.20	25.50	中桥	空心板梁	市公路局	海南省公路建设第三工程公司	2006	直属分局	一类
S293疏港公路	交椅岭二桥	18.084	27.10	25.50	小桥	空心板梁	市公路局	海南省公路建设第三工程有限公司	2006	直属分局	一类
S293疏港公路	北潭桥	24.118	30.40	25.50	中桥	空心板梁	市公路局	广东恒大路桥建设有限公司	2006	直属分局	一类
S293疏港公路	S373跨线桥		465.54	28.5	跨线桥	箱梁	市公路局	浙江利越路桥建设有限公司	2010	直属分局	一类
S293疏港公路	东海岛特大桥		4385.54	40.5	特大桥	箱梁	市公路局	广东长宏工程有限公司 福建闽西交通工程有限公司	2010	直属分局	一类
S293疏港公路	K10+368中桥		53.54	33	中桥	空心板梁、箱梁	市公路局	中铁七局集团第三工程有限公司	2010	直属分局	一类
S293疏港公路	K13+976中桥		53.54	33	中桥	空心板梁	市公路局	中铁五局集团机械化工程有限公司	2011	直属分局	一类
S293疏港公路	K17+142中桥		37.54	33	中桥	箱梁	市公路局	中铁五局集团机械化工程有限公司	2011	直属分局	一类
S293疏港公路	红星水库大桥		725.54	33	大桥	箱梁	市公路局	河南高速发展路桥工程有限公司	2010	直属分局	一类
S293疏港公路	红星水库二桥		125.4	33	大桥	空心板梁	市公路局	河南高速发展路桥工程有限公司	2012	直属分局	一类

续上表

路线名称	桥梁名称	中心桩号	桥长（米）	桥宽（米）	类型	结构类型	建设单位	施工单位	修建年度	管养单位	技术等级
S293 疏港公路	龙腾河一桥		125.4	40.5	大桥	空心板梁	市公路局	沈阳市公路建设有限公司	2012	直属分局	一类
S293 疏港公路	龙腾河二桥		125.4	40.5	大桥	空心板梁	市公路局	沈阳市公路建设有限公司	2012	直属分局	一类
S373 塘企线	鸭栏桥	53.044	45.20	17.20	中桥	空心板梁	市公路局	湛江公路工程大队第一工程处	1992	直属分局	一类
S373 塘企线	保满桥	53.660	9.80	16.00	小桥	整体现浇板	市公路局	湛江公路工程大队第一工程处	1997	直属分局	三类
S373 塘企线	库竹大桥	74.252	428.40	12.50	大桥	T梁	市公路局	湛江公路工程大队第一工程处	1993	直属分局	三类
S373 塘企线	洋村桥	88.714	170.00	17.00	大桥	T梁	市公路局	湛江公路工程大队第二工程处	1997	直属分局	三类
S373 塘企线	百文桥	95.063	36.46	12.00	小桥	空心板梁	市公路局	雷州分局工程队	2004	雷州分局	一类
S373 塘企线	帮塘桥	101.988	54.50	39.00	中桥	肋拱	市公路局	湛江公路工程大队	1995	雷州分局	三类
S373 塘企线	安榄大桥	115.509	216.00	11.00	大桥	T梁	市公路局	湛江公路工程大队第三工程处	1994	雷州分局	三类
S373 塘企线	田西桥（新）	139.278	48.00	4.10	中桥	空心板梁	市公路局	雷州分局工程队	2005	雷州分局	一类
S373 塘企线	三元桥（新）	137.830	43.00	4.00	小桥	空心板梁	市公路局	雷州分局工程队	2005	雷州分局	三类
S373 塘企线	赏村桥（新）	142.799	11.20	4.00	小桥	空心板梁	市公路局	雷州分局工程队	2005	雷州分局	三类
S373 塘企线	乌黎桥（新）	142.863	6.00	4.80	小桥	整体现浇板	市公路局	雷州分局工程队	2005	雷州分局	一类
S373 塘企线	洪排桥（新）	144.216	7.00	4.40	小桥	肋拱	市公路局	雷州分局工程队	2005	雷州分局	一类
S374 平杨线	海滨一桥	1.349	10.50	42.00	小桥	空心板梁	市公路局	市政公司	1991	直属分局	三类
S374 平杨线	海滨二桥	2.438	16.50	42.00	小桥	整体现浇板	市公路局	市政公司	1991	直属分局	二类
S374 平杨线	沙墩铁路桥	11.675	46.30	25.50	中桥	空心板梁	市公路局	湛江公路工程大队	2006	直属分局	一类

续上表

路线名称	桥梁名称	中心桩号	桥长（米）	桥宽（米）	类型	结构类型	建设单位	施工单位	修建年度	管养单位	技术等级
S374 平杨线	前进桥	43.682	46.00	12.00	中桥	空心板梁	市公路局	湛江公路工程大队	2004	遂溪分局	一类
S374 平杨线	合树桥	45.911	17.72	12.00	小桥	空心板梁	市公路局	湛江公路工程大队	1997	遂溪分局	二类
S375 客江线	草桥（新）	8.376	66.00	6.00	中桥	T梁	市公路局	雷州分局工程队	2006	雷州分局	一类
S375 客江线	陈九桥（新）	12.996	20.00	6.80	小桥	空心板梁	市公路局	雷州分局工程队	2006	雷州分局	一类
S375 客江线	河头桥	17.356	44.00	12.00	中桥	空心板梁	市公路局	湛江公路工程大队	2006	雷州分局	一类
S376 外西线	长春桥	47.476	74.00	15.00	中桥	箱形梁	徐闻水电局	徐闻县水电局	2007	市公路局	一类

1991—2012年湛江省养公路桥梁建设情况表

表 2—3—2

年度	桥梁座数	长度（延米）	按跨径分							
			特大桥		大桥		中桥		小桥	
			座	延米	座	延米	座	延米	座	延米
1991	173	7571	0	0	18	4022	36	1651	119	1898
1992	173	7571	0	0	18	4022	36	1651	119	1898
1993	174	7989	0	0	19	4440	36	1651	119	1898
1994	178	8238	0	0	20	4652	37	1707	121	1879
1995	178	8238	0	0	20	4652	37	1707	121	1879
1996	178	8238	0	0	20	4652	37	1707	121	1879
1997	179	8418	0	0	21	4832	37	1707	121	1879
1998	191	8338	0	0	19	4306	53	2247	119	1785
1999	191	8390	0	0	19	4358	53	2247	119	1785
2000	192	9219	1	829	19	4358	53	2247	119	1785
2001	221	10173	1	829	20	4287	44	2205	156	2852
2002	221	10173	1	829	20	4287	44	2205	156	2852
2003	221	10173	1	829	20	4287	44	2205	156	2852
2004	220	10159.32	1	829	20	4287.19	48	2413.26	151	2629.87
2005	226	10222.32	1	829	21	5116.19	49	2413.26	156	2692.87
2006	255	10986	1	829	21	5126	58	2820	176	3040
2007	262	11741.35	1	829	22	5674.84	62	2811.54	177	3254.97
2008	264	11814.07	1	829	22	5674.84	62	2845.5	179	3293.73
2009	265	11813.03	1	829	22	5674.84	63	2980.70	180	3337.63
2010	272	12086.63	1	829	22	5674.84	65	3079.70	185	3459.23
2011	278	12927.71	1	829	23	5946.14	72	3647.00	183	3334.57
2012	280	12981.27	1	829	23	5946.14	72	3621.80	186	3413.33

第四节　公路渡口

市公路局管养的公路渡口是省养公路的组成部分，其固定资产及产权属公路主管部门所有，渡口的一切生产设备实行全省统一调配，渡口人员统一配发工作服装。

20世纪90年代初，市公路局所属管养渡口共有湛江、南渡、安榄、洋村、库竹5个，其中湛江渡口所为科级编制，其他渡口所为股级编制；随着湛江公路建设事业发展，库竹、安榄、洋村渡口逐步实现了渡改桥，在实施渡改桥期间，市公路局切实做好渡口职工站好最后一班岗思想稳定工作，确保渡口安全渡运无事故，渡改桥工程顺利完成。至2012年底，市公路局尚有湛江、南渡2个战备渡口所（1988年10月，省政府、省军区将湛江渡口、南渡渡口列为二级战备渡口，要求加强战备渡口管理，做到平战结合，即战时为军事服务，平时为经济建设服务，实行以渡养渡，保障渡口顺利渡运）。

湛江市省养公路渡口严格执行省政府、省厅、省局颁发的《广东省公路渡口管理办法》《广东省公路渡口管理办法实施细则》《广东省公路渡口业务管理实施细则》等各项规章制度，坚持"安全、快渡、文明、节约"的渡运方针，坚持安全渡运第一的原则，切实采取有效措施，强化渡运管理，坚持渡口月、季、年度检查工作制度，积极开展"文明渡口"劳动竞赛评比活动，湛江渡口多次被省局授予"文明渡口""标兵文明渡口"称号，各渡口实行"班定船、人定岗、保养定期"的三定保养制度，确保"六无船、机"率年平均达95%以上，保障了渡运工作安全、有序、顺利进行。2006—2011年湛江渡口、南渡渡口累计渡运航次50万多次，渡运航时7万多小时，渡运机动车辆355万辆次，渡运行人800万多人次。市公路局公路养路费投资计划下达渡口的过渡费切块使用计划共计6521万元；渡口累计征收机动车过渡费和行人过渡费合计5311万元；湛江公路渡口经费十分困难，"以渡养渡"的目标难以实现。

一、湛江渡口

湛江渡口所位于省道S373塘企线（吴川塘尾至雷州企水公路）K41+300处，是湛江的交通要道。该渡口处于湛江海湾（麻斜海）上，渡口海面宽（航距）1.8千米，水深19米，最大潮差4.5米，东西两岸分别设有两组斜坡码头和"凸"字形码头（6级差0.6米）。湛江渡口所为市公路局直属正科级行政事业单位，核定编制人员223名，其中所长1名，副所长3名，设置股室有人事、财务、渡运、安保、技术、路政、办公室等7个，配备正副股长14名。

湛江渡口是广东省最大规模的正常渡运公路渡口和二级战备渡口。2012年，湛江渡口在职职工154人，其中有专业技术职称人员20人，机关工作人员36名。渡运班实行班定船配备制度，每班每船定员10—12人，船长由驾驶员担任即为渡运班长，常规配备正、副驾驶员，正、副轮机员，水手设为头、尾、左、右四个岗位。湛江渡口配备渡车船 7 艘，其中：15 车渡船（湛机 1501、1502、1503）3 艘，12 车渡船（湛机 1204、1206、1208、1209）4 艘。渡口固定资产达 3000 多万元。

1996 年 9 月 9 日，40 年一遇的第 15 号强台风袭击湛江，风力达 12 级以上，台风历时 3 个多小时。湛江渡口所干部职工发扬革命人道主义精神，不畏危险，搭救了 8 艘渔船，船上 46 位渔民全部获救，其典型事迹分别被《人民公路报》《南方日报》《羊城晚报》《湛江日报》《湛江晚报》、湛江电视台和湛江广播电台刊登和播出，受到湛江市委、市政府表彰，荣立集体二等功。蔡振勋所长代表湛江渡口所参加湛江市委先进事迹报告团到五县四区巡回演讲。

2002 年，湛江渡口所接管湛江公路局船厂，根据船舶的设备使用的周期及港监检审的要求，及时安排渡车船进厂上排维修，年均维修船只产值约 100 多万元，船厂基本达到收支平衡，略有节余。2007 年，船厂因湛江渡口合作经营需要被湛江市宝盛投资有限公司兼并，船厂 200 吨船排作废改为他用，至此湛江渡口修船需租另外船排。

2006 年，湛江渡口受湛江海湾大桥建成通车影响，日均渡运车辆减至 800 台次左右，2011 年，根据湛江实施公路车辆年票制方案，本市车辆经海湾大桥免费通过，湛江渡口日均渡运车辆大幅减至不到 100 台次，日均渡运行人保持在 1200 多人次；过渡费从大桥通车前的每月约 160 万元锐减至 60 万元；而湛江渡口所维持正常运作所需经费每月约 120 万元，月均资金缺口约 60 万元。湛江渡口所面对前所未有的困境与挑战，为寻求新的发展空间，市公路局领导确定利用湛江渡口现有资源引进投资者合作经营方案，2007 年 4 月，成立湛江市宝盛投资有限公司。2007 年 11 月，省交通战备办批准在湛江渡口所成立"广东省国防交通粤西应急保障基地"，同意成立基地经营公司（湛江宝盛物流有限公司）作为应急保障基地的经营实体，根据"平战结合"的原则，任何情况下渡口都必须确保国防交通应急保障有效实施。

二、南渡渡口

南渡渡口所为雷州分局所属股级编制事业单位，位于县道 X692 水火线 K17 处（雷州水店至南渡路段原为广海线公路，南渡渡口曾是雷州半岛通往海南岛的重要交通咽喉），渡口河道面宽（航距）350 米。1986 年，国道 G207 线南渡大桥建成通车，1988 年 10 月，省政府、省军区将南渡渡口列为二级战备渡口，配备保留两组渡船（机动拖船 6 车平板船），维持当地渡口交通。

南渡渡口建有码头 3 个，分别是 1 号码头、2 号码头、浅水码头。1991—2008 年，配备二组 6 车渡船：湛拖 26、湛平 605 和湛拖 28、湛平 603；2009 年 4 月，更新一组 6 车渡船（湛拖 29、湛平 608）。南渡渡口核定人员编制 25 名，在职职工 22 人，渡口渡运班编制 3 个，每个渡运班配备渡工 7 名（班长 1 名、驾驶员 2 名、轮机 2 名、安全员 1 名、收票员 1 名）。南渡渡口渡运航时从上午 7 时至下午 6 时 30 分，夜班无渡运。渡运日均机动车辆流量 150 台次左右，渡运行人 200 多人次。

三、安榄渡口

安榄渡口所为雷州分局所属股级编制事业单位，安榄渡口位于省道 S373 线 K115（雷州安榄南渡河地段），渡口河道面宽（航距）220 米，东西两岸建有高、底码头各 1 座。1991—1994 年配备 6 车渡船二组（渡改桥后湛拖 21 被省局调配到肇庆沙浦渡口，湛拖 29、湛平 608 保留到南渡渡口）。安榄渡口职工 43 人，设置渡运班 3 个；渡运日均机动车辆流量 380 多车次，渡运行人 300 多人次。

1992 年 7 月，安榄渡口实施渡改桥工程，由湛江公路工程大队第三工程处承建；1994 年 7 月，安榄大桥建成通车，安榄渡口职工就地转岗为安榄大桥收费站工作人员。

四、洋村渡口

洋村渡口所为雷州分局所属股级编制事业单位，洋村渡口位于省道 S373 线 K88 雷州洋村海湾地段，渡口河道面宽（航距）70 米，东西两岸建有高、底码头各 1 座。1991—1997 年，配备 4 车渡船二组（湛拖 16、26，湛平 407、湛平 408；渡改桥后湛平 407 由省局调配到肇庆封川渡口，湛平 408 车船调配到肇庆沙浦渡口）。洋村渡口职工 33 人，设置渡运班 4 个，渡运日均机动车辆 400 车次左右，渡运行人 350 多人次。

1996 年 1 月，市公路局实施洋村渡改桥工程，由湛江公路工程大队第二工程处垫资筹建洋村大桥，1997 年 2 月，洋村大桥建成通车，结束湛江霞山至雷州公路过渡的历史；洋村渡口职工转岗为洋村大桥收费站工作人员。

五、库竹渡口

库竹渡口所为市公路局直属分局所属股级编制事业单位，位于省道 S373 线 K74.25（湖光库竹地段），渡口河道面宽（航距）270 米，南北两岸建有高、底水位码头。1991—1993 年配备 4 车渡船二组（渡改桥后湛拖 21、湛平 401 调配到安榄渡口，湛拖 22、湛平 402 车船调配到南渡渡口）。1993 年，渡改桥前库竹渡口职工 43 名，设置渡运班 4 个；渡运日均机动车辆 400 车次左右，渡运行人 600 多人次。

1991 年，库竹渡口实施渡改桥工程，由湛江公路工程大队第一工程处承建，1993 年 10 月，库竹大桥建成通车，库竹渡口职工均转岗为库竹大桥收费站工作人员。

1991年湛江省养公路渡口概况表

表2—4—1

渡口名称	所在县市	渡运航距（米）	渡运船只配备							全年渡运机动车辆（万辆）	职工人数（人）
			合计	机动车渡船		拖轮	平板渡船		行人渡船		
				10车	12车		4车	6车	相当8车		
湛江	湛江	1800	8	3	5				2	44.519	233
南渡	海康	350	5			2	3			62.416	67
库竹	湛江	270	4			2	2			9.925	41
洋村	湛江	110	4			2	2			10.983	31
安榄	海康	200	4			2	2			16.908	39
全局渡口合计			27	3	5				2		

全局渡口共配备各类渡船26艘，其中湛江渡口10车钢质渡车船3艘，12车钢质渡车船5艘，行人渡船（相当于8车渡）2艘；南渡口6车钢质平板船3艘、拖轮2艘；库竹、洋村、安榄渡口4车钢质平板船、拖轮各2艘。湛机301船报废调第一工程处使用。

2012年湛江省养公路渡口概况表

表2—4—2

渡口名称	所在县市	渡运航距（米）	渡运船只配备					全年渡运量		职工人数（人）
			小计	机动渡车船		拖轮	6车平板渡船	行人（万次）	车次（万辆）	
				12车	15车					
湛江	湛江	1800	7	3	4			44.8	8.18	154
南渡	雷州	350	4			2	2	7.3	5.4	22
全局渡口合计			11	3	4	2	2			

1991—2012年湛江省养公路渡口渡运概况表

表2—4—3

年份	渡运行人／次（万）	渡运车辆／次（万）	征收过渡费（万元）
1991	58.7	63.5	192.1
1992	55.4	65.7	280.3
1993	59.5	79.3	333.4

续上表

年份	渡运行人／次（万）	渡运车辆／次（万）	征收过渡费（万元）
1994	60.9	84.8	608.9
1995	68.5	86.4	755.8
1996	99.5	83.6	992.2
1997	99.7	97.4	1331.6
1998	91.2	94.9	1777.9
1999	94.7	117.3	1783.6
2000	99.85	115.5	1739.8
2001	94.17	88.6	1522.3
2002	94.51	93.2	1586.9
2003	89.43	94.7	1651.3
2004	84.1	93.6	1574.1
2005	91.3	91.5	1954.9
2006	102.8	108.8	1945
2007	97.3	54.7	960
2008	42.6	44.56	720
2009	39.1	46.4	774
2010	47.99	47.4	808
2011	46.96	16.7	242.9
2012	44.8	15.2	230.4

第三章　公路养护管理

第一节　公路线路

国家交通部统一规划公路线路分为国家干线公路（国道）、省干线公路（省道）、县公路（县道）和乡公路（乡道）四个等次。国道指国家公路网中具有全国政治、经济及国防意义，沟通省与省之间，并经国家交通行政主管部门确定为国家级干线的公路；省道是指在全省公路网中具有全省性政治、经济及国防意义，沟通省内地区（市）级行政区域，并经省交通厅确定为省道干线的公路；具有全县性政治、经济意义，沟通县与地区（市），或个别有特殊交通意义并经省交通厅批准确定为县级公路的公路线路为县道；还有主要为乡村农业生产、生活服务的公路线路为乡道。湛江省养公路主要指市公路局管养的国省道干线公路，以及由于历史的原因尚未移交地方公路管养的部分县道、乡道路段（县道、乡道属于地方公路，由市交通局地方公路管理总站管养）。随着湛江市公路建设和路网升级改造的发展，省养公路路况技术条件明显改善，养护机械化水平明显提高，路域环境显著提升。

1991年，湛江省养公路线路共54条，总里程1365.6千米，（国道2条358.7千米，省道8条428.7千米，县道22条484千米，乡道22条94.2千米）；其中油路达860.6千米，砂土路505.0千米。

1996年，按照国家交通部统一部署，广东省公路线路进行大范围调整。湛江省养公路调整为54条，其中国道2条，省道10条，县道23条，乡道19条。

进入21世纪，湛江市公路建设事业加快发展，省养公路升级改造基本上铺装为沥青、水泥混凝土高等级路面。至2012年末，湛江省养公路线路共56条，总里程1393.30千米，其中国道2条335.44千米，省道11条688.94千米，县道23条305.05千米，乡道19条47.92千米，专用公路Z325线路（原国道G325文车—北罗坑路段）全长15.94千米。养护桥梁280座12981.27延米，其中国道桥梁90座5610.95延米，省道桥梁129座5520.76延米，县道桥梁51座1185.66延米，乡道桥梁3座60.5延米，专用公路线路桥梁7座603.4延米。

一、国道（湛江省养公路管养国道2条、总长335.44千米）

1. 国道G207（锡海线）

国道G207锡海线起点内蒙古锡林浩特终点徐闻海安港，为国家干线公路。湛江段国道G207线起自茂名市化州下垌与廉江市良垌镇交界处（桩号K3486+669），经遂溪县遂城镇、城月镇、雷州市客路镇、雷城镇、徐闻县下桥镇至海安镇终点（桩号 K3669+329），全长 182.66 千米（2002 年 G207 线的终点桩号为 K3674+100 因改造变化）。经 20 多年多次改造改建，至 2012 年底，该路段路面宽度为 16~60 米，技术等级为一级公路，设计流量为 15000~30000 辆/24 小时，路面结构为：25 厘米水泥混凝土面层+18 厘米水泥、河沙、矿渣稳定上基层+16 厘米水泥砂砾土稳定底基层。双向 4 车道+双向非机动车道，遂溪县城路段 6 车道，大部分路段设置钢筋砼防撞护栏中央分隔带，新改建部分路段设置绿化分隔带。全线标志、标线等安全设施齐全，道路两侧绿树成荫，路域自然景观协调，成为雷州半岛南亚热带一道亮丽的风景线。

2. 国道 G325（广南线）

国道 G325 线起点广州终点广西南宁，为国家干线公路。湛江段国道 G325 线起自茂名市电白调魏与吴川市大山江交界处（桩号 K349+890），经吴川市覃巴镇、坡头区龙头镇、黄略镇文车村、麻章镇北罗坑村、遂溪县遂城、廉江市横山镇、终点于廉江高桥与广西山口交界处（桩号 K513+390），全长 152.78 千米（2002 年 G325 线湛江境内的终点桩号为 K554+800 因改线变化）。经 20 多年多次改造改建，至 2012 年底，该路段路面宽度为 16~25 米，技术等级为一级至二级公路，设计流量为 4900~15000 辆以上/24 小时，设计轴载：100 牛顿，路面材料：水泥混凝土，路面结构——基层：水泥稳定粒料，厚度：33 厘米；面层：水泥混凝土，厚度：25 厘米。双向 4 车道+大部分双向非机动车道，个别路段 6 车道，全路段基本设置钢筋砼防撞护栏中央分隔带，新改建路段设置绿化分隔带；全线标志、标线等安全设施齐全，道路两侧绿树成荫，路域自然景观协调，生态景观一路绿道成荫。

二、省道（湛江省养公路管养省道 11 条、总长 688.94 千米）

1. 省道 S285（蓬吴线）

省道 S285 线起点化州蓬利终点吴川梅菉，湛江路段起自吴川浅水镇林屋终点吴川梅菉（桩号 K89+384~K107+684），全长 18.3 千米；该路段路面宽度为 7~15 米，技术等级为三级至四级公路。2011 年 4 月开始分三期进行一级至二级路改造。

2. 省道 S286（廉坡线）

起点廉江石城终点坡头区坡头镇（桩号 K0+000~K54+350），该线路经廉江市良垌圩、平坦、吴川市后头村、上车村，全长 54.35 千米；该路段路面宽度为 6~8 米，技术等级为一级至四级公路。

3. 省道 S287（六遂线）

起点廉江六深终点遂溪遂城文化广场，（桩号 K0+000~K77+080），该线路经廉江市长山路口、合江桥、园岭仔收费站、遂溪县分界、克山、遂城，全长 77.08 千米；该路段路面宽度为 7~26 米，技术等级为一级至二级公路，大部路段为水泥混凝土路面，中央设置绿化分隔带。

4. 省道 S288（湖硇线）

起点湛江湖光镇终点硇洲东南码头，（桩号 K0+000~K46+740），该线路经东海路口、大堤路口、西坑村、东山镇、龟头村、后塘村、井头村、东南码头，全长

46.74千米；该路段路面宽度为7~15米，技术等级为一级至四级公路，大部路段为沥青表面处治路面。

5. 省道S289（南前线）

起点雷州市南华农场终点徐闻县前山镇甲村，（桩号K0+000~K74+371），属省养公路路段27.61千米（桩号K37+810~K49+757、K58+711~K74+371），该线路经调风镇、后寮村、深水村、甲村，全长80.20千米；该路段路面宽度为7~8米，技术等级为二级至四级公路，大部路段为沥青混凝土路面。

6. 省道S290（白流线）

起点白桔终点流沙镇流沙港（桩号K0+000~K178+144），属省养公路路段137.42千米（桩号K0+000~K47+000、K68+900~K159+504），其他为地养公路路段，该线路经遂溪县沙古、界炮镇、杨柑镇、龙眼、北坡镇、雷州市唐家、火炬、那南、乌石，全长178.14千米；该路段路面宽度为7~9米，技术等级为二级至三级公路，双车道，大部路段为沥青混凝土路面。

7. 省道S293（疏港公路即湛江疏港大道）

起点麻章镇田寮村（G325线连接）终点宝满村（桩号K0+000~K29+804），2007年列入省养公路管养。该线路经麻章田寮村、海洋大学、湖光、宝满，全长29.80千米；该路段路基宽度为25.5米，路面宽度为15米，技术等级为一级公路，双向4车道，全路段基本设置中央分隔带，为水泥混凝土路面。

8. 省道S373（塘企线）

起点吴川市塘尾镇终点雷州市企水镇（桩号K0+000~K148+820），该线路经吴川塘尾镇唐禄村、湛江坡头镇、海滨宾馆、库竹大桥、太平圩、雷州唐家镇、企水镇，全长134.97千米；该路段路基宽度为9~30米不等，路面宽度为9~22.5米不等，技术等级为一级至四级公路，大部为双向4车道，全路段有水泥混凝土路面、沥青混凝土路面和沥青碎石路面。

9. 省道S374（平杨线）

起点湛江开发区平乐村（渡口）终点遂溪县杨柑镇河图仔（桩号K0+000~K60+400），该线路经赤坎区沙湾、麻章镇高阳、遂溪县岭北、茶亭、洋青、河图仔，全长53.23千米；该路段路基宽度为12~42米不等，路面宽度为9~28米不等，技术等级为一级至二级公路，大部为一级，双向4车道，个别6车道，全路段大部为水泥混凝土路面、部分为沥青混凝土路面。

10. 省道S375（客江线）

起点雷州市客路镇客路村终点遂溪县江洪镇（桩号K0+000~K40+230），该线路经客路镇客路村、新村仔、河头村、河头镇圩、扫把塘、江洪镇，全长40.01千米；该路段路基宽度为11~12米，路面宽度为7~9米，技术等级为二级至三级公路，双车道，全路段大部为沥青混凝土路面。

11. 省道S376（外西线）

起点徐闻县外罗镇圩终点徐闻县西连镇西连中学（桩号K0+000~K80+060），省养公路路段（桩号K7+709~K80+060），该线路经徐闻县外罗镇、锦和镇、坡塘村、大水桥糖厂、塘口村、西连中学，全长 71.26 千米；该路段路基宽度为 11~32 米不等，大部为 12 米，路面宽度为 7~15 米不等，技术等级为二级至四级，大部为二级公路，大部分为双车道，部分为 4 车道，全路段大部为沥青混凝土路面，部分路段为水泥混凝土路面。

三、县道（湛江省养公路管养县道 23 条、总长 305.05 千米）

1. 县道 X613（铜销线）

起点吴川覃巴镇覃村终点钟毓山（桩号 K26+492~K28+886），路经高岭村；该路段全长 2.39 千米，路基宽度为 12 米，路面宽度为 9 米双车道，技术等级为三级，全路段为沥青碎石路面。

2. 县道 X661（梅塘线）

起点吴川梅菉终点塘㙍（桩号 K29+105~K30+040），全长 0.94 千米，该路段路基宽度为 7 米，路面宽度为 6.8 米，技术等级为二级，双车道，全路段为水泥混凝土路面。

3. 县道 X664（六王线）

起点茂名市小良镇六角坎终点吴川王村港（桩号 K0+000~K8+706），全长 8.71 千米，该线路经新梅、王村港村、王村港海沙坡；该路段路基宽度为 7 米，路面宽度为 6 米，技术等级为四级，双车道，全路段为沥青碎石路面。

4. 县道 X666（霞南线）

起点霞山区路西村终点田头圩（桩号 K7+132~K16+265），全长 9.13 千米，该线路经调东村、南窑村、田头村；该路段路基宽度为 7.5~8.5 米，路面宽度为 6~8 米，技术等级为四级，双车道，全路段大部为沥青碎石路面，部分为水泥混凝土路面。

5. 县道 X667（东西线）

起点东海岛东参码头终点西湾村委会（桩号 K0+000~K21+299），全长 18.16 千米，有 3.14 千米与 S288 线重复，该线路经西坑村、民安镇、三星村、那何村、西湾村；该路段路基宽度为 8~15 米不等，路面宽度为 7~11.3 米不等，技术等级为二级至三级，双车道，全路段大部为沥青碎石路面，部分为水泥混凝土路面。

6. 县道 X668（高厚线）

起点麻章区志满圩终点厚高村委会（桩号 K6+865~K16+190），全长 9.33 千米，该线路经志满圩、拱桥、外坡村、厚高村；该路段路基宽度为 7 米，路面宽度为 6.5 米，技术等级为四级，双车道，全路段为沥青碎石路面。

7. 县道 X670（麻志线）

起点麻章镇终点麻章区志满圩（桩号 K0+000~K12+925），全长 12.93 千米，该线路经黄外村、英豪村、新兴村、志满；该路段路基宽度为 7~9 米不等，路面宽度为 6.5~7 米不等，技术等级为四级，双车道，全路段为沥青碎石路面。

8. 县道 X672（廉石线）

起点廉江市廉城镇终点廉江市石角镇（桩号 K0+000~K14+057），全长 14.06 千米，该线路经黄竹山村、湖垌村、珊瑚饲料厂、苏茅角；该路段路基宽度为 12~20 米不等，路面宽度为 9~16 米不等，技术等级为二级，双车道和 4 车道，全路段大部为水泥混凝土路面，部分为沥青混凝土路面。

9. 县道 X677（外长线）

起点廉江市长山镇鸡公埇终点廉江市长山镇长山（桩号 K17+631~K23+000），全长 5.37 千米，该线路经鸡公埇、长山镇圩口、长山镇街道；该路段路基宽度为 8.5~12 米，路面宽度为 7~9 米，技术等级为二级至三级，双车道，全路段大部为沥青混凝土路面，部分为水泥混凝土路面。

10. 县道 X678（白青线）

起点廉江市白坟坡终点廉江市青平镇（桩号 K0+000~K23+863），全长 20.85 千米，该线路经同留村、长山路口、长山镇路口、鸡公埇；与 S287 重复 3.04 千米；该路段路基宽度为 7.5~12 米，路面宽度为 7~9 米，技术等级为二级至三级，双车道，全路段大部为沥青混凝土路面，部分为沥青表处路面。

11. 县道 X679（横和线）

起点廉江市白坟坡终点廉江市和寮镇（桩号 K23+144~K30+374），全长 7.23 千米，该线路经白坟坡、高佳村镇界、吉埇村委会、和寮镇圩口；该路段路基宽度为 12 米，路面宽度为 9 米，技术等级为二级，双车道，全路段大部为沥青混凝土路面，部分为水泥混凝土路面。

12. 县道 X680（石安线）

起点廉江市石城镇终点廉江市安铺镇（桩号 K0+000~K35+122），全长 35.12 千米，该线路经流江村、三角山村、横山镇平洋仔、七星岭村、新建村、安铺；该路段路基宽度为 12~40 米，路面宽度为 9 米、16~24 米，技术等级为一级至三级，大部分为双车道，部分为 4 至 6 车道，全路段大部为水泥混凝土路面，部分为沥青混凝土路面。

13. 县道 X681（北界线）

起点遂溪县北潭镇终点遂溪县界炮镇崩塘（桩号 K0+000~K4+672），全长 4.67 千米，经北潭、新村、崩塘；该路段路基宽度为 12 米，路面宽度为 8 米，技术等级为二级，双车道，全路段为沥青混凝土路面。

14. 县道 X682（南洋线）

起点遂溪县洋青镇南圩终点遂溪县洋青糖厂路口（桩号 K0+000~K10+301），全长 10.30 千米，该线路经文外村、水流村、洋青圩、洋青糖厂路口；该路段路基宽度为 12 米，路面宽度为 8 米，技术等级为二级，双车道，全路段为沥青混凝土路面，部分为水泥混凝土路面。

15. 县道 X683（龙草线）

起点遂溪县杨柑镇龙眼终点遂溪县草潭镇（桩号 K0+000~K16+182），全长 16.18 千米，该线路经艾占村、泉水村、石九村、草潭镇；该路段路基宽度为 12 米，路面宽度为 8 米，技术等级为二级，双车道，全路段为沥青混凝土路面。

16. 县道 X684（百石线）

起点湛江太平镇百龙终点遂溪县北坡镇（桩号 K0+000～K39+277），全长 37.16 千米，该线路经里光、家寮、企山、雷林、城月镇、石塘村、东风村、银榜、动土村、北坡、港门镇石角埠；该路段路基宽度为 7.5～43.1 米不等，路面宽度为 6.5～16.6 米不等，技术等级为二级至四级，大部为双车道，城月镇路段为 4 车道，全路段基本上为水泥混凝土路面。

17. 县道 X689（谢坑线）

起点雷州市龙门镇谢家村终点雷州市调风镇坑尾村（桩号 K0+000～K22+171），全长 22.17 千米，该线路经谢家村、金星场一队、南光场十六队、收获场新桥队、坑尾村；该路段路基宽度为 9 米，路面宽度为 7 米，技术等级为三级，双车道，全路段为沥青混凝土路面。

18. 县道 X692（水火线）

起点雷州市雷城镇水店村终点东莞村（桩号 K0+000～K13+714），全长 13.43 千米，经雷城、夏江、港头、南渡渡口、南渡村、南兴、东莞；该路段与国道 G207 线重复 1.09 千米，路基宽度为 9 米，路面宽度为 7 米，技术等级为一级至四级不等，双车道及 4 车道，全路段有水泥混凝土路面、沥青混凝土路面和沥青碎石路面。

19. 县道 X693（下金线）

起点徐闻县下桥镇桥南村终点徐闻县曲界镇金满堂村（桩号 K0+000～K20+923），全长 20.92 千米，该线路经埇长村、五一场五队、北水路口、南华农场、二沟、南华场十四队、金满堂村；该路段路基宽度为 12～16 米，路面宽度为 7～14 米，技术等级为二级至四级不等，双车道及 4 车道，全路段有水泥混凝土路面、沥青混凝土路面。

20. 县道 X694（那赤线）

起点徐闻县龙塘镇那山终点龙塘镇大村（桩号 K0+000～K12+599），全长 12.60 千米，该线路经那汤村、后公寮、葛园、赤农村、大村；路基宽度为 12 米，路面宽度为 8～9 米，技术等级为二级，双车道，全路段有水泥混凝土路面、沥青混凝土路面。

21. 县道 X699（龙那线）

起点雷州市龙门镇龙门村终点龙门镇那双村（桩号 K0+000～K4+515），全长 4.52 千米，该路段路基宽度为 12 米，路面宽度为 9 米，技术等级为二级，双车道，全路段为沥青混凝土路面。

22. 县道 X704（覃吉线）

起点吴川市覃巴镇覃村终点吉兆湾（桩号 K0+000～K13+111），全长 12.34 千米，该线路经覃巴镇第一初级中学、覃巴医院、覃华村、覃巴镇第二初级中学、吉兆村、吉兆湾；该路段与 X663 重复 0.77 千米，路基宽度为 9～12 米，路面宽度为 8 米，技术等级为二级，双车道，全路段为沥青混凝土路面。

23. 县道 X705（沟麻线）

起点坡头区沟尾终点麻斜渡口（桩号 K0+000～K6+581），全长 6.58 千米，该线路经坡头区妇幼保健院、田头村、麻新村、麻斜、麻斜渡口；该路段路基宽度为 8 米，路面宽度为 6 米，技术等级为四级，双车道，全路段为沥青碎石路面。

四、乡道（湛江省养公路管养乡道 19 条、总长 47.92 千米）

1. 乡道 Y002（钟良线）

起点吴川市钟毓山终点良发（桩号 K0+000~K3+251），全长 3.25 千米，经岭圩管区、吴川市梅东集贸市场、河东村、良发；双车道，为水泥混凝土路面。

2. 乡道 Y011（机场线）

起点霞山区后坡村终点湛江机场（桩号 K0+000~K2+269），全长 2.27 千米。双向 4 车道，全路段基本设置中央分隔带，为水泥混凝土路面。

3. 乡道 Y012（北站线）

起点赤坎区文保村北站口终点湛江火车北站（桩号 K0+000~K1+538），全长 1.54 千米。双向 4 车道，为水泥混凝土路面。

4. 乡道 Y013（霞云线）

起点霞山区龙潮路口经草苏终点洪屋下铁路立交（桩号 K0+000~K6+386），全长 6.15 千米，与 Y012 重复 1.18 千米。双向 4 车道，为水泥混凝土路面。

5. 乡道 Y014（拱湖线）

起点霞山区拱桥经后坛村终点湖光镇外坡村路口（桩号 K0+000~K5+691），全长 5.69 千米。双车道，为水泥混凝土路面。

6. 乡道 Y015（东简线）

起点东简镇庵山村经那笼、东简镇终点东简村（桩号 K0+000~K3+998），全长 3.99 千米。

7. 乡道 Y017（湖田线）

起点麻章区湖头码头终点淡水村（桩号 K0+000~K3+302），全长 3.30 千米。

8. 乡道 Y021（火车站西线）

起点遂溪县遂城终点遂溪火车站（桩号 K0+000~K3+053），全长 2.74 千米，与 S287 省道重复 0.31 千米。双车道，为水泥混凝土路面。

9. 乡道 Y022（下六支线）

起点遂溪县下六镇龙草线接口终点下六圩（桩号 K0+000~K3+067），全长 3.07 千米。

10. 乡道 Y023（杨柑支线）

起点遂溪县杨柑镇路口到杨柑圩（桩号 K0+000~K0+944），全长 0.94 千米。双车道，为水泥混凝土路面。

11. 乡道 Y024（企斗线）

起点遂溪县城月镇企山村路口终点城月镇斗门村旧码头（桩号 K0+000~K3+877），全长 3.88 千米。

12. 乡道 Y025（界炮线）

起点遂溪县界炮镇路口终点界炮圩（桩号 K0+000～K1+070），全长 1.07 千米。

13. **乡道 Y031（火车站线）**

起点廉江市旧规划城建局终点廉江火车站（桩号 K0+000～K1+051），全长 1.05 千米。双车道，为水泥混凝土路面。

14. **乡道 Y041（龙糖线）**

起点雷州市龙门镇终点龙门糖厂及新华社区居委会（桩号 K0+000～K0+976），全长 0.98 千米。

15. **乡道 Y042（雷榜线）**

起点雷州市雷城西湖大道终点雷城镇榜山（桩号 K0+000～K3+684），全长 3.68 千米。

16. **乡道 Y043（房乌线）**

起点雷州市镇江社区居委会终点镇海社区居委会（桩号 K0+000～K1+509），全长 1.51 千米。

17. **乡道 Y051（甲前线）**

起点徐闻县甲村终点前山村（桩号 K0+000～K1+526），全长 1.33 千米，与 X696 线重复 0.19 千米。

18. **乡道 Y052（海旧线）**

起点徐闻县海安镇海安菜市路口终点海安旧码头（桩号 K0+000～K1+509），全长 0.75 千米。

19. **乡道 Y053（锦东线）**

起点徐闻县锦和镇终点东门下村码头（桩号 K0+000～K1+231），全长 1.23 千米。

五、专道 Z325（原国道 G325 线文车—北罗坑线）

2008 年 8 月，国道 G325 线湛江路段文车村口—北罗坑改线工程竣工通车，原国道 G325 线经湛江市赤坎区穿城路段改为专道，编号为 Z325；该线路起自黄略文车路口与 G325 线交接处（桩号 K0+000），经湛江沙角（海田）、康顺路（立交桥）、康宁路、麻章瑞云路终点北罗坑路口（桩号 K15+943），全长 15.94 千米。

第二节　公路养护管理机制

1991 年 4 月，交通部发布《公路科学养护与规范化管理纲要》（1991—2000年），提出公路养护管理"32 字方针"（全面规划，协调发展，加强养护，积极改善，科学管理，提高质量，以法治路，保障畅通），把实施 GBM 工程作为公路养护工作的新起点，从根本上治理公路脏、乱、差现象，改变路容路貌，提高公路和公路职工的社会地位；初步建立起科学的公路养护与管理体系，从而把公路养护与管理工作推向新的发展阶段市公路局贯彻《中华人民共和国公路管理条例》《公路养护与管理工作检查办法》《公路养护技术规范》等有关行业性规定，根据公路养护与管理工作实际要求，适当设置公路养护机构，实行编制紧缩，人员精干，管养一体，分工明确，权责统一，以调动全体职工的积极性，保障公路养护管理工作开展。市公路局坚持市局领导季度查路、分局领导月度巡路、道班班长每天上路巡查路况制度，深入了解掌握养路工人物质生活、精神生活等方面情况，掌握工作状况第一手资料，解决养护工作中存在的疑难问题，对基层养护工作面对面的指导，实施正确组织指挥。道班班长每天上路巡查路况，查清管养路段的存在问题，及时做到有目的、有计划采取针对性措施养好公路。

市公路局各分局加强道班内部管理，每个道班配备有"两长五员"（班长、工会小组长、统计员、安全员、质检员、保管员、财务管理员），每个道班都有统一规范化的劳动考勤制度、生产检查验收制度、巡路抢修制度、材料机具管理制度、安全生产劳动保护制度、政治文化业务学习制度，以及管养公路示意图、养护质量示意图、道班基本情况图，出工出勤统计表、公路养护月计划完成情况表、材料耗存登记表等各种管理制度、图表，挂在墙上专栏一目了然。实行道班"两长五员"制，成为道班（养护站）长期沿用的基本管理模式。市公路局各分局对公路养护道班实行"四定一包"管理办法，"四定一包"即定生产任务（养护里程、养护工作量、材料消耗和储备），定员（含出勤率）、定路况指标、定机械化完好率、使用率，实行道班养护经费包干。

1991年，湛江省养公路系统持续开展"创好创优""双增双节"劳动竞赛活动。市公路局提出创建全优分局，争取标兵单位，保好路分局，上全优线路和优良工程的奋斗目标。各分局把实现全优分局作为零的突破工作目标，采取经济承包责任制等管理办法，把生产养护（工作）指标落实到每个道班，通过"定人、定岗、定责、定绩、定奖"五定措施，全面开展劳动竞赛考核评定工作。经省公路局年终组织评比验收，湛江公路局被评为全省公路系统1991年度公路检查和立功创先劳动竞赛一等局；廉江分局瑞坡道班、吴川分局覃巴道班、海康分局高家道班被评为"十连贯全优道班"，省道客龙线被评为全优线路。

1992年，市公路局推行道班养护生产岗位承包责任制，实施全员全额大承包、养护生产实绩与奖金挂钩制度，切实把责、权、利落实到道班。各分局制订"创好创优""双增双节"劳动竞赛活动实施方案，采取种种措施加强公路养护管理。经省公路局年终验收，廉江、吴川分局被评为全优分局，直属、海康、徐闻分局被评为好路分局，77个道班被评为全优道班，省道遂六线和客龙线被评为全优线路。

1993年10月，广东省机构编制委员会、省交通厅、省人事局、省劳动局颁发《广东省公路养护定员标准（试行）》，如养路工人定员标准，按每千米、交通量、公路等级来配置定员。是年，市公路局试行公路养护管理制度改革，首先以廉江、海康分局为试点，实行道班工人优化劳动组合。

1994年，市公路局推进道班管理机制，各分局根据道班实际情况，公开择优聘用道班班长，由班长组合班员，班员选择班长，通过"将点兵、兵选将"双向选择，实行优化劳动组合。各分局制订片长、道班班长任期目标管理责任制，把具体生产指标和路况指标层层分解下达给片长和道班长，实行分级承包，促进路况水平的稳定和提高。道班普遍实行重大的养护生产项目据情灵活机动安排，小项目承包到人，将边沟、涵洞、边线、路肩、路容和标志等养护生产指标分段分项包给职工管养，相对定任务、定人员、定浮动工资和奖金，奖优罚劣，促使养护工作落到实处。道班经常可见夫帮妻、兄帮妹、父帮子、一人包任务全家来帮忙的养护生产新景象。市公路局各分局全面推行道班养护工作"双百分"考核制度，即是在道班实行物质文明建设和精神文明建设双百分考核评比制度，实现道班管理工作制度化、规范化，保障提高路况公路畅通。湛江省养公路年末好路率连续二年达到100%。

1995年，市公路局继续深化养护管理机制，全局推行《分局领导任期目标责任制》《道班班长任期目标责任制》《班组、个人承包责任制》，实行分局领导分片包干、股室干部定点挂钩负责制，运用目标管理机制约束和激励各级领导、机关干部和养护人员努力履行职责完成养护工作生产任务，并通过年终工作评比检查验收，全面衡量领导政绩和道班路况养护水平，奖罚分明，确保兑现，充分调动养路职工的生产积极性。养路工不怕严寒酷暑，风吹雨打，坚持在公路养护第一线，保障公路畅通无阻。年终经省公路管理局组织评比验收，廉江分局、吴川分局被评为全优分局，廉江分局良垌道班、吴川分局覃巴道班、徐闻分局西连道班、海康分局公树道班、遂溪分局草塘道班被评为"八五"期全优道班标兵、九五年度全优道班标兵。湛江省道客龙线、遂六线被评为全优线路。

1998年1月，为适应公路交通事业发展的需要，《中华人民共和国公路法》正式实施，公路建设和养护开始进入依法治路的新阶段。

1999年，市公路局贯彻交通部公路建设养护"24字方针"（建养并重，协调发展，深化改革，强化管理，提高质量，保障畅通），继续推行道班养护管理岗位责任制，实施公路养护定里程、定时间、定任务，把水沟、路肩、路容路貌等生产指标定岗定人，以生产实绩定发放工资奖金。

2000年，市公路局各分局在养护资金紧缺的情况下，坚持做到"三个优先、三个侧重"（优先保证养护资金投入、优先解决道理工作经费、优先发放道班职工工资；侧重发放养路职工作业补贴、侧重提高道班"三长六员"待遇、侧重安排道班职工子弟就业），提高道班工人养护工作积极性。

进入21世纪，市公路局深入贯彻《公路法》，以改善公路路况为重点，以提高公路服务质量为中心，不断深化公路养护管理体制改革，提高公路养护质量和管理水平。

2001年，市公路局推动新一轮的道班投标组合管理机制，各公路分局分别与道班签订公路养护目标责任书，实行领导和股室与道班管理绩效挂钩，领导包片、股室包道班的管理机制。

2003年，市公路局借鉴肇庆公路局养护投标先进经验，以直属分局为试点，试行养护内部招投标，实施项目合同管理制度。

2004年，市公路局各分局制定《养护体制改革方案》《养护工程（内部）招投标管理实施细则》，基本上综合近二年的养护成本支出平均值，按各标段现有养护里程、路况等级、人员状况、工资比例、材料成本、机械设备等情况，综合编定标的，公开、公平竞标；养护站的人工费、养护材料费、机械维修费、机车燃油费、年审费、安全劳动用品、安全标志服等项目，实行统一承包，分项管理，分项使用，节余归站管理，超支分局不补。通过养护内部招投标，节约养护成本，提高养护资金效益。是年，徐闻分局节约养护经费60多万元，雷州分局养护机车维修费、油料费较前分别下降65%、30%。

2005年，市公路局各分局认真落实执行《公路养护质量检查评定标准》《公路小修保养工作制度》，结合实际制定了《养护月度验收办法》《养护站员工月度综合评分办法》等工作制度，不断完善养护站管理机制。

2007年，市公路局各分局依照交通运输部《公路养护工程市场准入暂行办法》《公路养护工程施工招投标管理暂行规定》等有关规定政策，创新养护工程内部招投标制度，重新修订公路养护承包管理方案。

2008年，市公路局各分局根据《广东省干线公路养护科学决策指导意见》，加强公路养护规范化、制度化管理，遂溪分局修定《养护生产管理计划》《日常养护检查评定标准》，雷州分局制定《公路养护工程考核验收管理实施办法》《公路养护工程月度及年终考核验收管理实施办法》（公路养护站集体养护工作、站务管理部分），徐闻分局推行《公路小修保养工作制度》《公路桥梁养护管理制度》，吴川分局实行《养护内部招投标管理制度》，廉江分局建全《公路养护工作责任制》，直属分局制定《直属分局公路养护综合管理方案》等等。实现公路养护决策科学化和养护资金投入效益最大化，提高公路养护质量和服务水平。

2009年，市公路局贯彻执行《广东省危桥改造工程项目管理办法》《桥梁管理系统应用维护工作技术规程》《广东省公路危桥改造工程项目管理规程（试行）》及《广东省公路改建旧线路段和桥梁处置管理规程》，制定《湛江市公路管理局公路危桥管理制度（试行）》《湛江市公路管理局公路桥梁安全事故责任追究制度（试行）》《湛江市公路管理局公路桥梁重大安全事故应急预案》。12月，根据《广东省公路大道班建设与管理指导意见》，市公路局制定湛江公路局养护站、道班十项管理制度；完善养护站"三长六员"工作岗位职责，即站长职责、副站长职责、工会组长职责、计划统计员职责、财务管理员职责、安全质量员职责、机具材料员职责、学习辅导员职责、生活管理员职责。

2010年，市公路局继续推进公路养护机制改革，各分局实行公路养护合同制管理，推动公路管理机构由生产型向管理型的转变，养护生产由定员养护向定额养护的转变，促进公路养护各项管理工作，增强公路养护实效和效益。直属分局制定《直属分局公路小修养护工程综合考核验收管理实施办法》，雷州分局制定《雷州分局公路桥涵养护管理工作制度》等。

2012年，市公路局各分局建全完善公路养护各项考评管理制度，提高预防性和周期性养护管理水平。雷州分局制定《养护站人员优化组合管理方案（试行）》，发挥养护站人员主观能动性，进行"双向"选择组合，提高养护站的出勤率与值勤率，提高公路养护管理工作效果。

第三节　公路养护基层单位

一、养护机构设置及人员编制

1991年，市公路局6个分局共108个道班管养公路总里程1365.6千米。随着公路技术等级提高和机械化养护工作的发展，各分局道班设置有所变动，1992年，遂溪分局撤销罗马云道班，1996年直属分局沙湾道班与海滨道班合并，2001年，遂溪分局撤销企山道班。

1998年，市公路局各分局相继展开大道班组建试点工作。1月24日，廉江分局廉城、关垌、合江三个道班组成的廉城中心大道班，正式挂牌运作，这是湛江省养公路养护体制改革组建的首个大道班。

2001年，市公路局组建机械化养护大道班14个，其中廉江分局良垌、塘蓬、三角塘等大道班3个，遂溪分局洋青、杨柑、城月等大道班3个，雷州分局客路、唐家、高家等大道班3个，徐闻分局下桥、南华、曲界等大道班3个，直属分局东山、麻章等大道班2个。省公路局给予每个大道班补助建设经费20万元。

2002年8月，根据《湛江市公路管理局下属分局机构编制方案》，市公路局养护人员编制1653名，各分局实际在编人员936名。其中直属分局公路养护人员编制314名，实际在编人员150名；吴川分局公路养护人员编制138名，实际在编人员120名；遂溪分局公路养护人员编制336名，实际在编人员166名；廉江分局公路养护人员编制312名，实际在编人员190名；雷州分局公路养护人员编制363名，实际在编人员200名；徐闻分局公路养护人员编制190名，实际在编人员110名。

2003年，省公路局提出机械化公路养护站建设目标要求，公路基层道班一律改建为公路养护站，每个公路养护站建设补助50万元。

2004年，市公路局结合工作实际进行公路养护体制内部改革，撤销原有道班93个，组建成立公路养护站34个（其中直属分局养护站6个、吴川分局养护站4个、遂溪分局养护站7个、廉江分局养护站6个、雷州分局养护站6个、徐闻分局养护站5个），每个养护站管理2~5个养护组不等，即养护组仍保留在原有道班位置，公路养护逐步由小规模向大规模转变。

2006年，市公路局34个养护站实有养护人员1580人，其中直属分局养护人员208人（其中养护职工104人，临工其他人员104人）；吴川分局养护人员153人（其中养护职工121人，临工32人）；遂溪分局养护人员251人（其中养护职工155人，临工其他人员96人）；廉江分局养护人员257人（其中养护职工225人，临工32人）；雷州分局养护人员545人（其中养护职工355人，临工其他人员190人）；徐闻分局养护人员166人（其中养护职工100人，临工其他人员66人）。

2007年，市公路局重新设置养护站为25个，撤销养护站9个；其中直属分局设置 4 个养护站（坡头、麻章、湖光、东海），撤销调文、上圩养护站；吴川分局设置 3 个养护站（覃巴、梅菉、黄坡），撤销塘尾养护站；遂溪分局设置 5 个养护站（新桥、白坭坡、洋青、杨柑、北坡），撤销城月、大塘养护站，河头养护站改迁为北坡养护站；廉江分局设置 5 个养护站（廉城、良垌、青平、塘蓬、横山），撤销石岭养护站；雷州分局设置 5 个养护站（客路、雷城、塘家、龙门、北和），撤并平湖养护站；徐闻分局设置 3 个养护站（下桥、迈陈、曲界），撤销南华、大水桥养护站。

2010 年，市公路局调整养护机构编制，直属分局养护编制由 314 名调整为 351 名（湖光收费站撤销的 37 人转入养护编制），实有在编 157 名；吴川分局养护编制 139 名，实有在编 101 名；遂溪分局养护编制 336 名，实有在编 182 名；廉江分局养护编制由 312 名调整为 361 名（青平收费站撤销的 49 人转入养护编制），实有在编 220 名；雷州分局养护编制由 363 名调整为 372 名（龙门、洋村收费站的 9 人转入养护编制），实有在编 205 名；徐闻分局养护编制 190 名，实有在编 132 名。是年，湛江省养公路养护编制为 1749 名，实际养护人员为 1480 名，其中固定职工 278 名，合同制职工 717 名，临时用工 306 名，其他 179 名。

2012 年，市公路局各分局清退大部分养护临时工，全局 25 个养护站实有养护人员 867 名，其中直属分局 134 名、吴川分局 81 名、遂溪分局 113 名、廉江分局 237 名、雷州分局 203 名、徐闻分局 99 名。由于市公路局公路养护人员（包括固定职工、合同制工、临时工）逐年减少，人数由 2006 年 1580 人减至 2012 年 1367 人（减员 13.48%）。各养护站养护编制人员严重不足。

二、养护道班（站）基本建设

"八五"时期开始，湛江省养公路道班房有计划地逐步地由原来的砖瓦平房改建成为两层以上的楼房，极大地改善了道班养路职工生活环境和工作条件。道班改造、改建分为生活（办公）、生产两个区域，生活（办公）区域配套一栋生活（办公）楼及车库、材料库、工具保管室等；生产区域配备养护料场、沥青加热油池等生产设施；各分局因地制宜规划好道班"四小"建设（小菜园、小果园、小鱼塘、小花园）。按照全省公路系统统一规划，湛江省养公路养护道班均在房屋正面或在大门上方设置全国规范化的公路路徽（交通部规定公路路徽直径：道班为 60 厘米、县段、分局为 80 厘米、地级市总段、市公路局和路上门式标志为 100 厘米）。道班大院门口两侧围墙分别按黄底红字书写"养护公路、保障畅通"八个大字，并在围墙上方左右两边镶嵌"XX 道班"第一个拼音字母，向社会显示新时代公路道班精神面貌。

1991 年，市公路局计划安排投资 179.3 万元，实施道班房改建 6500 平方米／17 座。廉江分局塘蓬、良垌、高桥道班，吴川分局吉兆、昌洒、大桥、中山道班，遂溪分局下六、杨柑、南昌、新桥道班，海康分局草黎、英利、平湖道班，徐闻分局下桥道班，直属分局覃排、麻章、坡头等道班建成花园式或庭园式道班。

1992 年，市公路局计划安排投资 175.8 万元，改建廉江分局廉城、良垌、塘蓬、石岭班房，海康分局北和、客路、沈塘、纪家班房，徐闻分局前山、和家班房，遂溪分局草塘、罗马云班房等 12 座；改造吴川分局梅菉、围兰涌班房，直属分局民安班房等 3 座；搬迁直属分局海滨道班。

1993 年，市公路局计划安排投资 163.05 万元，改建道班房 2020 平方米 / 7 座（廉江分局四角塘班房，遂溪分局草塘、茶亭班房，海康分局草黎、乌石、纪家班房，徐闻分局下桥班房，直属分局南山班房）；征地筹建海康分局纪家班房、直属分局东山班房；搬迁廉江分局廉城道班、徐闻分局前山道班、吴川分局黄坡道班。

1994 年，市公路局计划安排投资 202.0 万元，改建直属分局民安、官渡道班，廉江分局廉城道班，海康分局草黎、纪家道班等班房共 5 座 / 1630 平方米，实施搬迁徐闻分局前山道班，吴川分局黄坡道班 2 个。另外徐闻分局自筹资金 40 万元改建下桥班房 600 平方米 / 1 座。是年，市公路局下达 201.1 万元专项经费，解决公路道班生活设施和道班"四小"建设等方面问题。

1995 年，市公路局计划安排投资 239.5 万元，改建廉江分局中心班、徐闻分局下桥班、直属分局海滨班房共 3 座 / 2006 平方米。

1996 年，市公路局计划安排投资 192 万元，实施道班房改建 2940 平方米。其中廉江分局中心道班房场地平整开始建设，廉江分局良垌、塘蓬班房加层改造，雷州分局金星、调风班房改造，徐闻分局下桥、前山班房新建、曲界班房建设征地。

1997 年，市公路局计划安排投资 190 万元，实施廉江分局中心道班续建、直属分局麻章大道班房、徐闻分局曲界、南华道班房建设等。

1998 年，市公路局计划安排大道班房建设投资 346.5 万元，其中新改建直属分局麻章班房，遂溪分局杨柑班房，廉江分局长沙垌班房，廉江分局中心道班房续建，雷州分局平湖、北和、调风道班配套工程建设，徐闻分局附城、曲界、海安道班房征地，完成遂溪分局杨柑班房建设等。

1999 年，市公路局计划安排投资 199 万元，实施遂溪分局杨柑、白坭坡大道班房，廉江分局廉城中心班房，雷州分局塘家大道班房等建设工程。4 月，遂溪分局杨柑道班、黄草道班、草塘道班被湛江市绿化委员会、市建设委员会授予"花园式单位"称号。

2000 年，市公路局计划安排投资 120 万元，实施大道班房建设，其中直属分局麻章班房搬迁和太平班房征地，廉江分局廉城中心班房围墙建设，遂溪分局企山班房搬迁等工程。

2001 年，市公路局计划安排投资 122 万元，实施廉江分局三角塘大道班，徐闻分局前山大道班等建设工程。

2002 年，市公路局计划安排投资 95 万元；其中直属分局铺仔道班改建，廉江分局大道班建设补助，徐闻分局大道班建设补助。

2003 年，市公路局计划安排投资 135 万元，实施遂溪分局新桥养护站，廉江分局横山养护站，徐闻分局曲界、南华养护站等设施建设。

2004 年，市公路局计划安排投资 455 万元，实施直属分局调文养护站，吴川分局覃巴养护站，遂溪分局白坭坡、杨柑养护站，廉江分局廉城中心、横山、青平，良垌养护站，雷州分局北和、龙门养护站，徐闻分局大水桥、曲界、迈陈养护站等设施建设。

2005 年，市公路局计划安排投资 415 万元，实施直属分局湖光养护站，吴川分局覃巴养护站，遂溪分局白坭坡、杨柑养护站，廉江分局青平、良垌养护站，雷州分局北和、龙门养护站，徐闻分局迈陈、下桥养护站等设施建设。

2006 年，市公路局计划安排投资 393 万元，完成直属分局东海养护站，吴川分局覃巴、塘尾养护站，遂溪分局白坭坡、新桥、大塘、北坡养护站，廉江分局青平、塘蓬、良垌养护站，雷州分局北和、客路、雷城养护站，徐闻分局迈陈、曲界、下桥养护站等 16 个养护站基础设施建设任务。

2007 年，市公路局计划安排投资 430 万元，实施直属分局东海养护站、吴川分局梅菉养护站楼房建设工程。吴川分局覃巴、廉江分局青平、遂溪分局洋青 3 个养护站基础设施工程基本完成。

2008 年，市公路局计划安排养护站房建设投资 100 万元，全局完成吴川分局覃巴站，遂溪分局新桥站，廉江分局青平站，雷州分局平湖站，徐闻分局迈陈站房生活设施建设。是年，市公路局各分局基本完成了所有养护站楼房建设工程。

2009 年，市公路局计划安排投资 50 万元，完成遂溪分局新桥养护站南亭道班、杨柑养护站下六道班房改造工程。

"九五"期间以来，市公路局投入养护站建设资金共计 3040 多万元，其中雷州分局唐家养护站、廉江分局横山养护站规划建设具有全省领先水平。

第四节　公路普查及线路调整

1991 年，湛江省养公路路线 54 条，总里程 1363.4 千米。其中：

国道 2 条，总里程 358.7 千米（G207 广海线 185.7 千米，G325 广南线 173 千米）。

省道 8 条，总里程 428.7 千米（1988 梅石线 18.6 千米，1989 廉坡线 54.6 千米，1990 黄海线 82.7 千米，1991 遂六线 79.8 千米，1992 平茶线 27.9 千米，1993 铺东线 44 千米，1994 客龙线 83.8 千米，1995 龙乌线 37.3 千米）。

县道 22 条，总里程 484 千米（4801 霞新线 2 千米，4802 霞南线 9.2 千米，4804 高后线 9.5 千米，4808 百石线 37.4 千米，4811 梅牛线 1.8 千米，4812 大王线 0.9 千米，4821 廉石线 14.5 千米，4822 石安线 34.8 千米，4823 西长线 8 千米，4825 白长线 29 千米，4828 白北线 26.2 千米，4831 南茶线 22 千米，4832 洋草线 43.2 千米，4834 龙江线 21.9 千米，4842 雷东线 10 千米，4844 谢前线 50.5 千米，4847 沈海线 43.8 千米，4851 徐外线 43.4 千米，4852 徐西线 31 千米，4854 那外线 12.5 千米，4855 下公线 22.7 千米，4891 浅王线 9.5 千米）。

乡道 22 条（覃吉线、霞云线、机场线、北站线、麻斜线、麻志线、拱潮线、湖巴线、东简线、西湾线、东参线、廉江火车站线、遂溪火车站西线、界炮支线、杨柑支线、下六线、豆崩线、企斗线、龙糖线、前甲线、海旧线、锦东线）总里程 94.2 千米。

1996 年 8 月，省公路局在从化召开全省国、省道路线编号调整工作会议，根据国家交通部颁布的《公路路线命名编号与编码规则》，对省内国、省道路线编号较大调整。此次路线划分的原则是按省会辐射方向、南北方向、东西方向对省道重新划分为三类路线，并分别以 S1××、S2××、S3×× 命名编号。11 月，湛江省养公路调整线路编号为：国道 2 条（G207 线锡林浩特—海安、G325 线广州—南宁）；省道 10 条（其中 S285 线蓬利—吴川 110.4 千米、S286 线廉江—坡头 56.2 千米、S287 线六深—遂溪 79.8 千米、S288 线湖光—硇洲 58.0 千米、S289 线南兴—前山 76.2 千米、S290 线白桔—流沙 178.9 千米、S373 线黄坡—企水 132.0 千米、S374 线平乐—杨柑 61.0 千米、S375 线客路—江洪 40.0 千米、S376 线外罗—西连 84.5 千米）。

1996 年湛江市省养公路调整路线前国道、省道里程表

表 3—4—1

路线编号	路线名称	主要经过点	长度（千米）
国道 207	锡林浩特—海安	廉江、遂溪、雷州、徐闻	182.66
国道 325	广州—南宁	吴川、市郊、遂溪、廉江	162.38
省道 1988	梅（菉）石（板）线	化州石板、浅水、梅菉	18.64
省道 1989	廉（江）坡（头）线	良垌、平坦、龙头	56.15
省道 1990	黄（坡）海（康）线	坡头、霞山、太平、雷城接 207 线	82.7
省道 1991	遂（溪）六（深）线	廉江、石岭、塘蓬	79.5
省道 1992	平（乐）茶（亭）线	赤坎、麻章	32.6
省道 1993	湖（光）后（湖）线	东山	44
省道 1994	客（路）龙（门）线	河头、纪家、唐家	84.6
省道 1995	龙（门）乌（石）线	平湖、北和	37.3

备注：1996 年湛江市省养公路调整前有国道 2 条、省道 8 条

1996 年湛江市省养公路调整路线后国道、省道里程表

表 3—4—2

路线编号	路线名称	主要经过点	长度（千米）
国道 G207	锡（林浩特）海（安）线	廉江、遂溪、雷州、徐闻	182.66
国道 G325	广（州）南（宁）线	吴川、市郊、遂溪、廉江	162.38
省道 S285	蓬（利）吴（川）线	化州蓬利、浅水、梅菉	18.3

续上表

路线编号	路线名称	主要经过点	长度（千米）
省道 S286	廉（江）坡（头）线	良垌、平坦、后头、龙头	54.35
省道 S287	六（深）遂（溪）线	塘蓬、石岭、廉江	77.08
省道 S288	湖（光）硇（洲）线	东山	46.74
省道 S289	南（华）前（山）线	调风	27.61
省道 S290	白（桔）流（沙）线	界炮、杨柑、北坡、唐家、乌石	137.42
省道 S373	塘（尾）企（水）线	坡头、太平、唐家、企水	134.97
省道 S374	平（乐）杨（柑）线	麻章、岭北、洋青	53.23
省道 S375	客（路）江（洪）线	河头、纪家、唐家	40.01
省道 S376	外（罗）西（连）线	外罗镇、锦和镇	71.26

备注：1996年调整后湛江市省养公路有国道2条、省道10条

　　1997年3月19日，省公路局发布《关于开展县、乡道调整工作的通知》，规定拟列入县道的公路路线技术等级不得低于四级，新建、改建路线不低于三级；县道养护按好路率考核，乡道按好路面考核；县道占整个路网里程的比例控制在20%以内；原属专用公路但实际已改变专用性质并移交公路部门养护管理的公路，可以列为县道；县道公路必须是1997年2月底以前已竣工验收并由公路部门接养的公路；所有已建成通车的公路均应按管理等级划分为县、乡道。8月28日，省公路局下发《关于印发实施新划定的县道路线的通知》，公布全省调整后的县道路线命名与编号，要求各市公路交通部门按新确定的路线走向进行路况普查登记，同时规定县道路线调整后的改造补助标准及管理权限暂不变更。是日，省公路局下发《关于乡道编号有关问题的通知》，规定乡道编号由各市按照国家交通部《公路路线命名编号与编码规则》自行编制，以市为单位取编号 Y001～Y999，其中省养乡道编号区间为 Y001～Y099，地方养护乡道编号区间为 Y100～Y999。1997年10月，市公路局将调整后的乡道路线命名编号列表报省局备案。

1997年湛江市省养公路调整路线前县道里程表

表3—4—3

路线编号	路线名称	主要经过点	长度（千米）
县道 4801	霞山—新圩线	飞机场、畅侃	2.0
县道 4802	霞山—南三线	风霞、田头	9.2
县道 4804	高阳—后排线	湖光农场、外坡	9.5

路线编号	路线名称	主要经过点	长度（千米）
县道 4808	百龙—北灶线	城月、北坡、港门	37.4
县道 4811	梅菉—牛仔坡线	水口、振文、板桥、塘㙍	1.8
县道 4812	大山江—王村港线	那碌、米乐	0.9
县道 4821	廉江—石角线	河唇、野鸭塘	14.5
县道 4822	石城—安铺线	甘水塘、七星岭、铺洋、新圩、大岭	34.8
县道 4823	西连塘—长岭线	吉水、白坟坡、和寮	8.0
县道 4825	白坟坡—长山线	安和、鸡公捅、石颈	29.0
县道 4828	白桔—北潭线	沙古、大塘、雷公、崩塘	26.2
县道 4831	南圩—茶亭线	洋青	22.0
县道 4832	洋青—草潭线	布政、杨柑、龙眼、塘仔	43.2
县道 4834	龙眼—江洪线	北坡、双村、扫把山、黄草村	21.9
县道 4842	雷城—东园线	南渡	10.0
县道 4844	谢家山—东山线	金星、坑尾、曲界	50.5
县道 4847	沈塘—海田线	徐家桥、杨家、唐家、企水	43.8
县道 4851	徐城—外罗线	那山、曲界、锦和	43.4
县道 4852	徐城—西连线	大黄、迈陈	31.0
县道 4854	那山—外罗线	龙塘、福居塘、六竹、下洋	12.5
县道 4855	下桥—愚公楼线	南华	22.7
县道 4891	浅水—王村港线	石碧、兰石、秦村	9.5

备注：1997 年调整前湛江市省养公路有县道 22 条线路，以上县道部分路段由地方公路管养，未列入此表。

1997 年湛江市省养公路调整路线后县道里程表

表 3—4—4

路线编号	路线名称	主要经过点	长度（千米）
X613	铜销线	覃村、高岭村、钟毓	2.39
X661	梅塘线	梅菉、塘㙍	0.94
X664	六王线	新梅、王村港	8.71

续上表

路线编号	路线名称	主要经过点	长度（千米）
X666	霞南线	调东村、南窖村、田头村	9.13
X667	东西线	西坑村、民安镇、三星村、那何村、西湾村	18.16
X668	高厚线	志满圩、拱桥、外坡村	9.33
X670	麻志线	黄外村、英豪村、新兴村	12.93
X672	廉石线	黄竹山村、湖垌村、苏茅角	14.06
X677	外长线	鸡公埇、长山镇	5.37
X678	白青线	同留村、长山路口、鸡公埇	3.04
X679	横和线	白坟坡、吉埇村、和寮圩	7.23
X680	石安线	流江村、三角山村、七星岭村、新建村、安铺	35.12
X681	北界线	北潭、新村、崩塘	4.67
X682	南洋线	文外村、水流村、洋青圩	10.30
X684	百石线	里光、家寮、企山、雷林、城月镇、石塘村、东风村、动土村、北坡镇、石角埠	37.16
X689	谢坑线	谢家村、金星场一队、南光场十六队、收获场新桥队	22.17
X692	水火线	雷城、夏江、港头、南渡村、南兴、东芫	13.43
X693	下金线	埚长村、五一场五队、北水路口、南华农场、二沟	20.92
X694	那赤线	那汤村、后公寮、葛园、赤农村、大村	12.60
X699	龙那线	龙门村、那双村	4.52
X704	覃吉线	覃巴医院、覃巴村、覃巴镇第二初级中学、吉兆村	12.34
X705	沟麻线	田头村、麻新村、麻斜街道办、麻斜渡口	6.58

备注：1997年调整后湛江市省养公路有县道22条线路，以上县道部分路段由地方公路管养，未列入此表。

2000年6月9日，经省公路局批复同意，将麻东公路2.7千米接入省道S288线路（湖光—硇洲），列为省养公路里程，由市公路局直属分局负责日常养护管理。

2001年6月上旬，按照省交通厅、省公路局统一部署，市公路局各公路分局相应成立公路普查领导小组，下设办公室具体负责普查工作，明确各有关单位普查联络成员、普查工作后勤服务人员，在全局管养路线范围内开展（全国）第二次公路普查工作（第一次为1979年）。省公路局在湛江举办为期两天的全省公路普查培训班；市公路局公路普查工作共抽调120多名技术人员对全市范围内所有的国道、省道、县道、乡道（含村道）、专用公路及其构造物，采用实地测量填写卡片的办法，实行全国统一表式，统一数据，统一处理程序，于2001年底完成第二次全国公路普查工作，湛江市通车总里程达6734.35千米，其中高速公路45.24千米，一级公路294.01千米，二级公路714.58千米，三级公路494.06千米，四级公路4132.55千米，等外级公路1053.91千米，桥梁734座28083延米。湛江公路局公路普查工作成绩突出，市公路局副局长张振林被交通部授予"全国公路普查先进个人"称号，市公路局普查办、遂溪分局获"广东省第二次全国公路普查先进单位"称号，张振林、陈永忠、史能勤、陈俊、钟兰珍等5人获"广东省第二次全国公路普查先进个人"称号。

2002年，湛江省养公路里程合计1376.1千米，其中国道345.5千米，省道665.2千米，县道300.3千米，乡道65千米。

2003年3月，根据省交通厅、省公路局《关于完善我省公路桩号系统的批复》，市公路局依照《广东省国道桩号传递实施方案》《广东省省道传递实施方案》《公路里程碑设置样式说明》对湛江辖内省养公路线路桩号系统的里程碑、百米桩、公路界碑进行调整和设置。

2005年，湛江省养公路路线调整，更新沟麻线和覃吉线乡道升县道的公路数据，重新预制和设置路线里程碑、百米桩。

2006年底，湛江市省养公路总里程1376.57千米，其中国道345.59千米，省道664.38千米，县道315.34千米，乡道51.25千米；桥梁总数为247座，合计11343延米，其中国道桥梁为91座5152延米，省道桥梁106座5073延米，县道桥梁47座1058延米，乡道桥梁3座60延米（特大桥1座，大桥20座，中桥68座，小桥158座）。

2007年，省公路局批复将湛江疏港公路列入省养公路管理，路线编号为省道S293线，由市公路局直属分局管养，里程全长27.99千米。

2010年，湛江国道G325线文车—北罗坑新改建路段建成通车，原G325线穿过湛江市赤坎城区路段改为Z325专道，全长15.94千米。

第五节　公路机械

实现养护机械化是公路现代化的必由之路，不仅可以促进生产力的提高，而且是公路养护生产组织形式和管理方法的重大变革。市公路局历来重视公路养护机械化的物质基础建设，以满足公路养护工作的不同需求；全局建立健全养护机械管理和维修制度，使机务管理工作有章可循；开展养护机械安全操作技术培训工作，确保养护机械操作手会操作、善保养、能修理，适应公路养护机械化要求，高效、优质、科学地养好公路。

20世纪90年代，湛江公路养护机车以四轮牵引车（俗称小四轮"红头仔"）为主，随着公路事业发展，各道班开始配备湛江牌农用车、三星农用车等机车；各施工单位配置了装载机、压路机、混凝土、沥青拌和机、沥青摊铺机等设备。到21世纪后，湛江省养公路等级不断提高，公路养护作业日益繁重，市公路局逐步加大养护机械化投入力度，为各分局相继配备养护机械路面清扫车、灌缝设备、沥青洒布机、挖补机、液压机等。各分局先后购置"金杯牌""江铃牌""篮箭牌""龙马牌""尼桑牌"等型号农用车作为养护作业机车、养护巡查配备皮卡工具车，市公路局各施工单位配置大型装载机、液压震动式压路机、沥青拌和站等大型、重型筑路施工机械。公路筑、养路机械不断更新换代，公路养护机械化程度大幅度提高。

1991年，湛江市省养公路机械养护里程达1342.3千米。全局拥有载重汽车33辆，自卸汽车33辆，拖拉机28辆，机动运料车86辆，四轮牵引车209辆，压路机47台，碎石机14台，装载机8台，沥青洒布机70台，平地机2台，沥青粒料拌和机15台，洒水车33台，混凝土搅拌机15台，抽水机8台，发电机组31台1084.5千瓦，沥青摊铺机2台，卷扬机16台，电焊机39台，空气压缩机7台，推土机6台，挖土机1台，轮胎式起重机1台，汽车式起重机5台。是年，湛江公路局下达局机修厂生产任务沥青脱水、加热保温炉5套，每套4.8万元共投资24万元；并分配给直属、海康、徐闻、遂溪、吴川分局。

1994—1998年，湛江公路局购置三星农用车共14辆，分配到各分局道班作为养护用车。其中1996年，湛江公路局决定为国道担负养护里程16千米以上的道班，分配圣宝产SEN2815P型双排自卸车1辆，作为道班养护工作用车。

2000年起，省公路局提出公路养护管理工作要实现"两个转变"（由分散道班养护向大道班转变，由传统的人力养护向机械化养护转变）的要求，湛江省养公路养护清扫路面逐步向机械化迈进。为解决车流较大的主干线路段养护人工清扫不安全等问题，提高混凝土路面清洁度和养护效率。市公路局统一购置路面清扫车6辆配备各分局，其中：徐闻分局1辆/41.8万元，遂溪分局1辆/39.8万元，吴川分局1辆/39万元，廉江分局1辆/39.8万元，直属分局1辆/3.2万元（小型扫路车）。

2001年，湛江市省养公路共投入223.4万元，购置蓝箭养护车13辆，江铃养护车5辆，龙马养护车9辆，金杯养护车3辆，JMC皮卡车5辆及割草机、油锯等一批道班养护机械。

2002年，湛江省养公路拥有筑、养路机械达到300多台（套），其中：湛江公路工程大队第一工程处配备筑路桥机械设备37台（套），其中柳汽大型牵引车1辆，徐汽起重机1辆，庆铃双排小货车2辆，跃进双排小货车1辆，顺德平板拖卡车1辆，平板船80T型1艘，德国振动压路机1台，振动锤1台，混凝土拌和机4台，混凝土输送泵2台，上柴发电机组5套，西安贝雷架1组，湖南贝雷架1组，佛山电控卷扬机6台，无锡压力试验机4台，上海压力试验机1台，上海液压万能试验机1台，核子仪1台，水准仪1台，宾德全站仪1台。工程大队第二工程处配备筑路机械设备29台（套），其中柳工装载机1台，徐工三轮压路机2台，徐工振动压路机1台，北京东风水车3辆，圣宝洒水车1辆，英国BK170沥青摊铺机1台，北京解放洒水车1

辆、五米振动梁1台，三菱日吉1辆，郴州沥青拌和机1台，砼搅拌机2台，稳定土路拌机1台，沥青拌和机1台，发电机组7套，AX电焊机1台，丰田小车1辆，跃进小货车1辆，佛山JS500搅拌机2台。湛江公路局机械材料供应站配备机械设备8台，其中宝马Y03压路机1台，江麓Y05压路机1台，江麓Y06压路机1台，P01平地机1台，W01挖掘机1台，T01推土机1台，Z01半挂车1台，徐州Y01压路机1台。各分局配置各种公路养护机车132辆（台），其中三星农用车42辆，四轮牵引车粤路Q—10型（小四轮拖拉机）36台、其他车辆54辆。

2003年，湛江省养公路投入246.21万元（省局补助134.8万元，收费路段养护补助61.41万元，市局投入50万元）购置公路养护机械一批；其中：廉江分局养护车4辆、背式剪草机10台、沥青洒布机2台、电动锯1台；遂溪分局养护车3辆、冲击夯2台、平板夯1台、背式剪草机18台、推式剪草机3台、电动锯1台；雷州分局养护车13辆、冲击夯4台、平板夯1台、背式剪草机20台、电动锯2台、风机1台；徐闻分局养护车1辆、沥青熔炉2套、电动锯1台；吴川分局养护车3辆、背式剪草机19台、电动锯2台；直属分局养护车8辆、冲击夯2台、背式剪草机15台、绿缩机5台、沥青熔炉1套、电动锯1台；湛江渡口所养护车1辆；工程大队养护车2辆。

2004年，徐闻分局5个养护站（13个养护组）配备养护机车23辆，其中四轮牵引车粤路Q—10型10辆，江铃JX1030DS型1辆，福田BJ1028AEZ型1辆，圣保SB3042SL型1辆，蓝箭LJC3041ABD型7辆，龙马LM4010WD、LM2310BM型2辆，金杯SY3041SHF型1辆；雷州分局2个养护站（18个养护组）配备养护机车20辆，其中龙马LM581、4100Q等农用车10辆，蓝箭LJD30小货8辆，江铃JX303小货1辆，金杯SY304小货1辆；遂溪分局7个养护站（21个养护组）配备养护机车23辆，其中三星农用车12辆，龙马农用车5辆，蓝箭小货辆5辆，金杯小货车1辆；廉江分局6个养护站（15个养护组）配备养护机车19辆，其中龙马LM5815WD、LM4010WD型5辆，蓝箭LJC3041ABD型5辆，金杯SY3041SHF型2辆，ZHF5050TS清扫车2辆，KL2815CD型3辆，FD2815型1辆，TS1040S型1辆。直属分局4个养护站配备养护机车21辆，其中蓝箭LJC3041ABD型4辆，龙马LM5815WD、LM4010WD型8辆，尼桑ZN1031U2G型4辆，江铃JX3030DS型3辆，金路—斯太尔ZHF3030型2辆。吴川分局配备惠州产扫路车1辆（超期），东风洒水车1辆，东方红YZ10振动压路机1辆；其3个养护站（10个养护组）配备养护机车10辆，其中一汽蓝箭LJC3041ABD型7辆，福建龙马LM5815WD、LM4010WD型3辆。

2005年6月至2006年9月，各分局配置公路养护车一批，其中廉江分局蓝箭型车7辆，江铃型车2辆；遂溪分局蓝箭型车8辆；雷州分局江铃型车5辆。市公路局配置切割机13台、吹风机21台、刀片100个机等一批养护机具给各分局养护站。

2007年，湛江省养公路配备养护机具共238台套，其中铲运机1台，中、重型压路机12台，轻型压路机3台，空压机1台，载重汽车4辆，自卸汽车2辆，大、中型拖拉机2台，水泥砼搅拌机9台，沥青砼搅拌机1台，沥青砼摊铺机1台，沥青洒布机10台，沥青洒布车23辆，装载机6辆，洒水车13辆，万能工程车4辆，综合养护车 114 辆，清扫车 6 辆，混凝土切缝机 16 台，标志车 1 辆，划线机 2 台，发电机 7 台。

2008 年，遂溪分局北坡养护站成功研制一台简单、方便、经济、实用的移动式简易沥青熔化、拌和设备。

2009 年，湛江市应急养护中心配置应急保障机具：挖掘机 2 台，推土机 5 台，装载机 9 台，抽水机 4 台，发电机 8 台。

2010 年，湛江省养公路拥有养护机车 107 辆，其中路面清扫车 3 辆，路面灌缝设备 12 套，沥青洒布机 3 台，挖补机 1 台，液压机 1 台。湛江市应急养护中心配备应急保障机具：挖掘机 5 台，推土机 7 台，装载机 8 台，抽水机 9 台，发电机 11 台。

2012 年，市公路局购置惠州产新型路面清扫车 8 辆分配给各分局使用，其中直属分局、遂溪分局各 2 辆，吴川、廉江、雷州、徐闻分局各 1 辆。是年，市公路局全局配备筑养路机械达 498 台／辆（套），其中铲运机 2 台、推土机 6 台、挖掘机 17 台、压路机 21 台、空压机 3 台、载重汽车 8 辆、装载机 25 台、拖拉机 32 台、混凝土破碎机 1 台、稳定土摊铺机 1 台、混凝土摊铺机 3 台、混凝土搅拌机 13 台、沥青搅拌机 3 台、沥青洒布机 58 台、洒水车 20 辆、万能工程车 4 辆、清扫车 15 辆、桥梁检测车 9 辆、标志车 1 辆、划线机 4 台、抽水机 18 台、发电机组 9 台（套）、割草机 82 台、路面灌缝设备 17 套、养护作业车 126 辆。

2010 年市公路局各分局养护机械配备情况表

表 3—5—1

分局名称	养护人数（人）	管养里程（千米）	机械设备情况
徐闻分局	241	国道 33.7，省道 85.86，县道 33.5，乡道 3.8	养护车 13 辆，路面灌缝设备 1 套，沥青洒布机 1 台，割草机 4 台
廉江分局	304	国道 74.24，省道 90.15，县道 63.55，乡道 12.9	养护车 20 辆，路面清扫车 2 辆，小型水车 1 辆
直属分局	257	国道 38.67，省道 167.94，县道 63，乡道 24.25	养护车 16 辆，割草机 22 台，沥青洒布机 2 台，路面切缝灌缝设备 4 套
遂溪分局	258	国道 75.88，省道 125.17，县道 88.6，乡道 11.70	养护车 25 辆，交通观测车 2 台，路面切缝机 5 台，清扫车 1 辆
吴川分局	181	国道 39.4，省道 52.9，县道 25.4，乡道 3.2	养护车 13 辆，挖补机 1 台，割草机 10 台
雷州分局	364	国道 83.7，省道 170.65，县道 41.29，乡道 6.1	养护车 20 辆，割草机 12 台，切缝机 2 台，液压机 1 台

2010 年各分局养护站机械配备情况表

表 3—5—2

分局名称	养护站名称	养护人数（人）	管养里程（千米）	机械设备情况
徐闻分局	下桥养护站	40	国道 33.7，县道 20.92，乡道 0.75	养护车 5 辆，路面灌缝设备一套，割草机 2 台
	曲界养护站	34	省道 47.73，乡道 2.56	养护车 4 辆，沥青洒布机 1 台，割草机 1 台
	迈陈养护站	37	省道 38.17，县道 12.60	养护车 4 辆，割草机 1 台
廉江分局	良垌养护站	33	国道 19.8，省道 29，乡道 1.05	养护车 4 辆
	横山养护站	26	国道 23.41 千米，县道 22.12 千米，乡道 2.6 千米	养护车 3 辆，路面清扫车 1 辆
	青平养护站	29	国道 30.39，县道 18.69	养护车 5 辆
	塘蓬养护站	36	国道 37，县道 17.74	养护车 3 辆，路面清扫车 1 辆
	廉城养护站	37	国道 25.75 千米，县道 27.06 千米	养护车 5 辆，小型水车 1 辆
直属分局	坡头养护站	35	国道 19.94，省道 32.55，县道 15.71，乡道 3.30	养护车 4 辆，割草机 5 台，沥青洒布机 1 台，路面切缝灌缝设备一套
	东海养护站	41	省道 37.74 千米，县道 21.30 千米，乡道 3.99 千米	养护车 4 辆，割草机 6 台，路面切缝灌缝设备一套
	麻章养护站	34	国道 18.73，省道 37.79，县道 12.93，乡道 10.19	养护车 4 辆，割草机 5 台，路面切缝灌缝设备一套
	湖光养护站	58	省道 60.41 千米，县道 15.15 千米，乡道 5.69 千米	养护车 4 辆，割草机 6 台，沥青洒布机 1 台，路面切缝灌缝设备一套

续上表

分局名称	养护站名称	养护人数（人）	管养里程（千米）	机械设备情况
遂溪分局	白坭坡养护站	29	国道35.7，省道8.28，县道8.33，乡道3.88	养护车4辆，交通观测车1辆，路面切缝机3台，清扫车1辆
	新桥养护站	40	国道40.27，省道14.38，乡道2.74	养护车7辆，洒水车2辆，交通观测车1台，切缝机2台
	洋青养护站	44	省道47.10，县道10.30，乡道1.07	养护车5辆
	杨柑养护站	38	省道26.21，县道20.85，乡道4.01	养护车5辆
	北坡养护站	36	省道29.23千，县道23.01	养护车4辆，交通观测车1辆
吴川分局	塘尾养护站	33	国道12，省道28.3，乡道3.2	养护车5辆，割草机4台
	黄坡养护站	26	国道15.7，省道24.6，县道1.0	养护车4辆，割草机3台
	覃巴养护站	24	国道11.7，县道63.55，乡道12.9	养护车4辆，挖补机1台，割草机3台
雷州分局	客路养护站	38	国道25.3，省道29.1	养护车5辆，割草机3台，切缝机1台
	雷城养护站	38	国道24，省道13.4，县道13.71，乡道3.68	养护车5辆，割草机3台，切缝机1台，液压机1台
	龙门养护站	46	国道34.4，省道11.95，县道22.17，乡道0.98	养护车5辆，割草机3台
	唐家养护站	46	省道70.65	养护车5辆
	北和养护站	31	省道45.30，县道4.52，乡道1.51	养护车5辆，割草机3台

第六节 养护工程

一、公路维修养护工程

20世纪90年代初期，湛江省养公路油路底子薄、基础差、路面龟裂、松散病害严重；沙土路抵御水灾害有限，加上养护材料就地采取越来越难，公路养护面临困难越来越多。为提高路况，保证公路畅通，市公路局各分局坚持"预防为主、防治结合"的原则，开展"创好创优""增收节支""三个一"活动，做到有组织领导、有任务布置、有技术指导、有检查督促、有评比奖励，实现了"资金、技术、成果"三落实。公路道班积极采用新技术、新工艺、新材料，推动以路面为中心的全面养护，采取巩固优等路、加强养护良等路上优等路，局部挖补和表处次等路上优等路的做法。油路道班重点是抓好日常修补，采用"小洞大补、圆洞方补、深洞分层补、连环坑槽全面补"的挖补技术，做到"国道坑槽修补不过夜，省道不过周"。1991—1993年，湛江省养公路推广乳化沥青补路、老油路预防性罩面技术；使用乳化沥青1000多吨，完成油路罩面表处287千米，提高公路小维养护质量；确保大部分老油路在雨季期间不渗水，避免大面积路面毁坏现象。砂土路道班重点是备足保护层沙料和坚持日常四轮机回砂和人工回砂相结合，铺砂土路面，铲除路面波浪，砌筑永久边线；公路养护注重整治路肩、硬边线的同时，普遍推行挖整标准水沟，使路容路貌大为改观。全局千名养路工吃苦耐劳，勤勤恳恳，长年累月上路养护作业，保障路面平整、路肩流畅、路容整洁、水沟畅通、平台美观、道路畅通。

市公路局在国省干线沥青路面大中修、改善工程中，为改善路面结构性能，逐步取消了洒油"层铺"的施工方法，推行拌合摊铺法。进入21世纪，湛江省养公路等级普遍提高，以沥青混凝土、水泥混凝土为主的高等级路面的养护工作日益繁重；市公路局坚持"以路面为中心，加强全面养护"的方针，通过路况调查，分析公路技术状况的演变，强化预防性、周期性养护措施，促进公路实现良性循环。各分局因地制宜地确定合理的路面使用周期，据此安排周期性养护工程计划；结合GBM工程的实施，先安排对超龄油路的大中修工程和改善工程。至"八五"期末，实现超龄油路不超过沥青路面总数的30%。20世纪末，初步实现了国省干线公路铺装高等级路面养护的良性循环。

1991年，湛江省养公路完成油路路面大、中修83.33千米，沙土路上油路17.11千米。年末好路率达到95%。

1992年，湛江省养公路完成油路路面大、中修72千米，老油路养护罩面75千米，公路道班开展"三个一"活动产值122.9万元，其中直属分局铺筑路肩29.36万平方米，铺永久边线15千米，挖标准水沟10.2千米。

1993年，湛江省养公路完成油路中修74千米，年末好路率达到100%。

1994年，湛江遭遇千年一遇强台风暴雨袭击，市公路局干部职工奋起抗灾抢险，各分局积极筹措资金抢修水毁路段，有的分局将职工集资兴办第三产业的资金，道班将节余的小维修费，职工宁愿不领奖金，全都投入水毁修复当中去。各道班采取"大风大雨全上路、疏通桥涵清路障，雨水未干早修补，防止灾害再蔓延，雨过天晴突击干，千方百计保畅通"的抢修方案，经过近4个月的抢修，修复水毁路面765.2千米，完成油路大中修118.3千米，湛江省养公路路况基本恢复到灾前水平，年末好路率达到100%。

1995年，湛江省养公路油路中修16千米，年末优等里程达到1204.9千米。

1996年，湛江省养公路完成油路大修12.2千米，油路中修155.1千米，砂土路上油路9.4千米；年末优等里程达到620.9千米，其中国、省道年末优等里程达到405千米。

1997年，湛江省养公路完全油路大修5.2千米，油路中修59.2千米，砂土路上油路47.4千米。年末优等里程达到682.6千米，其中国、省道年末优等里程达到416千米。

1998年，湛江公路局直属分局改革公路大中修工程管理模式，由以往工程队承包改为道班划片承包，发挥道班机械设备和技术力量，提高养护效益和路况。太平道班大修沥青路2千米，节约资金10万元；该分局用节约的资金又改造了砂土路6千米。湛江省养公路完全油路大修5.3千米，油路中修46千米。年末优等里程达到788.2千米，其中国、省道年末优等里程达到386千米；年末好路率达到92%。

1999年，市公路局各分局推行公路大中修工程划分到路段所在道班承包建设，道班实施大中修工程，实现成本降低质量提高。国道G325线廉江排里桥发生断塌，绕道车辆全部压到省道遂六线合江桥上，廉江分局采取有效措施，在大桥两头设置地磅车厢限载检查岗，抽调45人日夜把守监测，指挥车辆安全通过；与此同时，全力以赴加强石岭至石硅坡、龙湾至排里路段维护工作，历时7个月保障绕道车辆通行。徐闻分局自筹资金改砂土路为油路，干部每人自愿捐款240元，职工每人自采碎石5立方，共计自筹资金3.15万元，碎石471立方米，完成县道砂土路改油路任务2千米。是年，市公路局养护职工献假献勤387人、8678天，用辛勤汗水弥补经费不足，靠勤劳保畅通。湛江省养公路油路大中修43.3千米；建成文明样板路71.4千米。年末优等里程达到732.3千米，其中国、省道年末优等里程达到203.6千米；年末好路率达到91%。

2000年，市公路局做好"迎国检"准备工作，各分局集中人力支援国检干线公路沿线道班，抓好整治坑槽、下沉、龟裂、松散和波浪为主的路面养护。各分局在资金短缺、任务重、压力大的情况下，公路干部职工"舍小家、顾大家"，推迟领工资，优先保证养护工作开展，养路职工起早摸黑、加班加点奋战在公路线上。遂溪分局创新新形势下混凝土（砼）路面养护技术工作"三部曲"（修整平台防水毁，路面线缝灌沥青，路肩种草绿化美），其主要作用是：使混凝土路面雨水不渗入路基，保障了路基强度和砼路面平整、不收缩、不变形，确保路面平坦通行不受破损，延长公路使用寿命。湛江省养公路迎国检工作扎实有效，受到省交通厅、省公路局的肯定，并认为国道G207线湛江路段完全有条件建成全省的文明样板路。湛江省养公路新铺油路 4.9 千米；油路大中修 54 千米（其中借款大中修 43 千米）。

2001 年，市公路局以文明建设样板路为龙头，以沥青路养护为重点，以沙土路改油路为突破口，抓好公路养护工作。各分局道班以路面养护为中心，修整边坡边线平台和沥青、砂土路的养护。湛江省养公路完成油路大修 6.6 千米，中修 39.24 千米，砂土路改油路 35.38 千米，建成国道 G207 线湛江路段文明样板路 151 千米；年末优等里程达到 746.1 千米，年末好路率达到 87.3%。

2002 年，湛江省养公路道班采取勤挖、勤补、勤铺"三勤"办法，修整水沟平台 725 千米、路肩 12 万多平方米，铺装缘石 94 千米，种植边坡草皮 112 千米，挖补沥青路面 6 万多平方米。在省公路局的支持下，市公路局筹措资金实施砂土路改油路 94.15 千米（其中 S287 线 12 千米、S288 线 19.7 千米、S289 线 2.3 千米、S290 线遂溪路段 14.4 千米、S290 线雷州路段 37 千米、Y001 线 9.05 千米；另砂土路改水泥路 0.3 千米），总投资 4765.98 万元。

2003 年，市公路局完成省道砂土路改油路 63.89 千米，湛江省养公路砂土路基本实现路面沥青黑色化。公路建设发展沥青路面和水泥混凝土高等级路面，对养护工作提出了更高技术要求。湛江省养公路道班加强路面日常养护，清扫砼路面近 15 万多千米，砼路面灌缝 50 万多平方米，完成油路大中修 10.48 千米，保障路容路貌整洁和路况稳定。

2004 年，市公路局完成油路大修 10.28 千米，油路中修 5 千米。挖补水泥路面 34090 平方米，完成国省道干线公路文明样板路 GBM 工程 51.33 千米。年末，湛江省养公路优等里程 800.8 千米，国省道优等里程 632 千米。

2005 年，市公路局完成油路大修 9.5 千米，油路中修 1.2 千米。省道 S290 线遂溪豆坡圩至龙眼桥路段二级公路改建工程 10.1 千米，后调整为 11.29 千米；湛江省养公路共挖补沥青路面 25 万平方米，路面稀浆封层 49 千米，修补砼路面 7 万多平方米，水泥路面灌缝 63 千米，修整路肩、平台 497 千米，开挖标准水沟 564 千米，清理水沟 1172 千米。

2006 年，湛江省养公路挖补沥青路面 32 万平方米，修补砼路面 7.1 万平方米，水泥路面灌缝 96 千米，修整路肩 467 千米，开挖标准水沟 43 千米，清理水沟 1248 千米。湛江省养公路完成大中修工程 13 条 27.65 千米，完成国道 G325 线湛江市北出口路段 15.3 千米整治工程，包括路面扩宽改造、绿化带铺设方砖、重新植树等；完成县道 X670（麻志）线 11.44 千米和县道 X678（白青）线 2 千米砂土路改油路。

2007 年，湛江省养公路挖补沥青路面 88 万平方米，修补砼路面 7.08 万平方米，水泥路面灌缝 160 千米，压浆 23 万平方米，清扫路面 584 万平方米，修整路肩 95.7 万平方米，整理水沟 1280 千米；完成 13 条线路大中修程 27.65 千米。

2008 年，湛江省养公路挖补沥青路面 126 万平方米，沥青表处罩面 1.2 万平方米，修补砼路面 8 万平方米，水泥路面灌缝 78 千米，小修水泥路面 3.75 万平方米，清扫路面 675 万平方米，修整路肩 154 万平方米，整理水沟 1640 千米，水沟边坡种植草皮 13 千米；完成 13 条线路大中修工程 27.65 千米；完成东海大堤段 4.6 千米路面大修工程、徐闻东出口路段和 S374 麻赤段路面整治工程及 X682 线渝湛高速出入口段改造。

2009年，湛江省养公路完成路面大中修82.54千米，挖补维修沥青路面21.18万平方米，修补砼路面6万平方米，水泥路面灌缝56千米，清扫路面681万平方米，修整路肩、边坡122.53万平方米，整理水沟1640千米，水沟边坡种植草皮13千米。2009年底，县道X672廉石线K3+840~K38+080大修工程竣工，该工程项目全长34.24千米，工程总造价8837.82万元，其中省局补助3424万元。

2010年，市公路局提出"以迎国检为契机、全面提高路况水平"工作目标，湛江省养公路挖补维修沥青路面34.3万平方米，修补砼路面15.5万平方米，水泥路面灌缝105千米，清扫路面700多万平方米，整理水沟1680千米；完成国省道砼路面大修工程50.3千米（其中：省道S289线徐闻县勇士至曲界及塘仔尾至前山段路面改造工程16.5千米、工程投资2630万元；省道S289线雷州市南兴至雷高段路面改造工程18.4千米、工资投资2670万元。），沥青路面表处罩面中修工程40.73千米。是年8月，市公路局与广东晶通公路工程建设集团有限公司、广东粤路勘察设计有限公司签订《湛江市迎国检国省道路面大修工程勘察设计~施工总承包合同协议书》。合同工程全长116.37千米，工程总造价4.71亿元，工期120天。

2011年9月，广东晶通公路工程建设集团有限公司、广东粤路勘察设计有限公司总承包施工湛江市迎国检国省道路面大修工程交工验收。工程路线全长116.37千米，由雷州、遂溪、廉江分别按养各自管养路段。其中：雷州段（国道G207线59.79千米），遂溪段（国道G207线31.67千米、国道G325线6.34千米、省道290线5千米），廉江段（国道G325线13.57千米）。"国检"大修工程，采用新技术、新工艺，按期竣工，成功化解公路严重破烂的难题。是年，市公路局完成省局下达"迎国检"国省道12条路段大修项目8个，中修项目10个，挖补水泥砼工程15.5千米，完成砼路面灌缝58千米，沥青表处罩面16万平方米。雷州分局安装国道G207线里程碑、百米桩、示警桩和路缘石80.7千米，遂溪分局组织5个养护站协同作战，用3天时间完成6千多平方米沥青路面调平层的施工和24千米路面整洁、路树刷白工作。湛江省养公路扎实开展"迎国检"工作，受到国家交通运输部检查组、省交通厅、省公路局的肯定，国道G207线湛江路段被称赞为"比得上高速公路"。

2012年是全省公路检查年，市公路局抓紧抓好迎省检工作，以"畅、洁、绿、美"为目标，扎实开展公路绿化、美化、保洁等方面预防性日常养护，完成省检任务。湛江省养公路完成路面大修工程27.10千米，总投资9200.77万元。其中完成省道286线良垌至塘㙍段、塘㙍至尖山岭段、省道285线浅水至长岐段、县道664线六角坎至白沙路口段以及省道373线安榄桥段、省道287线塘蓬段、县道682线洋青段等路面大修工程项目。完成砼路面修补1234万平方米、沥青路面修补28.70万平方米。

二、桥梁养护工程

20世纪末，市公路局认真执行交通部《公路桥梁养护管理工作制度》，纠正"养路不养桥"的倾向，桥梁日常养护以桥梁结构安全为中心，以承重部件为重点，防治结合，加强公路桥梁保障维护工作。各分局根据《广东省公路桥梁养护管理工作制度实施细则（试行）》和《广东省公路长大桥隧安全运营管理制度（试行）》《广东省公路桥梁技术状况评定规程（试行）》《广东省干线公路桥梁重要病害动态暂行管理办法》，建立相应的桥梁管养工作制度、桥梁安全事故责任追究制度，落实责任主体和监管主体；在市局和分局配备专职桥梁养护工程师，并对其严格审核资格，具体分工，明确岗位。桥梁养护工程师和有关技术人员日常工作中，严格按照《公路桥梁养护规范》的要求和规定，及时掌握桥梁技术状况，针对桥梁突发事件，明确信息上报、分级响应、交通保障与恢复、事件调查等的工作职责和程序；对四、五类桥梁采取相应措施。湛江省养公路推广应用乳化沥青稀浆封层、土工布、加筋土、旧桥检测评价及加固等公路桥梁养护技术，做好桥梁维护工作，确保公路桥梁技术状况良好安全运行。

1991—1994 年，湛江公路局完成中小桥梁 7 座 155 延米改造工程。

1994 年 9 月，湛江省养公路遭遇千年一遇强台风暴雨袭击，洪水冲坏桥梁 25 座 2225.65 延米；在省委书记谢非视察湛江水毁公路期间，市公路局领导立下军令状，7 天时间内用贝雷架修复被洪水冲毁的横山桥和缸瓦窑桥（2 座共长 45 米）；受到省交通厅、省公路局的表彰。

1995 年，市公路局投资 133.2 万元，实施国道 G325 线石门桥维修工程；G325 线横山桥、缸瓦窑桥改建工程。

1999 年 1 月 29 日，国道 G325 线廉江排里大桥因一辆超重车辆过桥后突然倒塌；以此为鉴，湛江省养公路展开危桥排查工作，并对 18 座 1203 延米危桥实施加固维护工程。

2002 年，市公路局按照《广东省公路管理局桥梁工作办法》，展开全系统的桥梁状况调查，做好"十五"期间桥梁技术改造工作。是年，改造加固了石岭山桥、板桥、长坞水利桥、塘铺桥、新梅桥、鸭栏桥、宝满桥和鹿渚桥等 8 座桥。

2003 年，市公路局改造加固 X668 线拱桥、S373 线蕉仔岭桥、S287 线头铺营桥、S287 线百丈桥、那山水利桥、东高岭桥等 6 座桥。

2004 年，市公路局完成沟尾桥、砖石桥、合江大桥、三六桥、S373 线三元桥、S289 线板桥、X680 线塘铺桥、X693 线长坞水利桥、S290 线西湾桥、S373 线田西桥和赏村桥及谢村水利桥等 12 座桥梁加固、加宽改造工程。

2005 年，市公路局建立和完善桥梁管理系统，数据库采集录入桥梁 245 座 11283 延米。全局投资 495 万元，改造加固 S373 线洪排桥、乌黎桥、X664 线新梅桥、X684 线茅塘桥等 4 座桥。

"十一五"期间，湛江省养公路桥梁新改建工程投入资金 7417 万元，改造桥梁 10 座 873 延米，加固维修桥梁 10 座 2005 延米，基本消灭国、省道上的危桥。

2006 年，市公路局各分局抓好公路桥涵的日常养护工作，遂溪分局加强县道 X684（百石）线城月桥和石塘桥的巡查监控工作，切实保障百石线作为国防公路安全畅通；直属分局定期观察记录桥涵的沉降及位移状况，发现省道塘企线糖厂桥面板被压断，及时警示并采取加固措施，避免重大事故的发生；廉江分局及时处理省道廉坡线涵洞坍塌事件，确保公路正常通行。湛江省养公路完成 S290（白流）线分界桥、S286（廉坡）线山背桥、S373（塘企）线糖厂桥、S287 线英塘桥、X684（百石）线城月桥等加固加宽改造工程。

2007 年，市公路局各分局抓好公路桥梁日常养护，防患于未然；及时清除桥面积土、杂物、疏通排水、修复栏杆等，对所有桥梁进行技术检测和状况评定，并请省公路局监测站对 16 座大型桥梁水下桩基和上部构造进行检测和评价，处理大型桥梁拱肋和拱坡出现的裂缝，保障桥梁安全通行。湛江省养公路完成 S290 线曾家桥、S286 线平坦水利桥、牛仔坡桥、G325 线官渡桥等加固改造工程。

2008 年，市公路局坚持执行省公路局桥梁养护工作制度，按时更新所有桥梁的数据库，加强日常巡查和监控工作，全年排查危桥 15 座；完成旺岭水利桥、高桥桥、老罗角桥、良埚桥、皮了桥等 5 座桥进行加固维修；正在施工的有 S287 线合江大桥改造工程。

2009 年，市公路局完成合江大桥、牛仔坡桥、海田桥、龙门排洪桥、造甲桥等 5 座桥梁改造，正在改造施工的有旧石门大桥、人民大桥、大岸大桥、西湾桥、豆坡桥、塘尾大桥、库竹大桥、肖山一桥等 8 座桥梁；计划改造加固的有三阳桥。

2010 年，市公路局完成 G207 线马林桥、南渡大桥、下桥、龙门水库桥等 4 座桥梁维修工程；S290 线迈车桥、金岗桥、S374 线合树桥等 3 座桥梁正在维修施工当中。

2011 年，市公路局完成 G325 线上圩桥、S290 线金岗桥、迈车桥、S374 线合树桥等桥梁维修工程；正在改造施工的有 G325 线东边勇桥、塘尾大桥、S290 线崩塘桥 3 座，正在抢修的有 S286 线平坦水利桥和 S287 线三角塘南桥。

2012 年，市公路局完成 S286 线平坦水利桥和 S287 线三角塘南桥等桥梁的维修加固。

三、GBM 工程及文明样板路建设

GBM 工程是具有中国特色的公路标准化、美化建设工程的简称，源于 20 世纪 80 年代中期河北、山东等省在国、省道干线公路建设及养护管理中实行的"一低三化"（即：公路两则用地低于路面，路肩硬化、养护标准化、公路绿化）。

1991 年，国家交通部颁布《国、省道干线 GBM 工程实施标准》，提出新时期公路建设"畅、洁、绿、美"的基本要求，并从路基、路面、桥涵、沿线设施、绿化和管理等六个方面对 GBM 工程建设标准进行规范。GBM 工程建设逐步在全国公路系统推广开来。创建文明样板路是在实施 GBM 工程的基础上，通过强化管理，规范公路的养护、收费、路政管理各项工作，最终构成畅通、安全、舒适、优美，路、景、物协调的公路交通环境，提高公路服务水平的又一重大工程。

1995—1996 年，湛江公路局结合国道 G207 线（徐闻路段）改造及 GBM 工程建设，协调、组织沿线相关责任镇、单位，按照公路绿化、美化相关标准要求，沿线统一规划净化、绿化、美化"三化"建设，作为公路"三化"高标准示范路段。湛江省养公路建成文明样板路 97.47 千米。

1999—2000 年,湛江公路局严格按照《国家干线公路文明建设样板路实施标准》,建成文明样板路 153.8 千米。

2001 年,按照省交通厅、省公路局、市政府的工作部署要求,在省路桥公司管理中心、市交通局的支持下,湛江公路局组织沿线当地政府、公路分局及参建施工、监理单位通力协作,创建国道 G207 线遂溪至徐闻路段 151 千米文明样板路。根据交通运输部颁布的文明建设样板路施工规范标准,市公路局制定《文明建设样板路具体标准》《培植路肩边坡绿化工作的规定》等管理规定制度,确保文明样板路建设做到规范化、制度化、标准化。市公路局落实文明建设样板路工作责任制,组成 18 人文明建设样板路领导小组,展开文明样板路创建高潮。至 2001 年底,湛江国道实施"四硬一墙"(硬路肩、硬边线、硬护坡、硬护脚和挡土墙)建设,浆砌片石护坡 15 万立方米,浆砌片石挡土墙 7.2 万立方米,浆砌片石护脚单边 50 千米、工程总量 5.3 万立方米。实施沿线排水系统永久化建设,浆砌片石排水沟两边 125 千米、工程总量 23.75 万立方米。道班职工献工献假献勤 8000 多个工作日,沿线公路绿化种植桉树、大王椰 48.2 万棵,种草皮、花卉 56.2 万平方米,修整平台 58.3 万平方米,修整边坡 136 千米,机压花圃砖铺 3 万块,装路缘石 151 千米。湛江国道 G207 线文明样板路建设工程,做到"四个字"即突出一个"畅"字,保持一个"洁"字,实现一个"绿"字,注重一个"美"字,使路、景、物交织协调,湛江国道 G207 线路段被称赞为"比得上高速公路",雷州半岛南亚热带一道亮丽的风景线。中共中央政治局委员、广东省委书记李长春到徐闻视察工作时,赞誉国道 G207 线为雷州半岛"绿色经济走廊"。6 月 20—21 日,省交通厅、省公路局在湛江召开全省国省道建设现场会,推广湛江国道文明建设样板路的经验。

2002 年 10 月,湛江市北出口整治工程动工(该工程列入市政重点督办事项,由市公路局负责组织实施),该工程起于广湛高速公路官渡出口处国道 G325 线 K407+700,经石门大桥、遂溪南亭、止于湛江市区沙郭村 K422+860,全长 15.36 千米,工程投资 4755 万元,工期 8 个月。是年,11 月,国道 G207 线湛江路段 151 千米文明建设样板路顺利通过省交通厅、省公路局组织验收,成为广东省公路连线最长的文明样板路。

2003 年,市公路局创建国省道干线 GBM 工程 108.51 千米。是年 6 月,湛江市北出口整治工程竣工,并示为湛江公路绿化样板工程。

2004 年,市公路局创建国省道干线公路 GBM 工程 51.33 千米。

2006 年,市公路局完成国道 G207 线 26.2 千米 GBM 创建工程。

2007 年,市公路局建设 GBM 工程 31.99 千米,分别为 G207 线 K3521+800～K3524+000、S293 线 K0+000～K29+788。

2009 年,市公路局创建省道 S376(外西线)K7+750～K27+75 段 GBM 工程 20 千米。

2010 年,湛江省养公路创建 GBM 工程 69.60 千米。

四、公路交通安全设施工程

1991年，国家交通部颁布《国、省干线GBM工程实施标准》，对公路沿线设施及标志标线等安保工程建设标准提出具体要求。

1997年，湛江省养公路新设置、修复各种路政标志牌183条（块），安装不准建筑区界桩1700支；完善了新改建公路的标志标线。

1998年，市公路局投入120万元，涂划道路交通标线52千米，投入40万元制作交通标志牌，更新公路交通安全标志牌86块，逐步完善公路交通设施。

1999年，根据湛江市软环境整治工作部署，市公路局更新完善市区出口路交通标志标线。

2000—2001年，市公路局实施国道G207线文明样板路沿线的交通标志标线、里程碑、百米桩、路边线、轮廓桩、示警桩等交通设施的建设；完成国道G207线雷州段85千米和国道G325线的交通标志标线工程。

2002年，市公路局按照文明建设样板路的标准，完善国道G207线湛江段文明样板路全路段的交通标志、标线，使之更加齐全、规范、醒目；同时还对交通事故多发路段进行整治，除增设警示标志、减速标志外，具体对G207线雷州客路坡仔桥路段约500米长路面进行技术改造，保障车辆通行安全。

2003年，为迎接省第六届大学生运动会在湛江召开，市公路局筹集资金60万元，重点整治国道G207、G325线事故多发路段，其中国道G207线岭北路口、城月糖厂路段等15个事故多发路段增设路口标志、行人横过马路标志、减速示警标志、太阳能示警灯等；更新国道G325线等有关路段的标线标志，国道G207线南渡大桥展开安全隐患专项整治，确保道路安全畅通。

2004年，湛江省养公路投入800多万元，对事故多发段点进行整改，增设标志牌710块，更新公路标线2374平方米，封闭公路防撞墙缺口83个，设置示警桩1700余支。

2006年，根据《湛江市整治道路交通及运输秩序工作方案》和省政府召开的安全生产电视电话会议精神，市公路局路政、养护、安保部门与市公安交警部门一起，对全市国、省道事故多发路段（点）进行排查整治，重点整治国道G207、G325线，并完善了疏港公路多个交叉路口的公路标志。

2007年，湛江省养公路设置道路施工标志牌56块，车挂施工标志牌8块，示警简610支，黄闪灯226盏，确保公路职工上路作业安全。

2009年，湛江省养公路投入资金470多万元，补充、更新湛江国省道公路标线114千米，设置标志牌32块；消除隐患封闭国道G207线湛江段路口143个（主要防撞墙缺口）；雷州国道G207线4千米穿城路段增设中间分隔带，设置规范测速标志牌20块，规范国道电子测速工作，营造和谐、安全、畅通的公路通行环境。

2011年，湛江省养公路投入交通设施经费364万元，补充更新标志、标线、轮廓桩、示警桩等，有效地提高公路安全通行能力；完成G325线覃巴段10.15千米和

G325 线湛江收费站至文车段 6.87 千米设置中央防撞墙工程及 S287 线六深至合江桥段 1.01 千米波形护栏安装。

2012 年，市公路局实施国道 G207 线和 G325 线安保工程，增设中央防撞墙（护栏）54 千米；完善公路交通安全设施。

五、公路抗灾抢险、水毁抢修工程

1991 年，第 11 号强台风在湛江沿海登陆，受台风暴雨影响省养公路大部路段严重损坏，尤其是徐闻分局管养路段水毁较严重；经道班职工日夜奋战抢修，短期内水毁路段全部修复。是年，湛江阴雨天气长达 5 个多月，公路水毁灾害严重。市公路局及时下达水毁抢修经费，抢修水毁公路恢复路况。各分局领导深入道班养护第一线，加强维护路基、路面、桥涵等公路设施；直属分局领导带队下到道班，与职工同住、同吃、共同奋战抢修公路。徐闻分局除了留守人员，机关干部全部下到水毁情况严重的道班，为道班排忧解难，争取南华农场大力援助 1500 立方米砂砾土，解决抢修水毁公路材料紧缺的燃眉之急。道班职工不辞辛苦，坚守岗位，加强巡路工作，疏通水沟、涵洞，填补坑槽，平整路面，及时消除水毁痕迹，保障公路畅通。如吴川分局黄坡道班班长蔡亚帝，全年献假 50 多天、献勤 700 多小时；廉江分局塘蓬道班职工无偿献勤 428 天，人均超过 40 天。是年，经全局上下共同努力，修复油路水毁路面 102.3 千米，近 80 万平方米；修复沙土路水毁路面 231.5 千米，16.12 万平方米；湛江省养公路经受住一场严峻的水毁考验。

1993 年初，湛江地区天气低温阴雨和间歇性大雨暴雨连绵不断，全局省养公路水毁 741.8 千米，其中油路 348.8 千米；冲毁路基 6373 立方米；防护设施倒塌 137 立方米；损坏涵洞 32 座；冲坏桥梁 8 座 1989 米。市公路局下拨水毁抢修资金 109 万元，各级领导、机关干部、工程技术人员，及时下到廉江分局四角塘、大岭、长沙峒道班和吴川分局大桥、黄坡、覃巴道班蹲点，与道班职工一起奋战抢修水毁公路，恢复路况，保障畅通。7 月 25 日，湛江市委、市政府召开抗洪救灾表彰大会，湛江公路局及雷州分局被湛江市委、市政府评为抗洪救灾先进单位。

1994 年 6—9 月，湛江地区连续降雨 79 天，平均月降雨量 504 毫米，并接连遭受第 3、19 号强热带风暴的狂烈袭击，特别是第 3 号强热带风暴，降雨量达 599 毫米，湛江遭遇千年一遇的暴雨洪灾，湛江省养公路水毁灾情严重，洪水冲坏桥梁 25 座 2225.65 米，水毁沥青路面 532.60 千米、砂土路 232.58 千米，折断公路树木 14.8 万株，以及路基、桥涵、构造物、标志、房屋、车辆、船只、码头等遭受严重损毁，直接经济损失达 4032 万元。市公路局多渠道筹集 1451 万元水毁经费及时下拨到各分局；全局道班 811 名养路职工抗灾抢险，献勤献假 14923 天，自采养护沙、石材料 45572 立方米，顶风冒雨修复水毁路面 765.2 千米。湛江省养公路经过近四月的抢修，路况基本恢复到灾前水平。市公路局、雷州分局受到市委、市政府的通报表彰，被评为抗洪救灾先进单位。

1995 年，因受台风水毁的国道 G325 线廉江缸瓦窑桥重建工程竣工通车。

1996年9月，湛江连续二次受到强台风正面袭击（9月9日上午10时许，40年一遇的第15号强台风袭击湛江，风力达12级以上；9月20日，第18号强台风又在徐闻县登陆，风力达11级以上），湛江省养公路被毁桥梁7座413米；涵洞46座；围墙2.29万平方米；路基6500平方米；沥青路面413千米；砂土路面105千米；房屋（包括门窗）257座2.82万平方米；标志牌690块；路树523千米；变压器8台；电脑12台；简易工棚24座1.27万平方米；空调机8台；收费站3个；小车6辆及其他设备一批，受伤23人；直接经济损失达8694万元。湛江公路局党委及时做出抗台风抢险部署，公路系统干部职工全体动员，局领导分头带领工作组深入救灾第一线，组织车辆、机械116台，出动2100多人次抢修公路，清除路障；修通国道G207线、G325线及平茶、黄海（雷）、遂六、客龙、湖后、廉坡等8条国省道干线交通，受到湛江市委、市政府的表扬。湛江渡口所抢险救灾工作显著，又以最快的速度恢复渡运生产，被市委、市政府评为抗灾复产先进单位，并荣立集体二等功。

2000年，市公路局注重公路水毁预防和水毁抢修工作，及时抓好老油路病害处理，勤修补路面坑槽，勤疏通水沟；加固危桥，定时加以监测，发现问题及时采取有效措施处置。徐闻由于第一期达标沥青路面松散，下沉严重，为保路况，保畅通，徐闻分局投入20多万元，抽调多个道班协同抢修，对问题严重的前山、锦和等路段进行了面层封油和修补。

2001年5月，湛江地区遇到近年来罕见的大暴雨，总降雨量超过5000毫升，致使廉坡线、石安线等沥青和砂土路约58千米路面相继翻浆，通车困难；廉江分局组织100多名职工，10多辆车辆，奋力抢修3天恢复公路交通。遂溪分局集中人力物力抢修省道平杨线、白流线、客江线等水毁路面16.5万平方米，清理水沟300多千米，修复排水沟12处620米，修复桥梁锥坡9座390平方米。7月，"榴莲"和"玉兔"台风先后袭击湛江，全市公路路树大部分被连根拔起、折断，公路一片狼籍，交通一度中断，市公路局动员4000多人投入抢险救灾，出动车辆1400车次，连续奋战10多小时，及时清理1200多千米公路的倒断树木和路障，保障公路畅通。

2002年，市公路局落实水毁预防抢修措施，采取勤挖、勤补、勤铺"三勤"办法，及时修复水毁路面60多万平方米，确保六遂线、客龙线、白流线、平杨线等问题较多的路线畅通无阻。

2003—2004年，市公路局按照省公路局有关公路水毁修复工作管理制度要求，采取检查、预防与修复相结合的办法，坚持晴天养护雨后修补双管齐下；雨季前及时抓紧抓好排水系统的清理疏通和储备养护材料等工作，雨季中及时修复水毁路段和构造物，把水毁灾害损失降到最低限度。

2005年，湛江省养公路遭受"天鹰""达维"台风影响，公路水毁灾害严重，市公路局领导分头带队深入第一线现场指挥，组织动员职工4000多人次上路清理路障，通宵达旦，不辞辛苦，抢修公路保障畅通。

2006年，湛江市受强台风和热带风暴影响，徐闻县年降雨量为十年一遇，省养公路县道那赤线那山至龙塘路段全线溃烂，交通中断；市公路局下达160多万元水毁资金，徐闻分局全体干部职工全力抢修水毁路段，及时修复路况。

2007 年 8 月，湛江市遭受百年一遇大暴雨袭击，国省道 4 条线路，县道谢坑线等 6 条线路曾一度交通中断或半中断，很多抗灾能力低的老油路全线溃烂；全市损毁桥梁 13 座、涵洞 16 座，其中国道 G207 线黄麻桥中断；公路路基塌方 2.75 万立方米，水泥路面损坏 5.33 万平方米，沥青路面损坏 64.03 万平方米；养护站房屋损坏 13 座，围墙倒塌 750 米，共计经济损失近 5000 万元。面对灾情，市公路局迅速启动抗灾预案，在省交通厅、省公路局的支持下，集中人力物力赶时间，抢速度，抓质量。黄麻桥在灾后第 3 天开始抢建，一般性水毁项目短期内完成修复，17 个重点水毁抢修项目在预期内完成修复。

2008 年，上半年雨水天气多，下半年受台风"鹦鹉""黑格比"袭击，公路水毁严重。湛江省养公路投入大量人力物力对水毁路段进行抢修复，完成国道 G207 线、省道 S376、S375、S374 线等 4 项水毁专项工程。

2010 年 7 月，强台风"灿都"挟裹狂风暴雨，正面横扫湛江市，省养公路水毁损失达 3600 多万元。市公路局各分局机关组织干部职工连续奋战 18 小时，及时抢修省道 S290 线、S373 线、S286 线、S375 线、县道 X684 线等水毁路段，确保公路畅通。交通部补助湛江省养公路灾害防治工程款 112 万元。

2011 年，市公路局完成省道 S373 线爱周中学路段 0.87 千米水毁抢修工程，并及时抢修省道 S290、S373、S286、S375 线等 4 条水毁线路。

2012 年，湛江受到第 13 号强台风"启德"正面袭击，省养公路水毁损失达 3950 多万元。市公路各分局及时组织力量抢修水毁公路 167 千米，修复路面 34 万平方米，确保公路畅通；直属分局被市委、市政府评为全市防风抗风"先进单位"。

六、公路绿化

1991 年，湛江市率先全面展开绿化达标工作。为保证公路绿化如期达标，湛江市委、市政府提出："路随地走，谁的地段谁绿化，谁种树谁收益，谁负责谁管护"，动员社会各界协力抓好公路绿化工作。省公路局副局长钟寿春、路政科科长雷鸣等多次莅湛指导省养公路绿化达标工作。沿线当地乡镇动员群众修筑平台，种树栽花；道班职工白天养护公路，晚上挑水淋树苗；公路洒水车白天洒水施工，晚上运水浇灌树苗。湛江省养公路投入 252 万元资金，保障公路绿化达标顺利开展。湛江公路沿线种上了扁桃、紫梅、黄槐、紫荆、人面子、榕树等观赏性价值高的树木，以及经济价值较高的速生桉树。市公路局派出覃继超参加市政府驻郊区工作组，指导当地绿化达标；派出郑兴坚参加市政府绿化达标工作组，勘查公路绿化达标工作情况。7 月 31 日，经省绿委组织绿化达标验收，省委、省政府正式批准湛江市成为全省第一个全面实现绿化达标市。其中湛江省养公路里程 1361.7 千米，可绿化里程 1294.63 千米，已绿化里程 1282.32 千米，绿化率达 99.1%（超过省颁标准的 4.1%），实现了公路绿化达标。12 月，湛江市林业局、湛江电视台编辑出版并由广东省人大常委会主任林若题写书名的《半岛绿潮》，书中录入陈漫远（湛江电视台记者）、郑兴坚合著"千程凝翠万里绿荫"文章，记述市公路局干部职工开展公路绿化达标的奋斗业绩。

雷州半岛红土地，哪里有公路，哪里就有绿树，公路两旁，铺绿凝翠，一派风光。

1992年，湛江省养公路在全省率先实现公路绿化达标工作显著，省公路局奖励市公路局2万元，以资鼓励。

1993年9月，经省政府同意，广东省建委、交通厅、公安厅、国土厅、工商行政管理局联合发文颁布《广东省公路和公路两旁净化、绿化、美化建设标准》。湛江省养公路安排绿化资金17.5万元，实施公路净化、绿化、美化工程；湛江省养公路被评为全国公路绿化十佳之一。

1994—1996年，湛江省养公路绿化资金投入48.5万元，实施公路净化、绿化、美化工程。

1997年，湛江省养公路投入绿化资金24.5万元。5月，雷州市人民政府发文《关于确保公路两侧绿化地有关问题的通知》中明确规定："国、省、县道公路两侧解决水沟外缘4米内的地带为公路绿化用地，任何单位和个人不得占作它用"等。雷州市政府确定公路两侧各4米土地范围内的树木种植管理，砍伐使用权归属公路部门所有；这一举措，创出全省公路部门拥有路树占有权的先例，受到省公路局的肯定。

1998年，湛江省养公路投入绿化资金49万元，实施公路绿化工程。

1999年，徐闻、雷州、吴川公路分局完成了改建公路183千米的绿化工程任务，省养公路路面宽畅，路肩绿草盎然，水沟线型美观，平台整齐亮丽，两旁路树绿荫葱葱。是年4月，湛江公路局遂溪分局杨柑道班、黄草道班、草塘道班被湛江市绿化委员会、市建设委员会授予"花园式单位"称号。

2000年，湛江省养公路向绿、美、净、亮化迈进。湛江市绿委和市公路局共同建设国道G207线遂溪岭北至城月路段8千米公路绿化示范点，植树节期间，市四套班子领导、遂溪县领导、市直机关、公安干警、部队官兵、学校师生近千人来到公路绿化示范路段种植U6速生桉树苗3万多棵。湛江省养公路可绿化里程1352.9千米，已绿化里程1291.千米，公路绿化率95.42%。

2001年，市公路局筹集绿化资金152万元，重点实施国道G207线遂溪至徐闻路段绿化工程，该路段被省绿委推荐为"全国绿色通道示范路段"，称之为南海之滨"绿色长廊"。11月9日，市政府《转发湛江公路局关于加快全市绿色通道建设意见的通知》在全市执行，该通知划定公路绿化用地范围：从公路两侧水沟（截水沟、坡脚护坡道、路堑坡顶）外缘起10米以内地带为国道公路绿化用地；5米以内地带为省道、县道公路绿化用地；3米以内地带为乡道公路绿化用地。市委、市政府要求全市省养公路在2005年实现绿色通道建设目标。

2002年2月，省政府、省绿化委员会授予劳期祥为"广东省造林绿化劳动模范"荣誉称号。

2003年3月5日，市公路局召开"建设300千米公路绿化长廊、创建湛江公路新品牌"动员大会，贯彻湛江市委、市政府公路绿化工作会议精神，开展300千米公路绿化长廊建设工作。5月，湛江市雷林绿苑花木场为吴川分局供应桉树苗4.03万棵，大王椰1509棵，细叶榕1905棵，垂叶榕1878棵；为廉江分局供应大王椰2136棵；为直属分局供应细叶榕500棵树苗；为遂溪分局供应垂叶榕4375棵，大王椰605

棵；为雷州分局供应桉树苗 7500 棵，椰子树 399 棵。8 月，由湛江市雷林绿苑花木场承包总经费 94 万多元，在湛江市北出口绿化种植椰树 3000 余棵。是年，在省交通厅、省公路局及市政府的支持下，市公路局共投入绿化资金 210 万元，完成国道 300千米绿色长廊建设及湛江西出口 4 千米的公路绿化建设工程。

2004 年 5 月 31 日，市公路局与湛江市市政园林局签订湖光路段绿化管理移交协议，由 2004 年 6 月 1 日始湛江市园林管理处负责湖光路段绿化管理工作。是年，市公路局重点实施国道 300 千米绿色长廊建设工程，下达各分局国道 300 千米绿色长廊建设经费共 511.79 万元，其中廉江分局 106.71 万元，遂溪分局 50.03 万元，雷州分局 154.42 万元，徐闻分局 52.79 万元，吴川分局 91.87 万元，直属分局 55.97 万元。11 月，湛江省养公路绿色通道建设工程 456.7 千米，通过省公路局组织验收；省公路局补助湛江省养公路绿色通道建设达标经费 285.3 万元。

2005 年，市公路局投入绿化资金 95 万元，各分局种植公路树苗 21 万多棵，完善建设"绿色通道"30 千米。省公路局下达 2005 年"绿色通道"建设任务，其中湛江省养公路 G207、G325、S288、S287、S373、S290 线 6 条路段共 255.8 千米，总经费 247.9 万元。省公路局下达专项经费 75 万元，支持市公路局建设公路苗圃场 1 个，占地总面积 3.47 公顷，苗木面积 3 公顷。

2006 年，市公路局结合湛江市"创园"工作，加快建设省养公路"绿色通道"，全年安排绿化资金 215 万元，完成省道 S376（外西）线 52 千米"绿色通道"工程；雷州分局在雷州市区北出口邦塘路段 2 千米绿化美化工程中，拓宽公路水沟两侧各10 米绿化用地植树绿化；廉江分局按照园林模式绿化县道石安线；遂溪分局配合创建林业生态县对国道 G207、G325 线、省道 S374、S290 等线路进行全面绿化；直属分局按期完成疏港公路绿化工程，确保顺利通车。是年 4 月，湛江市北出口广湛公路路段绿化补种椰树 643 棵，由湛江市麻章区粤林园林绿化花木场承包种植养护 3 个月，总经费为 38 万多元；湛江市北出口广湛公路路段绿化补种紫荆树苗 2995 棵、垂榕树苗 363 棵，由湛江市赤坎区恒景花木场承包种植养护 3 个月，总经费为 25.9 万元。

2007 年，市公路局投入绿化资金 175 万元，建设"绿色通道"6 条共 108.13 千米，完善"绿色通道"56 千米，种植树苗 44.8 万棵；市公路局结合湛江市"城乡清洁工程"和城镇绿化美化建设，整治公路路域环境。各分局配合当地政府，动用铲车、钩机、自卸车、清扫车等机械，整治和清洁公路路面及沿线周边环境；科学开展公路绿化建设，建成占地达 1.33 公顷苗圃场，培育种苗 11 万株。

2008 年，市公路局投入绿化资金 135 万元，建成"绿色通道"5 条共 105 千米，并通过了省公路局验收；建起公路苗圃场 1 个 2.6 公顷，完善公路绿化 38 千米，种植树苗 45 万棵。

2009 年，湛江省养公路绿化资金投入 70 万元，建成省道 S290（白流线）"绿色通道"工程 47 千米。

2010 年，湛江省养公路绿化资金投入 160 万元，建成"绿色通道"3 条 26.4 千米。

2011年，湛江省养公路绿化资金投入280万元，直属分局种植路肩草7.3万平方米，遂溪分局补植省道S287线彭奇菊5万株，廉江分局育树苗4万棵。

2012年，市公路局安排公路绿化资金272万元，公路绿化39.90万平方米、种植绿化树20.18万棵。湛江省养公路可绿化里程1395.1千米，已绿化里程1350.89千米，公路绿化率96.83%。

20世纪90年代，湛江省养公路的绿化管理模式，采取属地乡镇政府同公路部门共同规划管理，以镇政府管理为主的模式。主要是由公路沿线乡镇政府负责种植管理，公路部门提供适当补助或提供树苗。进入21世纪后，湛江市开展300千米绿色长廊建设及绿色通道工程建设，公路绿化结合实施GBM工程和创建"文明样板路"，公路线路改造绿化工程经费纳入工程预算；采取群众性义务植树同专业队伍实施绿化工程相结合的方式，持续开展公路绿化工作，湛江省养公路绿化进入高标准立体绿化的新阶段。

第四章　路政管理

20世纪90年代始,湛江公路局加强路政执法人员的法制教育,不断提高路政执法人员的执法水平和业务素质,为新形势下有效的开展路政工作提供保证。市公路局路政部门坚持依法行政、规范执法,加强路政内业管理和巡路稽查工作,维护路产路权,公路"不准建筑区"及"控制区"得到有效管理,公路"治超"工作取得阶段性成效。市公路局各分局广泛宣传公路法规条例,增强群众爱路护路意识和遵守公路法律法规的自觉性,保障公路完好畅通,湛江省养公路路域环境有较大改观。

第一节　路政管理机构和执法队伍建设

1991年1月至1992年9月,市公路局设置路政征收科,主要负责路政管理、规费征收、公路绿化等方面的管理工作。路政部门配备有"中国公路路政"标志的巡查车辆和通讯设备,路政人员按照规定配着路政制服。

1992年10月,市公路局路政征收科分开设置为路政科和养征科,路政科负责省养公路路政管理日常工作。

1993年3月,各分局相应设置路政股,分局各道班配备兼职路政员,负责所管养路段的公路路政巡查维护工作,全局路政管理机构进一步得到健全。3月12日,市中级人民法院湛江公路执行室成立,负责公路路政案件和公路规费追缴等执法工作。5月,市中级人民法院发文同意黄日正、覃继超、庄大光、魏志宪、吴立琪、李培贵、余为潮、刘永壮、武群、钟保华、王继业、许光兴等为公路执行室工作人员。5月12日,首家县级人民法院公路执行室在吴川分局挂牌成立。8月26日,遂溪县人民法院公路执行室在遂溪分局成立。9月22日,廉江县人民法院公路执行室在廉江分局成立。随后海康、徐闻分局相继成立人民法院公路执行室。公路执行室与路政、养征部门密切配合,加强公路行政执法力量,依法处理侵害路产路权、偷漏公路规费案件,开展公路行政执法工作。

1993年,广东省编委、人事局、交通厅、劳动局下发《关于广东省公路养护定员标准(试行)的通知》,其中第二十二条规定:公路路政管理人员按养护里程,交通量在10000车次以下,每100千米配1.5~2人;交通量在10000车次以上,每100千米配2.5~3人。从办案工作需要,每个县(市、区)公路路政管理人员应不少于3人。是年7月,市公路局路政定员编制调整:市局专职路政员5人,吴川分局专职路政员5人,廉江分局专职路政员6人,遂溪分局专职路政员6人,海康分局专职路政员7人,徐闻分局专职路政员5人,直属分局专职路政员6人,湛江渡所专职路政员9人、兼职路政员8人,洋村渡口专职路政员6人、兼职路政员2人,安揽渡口专职路政员6人、兼职路政员2人,南渡渡口专职路政员6人、兼职路政员2人,第一工程处专职路政员 4 人、兼职路政员 4 人，第二工程处专职路政员 4 人、兼职路政员 4 人，第三工程专职路政员 4 人、兼职路政员 4 人；全局专职路政员 79 人，兼职路政员 26 人（当年各单位路政员编制实际均未满员）。是年，湛江渡口所成立股级收费站，兼渡口路政管理工作。

1995 年，市公路局明确路政科工作职能、职责：宣传贯彻《中华人民共和国公路管理条例》《广东省公路路政管理规定》和省、市路政管理规定，负责辖区内省养公路国道、省道及主要县道两旁 20 米不准建筑区和 60 米控制建筑区的检查、监督和管理工作；协助当地政府有关部门及公路沿线乡镇搞好公路"三化"（净化、绿化、美化）建设、交通标志、安全设施等工作；维护路产路权。

1997 年，湛江渡口所撤销了渡口所收费站，成立股级路政站，负责渡口路政和过渡费征收工作。

1998 年，按照省交通厅《关于建立交通行政执法责任制推进依法治理交通的通知》要求，市公路局成立行政执法责任制工作领导小组，推行行政执法责任制。

2002 年 8 月，市公路局机构改革，市局路政科更名为湛江市公路管理局路政管理科，各分局路政股相继更名为分局路政管理所（股级单位）。11 月，市政府行政服务中心正式运作，为社会办理行政审批事务。市公路局派出 2 名干部进驻湛江市政府行政服务中心公路窗口工作，负责受理公路路政许可事务。是年，市公路局 86 名路政人员经过岗位资格培训考核，取得交通行政执法证和省政府行政执法证，确保路政执法人员持证上岗，依法行政。

2005 年 3 月，市公路局成立法制教育领导小组，领导小组办公室设在局办公室，负责日常工作。张振林兼办公室主任，凌阳洲兼副主任，邓志春、刘光能为办公室成员。

2010 年，市公路局及下属事业单位分类改革方案确定：市局路政管理科配备人数 4 名，其中科长 1 名、副科长 1 名、科员 2 名（含行政服务中心窗口工作）；直属分局路政管理所配备人数 6 名，其中正副股长各 1 名、办事员 1 名、工勤 3 名；吴川分局路政管理所配备人数 4 名，其中正副股长各 1 名、办事员 2 名；遂溪分局路政管理所配备人数 11 名，其中正股长 1 名、副股长 2 名、办事员 8 名；廉江分局路政管理所配备人数 9 名，其中正股长 1 名、副股长 2 名、办事员 6 名；雷州分局路政管理所配备人数 8 名，其中正股长 1 名、副股长 2 名、办事员 5 名；徐闻分局路政管理所配备人数 8 名，其中正股长 1 名、副股长 2 名、办事员 5 名；湛江渡口所路政股配备人数 5 名，其中正副股长各 1 名、办事员 3 名。

2012 年，市公路局建立路政协管员制度，在养护站择优选用工作责任心强的职工为路政协管员，全局选定 51 名养路工为路政协管员，充实路政执法管理队伍。是年，市公路局在编在岗路政管理人员 80 人，其中公务员（参公、工勤）40 人，工人（合同工）40 人。

1991—2012 年湛江公路局路政机构人员一览表

表 4—1—1 单位：人

年份	路政科	直属分局	吴川分局	遂溪分局	廉江分局	雷州分局	徐闻分局	渡口所	合计
1991	2	2	4	2	2	2	2	0	16
1992	4	5	4	5	5	5	4	0	32
1993	4	5	4	6	5	5	4	0	33
1994	4	5	4	6	5	5	5	0	34
1995	4	6	7	6	5	5	5	0	38
1996	4	7	7	5	5	5	5	0	38
1997	4	7	7	5	5	5	5	17	55
1998	4	7	7	5	5	5	6	17	56
1999	4	7	8	5	9	5	6	17	61
2000	4	7	8	5	9	6	6	17	62
2001	4	7	8	5	9	6	6	17	62
2002	6	11	7	7	10	7	7	13	78
2003	6	11	7	7	10	8	7	16	72
2004	6	11	7	7	11	8	7	16	73
2005	6	9	8	7	12	8	8	16	74
2006	6	12	7	7	12	6	7	16	73
2007	6	12	7	9	12	6	7	16	75
2008	6	12	7	10	12	9	8	16	80
2009	6	12	7	10	12	9	8	14	80
2010	6	12	8	10	16	9	10	14	85
2011	6	12	7	10	14	8	10	14	81
2012	7	8	7	11	13	10	10	14	80

备注：各单位均不含分管领导及挂靠、离岗退养人员，指当年在岗路政人员数。

第二节　路政法制教育宣传

1991年，市公路局宣传贯彻《中华人民共和国公路管理条例》，邀请《湛江日报》、湛江电视台和湛江广播电台协助宣传《公路管理条例》，拍摄《公路管理条例》专题教育片，在湛江电视台和湛江广播电台每周播放2集，连续播放3个月。

1992年9月，《广东省公路两侧建设管理规定》颁布实施，市公路局配合当地各级政府翻印省政府《关于加强公路两旁建设管理的通知》，在全市主要车站及公共场所张贴公告宣传。

1993—1994年，市公路局宣传贯彻《广东省公路路政管理规定》，路政部门在国省道沿线镇区和乡村的交叉道口等显要位置悬挂规范醒目的"不准建筑区"大型宣传标志牌，并在沿线埋设"不准建筑区"界桩2000多支，维护路产路权。

1995—1996年，市公路局路政部门宣传贯彻《中华人民共和国公路管理条例实施细则》和《广东省公路路政管理规定》，制作安装各种路政宣传标志牌648条（块）。

1997年，市公路局宣传贯彻《中华人民共和国公路法》《公路管理条例实施细则》《广东省公路路政管理条例》，安排专项经费20万元，更新设置交通标志和示警桩100多千米。

1998年，市公路局制作82条大型横幅标语宣传贯彻《中华人民共和国公路法》，在全市公共场所悬挂，组织车辆深入各县（市、区）进行巡回宣传，举办《公路法》培训班、知识竞赛、座谈会、墙报板报等；组织人员参加广东电视台举办的《公路法》知识竞赛，获三等奖；还分别到赤坎、霞山市区街道向市民宣传《公路法》，印制《公路法》等宣传资料5500多份派发给群众学习及张贴宣传，设点进行法律咨询，释疑解难；局长黄华钧发表《公路法》电视讲话和《湛江日报》答记者问。

1999年，市公路局路政部门学习贯彻《公路法》《广东省公路管理条例》，加强自身建设，安排67名路政人员参加岗位培训。

2000年，市公路局加大《公路法》《广东省公路路政管理条例》宣传力度。制作永久性宣传牌6套，横幅12幅立在省养国道上，并印发宣传册5000多份，在公路沿线乡镇和有关单位（部门）宣传，使《公路法》深入人心，自觉支持和配合路政管理工作。是年，市公路局路政业务骨干28人参加《公路法》学习培训和湛江市交委组织的交通行政执法人员队列和指挥动作比赛。市公路局路政部门作为执法窗口单位，结合开展市政府机关作风测评工作，抓好路政人员的政治思想教育，深入查、摆路政执法工作中存在的突出问题，改进工作作风，展示公路路政人员的良好形象。

2001年，市公路局贯彻省人民政府《关于清理整顿公路及两侧违章广告牌有关问题的通知》《广东省实施超限运输车辆行驶公路管理规定办法》，向公路沿线乡镇和有关单位、部门发放路政法规宣传资料一批，并通过新闻媒体广为宣传，为全市"治理超限超载运输""公路及公路两侧非公路标志牌清理整顿"等路政执法集中行动营造良好的执法舆论环境。

2002年初，市公路局贯彻全国交通行政执法队伍建设工作会议精神，组织路政人员开展"四项教育"（理想信念、宗旨观念、法制观念、职业道德）活动，路政部门通过集中学习《行政许可法》，明确遵守《路政许可规定》，规范路政许可行为，进一步树立路政服务意识、改进工作作风、提高办事效率。

2003年，《广东省公路条例》和《路政管理规定》于3月1日和4月1日分别实施，市公路局组织路政人员学习贯彻，深刻领会新条例、新规定精神，熟练掌握其基本原则，为依法行政夯实基础。市公路局路政部门利用张贴标语、悬挂横额、报刊、广播、电视等各种宣传媒介，开展宣传活动，增强广大人民群众"爱路护路"意识。市公路局筹集资金10万多元，分别在管养的国道G207线、G325线路段设置永久性路政宣传牌11块。是年，市公路局组织各分局路政人员分三批参加省公路局举办的交通行政执法人员培训班，同时组织11名路政人员参加湛江市法制局举办的交通行政执法培训班学习。市公路局28名路政人员参加市交通局组织的公路路政、规费征稽、水路运政执法人员岗位培训，并取得资格证书。市公路局16名路政人员参加报考北京交通大学现代远程教育广东交通教学中心湛江教育点学历教育。

2004年，市公路局将《行政许可法》的学习、宣传、培训情况纳入到行政执法责任考核的内容之中，列入年度工作目标抓落实。5月，市局及各分局主管路政执法领导分二批次参加省交通厅、省公路局组织的行政许可法业务培训。全局路政执法人员分二批次参加市法制局和局组织的行政许可法培训班的学习；市公路局利用标语、横额、报刊、电视、宣传牌、宣传车等方式，在全市开展宣传公路法律法规，重点突出治理车辆超限超载运输宣传工作，提高广大车主、司机和全社会对"治超"工作的认识，争取全社会对"治超"工作的理解及支持，确保全市"治超"工作顺利开展。是年，市公路局举办执法业务培训班两期，重点学习国家和省、市的有关治超工作方案、超限超载认定标准、罚款幅度、治超的"五不准"规定和"十条禁令"及省、市的治超流动巡查工作方案等。同时，针对国家对治超政策的调整，及时集中治超执法人员培训，准确把握新的精神实质。

2005—2006年，市公路局路政部门参加每年市组织的"法制"宣传活动，为群众派送宣传资料；在国、省道沿线设置路政宣传牌，加大公路法律、法规宣传力度，营造良好的路政执法氛围。市公路局路政部门分别在国道G207线遂溪白坭坡路段和城月收费站路段设置两块"T"形公路法律法规宣传牌；雷州分局利用公路养护站围墙宣传公路法律法规，效果较好。

2007年，市公路局组织32名路政人员分2期参加省局组织的路政业务培训班。市公路局先后举办2期《行政许可法》培训班，邀请省公路职工技术培训中心赵清伟等老师授课，对交通行政许可的程序、使用的文书、审批时限重新学习培训，各分局全体路政人员通过系统学习《行政许可法》，进一步树立路政服务意识、改进工作作风、提高办事效率。

2008年，市公路局贯彻执行交通部颁发的《交通行政执法忌语》和《交通行政执法禁令》，组织路政执法人员逐条学习、逐条对照，做好"三个服务"（即路政许可办理"服务到家"、路产损失处理"服务到点"、与政府部门协作"服务到事"）。

市公路局路政部门通过制作宣传展板悬挂在局机关、治超站、收费站、征费大厅等场所对外进行公示宣传《忌语》《禁令》，构建和谐公路，推行依法治路。是年，市公路局路政人员 30 多人分 2 期参加省交通厅、省公路局举办的路政《忌语》和《禁令》培训班。

2009 年，市公路局组织路政人员 40 多人分 4 期参加省公路局举办的业务培训学习；11 月，市公路局举办路政法制教育培训班，各分局路政所长及内业管理人员共 25 人参加，通过学习新《广东省公路条例》《广东省路政许可实施办法（试行）》《广东省路政档案管理办法》等法规文件，重点掌握路政许可、路政处罚、路政索赔的办案程序及各种文书的填写，路政档案规范化管理。

2010 年，市公路局组织路政人员 30 多人分 4 期参加省公路局举办的路政业务培训学习。3 月，市公路局举办为期 3 天的路政业务培训班，25 人参加，进行业务知识、风纪实操培训。4 月，省公路局国检预检小组到莅湛检查指导路政工作时，组织各分局路政所长及内业管理人员一起陪同检查；听取检查组对市公路局路政工作点评，明确了国检标准，弄清存在的问题及整改方向。7 月，市公路局组织路政业务骨干一行 18 人到惠州考察、学习。

2011 年，市公路局路政部门抓好《公路安全保护条例》和新修订的《广东省公路条例》的宣传工作，各分局制作《条例》宣传教育片，利用当地的广播电视、网络媒体进行宣传，出动宣传车 34 辆次，在公路沿线路段及乡镇街道进行宣传，拉横幅 100 多条，张贴宣传标语 360 多条，印制发放宣传小册子 5000 多本，取得良好效果。《公路安全保护条例》于 2011 年 7 月 1 日施行，市公路局举办贯彻新《条例》学习培训班 3 期，邀请市委党校教授解读《公路安全保护条例》条文，分析《条例》出台的背景及现实意义，明晰公路管理机构行政管理职权职责。各分局领导和全体路政人员共 100 多人参加。

2012 年，市公路局组织干部职工深入学习贯彻《公路安全保护条例》，正确理解和认识公路法律法规，消除理论上的盲点，明确公路机构的自身职责。市公路局路政部门继续宣传《公路安全保护条例》达到预期效果。市局路政科、各分局路政所组织路政管理人员业务培训和法律法规知识培训共 7 期、126 人，提高路政管理人员责任意识和综合素质。

第三节　路政执法管理

1991 年，市公路局贯彻落实《广东省公路路政管理规定》，路政部门坚持路政巡查制度，全面开展公路"六乱"（乱开路口、乱建房屋、乱埋设管线、乱设广告牌、乱开挖公路、乱堆放物品）综合治理活动和公路"三化"建设，加强对公路两侧"不准建筑区"的路边店铺清理整治和管理。

1992 年，市公路局各分局组织力量展开清障行动。吴川分局先后出动上路清除路障 1742 人次，拆除违章建筑 2929 间 10.5 万平方米；消除路面堆积物 424 处 8680 立方米，收回损坏公路设施费和行政罚款共 10324 元。

1993 年，市公路局路政部门贯彻《中华人民共和国公路管理条例》、《广东省公路两侧建设管理规定》，坚持依法治路，加强路政管理。全年路政部门处理侵害路产路权案件 170 件，收回赔偿费 36 万元，拆除违章建筑 2238 间 8.74 万平方米，清除各种堆积物 1.07 万立方米。

1994 年，市公路局路政部门在公路沿线埋设"不准建筑区"界桩 2000 多支。加强对小型违章建筑清理，对大型违章建筑登记归档，抓好国、省道两边违章建筑的处理工作。路政部门与公路沿线的 40 多家加油站签订合同书，对公路路口、路边安装的广告标志牌，实行有偿使用管理。市公路局按照全省国道改造路段的"三化"建设工作部署，实行"三同时"管理即在国道改造施工设计的同时设计"三化"项目，在国道改造路段施工的同时配套实施"三化"工程，在国道改造路段竣工验收的同时验收"三化"项目。是年，省公路局统一为市局路政科和 6 个分局路政股配备路政专用车 7 辆，为路政工作提供有利条件。全年全局共清理各种堆积物 878 处 1.59 万立方米，拆除违章建筑 223 间 2904 立方米，处理各种损坏路产和公路设施案件共 200 件，收回赔偿费和罚款共 35.4 万元。

1995 年，市公路局联合国土、城建、城监和公检法部门人员统一行动，清理拆除公路两旁"不准建筑区"范围内各种违章建筑物 922 处 1.17 万立方米，其中拆除违章永久建筑 230 间 6078 平方米，拆除违章临时建筑 460 间 3868 平方米；清理违章石场 106 处，拆除违章广告牌 482 块。全年路政部门发出违章通知书 324 份，处理决定书 46 份，一般处罚书 86 份，处理乱伐公路树案件 75 件，申请法院强制执行 72 件，处理追缴赔偿费 43.8 万元，各类违章罚款 4.39 万元。

1996 年，市公路局路政部门坚持依法治路，严禁和纠正在公路沿线"控制区"内"三乱"（乱堆物、乱搭建、乱立广告牌）行为，及时清理路障，拆除违章建筑。全年处理各种路政案件 579 件，索赔费 41.07 万元，处理各种违章案件 256 件，作出路政处罚决定书 52 份，审理复议案件及行政诉讼案件 2 件，清理各种路障堆积物 737 处 1.40 万立方米，拆除各种违章建筑 236 间 5903 平方米，修复各种路政标志牌 648 条（块），部分路段试点安装埋设"不准建筑区"界桩。

1997 年，市公路局贯彻《中华人民共和国公路法》，落实公路和道班土地使用权证的确认工作，在雷州分局先行试点；雷州市政府高度重视，颁发《关于公路产权办证有关问题的通知》，实行免收部分办证费用的优惠政策，并要求国土等部门以及公路沿线有关乡镇政府给予支持。雷州市政府《关于确保公路两侧绿化地有关问题的通知》规定："国、省、县道公路两侧解决水沟外缘 4 米内的地带为公路绿化用地，任何单位和个人不得占作他用"等。雷州市政府确定公路两则各 4 米土地范围内的树木种植管理，砍伐使用权归属公路部门所有。这一举措，解决公路绿化用地问题，受到省公路局的肯定。市公路局完成 220 千米公路和 22 个道班土地使用权确认工作，并确定公路两边各 4 米土地范围内的树木种植管理、土地使用权归属公路部门所有。路政部门共处理各种路政案件 258 件，收回赔偿费 80 万多元，作出行政处理决定书 232 份，审理复议案件及行政诉讼案件 1 件，清理各种违章堆积物 1475 处 1.54 万平方米，拆除各种违章建筑 237 间 1.01 万平方米，修复和完备各种路政标志牌 183 条

（块），安装"不准建筑区"界桩1700条。

1998年，市公路局投入经费120万元，新划公路标线52千米，更新制作安装公路交通标志牌400多块；路政部门清理各类障碍物884处7053立方米，拆除违章广告招牌331幅，拆除永久性违法建筑12间357平方米，拆除临时性违法建筑55间785平方米，拆除违法管线10处5270米，发出违章通知书154份，发出违法处罚决定书57份，结案53件，结案率93%，审批利用占用公路许可案41件，签订路政协议书66份，收回损坏公路赔偿费58万元，收取占用公路补偿费63万元。

1999年，省公路局制订《广东省公路管理局系统路政管理部门职责规定》《广东省公路管理局路政巡查执法细则》，自8月1日起执行。明确省公路局、市公路局、县公路局路政管理部门职责。是年，市公路局建立《湛江市公路管理局路政巡查制度》，积极参与湛江市软环境整治工作，争取乡镇政府的支持，整治公路沿线违章建筑物和构筑物，拆除违法建筑110间2400平方米，清理各种堆积物520处670平方米，拆除违法广告、招牌678块；徐闻、雷州、吴川分局完成183千米改建公路绿化任务。全年路政部门办理案件110件，收回路产赔偿费57万元，罚款2万元。

2000年，市公路局开展"不准建筑控区"整治、非公路标志清理整顿、超限超载运输车辆治理等公路专项整治活动。路政部门在做好日常路政各项工作的同时，坚持每月巡查不少于16天，发现问题及时处理，全年立案查处路政案件140件，结案127件，结案率97%；清理永久性违章建筑32间1160平方米，清理临时性违章构筑物162间1876平方米，收取损坏路产赔偿费34万元，路政罚款3.7万元。继雷州分局产权登记取得经验后，遂溪、徐闻分局基本完成公路产权登记。

2001年，市公路局实施国道G207线遂溪至徐闻路段文明样板路的示范路段工程建设，按照国家《道路交通标志标线》（GB5768—1999）的标准技术规范，完成国道G207线交通标志、标线更新设置；省、市公路局投入绿化专项资金152万元，建成"全国绿色通道示范路段"。路政部门加强超限运输管理工作和对公路两则违章建筑的整治，全年立案查处路政案件206件，签订路政管理协议书67份，清理公路堆积物770处1320平方米，拆除临时性违法建筑324间3670立方米，拆除违章广告牌908块，收取损坏公路路产赔偿费72万元。

2002年，市公路局加大路政执法力度，开展公路超限运输管理工作，设置国道G325线廉江青平点和国道G207线机动点两个超限运输检测点，重点查处超载、超长、超宽、超高车辆，依法维护路产路权。全年路政部门清理整治公路两侧违法广告牌、非公路标志牌共245块，签订路政协议书76件，立案查处路政案件184件，清理公路堆积物542处3500立方米，拆除违章建筑物32间860平方米；廉江分局完成省养公路的路产登记工作。

2003年，市公路局路政部门坚持每月不少于20天的上路巡查制度，及时制止和依法处理损坏、侵占公路路产的违法行为；全年签订路政协议书32宗，立案查处路政案件210件，清理公路堆积物450处1500立方米，拆除违章建筑152间2600平方米，收取损坏公路路产赔（补）偿费96万元。市公路局路政部门根据国家七部委和省政府部署，联合湛江市公安交警、交通运政部门开展治理超限超载运输试点行动，收到良好效果，取得经验，为全面铺开公路"治超"打好基础。

2004年，市公路局及各分局相继成立了行政执法领导小组，强化行政执法的组织领导和监督检查。全年路政部门签订路政协议书58宗，立案查处路政案件634件，清理公路堆积物723处1500立方米，拆除违章建筑物38间1718平方米，收取损坏公路路产赔（补）偿费57万元。6月20日，省政府批准的湛江市3个固定治超执法点同时开始运作，市公路局、市交通局、市公安交警共出动执法人员130多人，按照《开展车辆超限超载治理工作路面集中治理具体方案》开展治超工作，遏制超限超载运输现象。年末，湛江市超限超载车辆所占比例比治理前的80%左右下降到10%左右，重点路段交通事故下降20%，运价普遍上升5%以上，全市干线公路交通流量基本稳定。直属、吴川分局基本完成路产登记工作；是年，遂溪分局路政所加强路政内业管理，对路政档案实行分类管理，许可、路赔案卷规范有序，各类处罚依据、许可项目规范化管理，按时上报路政报表，被省公路局评为路政档案规范化管理先进集体。市公路局以点带面推广遂溪分局路政所档案规范化管理经验，实现全局路政档案统一规范管理。

2005年，市公路局因主要领导工作变动，重新调整局行政执法领导小组成员。路政部门坚持重实体守程序，严格执行交通部"五个规范"的要求。每一件案件做到"七个坚持"：坚持证上岗，示证执法；坚持告知当事人处理的事实和依据及享有的权利；坚持耐心听取当事人的陈述、申辩；坚持慎用自由裁量；坚持做到"四个统一"，即：依据统一、标准统一、文书统一、程序统一；坚持实行"罚缴分离""收支两条线"制度；坚持做到"六个公开"，即：主体公开、依据公开、收费标准公开、处罚结果公开、监督措施公开、执法程序公开；加大路政执法力度，主动与公安交警部门联合执法，共出动路政人员136人次，车辆110辆次，查处污染车辆76辆，罚款2.4万元；抓好路政服务窗口建设，完善各项制度，全年有10多个单位和个人到市行政服务中心办理路政业务19件。全年签订路政协议书40份，路政立案561件，结案549件，结案率97%。

"十五"期间，市公路局路政部门执法实行规范化管理，未出现过公路"三乱"现象、要求举行听证案件、行政复议和行政诉讼案件。在治超期间，市公路局路政部门形成周会制度，根据执法过程出现的问题，研究解决对策办法，确保依法治路。遂溪分局路政所分别被省交通厅、省公路局评选为"路政执法先进单位"，其他5个路政所也先后获"湛江市交通行政执法先进单位"称号，路政部门涌现执法先进个人一批。

2006年，市公路局路政部门加强日常业务管理，抓好市行政服务中心公路窗口建设，全年受理路政业务39件，办结39件。各分局路政部门坚持每月上路巡查不少于20天，对损坏、侵占公路路产的行为及时制止和依法处理，依法维护路产路权。其中直属分局路政所收取路产赔补偿费19万元。路政部门强化公路沿线埋设管线的管理，对施工路段加强监管，确保公路路产不受损坏。全年签订路政许可协议书72件，路政立案700件，结案693件，拆除违章建筑31间793平方米；清理路障1063立方米；清理违章广告标牌121块；收取路产赔（补）偿费73.7万元；行政处罚

85.6 万元。

2007 年，市公路局签订路政协议书 45 件；路政立案 1045 件，结案 1031 件，结案率达 98.6 %；拆除违章建筑 1.15 万平方米；清理路障 3048 立方米；拆除违法广告标牌 505 块；收取路产赔（补）偿费 158 万元；行政处罚（含治超）138 万元。加强巡查控制区内违章建筑发现率达 100%，查处率达 100%。规范运作路政许可，启用电子审批及电子监察系统，向社会公开承诺由法定时限 20 个工作日缩减一半审批时限，所有审批事项按承诺期限办结，共办结审批事项 45 项。是年，湛江市行政服务中心公路窗口被评为"满意单位"。

2008 年，市公路局路政部门执法坚持落实交通行政执法责任制的各项制度及执法程序，持证上岗，亮证执法，慎用自由裁量权，案件处理坚持以事实为依据，以法律为准绳，提高行政效能。市公路局路政管理践行以人为本执政理念，贯彻落实执法忌语和执法禁令，加强路政平台行风建设，开展自查自纠活动。路政部门坚持每月巡查不少于 20 天，日均巡查里程 108 千米，及时发现和查处违法违章行为。全年路政立案（含治超）1957 件，结案 1953 件，结案率 99.8 %；拆除违章建筑 990 平方米；清理路障 2547 立方米；拆除违法广告标牌 602 平方米；收取路产赔（补）偿费 155 万元；行政处罚（含治超）270 万元。各分局路政部门完成对国、省道交通标线标线欠缺、更新清查工作，对国、省道交通标志标线等交通设施进行梳理，清理出需要新设、更新、完善的路段及所需交通设施的数量；积极配合基建、养护部门完成征地迁移工作；坚持不懈抓内业，不断提升规范化管理水平。11 月，省交通厅下发《关于划转交通行政执法有关职能的通知》，将省公路管理局路政执法方面的职责划转厅综合行政执法局共有 13 项"查处"职责；职责划转工作于 12 月 31 日前完全。

2009 年，是交通执法改革之年，市公路局路政部门行使行政处罚及行政强制受当地交通主管部门委托。全年路政部门路政立案（包治超）972 件，结案 969 件，结案率 99.7 %；拆除违章建筑 450 平方米；清理路障 1200 立方米；拆除违法广告标牌 202 平方米；收取路产赔（补）偿费 99 万元；治超罚款 150 万元。市公路局各分局共投入 350 万多元，补充更新国、省道交通标志标线，补充、更新标线 114 千米，新设标志牌 32 块。市公路局投入 120 万元，实施湛江段国道 G207 线的交通整改，封闭路口 143 个，对雷州市 4 千米的穿城路段增设中间分隔带，并设置规范限速标志牌 20 块。市公路局路政部门通过学习取经、增加投入、以点带面、加强督导等方法，按《广东省路政档案管理办法》抓好路政档案整理工作，全局路政内业规范化管理取得了新的进展。

2010 年 1 月 1 日起，市公路局停止行使行政处罚及行政强制职能。路政部门严格执行交通部《交通行政执法规范》（即交通行政执法风纪、交通行政执法用语规范、交通行政执法检查行为规范、交通行政处罚行为规范、交通行政执法文书制作规范）的要求，路政管理坚持重大案件集体讨论，慎用自由裁量权，做到实体正确、程序合法，确保每一个案件都经得起时间检验。坚持每月上路巡查不少于 20 天、国道每周巡查 3 次以上。在巡查过程中做到"三勤"（腿勤走、嘴勤说、眼勤看）、"三早"（早发现、早制止、早处理）。全年立赔偿案件 48 件，结案 47 件，结案率 98%；

收取损坏路产赔偿费16万元。全年没发生投诉事件、复核案件、诉讼案件；市公路局路政部门规范路政许可执法，全局抄告交通部门违法案件216件（主要是路政部门巡查发现的违法违章案件，需告知交通综合行政执法机构查处）。是年，市公路局投入资金近93万元，基本完成吴川、徐闻、遂溪分局的路政服务窗口标准化建设，统一路政服务窗口名称、服务标识、公示内容及窗口设施。市公路局和各分局严格执行省局《关于路政许可事项审批权限划定的批复》制订的路政许可权限，做到不越权审批。遵守社会的公开承诺，按时办结路政审批案件。是年，市公路局配合行政服务中心，完善电子审批功能，拓宽申请渠道，应用路政网上审批系统，提高服务效能。全年路政部门办理路政许可案件26件，收取公路补偿费75万元。

"十一五"期间，市公路局路政部门在征地拆迁、管线迁移、维护施工现场秩序等工作发挥重要作用。如在国道G325线文车路段改线施工，石门大桥改扩建等重大工程建设过程中，路政部门积极协调中国移动、中国电信、自来水等公司，得到他们的密切配合，按时搬迁影响施工的管线，使工程得以顺利进行，获得各级好评。

2011年，市公路局路政部门结合"迎国检"工作，对全市国、省道交通标志标线、标牌等交通设施进行更新，清除国道G207线公路两侧的违章建筑、违章广告及乱堆乱放现象；对照路政受检项目，按照省局的迎检资料模板，完善"迎国检"资料整理。廉江、雷州分局的路政服务窗口标准化建设基本完成。路政部门落实省局《关于路政许可事项审批权限划定的批复》，按照法定许可程序办理路政许可事项，做到文明执法、资料齐全、手续完备、按时办结，整理规范、及时归档。坚持应用路政网上审批系统，办理许可事项，提高服务效能。全年依法办结路政许可案件45件，收取公路补偿费105万元。路政部门坚持执行路政巡查规定，及时发现和依法处理违章行为，全年立路产赔偿案件64件，结宗62件，结案率97%，收取损坏路产赔偿费共37万多元；路政巡查发现的违法违章案件告知当地交通综合执法局的有89件（由于交通执法局各种原因95%以上的案件未能查处）。是年，市公路局投入46万元，统一更新路政执法车辆标识、配置车辆警灯8辆（套），购置新式交通执法制服和路政办公设备一批。市公路局自筹资金和争取省局专项资金，共投入交通设施经费364万元，补充更新标志、标线、轮廓桩，示警桩等，提高公路安全通行能力。市公路局筹建6个分局路政档案室，从档案室管理、库房建设到档案资料整理归档实现规范管理，受到省公路局领导肯定。

2012年，市公路局完成各分局路政服务窗口标准化建设；全年路政部门依法办结路政许可案件46件，收取公路补偿费210.6万元。规范路政索赔执法，路产赔偿立案48件，结案48件，结案率100%，收取损坏路产赔偿费41.2万多元。全局路政巡查13.27万千米，路政巡查发现的违法违章案件及时告知当地交通综合执法局的有61件（95%以上的案件交通执法局未能及时查处）。全年投入交通设施经费520万元，补充更新标志、标线、轮廓桩、示警桩等设施，保障公路安全通行。路政人员配合各收费所到各车辆检测站进行年票征收宣传和督促催缴工作，春节前后，路政人员与年票收费人员仍坚持在催缴岗位上。路政部门积极配合做好公路扩改建工程的征地拆迁、管线搬迁工作，做好东海岛钢铁厂项目奠基仪式前的公路保障准备工作，做好公路水毁抢通、防风救灾和危桥安保工作，路政人员为水毁抢修，清除路障，保障公路安全畅通做了大量工作。

第四节　公路专项治理

一、"不准建筑区"清理整顿及非公路标志管理

1992—1993年，市公路局争取当地政府支持，清理公路两边的违章建筑，抓好公路"三化"（净化、绿化、美化）工作。廉江、吴川、遂溪等县政府组织国土、公安、交通、城建、公路等部门联合治理公路，清除路障。廉江县县长亲自带队，一次组织200多人，调动铲车4台、自御车等机械一批，对国、省道廉城路段进行大清理，影响和带动湛江市公路清障工作深入开展。市公路局路政部门处理非法挖掘公路路肩、损坏路面、偷砍公路树木等侵害路产路权案件共170多件，拆除各种违章建筑2238间8.74万平方米，清除各种违章堆放物1.07万立方米。

1995年，市公路局组织力量重点抓好"不准建筑区"清理整顿。各分局路政部门与人民法院公路执行室组织日常巡查清障，并依靠当地政府的支持，调动国土、城建、城监和公检法部门人员统一行动，共同治理，有效地制止违章现象。全年路政部门依法行政申请法院强制执行案件72件，拆除违章广告牌482块，拆除违章建筑690间9946平方米，清理各种违章堆放物922处、1.17万立方米。

1997年，市公路局加强对公路两则不准建筑区的管理，查处公路控制区内乱堆物、乱塔建、乱立广告牌的"三乱"行为，妥善处理邮电、供电、供水等部门占用公路用地及控制区的问题，及时清理。全年清理各种违章堆积物1475处、1.54万立方米，拆除各种违章建筑237间、1.01万平方米。

2001—2002年，为迎接省公路建设管理现场会在湛江市召开，市公路局路政部门加强公路两则设置非公路标志的管理，清理整治公路两侧违法广告、标牌。两年共清理拆除违章广告标牌1153块；清理公路堆积物1312处、4820立方米和拆除违章构筑物356间、4530平方米。2002年，市公路局对公路两侧广告标牌实行统一管理。完成辖区2条国道、10条省道公路两侧广告设施设置的规划；清理整顿违章广告、标牌，清理拆除公路两侧违章广告、非公路标志牌共245块。

2005年，市公路局开展整治公路污染车辆专项行动，路政部门与公安交警部门联合执法，共出动路政人员136人次，车辆110辆次，查处污染车辆76辆，罚款2.4万元。市公路局路政部门与公安交警部门一道，展开交通事故多发路段的整治行动。市公路局投入经费50万多元，整治国道G207线、G325线事故多发路段安全隐患，增设路口标志、行人横过马路标志、减速示警标志、太阳能示警灯等交通安全设施。

"十一五"期间（2006—2010年），市公路局为美化净化公路景观，保障公路安全畅通。依靠当地政府及有关职能部门的支持，开展联合执法及专项整治行动。5年共拆除公路违章建筑1.5万平方米；清理路障1万立方米；拆除违法广告标牌1700

多块。

二、超限超载运输车辆治理

2000年2月13日，国家交通部颁布《超限超载运输车辆行驶公路管理规定》，并于同年4月1日起施行。公路"治超"工作逐步在全国范围内展开。省、市公路局路政部门相继开展治超工作。

2001年7月19日，省交通厅下发《关于印发〈广东省实施超限超载运输车辆行驶公路管理规定办法〉的通知》，要求各市加强对超载运输车辆行驶公路的管理。市政府组织召开全市超限超载运输管理工作会议，对公路超限治理工作作出部署。

2002年，市公路局展开公路超限运输管理工作，设立国道G325线廉江市青平超限运输固定检查点和国道G207线机动检查点两个超限运输检测点，并列入全省20个超限运输检测试点之一。重点查处超限、超长、超宽、超高车辆。廉江分局路政所负责青平点超限运输检测工作，组织突击查处20天，共检测车辆287辆，收取赔偿费13.1万元，罚款0.34万元，取得较好治理效果。

2003年，市公路局、公安局、交通局、技监局、安监局联合组织，在国道G325线新桥收费站路段，展开为期40天的专项整治机动车辆违章超载、超限运输统一执法试点工作，共查处超限运输车辆398辆，罚款22万元，公路治理效果显著。

2004年6月，全国统一部署开展治理超限超载运输车辆行动，省交通厅等7部门发布《关于印发广东省开展车辆超限超载治理工作实施方案的通知》，市委、市政府组织成立湛江市治理车辆超限超载运输工作领导小组及办公室（设在市公路局）；市委常委、常务副市长阮日生任领导小组组长，市长助理、市经贸局局长赵志辉，市交通局局长杜林，市公路局局长朱辉，市公安局副局长刘先进等任副组长，小组成员：林端、符艳、黄亚保、宿银龙、梁新；并成立湛江市治理车辆超限超载工作领导小组办公室，主任郭德应（市公路局副局长），副主任许振兴（市交警支队副支队长）、李培贵（市公路局路政科科长）、黄健（市交通局法规科科长），工作人员欧召云、邓志春、莫志雄、李增峭、肖亚华、吴伟、王国华。6月10日，湛江市交通局、公安局、经济贸易局、质量技术监督局、安全生产监督管理局、工商行政管理局、物价局、法制局等8部门出台《湛江市开展车辆超限超载治理工作实施方案》。6月15日，湛江市政府召开全市治理车辆超限超载工作会议，市公路局、公安局、交通局、经贸局、质监局、安监局、工商局、物价局、法制局等单位的领导及相关部门、基层负责人共200多人参加。市委常委、常务副市长阮日生、市交通局局长杜林、市公安局副局长刘先进在会上作讲话，正式启动对所在区域货运机动车辆超限超载进行综合治理的行动。6月20日，按照《开展车辆超限超载治理工作路面集中治理具体方案》，省政府批准的湛江市遂溪新桥、廉江青平固定执法点同时开始运作，市公路局、市交通局、市公安交警共出动执法人员130多人，展开公路治超工作。治超执法人员坚持处罚、教育、卸货相结合的原则，对车辆第一次的超限超载，以教育为主，不予罚款，不收取公路补偿费，只作违章登记，并作抄告。对运输海鲜、蔬菜、水果的超限超载车辆，治超执法队伍严格执行不扣车，不卸货，不罚款。9月22日，市政府召开全市道路运输市场秩序联合整治动员大会，贯彻《全省联合整治道路运输市场秩序工作方案》，并部署湛江市的联合整治工作。这次整治是按照省要求由多个部门联合行动，重点整治超限超载、"大吨小标"和非法改装车辆；未领取行车牌证、营运证件和营业执照而从事营运的"黑车""黑户"等。至12月30日，全市检查车辆4201辆，其中超限超载2520辆，卸载432辆，共卸货4600多吨，罚款50多辆（属2次以上查处车辆），共1.7万元。有4336辆"大吨小标"车辆复位，增加吨位9500多吨。此外，非法改装车辆50辆恢复原状。有效遏制公路超限超载现象，超限超载车辆所占的比例从治理前80%左右下降到10%左右；重点路段交通事故下降20%；运价普遍上升50%以上，全市干线公路交通流量基本稳定。

2005年，按照交通部、公安部、发改委《关于进一步加强车辆超限超载治理工作的通知》，公路超限超载认定标准衡量车辆是否超限超载（即二轴车辆，其车货总重超过20吨的；三轴车辆，其车货总重超过30吨的；四轴车辆，其车货总重超过40吨的；五轴车辆，其车货总重超过50吨的；六轴及六轴以上车辆，其车货总重超过55吨的）。超限超载以同一标准认定，并确定首次超限超载可以处罚。是年6月，省公路局发文统一全省超限罚款标准，从7月1日起，对超限超载车辆实行严管重罚，载量幅度标准为：超2吨以下教育放行，2—5吨（含5吨）罚200—400元，5—10吨（含10吨）罚500—1000元，10—15吨（含15吨）罚1100—1500元，15—20吨（含20吨）罚1600—2500元，20—25吨（含25吨）罚2600—3500元，25—30吨（含30吨）罚3600—4500元，30—35吨（含35吨）罚4600—5500元，35—40吨（含40吨）罚5600—6500元，40—45吨（含45吨）罚6600—7500元，45—50吨（含50吨）罚7600—9000元，50—60吨（含60吨）罚10000—15000元，60吨以上不低于2万元；恶意超限超载的，按照法律法规上限处罚，超限罚款除规定的均要卸载。市公路局路政部门与市交通局运政部门、市交警支队相互配合，按照国家"统一口径、统一标准、统一行动"的要求，对公路超限超载运输车辆实行集中定点治理。经省政府批准，湛江公路主干线设置治超点4个，购置固定式和便携式超限超载检测设备18台，初步形成具有检测、卸载、储存的治超网，基本实现对进出湛江市车辆超限超载的全面防控，大吨小标车辆吨位恢复率达98.5%；运价回升到合理水平，平均运价从治超前的0.23元/吨·千米上升至0.40元/吨·千米；多轴大吨位车辆特别是集装箱车辆有所增加，公路通行能力有所提高，公路设施得到有效保护。是年，湛江市因超限超载造成的路桥设施损失比上一年下降3800万多元，全市公路好路率与上年相比提高3个百分点。全年检查车辆8832辆，其中超限超载3067辆，卸货8901吨，罚款27.4万元。"大吨小标"车辆复位5950辆，占全市需要复位车辆总数的85%；湛江市"大吨小标"车辆复位工作走在全省前列，并保持零投诉。

2006年，经省政府批准，省治超办的统一部署，从9月10日至11月10日，湛江、东莞、梅州、江门等四市启动流动治超执勤试点。湛江市流动治超从公安、交通、公路三个部门抽调28名交通行政执法人员组成流动治超执勤队伍。从9月18日起，在省政府批准的16个路段正式启动流动试点治超联合执法，至11月10日，共检查车辆1100辆，其中超限超载车辆550辆，卸载408辆，卸货4409吨，罚款81万多元。流动治超有力地打击绕道行驶的超限超载车辆，震慑逃避检查的超限超载行为，实现巩固和扩大治超成果的预期目标。

2007年7月25日，经省交通厅、公安厅批准，按照《广东省治超流动巡查工作方案》的要求，湛江市治超办召开全市治超流动巡查执法动员会，对有关工作进行部署。26日下午，由交通运政、公路路政和公安交警三个部门组建成的两支治超流动巡查队伍，在省政府批准的国道G325线遂溪城区路段和省道S287线大塘村东侧等路段正式启动治超流动巡查执法，打响全省铺开治超流动巡查工作的第一枪。是日，查处超限超载车辆23辆，卸载车辆21辆，卸载货物125吨。

2008年，湛江市治理超限超载运输联合执法出动执法人员3816人次，查处超限超载车辆1942辆，卸载货车1208辆，卸载货物5102吨。打击超限超载行为，保障全市公路、桥梁等设施状况良好，促进湛江道路运输市场健康发展。

2009年，市公路局做好各治超成员单位协调工作，按照"依法严管、标本兼治、立足源头、长效治理"的要求，抓好治超检测站场建设、源头治理、执法队伍等方面的工作，动静结合抓治超，巩固和扩大治超成果，促进治理车辆超限超载运输工作上新台阶。全年查处超限超载车1100辆，卸载超限货车604辆，卸载货物4802吨。

2006—2009年，到市公路局移交治超职能为止（2009年属市交通局行政委托），市公路局作为公路治超牵头单位，协调各治超成员单位，协力攻坚，抓好检测站建设、源头治理和流动稽查等方面工作，推进治超工作深入开展。湛江市治超执法共检查货车16253辆，查处超限超载车辆6566辆，卸载超限车辆3920辆，卸载货物累计30841吨，罚款680万元。有效遏制车辆超限超载势头，超限率由治超前的80%下降到6%左右；有效保护公路设施，调整和优化公路运力结构。做到"三没有一保持"（没有发生过暴力抗法、人身安全和群体性事件，保持有效投诉为零）。湛江公路治超多次受到交通运输部、省交通厅肯定，多次在全省治超专题会议上作经验介绍，2008年2月，市公路局应邀参加华东五省、市公路治超工作研讨会作介绍经验。省、市公路局把治超执法作为公路养护、路政管理和道路交通安全管理的重要组成部分来抓，始终保持治超严管态势；采取"三个一点"，即省局补助一点，市局补助一点，治超罚没返还办案经费补助一点的办法，先后建成固定治超检测站4个。其中按照建设标准化建成国道G207线遂溪城月治超检测站和国道G325线赤坎（新桥）治超检测站。市公路局路政部门坚持流动巡查，采取"上路保密、打时间差、打一枪换一个地方"及"明修栈道，暗渡陈仓"计策，打击绕道行驶的违法超限超载车辆，促进治超工作不断深入。超限超载运输车辆总体上呈逐渐减少的趋势，公路"治超"工作取得阶段性成效。

第五章　公路规费征收管理

养路费是公路养护和建设投资计划的重要来源和保证。按照"以路养路"原则，养路费由公路征稽部门向有车单位和个人征收的用于养护和改善公路的一项收费。1983年4月始，广东公路规费改为公路部门征收，湛江公路局加强管理，健全制度，发挥征稽人员的积极性和责任感，做到秉公办事，应征不漏，应免不征。

1991年，全省统一部署新开征高等级公路建设还贷资金，高等级公路建设还贷资金和原本征收的公路建设基金两项收费主要用于偿还公路桥梁升级改造投资贷款，与公路养路费合称为"公路规费"。

1996年12月，财政部发文《关于养路费及公路建设基金纳入财政预算管理的通知》，明确养路费本质上是一种修理维护性政府基金，要求进一步加大养路费征收管理工作力度，堵塞征管工作中的漏洞，防止养路费收入的流失。养路费纳入财政预算管理后，其征收管理体制和征收办法、范围、环节及程序等，继续按现行规定执行。

1998年，《中华人民共和国公路法》《广东省公路养路费征收管理实施细则》颁布实施后，公路养征工作步入依法征收的新时期。湛江公路局实行征稽人员执法责任制和执法过错追究制，强化公路征稽管理，加强征稽人员的法制教育，提高其执法能力和综合工作素质，促进公路规费征收工作。

2002年6月，全省停征高等级公路还贷基金；2003年，公路建设基金改为征收客运附加费；2009年1月1日，国家实行燃油税改革，停征公路养路费；2011年4月1日，湛江市经省政府批准实施年票制征收车辆通行费，用于收费路桥偿还贷款。

湛江公路局"八五"时期实征公路规费9.82亿元，路桥费1.23亿元；"九五"时期实征公路规费13.35亿元，路桥费7.89亿元；"十五"时期实征公路规费10.05亿元，客运附加费1.57亿元，路桥费9.77亿元；"十一五"时期实征公路养路费7.21亿元，客运附加费1.12亿元，征收路桥费8.8亿元；"十二五"时期2011—2012年两年共征收路桥车辆通行费3.52亿元。

第一节　规费征稽

一、管理机构及人员编制

1991年，市公路局养路费征收业务管理部门为路政征收科。

1992年10月，为加强公路规费征稽管理，市公路局路政征收科分开设为养征科和路政科；各分局相应分设养征站和路政股。养征科行政经费由市公路局核拨，实行财务独立核算管理，直辖赤坎、霞山养征站。吴川、遂溪、廉江、海康、徐闻养征站由其属地公路分局管理。

1993年，市公路局和下属各分局相继成立人民法院公路执行室，负责公路规费追缴和公路路政案件等执法工作，加强公路规费征稽执法力量。是年10月，省机构编制委员会、省交通厅、省人事局、省劳动局《关于颁发广东省公路养护定员标准（试行）的通知》。其中第二十一条养路费征稽人员定员标准如下：管辖车辆在2000辆以下，每站配备5~7人；管辖车辆在2001~5000辆，每站配备7~9人；管辖车辆在5001~10000辆，每站配备9~14人；管辖车辆在10001~15000辆，每站配备14~17人；管辖车辆在15001~20000辆，每站配备17~20人；管辖车辆在20001辆以上，每站配备20~25人。市公路局依据省公路局《执行公路规费征收定员标准》配备养征机构、人员编制。

1993年湛江公路局规费征收机构、人员编制表

表5—1—1 单位：人

单位名称	规费征收定员	路桥收费定员	渡口收费定员	合计
市局养征科	10			10
赤坎养征站	20			20
霞山养征站	20			20
吴川养征站	9			9
遂溪养征站	11			11
廉江养征站	12			12
海康养征站	10			10
徐闻养征站	10			10
南渡大桥收费所		35		35
湛江渡口收费站			26	26
洋村渡口收费站			8	8
安榄渡口收费站			8	8
库竹渡口收费站			8	8
定员人数合计	102	35	50	187

表 5—1—2

1991—2012 年湛江公路局规费征收机构人员一览表

单位：人

年份	市局	赤坎站	霞山站	吴川站(所)	遂溪站(所)	廉江站(所)	雷州站(所)	徐闻站(所)	全局合计	备注
1991—1992.10	9(路政养征科)	16	17	11	11	11	11	9	95	
1992.11—1993.2	8(养征科)	16	17	11	11	11	11	9	94	
1993.3—1994	10(养征科)	16	17	9	11	12	10	10	95	
1994—1995	10(养征科)	15	16	9	11	12	10	10	93	
1995—1996	11(养征科)	16	16	9	11	12	10	10	95	
1997—1998	10(养征科)	16	15	9	11	12	10	10	94	
1999—2001	9(养征科)	17	15	9	11	12	10	10	95	
2002—2003	5(收费科)	16	15	9	11	12	10	10	89	
2003—2006	4(收费科)	15	15	9	11	12	10	10	86	
2007—2010	4(收费科)	14	15	13	15	15	10	10	96	
2011	4(收费科)	13	15	13	14	15	10	10	104	包括通行费征收管理中心10人
2012	4(收费科)	13	14	10	9	10	10	10	100	

备注：1. 各单位均不含分管领导及挂靠、离岗退养人员，指当年在岗征稽人员数，含借调人员。

2. 2002 年 12 月，市公路局机构改革，各分局养征站改称为收费管理所。

3. 2011 年 11 月，湛江市车辆通行费征收管理中心成立，市公路局成立湛江市公路车辆通行费征收直属管理所（由赤坎站、霞山站组建，为直属分局管理。各分局收费管理所相应改为湛江市公路车辆通行费征收 ×× 管理所。

1994 年 6 月，省公路局发文《关于使用新的"中国公路征费"标志牌的通知》规定：从 7 月 1 日起，全省公路征稽公务车辆启用新的"中国公路征费"标志牌（白底蓝字），以利公路规费征稽工作。9 月，省公路局制订《公路规费征稽管理职责及征稽人员岗位职责》（试行），12 月，湛江公路局相应制订《征费工作制度》；明确各级征稽机构职责和征稽人员岗位职责。

1995 年 5 月，省公路局《关于湛江公路局成立公路规费稽查队的批复》同意湛江公路局成立公路规费稽查队，由市局养征科直接管理。

1996 年，省交通厅制订《广东省交通执法人员着装管理办法》，规定公路征稽人员统一着装，服装颜色由草黄色改为橄榄绿色，大沿帽配圆形红底金色国徽，衣领配戴红领章，肩章为绿色花纹硬牌，配铁质公路路徽肩牌，臂章为布质标志"中华人民共和国交通征稽"字样，胸章标志"中国交通管理"。公路征稽人员每年配发冬、夏装及专制标志皮带、领带、皮鞋，并按工作实际需要配套反光雨衣、头盔、武装配带等用品。

1997 年 5 月，湛江市法制局、市公路局联合举办路政征稽人员培训班，学习《行政处罚法》等法律法规；市公路局机关、雷州、徐闻、吴川分局，渡口所、赤坎、霞山养征站等单位的路政征稽人员共 62 人参加。

2001 年 5 月，市公路局制定《湛江公路局驻深圳养路费征收点工作暂行办法》，在深圳设点开展养路费征稽工作。

2002 年 1 月，省交通厅发文《关于广东省交通行政执法人员实施学历教育工作的意见的通知》，要求今后凡调入路政、养征部门的人员，学历不能低于大学专科。8 月，湛江公路局养征科更名为湛江市公路管理局收费管理科，负责公路养路费等公路规费的征稽和管理；监督、指导县（市）公路规费征稽管理工作；负责公路、桥梁通行费站（点）的管理；负责收费站（点）设置的初审、上报工作。霞山养征站为股级事业单位，主要任务是：负责霞山、东海、南三等区、镇机动车辆公路规费的征收和稽查工作。核定事业编制 14 名。赤坎养征站为股级事业单位，负责赤坎、麻章、坡头等区机动车辆公路规费的征收和稽查工作。核定事业编制 14 名。12 月，市公路局各分局养征站更名为收费管理所。

2003 年，市公路局组织各收费站稽查、收费人员 161 人参加省、市司法部门专业培训考核，取得行政执法证，确保路桥收费行政执法人员持证上岗依法行政。10 月，市公路局将青平公路征费稽查站正式委托给廉江市交通局管理。11 月，市交通局在湛江市公路技校举办执法人员岗位培训班第二期征稽班，市公路局征稽人员有 22 人参加。

2004 年 11 月，省公路局批复同意设立东海岛养路费征收点，作为霞山养路费征稽所征费窗口的延伸，由东海岛试验区管委会交通局代管。

2008 年 11 月，国务院印发《关于实施成品油价和税费改革的通知》，从 2009 年 1 月 1 日起，全国取消养路费等 6 项规费，实施征收燃油税。养路费征稽机构进行撤并；征稽人员进行多渠道分流安置。

2009 年 3 月，市公路局养路费征稽人员分两期参加转岗培训并通过了考试，为日后征稽人员转岗夯实基础；5月，省公路局在湛江公路技校举办省公路系统汽车养路费征稽人员转岗培训班两期，来自湛江、茂名、阳江等市公路局的征稽人员共267人参加。8—9月，市公路局组织征稽人员104人分别参加国税部门录用税费改革人员考试和全省统一组织的公务员资格登记考试，完成参公登记考试工作，为征稽人员转岗到税务部门和交通行政综合执法局创造准备条件。

2010年，市公路局继续做好费税改革后征稽人员转岗期间的稳定工作，及时掌握征稽人员的思想动态，加强与征稽人员的沟通，维护征稽队伍稳定，严明征稽纪律，确保养征站正常运转。市公路局对霞山、赤坎养征站的资产进行清点、登记，确保公路资产不因费税改革而造成流失。

二、征稽管理

1991年，交通部颁发《公路养路费征收管理规定》，明确"任何部门、单位和个人不得阻挠养路费征收稽查工作，也不得拒绝接受检查"。市公路局养征部门针对遂溪县报停车辆偷开严重问题，组织力量查处有意扇动闹事的5名车主，向公安机关报案依法行政拘留15天，打击不法分子邪气，促进公路养路费征收工作开展。9月1日，全省统一部署开征高等级公路建设还贷资金，其标准按车辆吨位每月每吨20元执行。是年，市公路局充分调动养征人员的积极性，实行征费目标责任制。吴川、遂溪、廉江、雷州、徐闻、霞山、赤坎等7个养征站分别和相关分局、市公路局养征科签订征费目标责任合同书。全年市公路局征收公路规费达1.04亿元，首次突破亿元大关；其中养路费征收7359.8万元，完成计划的109.89%；公路建设基金计划实2725.3万元，完成计划的123.88%；从9月开征的高等级公路建设还贷资金实征320万元。

1992年，省政府颁布《广东省公路养路费征收管理实施细则》，调整汽车养路费征收标准。即：货车按每吨每月120元计征，客车按每吨每月150元计征。省政府决定从1月1日起开征"贫困山区公路建设基金"，按月按座包干缴费标准为：车籍所在地属山区县的车辆，每月每座34元，出租小汽车（的士）每月每座34元；车籍所在地属非山区县的车辆，每月每座36元，出租小汽车（的士）每月每座40元；按天计征的，每天每座2元。是年6月，省政府颁布命令："除公安机关外，任何单位不得在国道上设卡查车"。客观上给规费征收工作增加难度，社会上不少车主趁机作弊，报停偷开车辆日益增多，仅海康县半年报停车辆就有200多辆；面对逆境，养征人员不气馁、不泄气，靠集体的智慧和力量，摆脱困境，打开征稽新局面。全年养路费征收计划7359.7万元，实际完成8650万元，完成计划的117%；公路建设基金实际征收4403万元（含贫困山区公路建设还贷基金），比计划欠收799万元；高等级公路还贷资金计划任务1023万元，实际完成1369万元，完成计划的133%。1992年11月，市公路局在湛江公路分校举办电脑征费培训班，有36名养征人员参加，通过专业学习提高养征人员电脑征费操作水平；公路征稽部门全面启动电脑代替手工开票征费工作，提高收费效率和工作质量。

1993 年，市公路局通过报刊、广播电台、电视和张贴标语、宣传车、墙报专栏等多种途径、多种形式向社会宣传贯彻《广东省公路养路费征收管理实施细则》，到圩镇、停车场和码头、车站等车辆集结场所，向车主派发印刷品《细则》4 万多份。10 月，省政府批复调整公路养路费征收标准。是年，市公路局全年公路规费征收1.89 亿元，其中养路费征收计划 8620 万元，实收 1.20 亿元，完成计划的 139.3%，超收 3388 万元；公路建设基金征收计划 4500 万元，实收 5036 万元，完成计划的111.9%，超收 536 万元；高等级公路还贷资金征收计划 1515 万元，实收 1878 万元，完成计划的 123.9%，超收 363 万元。

1994 年，广东省先后两次对汽车养路费征收标准进行调整；货车养路费由原来的每月每吨 120 元先后调整为 150 元、170 元；客车养路费由原来的每月每吨 150 元先后调整为 180 元、200 元。是年，市公路局各养征站开始使用手提电脑上路追踪漏征车辆、报停超期车辆，全年发出追缴通知书 152 份、行政处理决定书 126 份、法院公路执行室强制执行申请书 81 宗，追缴规费 128.9 万元，其中南海舰队南疆车队参加社会营运的车辆补交 16 万多万元。市公路局全年 3 项公路规费征收 2.65 亿元，其中养路费征收 1.75 亿元，完成年计划 1.42 亿元的 123.35%，公路建设基金征收 5920万元，完成年计划 5200 万元的 113.85%，高等级公路还贷资金征收 2223.1 万元，完成年计划 1930 万元的 115.19%，各项公路规费超收 4600 多万元。

1995 年，市公路局各养征站和收费所分别与主管单位签订征收协议书，明确岗位责任和工作目标；严把"三关"（报停关、缴费关、人情关)"征费，通过"三勤"（勤检索、勤补漏、勤追缴）追缴，严密配合（做好与养护道班密切配合，与交警部门车年审的密切合作）。是年，市公路局养征规费征收计划 3.29 亿元，实际完成3.50 亿元，超收 2030 万元；其中养路费计划 1.92 亿元，完成 2.05 亿元，超收 1260万元；公路建设基金计划 6100 万元，完成 5930 万元，欠收 170 万元；高等级公路还贷资金计划 2300 万元，完成 2330 万元，超收 30 万元。

1996 年 8 月 1 日起，广东省在现行的公路建设还贷基金每人千米再调增 1 分钱。是年，市公路局公路规费征收 2.77 亿元。其中征收养路费 1.92 亿元，完成年计划的93.72%；征收公路建设基金 6336.6 万元；完成年计划的 104.22%；征收高等级公路还贷资金 2166.9 万元，完成年计划的 90.86%。

1997 年 1 月 1 日，为加强公路规费征收工作的管理，交通部、国家计委联合印发《公路汽车征费标准计量手册》（第二册）即日起试行。是年，国家继续实行经济宏观调控，财政、金融适度从紧的政策，湛江是经济欠发达地区，关停并转和破产下马企业多，残旧报废车辆多，报停偷开逃漏规费车辆多，公路养征工作局面严峻。市公路局分析存在问题，研究对策，建立健全征费工作管理网络，清理应征、免征和特征养路费的车辆，加大稽征力度查处逃漏规费车辆；市公路局各分局争取当地政府的支持，吴川市政府发文《关于缴交公路规费的通知》，督促拖欠、漏逃规费的车辆限期补交规费。遂溪县政府针对甘蔗榨季漏费车辆偷运甘蔗的突出问题，召集全县糖厂领导开会，并以县政府名义发文，委托糖厂代收公路规费，堵塞车辆逃漏规费的漏洞。市公路局争取公安交警、法院、法制局等部门的支持，利用车辆年审时机查缴规费；发挥法院公路执行室的积极作用，将长期拖欠规费，而且态度恶劣，顽固抗缴规费车主的16台车辆公开拍买，挽回国家经济损失16.28万元。8月29日，市公路局在雷州召开养征工作现场经验交流会，提出"奋战120天，努力完成全年规费征收任务"的口号。是年，市公路局完成公路规费征收2.70亿元，完成年度计划100%，其中养路费征收1.84亿元，公路建设基金征收6632万元，高等级公路还贷资金征收2031万元。

1998年，省政府颁布第32号令《广东省公路养路费征收管理实施细则》（1992年颁布的《广东省公路养路费征收管理实施细则》同时废止），从1998年1月1日起，按年统缴养路费的车辆，一年按10个月计征，核定征费计量1吨以下的车辆按年统缴。3月，市公路局7个养征站开通电脑联网征收规费，提高收费效率。3月16日，市公路局在廉江召开养征工作会议，制定养征目标管理考核办法。市公路局成立公路规费征收领导小组，由局领导及养征、路政、计财科、党委办、行政办、纪委等科室负责人组成。市公路局养征科派员深入各养征站重点对照《公路汽车征费标准计量手册》核查计量工作，扎实抓好车辆计量工作受到省公路局的肯定；4月，省公路局在惠州召开标准计量会议，市公路局作工作经验介绍。6月28日，市公路局7个养征站全部挂牌向社会公开8项（限时服务、加班服务、优先服务、当即服务、预约服务、咨询服务、接待服务、便民服务）征稽服务承诺。12月，雷州分局养征站被评为全省公路系统"十佳征稽站"。是年，市公路局征收公路规费2.84亿元（其中养路费征收2.06亿元，公路建设基金征收5542万元，高等级公路还贷资金征收2263万元），完成计划114.17%；超收2500多万元。

1999年，由于新闻媒介报道"费改税"负面影响，社会营运车辆逃漏规费日益严重，养征人员工作出现情绪波动；市公路贯彻交通部、财政部《关于切实做好公路养路费等交通规费征收工作的通知》，引导职工正确对待费改税的重要意义，运用各种规章制度约束职工行为，保障养征人员队伍不散，工作不乱，干劲不减，全年征收公路规费2.63万元，其中养路费征收1.81亿元，公路建设基金征收6142万元，高等级公路还贷资金征收2001万元。

2000年，公路规费征收受"费改税"新闻报道的负面影响，面临工作困难。3月28日，市公路局召开全市征稽工作人员誓师大会，推动公路规费征收工作。是年，市公路局针对"四多一少"问题（湛江车辆转外省入户多，报废多，改变去向多，漏征多；新入户车辆少），征费部门采取措施，加大征稽力度，全年征收公路规费2.41亿元，其中养路费1.65元，完成年计划的97.0%；公路建设基金征收5803万元，完成年计划的100.0%；高等级公路还贷资金征收1753万元，完成年计划的92.0%。

2001年，湛江市政府牵头开展整治无牌无证无规费车辆专项行动，组织公路、交通、公安、法制、武警、军警等部门的联合执法，稽查行动声势浩大，震慑偷漏公路规费的车主，促进公路规费征收。5月，市公路局在深圳设点开展追缴湛江籍车辆养路费征稽工作。是年，市公路局征收公路规费2.45亿元，其中养路费征收1.66亿元，公路建设还贷资金征收5950万元，高等级公路建设还贷资金征收1937.7万元，与上年相比分别增收 114 万元、185.1 万元、147.4 万元。

2002 年，市公路局克服"费改税"新闻报道不利因素影响，强化内部管理和改善征费环境，多方宣传规费政策，采取措施加大催缴力度。市公路局与公安交警、法院等部门加强合作，在市车管所设置车辆养路费年审审核点，并共同开发车辆年审网络系统软件，把好车辆年审公路规费验证关，对漏征车辆进行追缴规费；养征部门依据《车辆征费计量手册》，采集车辆详细数据，对新增车辆、进驻车辆逐一登记、建档、计量，解决车辆"大吨小标问题"，抓好挂外省车牌车辆登记及补价工作。市公路局全年征收养路费 1.66 亿元，征收建设基金 5324 万元，高等级公路建设还贷资金征收至 6 月底止 1053 万元。

2003 年，广东省公路规费征收实行"票款分离"和"单位开票，银行代收，财政统管"的管理制度，由省财政厅委托中国农业银行系统机构网点代收公路规费。9 月，市公路局征稽收费系统与农行湛江分行系统实现联网收费。是年，公路规费停止征收高等级公路建设还贷资金。市公路局养政部门消除"非典"及"费改税"等不利因素影响，全年征收养路费 1.63 亿元，完成计划 1.60 亿元的 101.84%；客运附加费征收（从 6 月起建设基金改为客运附加费）4460.8 万元，是年，市公路局按上级规定"非典"期间车辆政策性减征退费 1200 余万元，受到社会好评。

2004 年，市公路局养征部门运用行政、法律等手段，采取措施追缴公路规费，利用手提电脑上路监控漏征车辆，组织力量到省政府批准的稽查点、工地、车场、码头、糖厂进行稽查；坚持电话通知、邮政快件、上门催缴、发送通知书等办法进行追缴。是年，市公路局养征计划 1.60 亿元，实际征收养路费 1.75 亿元，完成计划的 109.53%；征收客运附加费 5700 万元，相比上一年同期超收 1400 多万元，超额完成计划任务。

2005 年，市公路局利用全省联网征费的契机，加大追缴规费力度，加强"大吨小标"车辆计征吨位的核查，取得一定效果。年度养路费计划征收 1.68 亿元，公路客运附加费计划征收 4400 万元；全年实际征收养路费 1.97 亿元，征收客运附加费 5560 万元，其中养路费相比上年增收 1500 万元，高出全省平均增长 8% 的 5 个百分点，创近十年征收养路费的新高

2006 年，省公路局下达湛江养路费征收计划 2.06 亿元。市公路局征稽部门面对"费改税"新闻报道负面影响，克服车辆"大吨小标"，本地车辆靠挂外省牌照，三轮汽车无牌无证，严重冲击运输市场等方面不利因素，采取措施恢复规费征收工作正常秩序，全体征稽人员齐心协力投入工作。市公路局全年征收养路费 2.08 亿元，客运附加费 5201 万元，完成征收计划 101%。

2007 年，市公路局加强政治思想廉政建设教育，增强征稽人员拒腐防变能力，提高工作服务质量。市公路局从车主或车属单位聘请义务监督员，设立投诉电话、投诉箱；运用调查研究指导征费，与糖厂签订征费协议书，提高运蔗车辆实征率；对外省车辆实施征费（即是本地车挂外省车牌或外省车辆长驻本市运输）；加大征稽经费投入，改善征费工具和征稽人员工作、生活条件；灵活稽查，滞留（查扣）欠费车辆 1828 辆；发挥静态催缴作用，共发出追缴通知书 3009 份；全年追缴养路费达 415

万元。11月，市公路局获全省公路系统"养路费征收业绩优胜单位"称号。是年，市公路局养路费征收23568万元，完成征收养路费任务的113.6%，同比多收2818万元，创历史新高。

2008年11月，省交通运输厅《关于划转交通行政执法有关职能的通知》，将公路规费征稽执法方面的职责划转交通综合行政执法局，由其依法对车辆缴纳公路养路费情况进行检查。对违反公路养路费征收管理规定的车辆实施行政强制、行政处罚，并责令其到公路管理机构补缴公路养路费和滞纳金。是年，赤坎养征站迁至赤坎海田路新站房办公，改善征费工作条件，为广大车主提供舒适的缴费环境。市公路局全年征收养路费2.78亿元、客运附加费3000万元，完成省局下达全年征收任务2.3亿元的120%，再创历史新高。

2009年，全国实施成品油税费改革，停止征收公路规费。市公路局继续展开2008年公路规费追缴工作，确保国家规费的应征不漏，全年共补缴、追缴公路养路费4万多元。

三、征稽人员转岗工作

从2009年1月1日起，全国实行征收燃油税，养路费停止征收，养路费征稽机构撤销，征稽人员实行分流、转岗安置。是年，国家和省确定征稽人员转岗方案，省、市公路局有序地妥善地做好征稽人员分流、转岗安置工作。市公路局组织征稽人员分别两期参加转岗培训，64人到广州参加国税部门录用考试，有4人入围，其中3人被湛江国税部门录取（吴川收费所2人、霞山养征站1人）。26人参加全省统一的公务员资格登记考试。

2010年，市公路局根据《广东省成品油价格和税费改革实施方案的通知》《湛江市公路管理局及下属事业单位分类改革方案》，完成赤坎、霞山养征站撤站工作，赤坎养征站13名在职职工，其中1人分流到税务部门，9人分流到市交通行政执法局，3人分流到直属分局养护中心；7名退休人员转入直属分局养护中心管理。霞山养征站15名在职职工，其中1人分流到税务部门，13人分流到市交通行政执法局，1人分流到直属分局养护中心，2名退休人员转入直属分局养护中心管理。

2011年，市公路局按照省人力资源和社会保障厅、省交通运输厅、省地方税务局《关于做好成品油税费改革地税部门接收人员工作的通知》，组织原养路费征稽人员参加参公录用考试，其中有6人被湛江地税部门录用接收（其中赤坎养征站1人、吴川收费所1人、遂溪收费所4人）。

2012年，湛江市交通综合执法局录用市公路局征稽、路政及收费人员共38人，其中征稽人员25人，路政人员11人，收费人员2人。其中赤坎养征站9人、霞山养征站13人、湛江渡口所6人、直属分局5人、遂溪分局1人、徐闻分局1人。

第二节 路桥收费管理

一、机构及人员设置

1991年5月,吴川梅江桥设立收费站开征过桥通行费。10月2日,市公路局成立沙麻路段沙角收费所,编制为正股级单位,设所长兼支部书记一名(正股级),副所长两名(副股级),配备收费员47名(实行三班倒值班收费),主要从局直属单位抽调42名职工到该所工作;国道G325线沙角—麻章路段正式实行双向收费。

1992年,湛江东海大堤收费站成立,共有收费人员14名。

1993年3月13日,国道G207线徐闻收费站开征过路费。4月,经湛江市机构编制委员会批复同意湛江公路局沙麻路段沙角收费所更名为湛江公路局湛江过路费收费所。10月1日,库竹大桥设置收费站正式通车开征过桥通行费。是年,国道G325线遂溪一级路新桥路段完工通车,临时设立遂溪(新桥)收费站,属港地合资经营收费路段。

1994年5月,市公路局核定海康分局安榄大桥收费站人员编制40名,8月1日,安榄大桥正式开征通行费。是年11月,省物价局、省交通厅批复同意国道G325线吴川塘尾路段设立吴川收费站,由省公路局会同吴川市政府和市公路局组织收费。每车次具体收费标准为:摩托车2元;二十座以下客车、两吨以下(含两吨)货车、简易机动车、机动三轮车、各种拖拉机3元;二十一座以上至五十座客车、两吨以上至五吨(含五吨)货车7元;五十一座以上客车、五吨以上至十五吨(含十五吨)货车12元;十五吨以上货车和各种集装箱车20元。执行各种任务的警车、消防车、救护车、殡葬车和军车免费。

1995年4月,市公路局在国道G325线设立青平收费站,对国道G325线青平路段过往车辆开征过桥费。是年4—5月,市公路局在湛江公路分校举办四期"过路、过桥、过渡"收费人员岗位培训班(历时45天,249人参加)。7月,市公路局筹建国道G325线吴川收费站;12月2日,吴川收费站正式启用开征过路费。

1996年1月,国道G325线遂溪一级路遂溪(新桥)收费站正式启用,先期开通四车道,原1993年临时设立的收费站撤销。是月,省公路局批复国道G207线遂溪城月收费站成立,并委托城月镇政府派员负责管理;3月17日,国道G207线城月收费站正式启用收费。

1997年3月28日,省道S287线园岭仔收费站正式启用收过路费。5月,库竹大桥收费所迁移到湖光,更名为省道S373线湖光收费站正式启用收过路费。是年10月,国道G207线雷州龙门40千米二级路改造路段竣工通车,设置龙门收费站开征通行费。

1998年4月,湛江公路局把湛江收费所移交三资企业湛江恒紫公司管理,湛江收费所由此转制为三资企业。10月26日,省道S373线洋村大桥收费站开征过桥费。

1999 年 2 月，湛江公路局核定南渡大桥收费站人员编制为 56 名，洋村收费站人员为 30 名，南渡战备渡口所人员为 29 名，均为雷州分局属下股级单位编制。

2000 年 1 月，省交通厅批复同意将国道 G207 线徐闻收费站往北迁移至 K3644+800 处新建收费站。是年，湛江国、省道共有收费站 12 个，国道 G325 线设立收费站 4 个：吴川收费站，湛江收费站，遂溪收费站，青平收费站。国道 G207 线设立收费站 4 个：城月收费站，南渡收费站，龙门收费站，徐闻收费站。省道 S373 线（塘企线）设立 2 个：湖光收费站，洋村收费站。省道 S287 线（六遂线）设立园岭仔收费站。省道 S285 线（蓬吴线）设立梅江桥收费站。

2001 年 4 月，湛江公路局制订《湛江公路局过路过桥收费所管理制度（试行）》并发文要求各分局、收费所贯彻执行。

2002 年 8 月，市编委发文《湛江市公路管理局机构编制方案》确定：湛江收费站为副科级事业单位，核定事业编制人员 64 名，其中站长 1 名；青平收费站为副科级事业单位，核定事业编制人员 64 名，其中站长 1 名；徐闻分局下属徐闻收费站人员编制 64 名；雷州分局下属龙门收费站人员编制 64 名，南渡收费站人员编制 64 名，洋村收费站人员编制 27 名，南渡渡口所人员编制 25 名；遂溪分局下属新桥收费站人员编制 64 名，城月收费站人员编制 64 名；廉江分局下属园岭仔收费站人员编制 46 名；吴川分局下属吴川收费站人员编制 64 名；直属分局湖光收费站人员编制 46 名。

2003 年 3 月，省交通厅批复同意成立省道 S374 线湛江大鹏收费站，该站由民营企业负责管理。4 月，国道 G325 线原湛江沙角收费所搬迁到遂溪县白沙村旁，投入 600 多万元建设 8 车道的国道 G325 线湛江收费站（新站）正式启用。是月，原属廉江市政府路桥公司管辖的省道 S287 线（六遂线）园岭仔收费所，移交市公路局管理。5 月，国道 G297 线徐闻收费站完成搬迁，各项配套设施投入正常使用。11 月，省政府发文批复同意市公路局撤销龙门、梅江桥、洋村 3 个收费站；保留吴川、湛江、青平、徐闻、南渡、城月、湖光、园岭仔 8 个收费站。

2004 年 1 月，省公路局路桥管理中心与市公路局在广州签署园岭仔收费站、南渡桥收费站、龙门收费站、青平收费站、吴川收费站收费管理委托合同，委托管理期限为一年。2 月，市公路局核定大鹏收费站人员编制为 64 名。12 月，市公路局按照省政府《关于湛江市公路收费站撤并方案有关问题的批复》及市政府通知要求，12 月 31 日 12 时，撤销龙门收费站、洋村收费站、梅江桥收费站，被撤销的 3 个收费站债务分别纳入湛江市的南渡、徐闻、吴川等收费站。

2005 年，省公路局下达专项资金解决吴川、园岭仔收费站历史上存在着站房、宿舍征地和建设问题；改造、更新青平、吴川、园岭仔收费站的电脑收费、监控系统。12 月，省路桥管理中心委托市公路局负责国道 G325 线吴川收费站、G325 线青平收费站、G207 线南渡桥收费站、省道 S287 六遂线园岭仔收费站的收费管理工作，委托管理期限为一年。是年，湛江省养公路路段内共有过路（桥）收费站 10 个，分别是湛江、青平、湖光、城月、南渡、徐闻、吴川、遂溪、园岭仔、大鹏收费站。其中遂溪、大鹏收费站为经营性收费站，其余为非经营性收费站。在 8 个非经营性收费站中，湛江、青平收费站由市公路局投资、为直属单位；其余 6 个由省公路局投资、委托市公路局代管。

2009年1月1日，湖光收费站根据《广东省成品油价格和税费改革实施方案的通知》有关规定停止收费并撤站，该站的37名在职职工和9名退休人员一并安置转入到直属分局养护单位。12月31日，根据省政府《关于取消政府还贷二级公路收费有关问题的通知》，国道G325线青平收费站撤销停止收费，该站在职职工49名，其中47名职工安置到廉江分局的养护岗位；2名退休人员转入廉江分局养护中心管理。是年，湛江渡口所重新成立收费股，加强渡口收费管理工作。

2010年1月，市公路局对青平站的资产进行清点、登记，并督促青平站做好站内办公楼及宿舍区的安全保卫工作，确保撤站后续工作顺利进行；3月，国道G325线青平收费站拆除站房。

2011年4月1日，经省政府批准湛江市实施年票制。9月，国道G325线遂溪（新桥）收费站撤销并拆除站房。11月11日，市编委发文《关于成立征收湛江市机动车辆通行费年票机构问题的批复》，同意成立湛江市公路车辆通行费征收管理中心，为市公路局辖属公益三类事业单位，正科级。核定事业编制10名，其中主任、副主任各1名。同意成立湛江市公路车辆通行费征收直属管理所，为直属分局管理的公益三类事业单位，副科级。核定事业编制27名，其中所长（副科级）1名，副所长（正股级）2名。同意成立雷州市公路车辆通行费征收管理所，为雷州分局管理的公益三类事业单位，正股级。核定事业编制10名，其中所长、副所长各1名。同意成立廉江市公路车辆通行费征收管理所，为廉江分局管理的公益三类事业单位，正股级。核定事业编制10名，其中所长、副所长各1名。同意成立吴川市公路车辆通行费征收管理所，为吴川分局管理的公益三类事业单位，正股级。核定事业编制10名，其中所长、副所长各1名。同意成立遂溪县公路车辆通行费征收管理所，为遂溪分局管理的公益三类事业单位，正股级。核定事业编制10名，其中所长、副所长各1名。同意成立徐闻县公路车辆通行费征收管理所，为徐闻分局管理的公益三类事业单位，正股级。核定事业编制10名，其中所长、副所长各1名。是年，市公路局做好收费人员转岗的技术等级培训，廉江分局青平收费站，直属分局湖光收费站，雷州分局龙门收费站、洋村收费站的100多名转岗人员经过培训学习并通过技术等级考核，合格率达100%。

2012年5月3日，湛江市公路车辆通行费征收管理中心举行挂牌仪式。市公路局副局长张振林为市公路车辆通行费征收管理中心揭牌，市局机关科室人员30多人参加。7月，国道G207线城月收费站撤销并拆除站房。12月，许海良任湛江市公路车辆通行费征收管理中心主任。年末，湛江市国、省道保留收费站5个：国道G325线吴川收费站、湛江收费站、国道G207线南渡桥收费站、徐闻收费站，省道S287线园岭仔收费站。

二、收费管理

1991年，市公路局过桥费征收计划163万元，全年实际征收195.96万元，完成年计划的 120.22%；过渡费征收计划 157.5 万元，实际征收 192.09 万元，完成年计划的 121.96%。

1992 年，市公路局湛江、库竹、洋村、安榄四个省养渡口和南渡战备渡口全年过渡费年度征收计划 192 万元，其中海康分局 29.9 万元，直属分局 20.4 万元，湛江渡口所 141.7 万元；全年征收过渡费 280.3 万元，其中征收机动车过渡费 228 万元，征收行人过渡费 52.3 万元；过桥费征收 208 万元。

1993 年，湛江省养公路渡口完成渡运 15.2 万航次，82.7 万车次；过渡费征收计划 200 万元，实收 333.4 万元，完成计划的 166.7%，超收 133 万元；过桥费征收计划 200 万元，实收 275 万元，完成计划的 137.4%，超收 75 万元。

1994 年 4 月 1 日，国道 G207 线徐闻路段由单向收费改为双向收费，徐闻收费站收费合同其基数由原来 395 万元调整为 500 万元，以后每年递增 15%。是年，全市征收路桥费 5036 万元，其中征收过桥费 297.1 万元，完成年计划的 110.04%，征收过路费 4738.95 万元，完成年计划的 151%；征收过渡费 608.87 万元，完成年计划 310 万元的 196.41%。

1995 年，国务院纠风办、交通部和公安部先后组织开通了山东寿光至北京、海南至北京、海南至上海、山东寿光至哈尔滨等 4 条运输鲜活农产品车辆"绿色通道"，其中，湛江境内国道公路为海南至各地"绿色通道"必经之路，市公路局贯彻执行上级部门的工作要求，辖区沿线收费站设置"绿色通道"，对运输鲜活农产品车辆免费放行。省物价局调整安榄、库竹、南渡大桥收费站收费标准。市公路局全年征收过路过桥费计划 5355 万元，完成 6293 万元，超收 938 万元；征收过渡费计划 615 万元，实际完成 755.8 万元。

1996 年 11 月，市公路局制定《湛江公路局过路、过桥收费所管理制度》公布实施。全年征收过路（桥）费 1.17 亿元，其中吴川、遂溪、城月收费所共征收过路费 5200 万元；湛江渡口征收过渡费 992.18 万元，其中机动车过渡费 810.18 万元，行人过渡费 182 万元。

1997 年，市公路局全年征收路桥费 1.30 亿元；湛江渡口和南渡渡口所共征收渡运费 1331.58 万元，其中机动车过渡费 1110.84 万元，行人过渡费 220.73 万元。

1998 年 2 月，《广东省公路收费站管理办法》颁发实施，进一步规范收费公路管理工作；市公路局全年征收过路过桥费 1.71 亿元；征收渡运费 1777.90 万元，其中机动车过渡费 1379.73 万元，行人过渡费 398.17 万元。

1999 年，市公路局全年征收过路过桥费 1.81 亿元；过渡费征收任务 1395 万元，完成 1783.59 万元，其中征收机动车过渡费 1599 万元，征收行人过渡费 184.5 万元。

2000 年，湛江市调查各收费站（收费项目）投资经营和管理的情况，全市 12 个收费项目有 10 个均由项目公司投资经营和管理，其中：国道 G207 线南渡收费站与龙门收费站由湛江客龙公路有限公司投资经营和管理；国道 G207 线城月收费站由遂溪粤城公路有限公司投资经营和管理；国道 G207 线徐闻收费站由湛江市桃园—海安公路建设有限公司投资经营和管理；国道 G325 线青平收费站由省、市路桥公司合作投资经营和管理；国道 G325 线吴川收费站由省路桥公司投资经营和管理；国道

G325 线遂溪收费站由湛江浪淘工程有限公司投资经营和管理；国道 G325 线湛江收费站由湛江恒紫公路建设有限公司负责投资经营和管理；省道 S373 线（塘企线）湖光收费站、洋村收费站由湛江市路桥建设发展有限公司投资经营和管理。省道 S287 线（六遂线）园岭仔收费站由湛江市（路桥公司）、廉江市共同投资建设，由廉江市基金与收费管理局负责管理。省道 S285 线（蓬吴线）梅江桥收费站由省公路局、市公路局（路桥公司）、吴川市共同投资建设，由吴川市负责管理。是年，全市征收过路过桥费 1.89 亿元；征收机动车过渡费 1538.62 万元，征收行人过渡费 201.17 万元。

2001 年 4 月 26 日，市公路局制订《湛江公路局过路过桥收费所管理制度（试行）》并发文要求各分局、收费所贯彻执行。市公路局全年征收过路过桥通行费（含股份）1.76 亿元；征收机动车过渡费 1331.78 万元，征收行人过渡费 190.57 万元。

2002 年 10 月，市公路局路桥收费员林丽清参加省公路局主办、广州市公路局协办的"全省路桥收费技能竞赛"活动，荣获"广东省路桥优秀收费员"称号。市公路局全年征收过路过桥费 1.84 亿元；征收机动车过渡费 1397.9 万元，征收行人过渡费 189 万元。

2003 年，市公路局完成 6 个收费站的还贷基数核定工作。市局管理的 12 个路桥收费站全年共收取车辆通行费 18.88 亿元，比上年同期增收 408 万元；全年征收渡运费 1651.3 万元，其中征收机动车过渡费 1492.5 万元，征收行人过渡费 158.8 万元。

2004 年，全市 13 个路桥收费站共收取车辆通行费 2.16 亿元，比上年同期有较大增长；全年过渡费征收计划 1450 万元，完成 1574.09 万元，其中征收机动车过渡费 1408.92 万元，征收行人过渡费 165.17 万元。

2005 年，交通部、公安部、农业部、商务部、国家发展改革委、财政部、国务院纠风办等七部门联合发布《全国高效率鲜活农产品流通"绿色通道"建设实施方案》，要求全国在 2005 年底前基本建成布局为"五纵二横"的鲜活农产品流通"绿色通道"。湛江境内各收费站按照上级部门规定要求设置"绿色通道"，确保鲜活农产品运输车辆免费通过。是年，全市征收路桥通行费 2.10 亿元，因撤并龙门、洋村收费站和受湛渝高速公路开通的影响，路桥通行费有所下降；全年征收机动车过渡费 1372.3 万元，征收行人过渡费 182.59 万元。

2006 年，市公路局路桥通行费征收计划 1.73 亿元，全年实征路桥通行费 1.78 亿元；过渡费计划 1460 万元，实征机动车过渡费和行人过渡费共 1945 万元。

2007 年，全年征收路桥通行费 1.76 亿元；因海湾大桥建成通车，对湛江渡口渡运收费有一定的影响，渡运收费明显下降，湛江渡口全年征收机动车过渡费 840 万元，行人过渡费 120 万元。

2008 年，市公路局路桥通行费征收计划 1.66 亿元，全年实征路桥通行费 1.64 亿元；征收机动车过渡费和行人过渡费共 720 万元。

2009 年，市公路局全年征收路桥通行费 1.77 亿元；征收机动车过渡费 696 万元，征收行人过渡费 78 万元。

2010 年，市公路局全年征收路桥通行费 1.85 亿元，比上年同期多收 867 万元；

征收过渡费 808 万元，其中征收机动车过渡费 714 万元，征收行人过渡费 94 万元。

2011 年，市公路局全年征收路桥通行费 1.08 亿元；征收机动车过渡费 149 万元，征收行人过渡费 94 万元。

2012 年，市公路局按照省交通运输厅关于做好春节期间公路收费站保畅通工作、确保五一期间公路及收费站畅通工作和做好国庆节假期收费公路免收小型客车通行费有关工作的要求，落实春节、五一、中秋、国庆期间保畅通的措施，确保节日期间收费车道畅通无阻。全市各收费站没有发生交通堵塞现象，圆满完成省交通厅下达的任务。9 月 21 日，市公路局召开国庆节假期收费公路免收小型客车通行费工作会议，成立市公路局重大节假日期间小型客车免费通行工作领导小组，实行领导分片包干制，负责督促检查辖区路段收费站免费通行及保畅通措施的落实情况。是年，市公路局征收路桥通行费 2.44 亿元；征收机动车过渡费 140.9 万元，征收行人过渡费 89.5 万元。

三、公路车辆通行费征收管理情况

2009 年 4 月 28 日，市公路局成立实施车辆通行费年票制筹办工作领导小组，正式启动实施年票制筹办工作。11 月 18 日，湛江市实施路桥收费年（次）票制听证会在市物价局举行。与会人员 33 人对路桥收费年（次）票制实施方案发表自己的看法和建议，持赞成意见的有 31 人，持反对意见的有 2 人，市公路局年票制筹办工作得到与会人员的肯定。

2010 年 11 月 18 日，湛江市政府第十二届 88 次常务会议同意湛江市年票制实施方案；11 月 23 日，湛江市年票制实施方案上报省政府审批。

2011 年 3 月，经省政府批准湛江市实施年票制。为规范实施湛江市路桥车辆通行费年票制，市公路局、市物价局通力合作，经过征求意见，反复讨论研究，草拟《湛江市路桥车辆通行费年票制征收管理暂行办法》《湛江市路桥车辆通行费年票制征收管理实施细则》上报市政府审批。3 月 30 日，市政府发布《关于湛江市试行路桥车辆通行费年票制的通告》，从 4 月 1 日起至 12 月 31 日，湛江市试行路桥车辆通行费年票制。湛江市籍车辆缴费标准：三轮汽车 150 元/年；方向盘式拖拉机 200 元/年；7 座以下（含 7 座）私人小客车、出租的士车 700 元/年；城市公交车、7 座以下（含 7 座）非私人小客车 1000 元/年；7 座以上 9 座以下（含 9 座）小客车、0.5 吨以下（含 0.5 吨）货车营运 1600 元/年，非营运 1200 元/年；10 座以上 20 座以下（含 20 座）客车营运 2900 元/年，非营运 2300 元/年；0.5 吨以上 2 吨以下（含 2 吨）货车 2900 元/年；21—50 座（含 50 座）客车营运 4700 元/年，非营运 3900 元/年；2 吨以上至 5 吨（含 5 吨）货车 4700 元/年；51 座以上客车、5 吨以上至 15 吨（含 15 吨）货车 6700 元/年；15 吨以上货车和各种集装箱车 8000 元/年。市公路局在全市 9 个车辆年审检测站租用办公场所，开设通行费年票征收点，配置征费设备及光纤电缆，实行征费系统联网收费，方便车主缴交通行费年票，于 10 月 15 日正式运作收费。

2011 年 4—12 月，湛江市征收车辆通行费共 1.08 亿元，其中年票收入 2318 万元，湛江国、省道其余收费站征收非湛江籍车辆次票收入约 6143 万元（未含湛江海湾大桥收费站 1—3 月份次票收入），高速公路湛江市境内出口收费站代收非湛江籍车辆次票收入 2358 万元。

2012 年 1 月，市政府发布《关于湛江市继续试行路桥车辆通行费年票制的通告》，其缴费标准与 2011 年相同，但新规定"在 2012 年 3 月 31 日前缴交当年度路桥车辆通行费年票的车辆给予优惠，7 座以下（含 7 座）私人小客车按 70%计征，其他车辆按 80%计征；逾期缴交不予优惠"。是年，市公路局加强年票制的征管工作，加大年票制的宣传工作，通过在电视、报纸上刊登广告，发送手机短信，印制发放缴费指南、温馨提示等方法宣传实施年票制的意义和缴交年票的方法及地点，方便车主缴费；调派人员重点在全市 9 个检测站向车主发放宣传单张，协调全市 9 个车辆年检检测站的促缴工作，务求车辆在上线检测前按规定缴交通行费年票。市公路局与省高速公路公司湛江分公司共同协商，解决境内高速公路出口收费站代收非湛江籍车辆通行费次票工作出现的问题，确保次票代收工作顺利进行。市公路局争取市交通运输局支持，在全市交通运管部门增设年票征收点，堵塞大吨位车辆逃缴通行费年票的漏洞，提高全市车辆缴交通行费年费的实征率。是年，全市征收路桥通行费共 2.44 亿元，其中年票收入 1.54 亿元，普通公路收费站次票收入 4306 万元，高速公路收费站次票代收 4661 万元。

依据国务院《收费公路管理条例》和《广东省公路条例》的有关规定，根据省物价局、交通运输厅《关于湛江市试行路桥车辆通行费年票制有关问题的复函》，市政府决定从 2013 年 1 月 1 日起，湛江市继续试行路桥车辆通行费年票制。

1991—2012 年湛江省养公路系统规费、路桥费、过渡费征收情况表

表 5—1—3   单位：万元

年份	省下达计划			完成征收任务				同上年相比增减（%）
	规费征收	路桥费	过渡费	规费征收	路桥费	过渡费	合计完成	
1991	6854.5	163	157.5	10951.1	195.96	192.1	11339.06	15.4
1992	13650	195	192	14630	208	280.3	15118.3	17.53
1993	14704	235.8	256.5	18922	275	333.4	19530.4	38.82
1994	21352	270	310	25687.7	5036	608.9	31332.6	46.10
1995	28959	330	615	28770	6293	755.8	35818.8	16.90
1996	28930	360	755	27678.5	11724	992.2	40394.7	—6.50
1997	27015	400	923	27015.	13002.9	1331.6	41349.5	—4.29
1998	28125	—	1110	28420	17148.8	1777.9	47346.7	12.33

续上表

年份	省下达计划			完成征收任务				同上年相比增减（％）
	规费征收	路桥费	过渡费	规费征收	路桥费	过渡费	合计完成	
1999	30220	—	1395	26284	18172	1783.6	46239.6	—12.00
2000	26209	—	1759	24056	18892.5	1739.8	44688.3	—9.04
2001	25605	—	1732	24017.9	17633.7	1522.3	43173.9	0.76
2002	22996	—	1450	22963	18459.6	1586.9	43009.5	—0.24
2003	21500	—	1505	20754.8	18868.3	1651.3	41274.4	—1.76
2004	19700	—	1500	23224	21656.1	1574.1	46454.2	7.54
2005	21200	—	1400	25260	21087.5	1554.9	47902.4	12.41
2006	25540	—	1825	25935	17789.6	1945	45669.6	5.34
2007	25300	—	900	26574	17623.1	960	45157.1	13.56
2008	26000	—	1100	30760	16400.6	720	47880.6	17.78
2009	费改税，停征规费	—	—	4.15（追缴08年逃漏规费）	17667.5	774	18445.7	—
2010	—	—	—	—	18527.3	808	19335.3	—
2011	—	—	—	—	10820	242.9	11062.9	—
2012	—	—	—	—	24374	230.4	24604.4	—

1991—2009年湛江省养公路系统规费征收概况表

表5—1—4 单位：万元

年份	养路费	建设基金	还贷基金	客运附加费	合计征收
1991	7359.8	2725.3	320		10951.1
1992	8650	4403	1369		14630
1993	12008	5036	1878		18922
1994	17544.7	5920	2223		25687.7
1995	20510	5930	2330		28770
1996	19175	6336.6	2166.9		27678.5
1997	18352	6632	2031		27015.

续上表

年份	养路费	建设基金	还贷基金	客运附加费	合计征收
1998	20615	5542	2263		28420
1999	18141	6142	2001		26284
2000	16500	5803	1753		24056
2001	16626.3	5745	1646.6		24017.9
2002	16586	5324	1053（6月停收）		22963
2003	16294	停止征收	—	4460.8	20754.8
2004	17524	—	—	5700	23224
2005	19700	—	—	5560	25260
2006	20752	—	—	5201	25935
2007	23568	—	—	3006	26574
2008	27760	—	—	3000	30760
2009	4.15	—	—	停止征收	4.15（停止收费，追缴逃费）
合计	317669.95	65538.9	21034.5	26927.8	431171.15

第六章 安全生产

市公路局贯彻"安全第一、预防为主"的方针和"企业负责、行业管理、国家监察、群众监督、劳动者遵章守纪"的安全生产管理体制，加强安全生产管理工作，建章立制，落实责任，落实措施，防范重大安全责任事故发生，保障公路各项工作安全、有序地开展。

第一节 安全管理机构

1991年2月，市公路局成立班组安全建设达标考核领导小组，组织本系统148个班组（道班、渡运班、施工班、机车班、修理班）开展班组安全建设工作。

1992年，市公路局辖属单位连续发生多起重大责任事故，安全生产工作局面严峻；为加强安全管理工作，10月，市公路局党委决定设立安全生产办公室（以下简称"安全办"），挂靠局劳动工资科（市公路局未设安全办之前，市公路局安全生产工作基本上由局劳动工资科负责，主要是做好职工劳动保护，劳动保护用品发放，生产伤亡事故调查处理等方面工作）。在市公路局安全生产领导小组领导下，局安全办专职负责安全生产日常管理工作，主要负责制订有关安全生产管理规章制度，编制安全生产工作计划，开展安全生产工作检查，督促检查事故隐患违章行为整治工作，组织安全宣传活动，开展安全生产业务培训工作，推广安全生产工作先进经验，表彰激励先进，负责安全生产事故调查处理及职工伤亡事故统计、分析、上报工作，会同工会组织开展安全建设"达标单位""合格班组"活动，做好年度安全生产考核工作。是年，市公路局调整安全生产领导小组，局长蒋绍裘兼任组长，副局长王袖兼任副组长，小组其他成员由局工会、养路科、工程科、渡口科、机械科、路征科、养征科、保卫科、劳资科、行政办、安全办等科室负责人组成。市公路局辖属单位相应建立安全生产领导机构31个，全局有专职安全员29人，占职工总人数1.2%，负责基层单位日常安全管理工作。市公路局基层单位200多个生产班组（养护道班、渡运班、机车班、施工队）明确"两长两员"（班组长、工会组长、安全员、监督员）安全职责。市公路局初步建立安全生产管理纵向到底、横向到边、从上到下职责明确的工作机制。

1993年，市公路局坚持"管生产必须管安全"和"谁主管谁负责"的原则，根据《广东省公路系统单位班组安全建设考核办法及单位班组安全建设考核办法》，从市局到基层单位、班组，级级颁发安全生产第一责任人、直接责任人、安全员任命书，层层签订安全生产责任状，做到安全生产领导责任落实到人到岗，强化安全生产领导工作。

1994年1月，市公路局党委书记王袖主持全面工作，市公路局重新调整安全生产领导小组成员，局党委书记王袖兼任组长，为安全生产第一责任人；副书记、副局长伍锋，副局长王如文，副局长杨为真兼任副组长。伍锋分管安全工作，为安全生产直接责任人。

1995 年 5 月，黄华钧任湛江公路局局长兼党委副书记，为安全生产第一责任人兼任局安全生产领导小组组长，副书记、副局长伍锋，副局长王如文，副局长杨为真兼任局安全生产领导小组副组长。

1997 年 4 月，市公路局制定《湛江公路局安全生产管理制度》，成立湛江公路局安全生产委员会（以下简称"市公路局安委会"），局长黄华钧兼任主任为安全生产第一责任人；副局长郭德应兼任副主任，为安全生产直接责任人；局安委会成员由有关科室负责人组成。

1999 年 10 月，市公路局党委书记朱华生主持全面工作，为安全生产第一责任人兼任安委会主任。

1999 年 12 月，市公路局副局长张振林兼任安委会副主任为安全生产直接责任人。

2000 年 4 月，市公路局调整"安全生产委员会"，主任：朱华生，副主任：张振林、杨为真。

2000 年 11 月，朱辉任职湛江公路局副书记、副局长主持全面工作，为安全生产第一责任兼任安委会主任人；副局长刘兵兼任分管安全生产工作，为安全生产直接责任人兼任局安委会副主任。

2002 年 8 月，市公路局机构改革撤销安全办，安全生产日常业务管理工作移交安全保卫科负责。

2002 年 9 月，市公路局重组安全生产委员会，朱辉局长兼任安委会主任，刘兵副局长兼任安委会常务副主任，其他副局长任副主任。各科室负责人为安委会成员，局安全保卫科科长兼安委会办公室主任。

2005 年 1 月，湛江市公路管理局书记、局长朱辉离任，副书记、副局长伍锋主持全面工作为安全生产第一责任人。

2005 年 4 月，郭德应任湛江市公路管理局书记、局长，为安全生产第一责任人兼任安委会主任；副局长曹栋分管安全生产工作为安全生产直接责任人，兼任局安委会副主任。

2008 年 10 月，市公路局副局长李志正分管安全生产工作，为安全生产直接责任人兼任安委会副主任。

2010 年 12 月，副调研员李国平分管安全生产工作，为安全生产直接责任人兼任安委会副主任。

1991—2002 年湛江公路局安全生产责任人一览表

表 6-1-1

第一责任人	职务	任职时间	直接责任人	职务	任职时间	职能部门	时间	非常设领导机构
蒋绍裘	党委书记，局长	1991—1994.1	王袖	副局长	1991—1994.1	劳资科	1991—1992.8	安全生产领导小组
王袖	党委书记	1994.2—1995.5	伍锋	党委副书记 副局长	1994.2—1997.2			
黄华钧	局长 党委副书记	1995.5—1999.10	郭德应	副局长	1997.3—1999.12	安全办	1992.9—2002.8	安全生产委员会
朱华生	党委书记	1999.10—2000.10	张振林	副局长	2000.1—2000.10			
朱辉	党委副书记 副局长	2000.11—2002.8	刘兵	副局长	2000.11—2002.8			

2003—2012 年湛江市公路管理局安全生产责任人一览表

表 6-1-2

第一责任人	职务	任职时间	直接责任人	职务	任职时间	职能部门	时间	非常设领导机构
朱辉	党委书记，局长	2002.8—2005.1	刘兵	副局长	2002.8—2005.3			
伍锋	党委副书记，副局长（主持全面工作）	2005.1—2005.3				安全保卫科	2002.9—	安全生产委员会，社会治安综合治理领导小组等
郭德应	党委书记，局长	2005.4—	曹栋	副局长	2005.04—2008.11			
			李志正	副局长	2008.12—2010.10			
			李国平	副调研员	2010.11—			

第二节　安全管理制度

市公路局依据国家《关于建立健全安全生产责任制的要求》《中华人民共和国劳动法》《中华人民共和国安全法》《关于加强企业生产安全工作的规定》《关于强化安全管理规定》；省政府《广东省劳动安全卫生条例》《广东省各级政府安全生产领导职责》《生产企业各级职能部门、各级人员安全生产.. 设考核办法及单位班组安全建设考核办法的说明>的通知》等有关法律法规和文件精神，结合公路安全生产特点，20 年来陆续制订、修订《安全生产管理制度》《安全生产风险保证金实施方案》《湛江公路局安全生产目标管理考核奖惩办法实施细则》《公路建设施工安全管理暂行规定》《安全生产职责与分工》《重大安全事故应急预案》《重大安，全隐患整改督办、协办制度》《重大安全隐患举报制度》《事故快报制度》《安全生产责任制考核办法》《防风抗灾工作预案》《安全生产事故应急预案》等规章制度，建立安全生产长效管理机制，促进安全管理规范化、制度化，做到安全生产有章可依，有规可循。

1991 年，根据省交通厅《广东省公路系统单位班组安全建设考核办法及单位班组安全建设考核办法的说明的通知》，湛江公路系统展开班组安全建设工作，在 148 个生产班组建立起《安全员职责》《班组安全生产公约》《安全活动日制度》等规章制度。

1992 年，市公路局与 28 个基层单位签定《安全生产责任书》，实行安全生产工作考核"一票否决制"。是年，遂溪分局发生"8·24""特大交通事故，市公路局及遂溪分局被省公路局取消劳动竞赛评奖资格。

1993 年，市公路局党委领导批准局安全办使用"湛江公路局安全生产专用章"，在本系统内部开展安全生产检查监督，发现重大事故隐患，严重违章违纪现象，由主管检查的领导签发下达"违章安全隐患整改通知书"，责成受检单位落实措施限期整改，防范事故发生。"违章安全隐患整改通知书"由受检单位责任人签收并负责处理，通知书存入安全生产管理档案备查，是年，市公路局查处安全隐患、违章违纪事件 23 宗，督促整改 19 宗，完成整改率 83%。

1996 年，交通部发布《公路养护技术规范》要求加强公路养护安全作业规范管理。省公路局加强全省公路行业统一管理，在全省公路系统实行安全生产目标责任制管理，要求各地市公路局与省局每年签订《安全生产目标管理责任书》，向省局缴纳安全生产保证金，确保实现全年不发生死亡 1 人以上责任事故的工作目标。省公路局履行公路系统行业安全管理职责，根据市局年度安全生产工作考核情况实行奖惩。是年，经省公路局考核验收审定湛江公路局为班组安全建设"达标单位"，198 个生产班组（车间、施工队）为班组安全建设"合格班组"。

1997 年 4 月 17 日，市公路局制订《湛江公路局安全生产管理制度》《湛江公路局安全生产风险保证金方案实施细则》，经市公路局第八届职工代表、第七届工会会员代表大会第一次会议审议通过实施，全局实行全员安全生产风险保证金制度。市公路局规定辖属单位安全生产第一责任人、直接责任人、专职安全员实行责任委任及单位安全生产领导小组其他成员向本局缴纳安全生产风险保证金（一类单位：各分局、第一、二、三工程处、湛江渡口所、局机修厂、船厂、机械材料供应站缴纳4900元；二类单位：南渡渡口所、各过路、过桥收费所、局设计室、质监站、公路技校缴纳3000元；三类单位：工程大队、医务所、幼儿园、恒通公司缴纳1000元），全局实行安全生产与经济利益直接挂钩的风险共担机制，做到安全工作有目标，考核有指标，职责分清，奖罚分明。8月25日，市公路局召开安全生产工作会议，局长黄华钧在会上与各单位负责人首次签定《安全生产风险保证金责任书》。市公路局辖属各单位相应制定本单位安全生产风险保证金实施细则，层层签定安全生产责任状，落实安全生产责任。

1998年3月，省公路局修订《广东省公路管理局系统安全生产目标管理考核奖惩实施细则（试行）》，强化全省公路系统安全管理。6月，省公路局发文《关于进行安全生产规范化管理试点的通知》，其中决定在湛江公路局第三工程处浪网工地（广珠高速公路工程十四标段），开展公路工程施工安全生产规范化管理试点工作。市公路局遵照省公路局有关工作要求，制定方案、指定人员配合省局安全办做好安全规范化管理试点相关工作。是年，市公路局修订《湛江公路局安全生产目标管理考核奖惩办法实施细则》，规范湛江公路系统安全考核奖惩办法。

1999年10月，省公路局组织编写、制定《广东省公路管理局公路建设施工安全生产管理暂行规定》在全省公路系统中试行。市公路局郭德应、郑兴坚、翁旺庆、赵建社、王剑平等人参与初稿的草拟、编写工作受到省公路局表彰奖励。

2002年11月，市公路局按照"管生产必须管安全"的原则，制订《湛江市公路管理局安全生产职责及分工》，明确规定各业务科室在管理工作中，在计划、布置、检查、总结、评比工作的同时，必须计划、布置、检查、总结、评比安全生产工作。

2003年6月，市公路局制订《湛江市公路管理局安全生产举报制度》，要求辖属单位执行实施，发挥群众的监督作用，有效控制事故的发生。

2004年，交通部发布《公路养护安全作业规程》并于9月1日起实施。是年，市公路局加强安全管理工作，使用《安全隐患整改督办人通知书》《安全隐患整改协办人通知书》办法，指定安全隐患整改督办人、协办人，限期完成安全隐患整改任务。

2005年，市公路局制订《湛江市公路管理局安全生产责任制考核办法》，对辖属单位安全生产责任人实行年度工作考核：（1）考核评分在80分以上的为优秀；（2）考核评分在60—80分的为合格；（3）考核评分低于60分的为不合格。是年，市公路局制订《防风抗灾工作预案》《安全生产事故应急预案》《安全生产举报制度》，加大安全生产管理工作力度。

2010年9月，市公路局修订《湛江市公路管理局安全生产管理规定》，并发文要求辖属单位贯彻执行；原《湛江公路局安全生产管理制度》同时废止。

第三节　安全宣传教育

市公路局贯彻党中央、国务院安全生产一系列方针政策，国家安全生产法律、法规，全国、广东省安全生产电视电话会议精神，坚持做好安全生产宣传教育工作，提高公路职工的安全意识和安全素质，增强安全生产的自觉性和责任感。

市公路局根据省、市上级部门有关工作部署，开展"春运""安全生产周、月""反三违月""文明渡口""文明机车""班组安全建设"等安全活动。尤其是一年一度的安全周、月活动期间，市公路局把握安全活动的主题，弘扬和倡导公路安全文化，开展有针对性的宣传教育活动。市局统一订购安全宣传挂画、安全宣传标语、班组安全学习读本、发放到各个单位、班组、生产车间、施工工地；安全生产法律法规宣传手册学习资料基本上人手一册。市公路局各分局、各渡口所、收费站、各施工工地、生产班组（车间）召开各种形式安全生产会议，加强安全宣传动员工作；悬挂安全生产宣传横幅，张贴安全宣传画和标语，出版安全宣传专栏墙报板报，播放安全教育录像，安全生产宣传教育活动有声有色。市公路局组织职工参加安全生产知识测试（竞赛），每次都占在职工人数90%以上，单位、班组参加面达100%。市公路局各单位组织职工学习《劳动保护安全生产手册》《公路养护安全作业规程》《公路安全保障工程实施技术指南》和《公路安全100问》等读本资料，掌握道路施工现场安全管理的有关规定，各种警示标志的配备和摆设，安全作业注意事项等。通过培训实际操练，提高公路职工安全规范操作能力和安全作业防范意识。

1991—2002年，湛江公路系统的筑、养路机械操作手、渡船驾驶、轮机、电工、风、电焊工等特种工作业人员参加专业技术培训达1600多人次，做到持证上岗规范作业。按照省、市上级主管部门工作要求，组织安全管理干部参加国家交通部、劳动部、省交通厅、省公路局、市安委办、经委、劳动局等部门举办的"班组安全建设达标""交通安全管理""安全主任注册培训"等安全业务培训达16期（班）、230人次，促进全局安全生产管理工作。市公路局落实责任、落实工作，积营造安全氛围，保障安全生产。1993—2002年，湛江公路系统获广东省交通系统安全生产文明先进集体3个，先进个人7名；获广东省公路系统安全生产文明先进单位（集体）67个，先进个人69名；获湛江市、市工交系统、市交通系统安全生产文明先进集体（单位）12个，先进个人16名。1993—2012年，市公路局坚持做好每年度本系统安全生产先进评选表扬工作，颁奖表彰安全生产先进单位（集体）603个（次）、班组842个（次）、个人2092名（次）。

1991年，国家安全生产委员会提出每年5月用一周的时间在全国组织开展"安全生产周"活动。5月17日至23日，市公路局组织公路职工以"安全就是效益和提高职工安全意识"为主题开展首个"安全生产周"活动。是年，市经委、市总工会联合举办的"班组安全建设达标"培训班，市公路局选送12名公路道班长参加。

1992年5月11日至17日，市公路局组织开展以"国有大中型企业创建良好安全生产环境和提高全社会的安全意识"为目的的第二个"安全生产周"活动。9月9日，省公路局向全省公路系统通报遂溪分局"8·24"特大交通伤亡事故；市公路局组织干部职工反复学习讨论事故通报，吸取事故教训，提高安全意识，杜绝类似事故再次发生。

1993年，市公路局扎实开展班组安全建设工作取得一定成效。4月，省公路局在廉江分局召开全省公路系统安全生产工作表彰现场会议，省局安全办组织与会人员到廉江分局高桥道班考察班组安全建设工作，观摩廉江分局国道 G325 线养护维修路段安全标志规范管理施工现场。5 月 11 日至 17 日，市公路局组织开展以"遵章守纪 杜绝三违"为主题，控制事故为目的的第三个"安全生产周"活动。是年，湛江公路系统举办交通安全、养路机械、安全用电、防火安全等安全业务技术培训班 36 期，3800 多人次参加。经省公路局组织考核验收，湛江公路系统安全生建设"达标单位"26 个，达标率 100%；"合格班组"186 个，合格率 97%；市公路局获得省局颁发的安全建设"达标单位"证书。

1994 年 5 月 12—13 日，市公路局在徐闻分局召开 1993 年安全生产表彰会议，贯彻国务院《关于加强安全生产工作的通知》和《关于控制重大、特大恶性事故的紧急通知》，要求控制重大、特大事故的发生。市公路局党委书记王袖、局纪委书记王佳、徐闻县副县长郑权及各分局、各直属单位分管领导、安全员、局机关有关科室负责人等 65 人参加。5 月 16 日至 22 日，全国开展以"勿忘安全，珍惜生命"为主题，以控制事故为目的，以"不伤害自己，不伤害他人，不被他人伤害"为主要内容的第四个"安全生产周"活动。交通部决定在全国交通系统范围内全面开展全国第四个"安全生产周"活动的同时，在整个 5 月份开展第一个"反三违月"活动，倡导"遵章光荣，违章可耻"，开展反对"三违"（违章指挥、违章操作、违反劳动纪律）活动，为创造交通安全的稳定局面打好基础。按照省交通厅、省公路局的工作部署，湛江公路系统开展"安全生产周""反三违月"活动。11 月，市公路局组织了 973 名职工参加全省《劳动法》知识竞赛活动，参赛职工占在职人数 28.1%，参赛人数超过上级提出的本单位职工不低于 20% 的要求，其中有 2 名参赛职工获得三等奖。是年，市公路局获得省公路局颁发的安全建设"达标单位"证书。

1995 年 1 月 1 日，《劳动法》开始实施。5 月 15 日至 21 日，市公路局组织开展了以"治理隐患、保障安全"为主题，以"坚持预防为主，加强隐患治理，积极贯彻《劳动法》等有关法律法规，倡导安全文化，提高全民安全意识"为主要内容的第五个"安全生产周"活动及全国交通系统开展的第二个"反三违月"活动。是年，湛江公路局获省公路局颁发的安全建设"达标单位"证书。

1996 年 5 月，湛江公路系统开展第三个"反三违月"活动；5 月 17 日至 23 日，以"遵章守纪、保障安全"为主题展开第六个"安全生产周"活动，市公路局组织 3800 多名干部职工观看"安全与生产"电视录像，进行安全生产知识学习测试。9 月，湛江公路系统近千名职工参加"广东省安全生产知识有奖竞赛活动"。是年，市公路局获得省公路局颁发的安全建设"达标单位"证书。

1997 年 5 月，市公路局组织开展第四个"反三违月"活动；5 月 12 日至 18 日，以"加强管理、保障安生产全"为主题展开全国第七次"安全生产周"活动。是年，市公路局系统召开安全会议 39 次，举办安全学习培训班 60 期，共有干部职工 4000 多人次参加。是年，市公路局因机关小车班发生一宗交通伤亡事故，被省公路局取消安全建设"达标单位"资格。

1998 年 5 月，市公路局组织开展第五个"反三违月"活动；5 月 11 日至 17 日，以"落实责任、保障安全"为主题展开全国第八次"安全生产周"活动。市公路局各单位以反"三违"为重点，开展"找出一个隐患，提供一条建议，采取一项措施，增加一份安全"活动，全局召开动员会议32场次，3000名干部职工参加安全生产知识学习测试。是年，市公路局获得省公路局颁发的安全建设"达标单位"证书。

1999年"春运"期间，市公路局落实领导值班制度，养护部门加强公路维护，路政部门加强巡路清障，渡口增加渡运班次，保障公路安全、有序、畅通。廉江分局被省交通厅评为"广东省1999年春运工作先进单位"；廉江分局、雷州分局、湛江渡口所被省公路局评为"广东省公路系统1999年春运工作先进单位"；市公路局春运办公室被市政府评为"1999年春运工作先进单位"。5月，市公路局组织开展第六个"反三违月"活动；5月11日至17日，以"落实责任、保障安全"为主题展开全国第九次"安全生产周"活动。湛江公路系统召开宣传动员会议36场（次），3200名干部职工参加。是年，市公路局获得省公路局颁发的安全建设"达标单位"证书。

2000年5月，市公路局组织开展第七个"反三违月"活动；5月14日至20日，以"掌握安全知识，迎接新的世纪"为主题展开全国第十次"安全生产周"活动。10月13日，湛江公路局召开安全生产工作会议；由市安委办安排与会人员到湛江航运集团船厂观看"10·5"爆炸事故现场。是年，经省公路局组织考核验收，湛江公路系统安全生建设"达标单位"30个，达标率100%；"合格班组"208个，合格率98.6%；市公路局获得省公路局颁发的安全建设"达标单位"证书。

2001年5月，市公路局组织开展第八个"反三违月"活动；5月13至19日，以"落实安全规章制度，强化安全防范措施"为主题开展全国第十一次"安全生产周"活动。是年，市公路局获得省公路局颁发的安全建设"达标单位"证书。

2002年，中共中央宣传部、国家安全生产监督管理局、全国总工会、共青团中央共同决定，从2002年起，将每年5月开展的全国"安全生产周"活动改为"全国安全生产月"，时间定在每年6月进行。是年，第一个安全生产月主题为"安全责任重于泰山"。市公路局参加市安委会组织的"安全生产月"彩车巡游宣传活动，出动宣传车到渡口、收费站等公共场所宣传安全生产法律法规。8月，市公路局组织12名安全管理干部参加湛江市初级注册安全主任培训，经安监部门考核，取得广东省初级安全主任注册证书。11月1日，《中华人民共和国安全生产法》开始施行，市公路局组织职工学习贯彻《安全生产法》。是年，市公路局获得省公路局颁发的安全建设"达标单位"证书。

2003年6月，湛江公路系统以"实施安全生产法 人人事事保安全"为主题开展第二个安全生产月活动。是年，市公路局组织安全员62人（次）分期分批参加省公路局、市安委办举办的《安全生产法》《广东省安全生产条例》业务培训学习。是年，湛江公路局获得省公路局颁发的安全建设"达标单位"证书。

2004年6月，湛江公路系统以"以人为本 安全第一"为主题开展第三个安全生产月活动。8月，市公路局组织10名安全管理人员参加省公路局举办的中级安全注册主任资质培训，经省安监部门考核取得广东省中级安全主任注册证书。是年，市公路局获得省公路局颁发的安全建设"达标单位"证书。

2005年6月，市公路局组织公路干部职工以"遵章守法 关爱生命"为主题开展"安全生产月"活动；6月1日至9月9日展开"百日安全无事故活动"；全局发放安全生产法律法规宣传手册做到人手一册。是年开始全省公路系统取消安全建设"达标单位""合格班组"年度审定工作。

2006年，市公路局组织公路职工以"关爱生命、安全发展"为主题开展第五个全国安全生产月活动（6月1日至6月30日）和"百日安全无事故"活动（6月1日至9月9日）。

2007年6月，湛江公路系统以"综合治理、保障平安"为主题开展第六个安全生产月活动。湛江渡口所进行了以消防、人员落水、堵漏抢险和弃船救生为内容的安全应急演习。公路技校举办安全知识有奖竞赛活动和消防演习。

2008年6月，湛江公路系统以"治理隐患 防范事故"为主题开展第七个安全生产月活动。11月，根据省交通厅工作部署，在省公路局、市交通局的指导、支持下，市公路局行政管理人员、技术人员共638人参加交通行业突发公共事件应急管理培训学习，经考试考核平均成绩达80.88分。市公路局完成公共事件应急培训工作，达到了预期目的，受到省交通厅的表扬。

2009年，市公路局展开"安全生产年"活动，组织代表队参加全省公路系统"路安杯"安全生产知识竞赛，获得第4名的好成绩。6月，市公路局以"关爱生命、安全发展"为主题展开第八个安全生产月活动。

2010年，市公路局继续展开"安全生产年"活动，重新修订《湛江市公路管理局安全生产管理规定》，进一步细化各单位、各部门安全职责，完善安全生产工作体系。6月，湛江公路系统以"安全发展、预防为主"为主题开展第九个安全生产月活动。11月9日，市公路局组织干部职工开展"119"消防日活动，举行消防演习。

2011年，市公路局深入开展"安全生产年"活动，在全局范围内广泛开展安全生产宣教活动。6月，湛江公路系统以"安全责任、重在落实"为主题展开第十个安全生产月活动。

2012年3月，市公路局安全管理干部36人在省公路职工技术培训中心参加业务培训，全面而系统地学习《公路安全条例》《道路施工安全标志技术规范》等课目。6月，湛江公路系统以"科学发展、安全发展"为主题开展第十一个安全生产月；6月29日，市公路局举办"公路安全知识讲座"，邀请湛江公安交警支队派员授课，市局安委会成员、各分局、直属各单位分管领导、安全员、局机关科室人员等80多人参加。

第四节　安全整治工作

一、职工劳动保护措施

市公路局坚持"以人为本、关注生命"的原则，按照国家有关政策规定，做好公路职工劳动保护工作。市公路局为确保安全生产，逐年加大安全经费的投入，年度安全设施专项经费由1992年度的5万元增加到2012年度的30万元；每年为公路养护施工人员配发冬、夏反光安全标志服、安全标志雨衣等劳动保护用品；为公路道班配发道路施工安全标志牌、安全示警筒、安全示警灯等安全设施用品。

1991年，市公路局决定由局机械修配厂统一制作公路标志工作服装，公路作业人员每年配发冬、夏装各一套。市公路局规定上路作业人员必须穿着安全标志服，养护（施工）车辆悬挂施工标志牌和安全示警灯，做到上路作业安全防范措施齐全有效，保障公路过往车辆和上路作业人员的人身安全。

1993年，省公路局加大公路行业管理，全省公路系统统一制作发放劳动保护安全用品，安全标志服、安全标志水衣、安全示警筒实行"三个一"定购政策（省、市公路局、使用单位各出1/3价格）。经省公路局安全办同意湛江市公路局所定的安全标志服由湛江公路局机修厂制作，安全标志水衣由广州公路局路人服装厂制作，安全示警筒由佛山公路机修厂制作。1991—2012年，湛江公路系统一配置安全标志服33542套；安全标志雨衣23042件；安全示警筒18932个；安全警示黄闪标志灯596盏，道路施工安全标志牌4846块；养护机车作业安全标志牌照600块；安全标志帽、手袖套12000件（对）；保障公路上路人员作业安全。

2002—2012年湛江公路系统安全用品配发情况表

表6—4—1

年份 \ 品类	安全标志服（套）	安全标志水衣（件）	安全示警筒（只）	安全警示黄闪灯（个）	安全施工标志（块）
1991	1300				50
1992	1300				48
1993	1300	1300	600		240
1994	1180	1300	800		200
1995	1360	1360	800		180
1996	1380	1380	900		320
1997	1380	1380	1200		280
1998	1380	1380	1300		280
1999	1380	1380	1400		320
2000	1380	1380	1600		330
2001	1420	1600	1200		330
2002	1723	815	480	48	199

续上表

年份＼品类	安全标志服（套）	安全标志水衣（件）	安全示警筒（只）	安全警示黄闪灯（个）	安全施工标志（块）
2003	1256	1156	528	65	220
2004	1680	650	1266	78	326
2005	1870	960	650	32	186
2006	1780	1280	1160	56	262
2007	2010	1370	1080	23	156
2008	1986	1186	786	69	238
2009	1728	816	490	50	198
2010	2425	1095	880	92	323
2011	2156	1328	953	27	86
2012	1948	742	850	56	74
合计	33542	23042	18932	596	4846

二、安全检查整改

市公路局结合"春运""安全生产周""反三违月"等活动，公路季度巡路、上半年、年度工作检查，公路系统"文明机车""文明渡口""六无船"等定期不定期地开展全局系统性安全生产检查，按照"谁主管、谁负责"的原则，落实安全隐患整改责任，督促落实，杜绝重大责任事故发生。

1991 年，市公路局组织安全生产检查 5 次，查处严重违章违纪现象 9 宗（起），经督办整改 7 宗（起）。

1992 年，遂溪分局发生"8·24"特大交通伤亡事故，为吸取教训，市公路局组织各单位摆问题、找原因、订措施、堵漏洞，组织力量展开养护、工程机车安全大检查，抓好安全整改工作。

1993 年，市公路局在本系统内部开展安全生产检查监督，发现重大事故隐患，严重违章违纪现象，主管检查的领导签发下达"违章安全隐患整改通知书"，盖上"湛江公路局安全生产专用章"，责成受检单位落实措施限期整改；"违章安全隐患整改通知书"由受检单位责任人签收并负责处理，通知书存入安全生产管理档案备查，是年，市公路局查处安全隐患、违章违纪事件 23 宗，督促整改 19 宗，完成整改率 83%。

1994 年，市公路局制定《"安全生产、文明机车"养护机械检查评比办法》，对

380 多台养护、工程机动车辆按照车容车貌、技术状况、安全性能等方面实施规范检查，评为"文明机车"者给予奖励。

1995 年，市公路局检查筑、养路机车 385 台（次），查处整改安全隐患 17 宗，查处清理私人车辆靠挂公路部门车牌 22 台，防止私人车辆靠挂公路部门车牌发生交通事故，而严重干扰公路部门正常工作秩序的现象出现。

1996 年，市公路局安全办按照上级部门工作要求，安全检查发现重大事故隐患，填写《湛江市重大事故隐患普查建档报告表》《广东省重大（特大）事故隐患月（季）一览表》上报广东省公路管理局安全办、湛江市安委办等主管部门备案。全局查处安全隐患，严重违章违纪现象 11 宗（起），经督办整改 9 宗（起）。

1997 年，市公路局各单位组织安全生产检查 74 次，查处整改安全隐患 160 多宗。其中检查筑、养路机械 242 台（辆），检测避雷设施 132 处，更新灭火器材一批。

1998 年，省公路局专项整治检查公路建设工程质量、安全生产，11 月 20 日至 21 日，省局副局长李光带领工作检查组一行 7 人莅湛深入国道 G325、G207 线施工路段工地现场检查督促工作。是年，湛江公路系统先后组织安全生产检查 87 次，查处整改安全隐患 81 宗；其中检查养护（工程）机车 280 多台（辆），检测避雷设施 146 处，更新灭火器材 150 套（个）。

1999 年，市公路局结合"春运""安全生产周""反三违月"活动，加强公路养护、工程施工、公路渡口、收费站等重要部门部位安全检查工作。查处整改安全隐患 64 宗；其中检查养护（工程）机车 180 多台（辆），检测避雷设施 150 多处，检查用电设备保险装置 500 多只。各公路分局加强危桥监测，分别对 18 座、1203 延米危桥进行加固，确保桥梁安全通行；湛江渡口所排除渡船发动机故障 210 起，电气故障 170 起，更换消防救生设备 150 件，添置码头网绳、安全护栏等设备一批，确保安全渡运。

2000 年，市公路局组织开展全局性安全生产大检查 6 次，落实安全设施经费 36 万元，检修机动车辆 167 台，更新灭火器材料 40 个，检修避雷设施（针）52 支。

2003 年，市公路局各分局组织力量加强四类桥险情排查、监控，对危险桥梁实施整改综合治理，改建加固拱桥、蕉仔岭桥、头铺营桥、百丈桥、那山水利桥、东高岭桥共 6 座，保障省养公路桥梁的安全通行。是年，省、市安全监督部门和省公路局先后安全抽查 4 次。查处安全隐患 12 宗，督办整改 10 宗。

2004 年，市公路局强化公路工程安全管理。为保证安全设施与主体工程同步进行，采用预收工程造价 0.3% 做为专门购置安全设施的经费，杜绝某些施工单位在安全设施上不舍得投入的现象。对危险桥梁实施整改综合治理，加固沟尾桥、砖石桥、糖厂桥、合江桥、三六桥等桥梁 12 座。

2005 年，市公路局与公安交警部门协力整治国道 G207 线、G325 线事故多发路段，投入整改专项经费 50 万元，增设路口交通标志、行人横过公路标志、减速示警标志、太阳能示警灯等交通安全设施。是年，市公路局组织安全生产检查 13 次，查处整改安全隐患 18 宗。

2006 年，市公路局开展安全生产大检查 4 次，专项整治活动 9 次，全局公路系统查处安全隐患 19 宗，完成整改 17 宗。落实专项经费 9 万元，检测避雷设施 268 支（处），其中检修整治避雷针 30 支，新增设避雷针 25 支；更新灭火器材 130 个。

2008 年，市公路局制订《防风抗灾工作预案》，并组织应急演练。台风来临时，领导靠前指挥，做好防台风部署，落实人员、车辆和抢险用具，加强值班，保障信息畅通。各养护站储备足够的沙石料等应急物资，抢险人员和专用器械随时待命，做好水毁公路抢修应急准备工作。

2009 年，市公路局组织专业人员对石门大桥扩建工程、G325 线文车至北罗坑段改建程等 10 个在建项目进行安全专项检查，对存在问题提出整改要求。并发《关于市局开展在建项目安全生产专项检查的情况通报》。

2010 年，市公路局连续开展"安全生产年"活动，重点排查建公路施工工程、桥梁、危险路段和事故多发路段，公路渡口等重要部门部位的安全隐患，完成整改隐患 26 处，整改率 100%。

2011 年，市公路局组织安全生产大检查 4 次，专项整治检查 2 次。2 月下旬至 5 月下旬，市公路局根据《湛江市重大安全隐患"百日整治"专项行动方案》，在全系统开展"百日整治"专项行动。

2012 年 9 月，根据《广东省公路管理局转发关于进一步深化"打非治违"专项行动集中开展"回头看"活动的通知》精神，市公路局制定《"打非治违"专项行动"回头看"活动方案》，发动干部职工积极参与，开展公路、桥梁，渡口渡船、施工作业、用电和消防、机动车辆等安全隐患及安全生产各种证照的自查自纠。市公路局开展"回头看"活动，对"打非治违"专项行动再部署、再落实，集中力量查找安全隐患和突出问题，纠正各种非法违规行为，推动"打非治违"专项行动有效开展，抓好公路系统专项整治工作。

第五节　公路战备与应急管理

湛江三面临海，雷州半岛作为全国三大半岛之一，是历代重兵镇守的"天南重地"，湛江公路交通在新时期国家的国防版图和经济版图上依然占据非常重要的地位。

湛江公路系统以中央军委新时期军事战略方针为指导，贯彻国家和广州军区交战办关于编修交通重点目标保障方案的指示和要求，以打赢信息化局部战争和遭敌高技术、常规武器打击破坏为背景，以提高战时和特殊情况下交通抗毁保通能力为重点，坚持人民战争的思想和"军民结合、平战结合、防修一体、先通后善"的原则，立足湛江公路现有保障手段、条件和能力，抓好专业保障队伍建设，加强战备器材管理，锻炼一支思想坚固、技术过硬的战备队伍，从组织、技术、物资等方面采取各种防护和抢修措施，做好湛江公路应急应战准备工作。

市公路局以提高道路的完好率和 道路通行率为目标，以平战结合为原则，保障各项的战备工作任务开展。市公路局重新修订脱离实际、操作性不强的预案，制订《安全生产重大事故应急预案》《防风抗灾应急预案》《春运应急预案》《桥梁、渡口防恐应急预案》等专项应急预案；完善市公路局应急预案形成较为完善的体系。市公路局各单位开展应急知识宣传，举办应急管理知识讲座和派出人员参加应急管理培训，提高应急管理水平；市公路局组织以防台风、道路中断、桥梁垮塌、落水救生为内容的 3 次大规模演练，以消防、紧急疏散为内容的 5 次应急演练，检验应急预案，锻炼应急队伍，提高实战能力。

1996 年，市公路局投资 3507 万元完成硇洲岛战备公路改建工程（列入湛江市"九五"计划）。本工程项目由四条支线组成，全长 38.57 千米。其中：主线起于硇洲国土所，经六竹小桥、北港堤、大浪营房驻地、一龙村、雾号站、漏村、谭北、西圆村、兆庆村，终于红卫小学，长 28.61 千米。全线采用山岭重丘区二级公路标准改建，路基宽 12 米，其中沥青表处路面宽 7 米，土路肩宽 2×2.5 米；桥涵与路基同宽，桥涵设计车辆荷载：汽车-20 级、挂车-100。

1999 年 7—9 月，市公路局指派邝朗基、纪承灼两名工程技术人员到南海舰队西沙工程指挥部支援国防工程建设。8 月，市公路局直属分局和渡口所组成的高炮二连二班参加广东省军区组织的民兵高炮实弹射击训练考核，取得击落靶机的好成绩，受到省军区的表彰。

2000 年 4 月，市公路局根据湛江市国防动员委员会和市交通战备办公室的指示精神，调整"交通战备领导小组"成员，并成立"湛江公路局交通战备潜力调查办公室"，完成上级部门赋予的交通战备国防动员潜力调查工作任务。是年，为提高徐闻当地驻军作战综合反应能力和促进西连镇经济发展，市公路局投资 757 万元完成徐闻县西连—大井段战备公路建设，该工程全长 4.24 千米，按二级公路标准设计，路基宽 12 米，桥涵与路基同宽，荷载汽车-20 级、挂车-100。

2003 年，市公路局组织完成硇洲岛海防战备公路改造工程任务，工程全长 13.6 千米（中线公路至东海头营房 2.8 千米，大浪营房至加律营房 10.3 千米、环岛公路至南角尾营房 0.5 千米），路面宽 6 米，路基 9 米。该工程投资 2980 万元。

2007 年 10 月，市公路局制定《湛江市公路管理局安全生产应急预案》，并发文辖属单位贯彻执行，要求各分局、直属各单位针对可能发生的安全生产事故，建立预测预警系统，完善预测预警机制，开展风险分析，做到早发现、早报告、早处置，确保本系统的应急救援工作妥善、高效。

2008 年 9 月，市公路局制定《湛江市公路管理局桥梁、渡口防恐应急预案》，要求各分局、湛江渡口、工程大队贯彻执行，并相应建立应急组织机构。

2010 年 4 月，根据广东省国防动员委员会《关于下发广东省交通重点目标保障方案编修计划的通知》，按照《交通重点目标保障方案编修参考提纲》等有关规定，确保战时湛江交通安全公路畅通，结合湛江重要战备渡口、桥梁的实际情况，在湛江市政府、市国防动员委员会的领导下，由湛江市交通战备办公室牵头，市公路局具体组织编制《湛江渡口战时保障方案》《雷州南渡河公路桥战时保障方案》《湛江石门公路大桥战时保障方案》。每个方案对敌破坏手段、破坏情况和保障任务作分析预计。在明确任务的基础上，从组织、技术、物资和保障力量等方面制定保障措施，确保完成各项公路交通战备任务。

2010 年 11 月，市公路局制定《湛江市公路管理局防洪防风应急预案》，并发文辖属单位要求贯彻执行。市公路局成立防洪防风指挥部，由局长任总指挥，局党委其他成员任副总指挥，指挥部成员由市公路局办公室、基建科、养护科、路政科、收费科、安保科等科室负责人组成，统一组织、指挥全局防洪防风抢险救灾工作，指挥部下设 4 个组（抢险救灾组、信息收集组、后勤保障组、政工宣传组）开展工作。指挥部下设办公室（设在养护科），科长兼办公室主任。按照台风、暴雨的严重程度，应急响应级别按湛江市应急预案分为：Ⅰ级（特别重大）、Ⅱ级（重大）、Ⅲ（较大）、Ⅳ（一般）响应；湛江市公路管理局及各单位按不同灾害等级采取相应的防抗措施行为。

2012 年 6 月 29 日，市公路局组织安委会成员、各分局、直属各单位分管领导、安全员、局机关科室人员等 80 多人在省道 S286 线石城路段，现场观摩公路水毁现场应急演练。廉江市安监局领导莅临现场指导。廉江分局廉城养护站实施演练，演练内容包括在不改变交通流向的情况下，分别紧急摆设内侧车道、外侧车道封闭作业和临时点外侧作业施工警示标志三个科目，保障过往车辆和作业人员人身安全。廉江市安监局黄木寿局长高度评价市公路局有针对性地开展具有自身特色的公路应急演练，确有特色、成效，并表示向省、市安监局汇报演练有关情况。市公路局李国平副调研员作演练讲评：演练的三个科目是为检验应急预案的实效性和可操作性，规范设置施工标志，锻炼应急队伍，增强了公路职工应急意识，提高公路养护人员处置突发情况的能力，演练达到预期目的。

2012 年 10 月，市公路局在机械材料供应站基础上成立湛江市应急养护中心，由局党委书记、局长任指挥部指挥，主管安全生产的局领导及发生事故所在地的公路分局或局直属单位的领导任副指挥，指挥部成员由安全保卫科长、办公室主任、养护科科长、基建科科长、路政科科长、收费科科长、监察科科长、工会主席以及有关技术人员组成。湛江市应急养护中心主要工作目标是确保应急抢险机械设备一直保持良好状态，随时能够快速出动，第一时间投入应急抢险行动中，充分发挥公路应急抢险救援中心对湛江市公路应急保障的作用。为了快速高效的应对突发事件，维护公众的生命财产安全和社会稳定，市公路局在每个分局都设有应急材料储备点，根据相关规定和要求储备应急材料物质，储备的方式有实物储备、计划储备、资金储备、信息储备及人员储备。各储备方式有机结合，动态管理，科学购进、保存及维护，确保储备资源有效使用。

第六节　安全纪事

公路工作点多、面广、线长，随着我国经济建设事业发展，公路交通日益繁忙，公路建设日益繁重，随着公路技术等级和公路养护机械水平的提高，公路系统安全生产局面日益严峻。1991—2012 年，湛江公路系统发生重大交通伤亡责任事故 1 宗、生产伤亡责任事故 2 宗、施工工地工棚火灾 2 宗；公路职工上路作业被违章车辆碰撞伤亡 5 人、重伤 3 人，公路安全生产工作任重道远。

1991 年 11 月 11 日，南渡大桥收费所职工何耀彬在路边打扫卫生时，被一辆（海南 02—40536）15 吨黄河牌大货车（刹车失灵）撞碎右腿膝盖，送往广西玉林陆军医院医治，后因伤势严重被截去右腿致残。

1992 年 3 月 18 日，湛江公路局第一工程处违反安全生产规定，擅自雇用民工拆除旧平房，违章施工造成民工两死一伤的重大事故。3 月 19 日，湛江市安委会在公路恒通大厦召开事故现场通报会议，会上，湛江公路局第一工程处受到通报批评，市安委会责成给予事故责任人行政处分。

是年 8 月 8 日，湛江公路局工会一干事驾驶 6 座工具车搭载局工会人员到湖光岩办理公务，晚上 10 时左右返至省道黄海线木兰村路段，撞到同向骑自行车村民周其培，后经送往医院抢救无效死亡。

是年 8 月 24 日上午 8 时左右，市公路局遂溪分局黄某某驾驶工程车（广东 36—00555）途径国道 G207 线白坭坡路段，违章越线与遂溪 506 车队客车（广东 36—00030）相撞，黄某某当场死亡，造成特大交通安全事故死亡 6 人，重伤 4 人，轻伤 53 人，两车严重损坏，事故直接经济损失 50 多万元。次日，湛江市安委会、公安交警部门召开"8·24"特大交通安全事故现场会，市直企事业单位有关人员共 200 多人参加。随后，市公路局在遂溪分局再次召开会议分析事故，所辖属单位主管领导、安全员及本局有关科室人员共 60 多人参加，副局长王袖主持会议并作讲话，责成遂溪分局按照"三不放过"追究有关人员责任，并妥善处置后事。

是年 9 月 9 日，省公路局向全省公路系统科级以上单位通报了遂溪公路分局"8·24"特大交通安全事故，要求认真吸取事故教训，切实抓紧抓好安全生产工作；省公路局下拨事故处理专项经费 20 万元，要求遂溪分局做好事故善后工作。

1993 年 4 月 18 日，市公路局借用司机何某于当日下午因公驾驶一辆日产凌志公务车（车号：广东 16—00888）送人外出办事；当晚约 20 时许，因在霞山停放车辆不当，造成该车被抢劫，另一名随车干部黄某被枪杀的恶性事件。

1994 年 11 月 14 日，徐闻公路分局迈代道班长张祥裕在路上修铺作业时，被一辆 17 座客车（车号：广东 16—00127）司机无证违章驾驶闯入作业路段撞倒，张祥裕在送往医院途中不治身亡。

1995 年 11 月 23 日，湛江渡口所发生过渡汽车坠海事故，幸免无人员伤亡，事故直接经济损失 5 万元，由保险公司负责赔付。

1996 年 10 月，廉江公路分局甫洋道班发生一养路工失足跌落沥青加热油池烫伤事故，经送医院抢救无效死亡。

1998 年 1 月 15 日，湛江渡口所湛机 1202 渡船当班渡运，有一辆小轿车因电线短路，突然冒烟起火，该船船员苏伟枢等人冒着生命危险及时将火扑灭，避免小车着火引发渡船爆炸的恶性事故。

1999 年 5 月 15 日，下午 2 时许，遂溪县城月镇谭葛村地带遭受强劲龙卷风袭击，谭葛道班门楼围墙倒塌，班房窗门全部损坏，道班人员轻伤 2 人。事发后，湛江公路局、遂溪分局组织干部职工捐款救助谭葛村和道班复产及重建家园。

是年 6 月 16 日，吴川黄坡一烟花炮竹厂发生爆炸事故，殃及一路之隔的国道

G325 线黄坡道班，道班门窗全部损毁，1 名女工受伤，国道 G325 线交通受阻 3 个多小时，事故造成吴川公路分局黄坡道班直接经济损失达 15 万多元。

1999 年 7 月 6 日，恒通水泥厂立窑车间二号窑发生塌窑事故，造成加料室的 5 位职工不同程度被烧伤，重伤 2 人、轻伤 3 人，事故直接经济损失 30 多万元。

1999 年 1 月 29 日凌晨，国道 G325 线廉江排里大桥在一辆超重车辆经过后突然倒塌，塌桥事故幸免无人员伤亡。

是年 8 月，徐闻公路分局黄某工程队在国道 G207 线下桥路段施工工地工棚发生火灾，工地直接损失 10 多万元。

1999 年 9 月，第一工程处韶关工地工棚发生火灾，导致工地财务档案及库竹大桥施工档案全部烧毁，事故直接损失 20 多万元。

2000 年 6 月，吴川公路分局丢失一辆日吉公务车。

2001 年 5 月 31 日晚，湛江渡口所湛机 1203 渡船由东岸开往西岸航行中，被巴拿马万吨货船碰撞，渡船上乘客 7 人受伤送海军第 422 医院医治，撞船事故直接损失（医疗赔偿等）20 多万元，由巴拿马货船方完全负责赔偿。湛江渡口 "5·31" 撞船事故发生后，湛江海事部门启动应急预案进行了海面搜救工作，市政府、市安委会、省、市公路局有关领导纷纷赶到事故现场，严密组织抢救处理善后工作，及时布置恢复渡口渡运工作秩序，湛江渡口重点开展安全生产整顿工作，制定了安全整改措施，确保渡运安全。

2001 年 10 月，局机修厂职工谢克佳在阳茂高速公路道路划线施工，被违章车辆撞倒伤亡。

2002 年 2 月 14—15 日，农历大年初三、初四，湛江渡口所湛机 1502、1203 渡船当班船员奋不顾身接连救起 2 名投海轻生的外地女青年，受到社会群众高度称赞。

2003 年 12 月 5 日，在湛江渡口离东岸码头约 300 米海面，一名中年妇女抱着一个小男孩从湛机 1501 渡船甲板跳海自杀，当班渡船船员陈土富、李来友奋不顾身跳入海中将跳海的妇女和小孩安全救上渡船，避免一场悲剧发生。

2004 年 8 月 12 日，徐闻分局迈陈养护站养护车在正常行驶中被一辆同向行驶的摩托车追尾碰撞，该摩托车驾驶员当场死亡。

是年 9 月 1 日，一辆摩托车违章搭载 4 人同向碰撞吴川分局黄坡养护站养护车后部车身，发生摩托车驾驶员当场死亡 3 人受伤的严重伤亡交通事故。

2008 年 9 月 8 日，一辆大客车（粤 GJ1640）在国道 G207 线南渡大桥收费站停车交费时突然起火，该站收费三班收费人员及时扑灭大火，避免伤亡事故的发生，保护客车及 40 多名乘客的安全，受到过往司机及旅客的高度赞扬。

2009 年 5 月 2 日，省道 S287 线廉江合江大桥建设工地发生架桥机翻侧事故，造成施工人员一死一伤。事故发生后，省、市公路局有关领导赶到现场处置事故，及时组织抢救伤亡人员，安抚伤亡人员家属。5 月 5 日，市公路局组织召开 "5·2" 伤亡事故现场会，李志正副局长主持会议，会上通报了事故经过，剖析事故原因，反思事故灾难。省公路局郭美亮助理调研员、陆锦涛主任科员、局党委班子成员、分局和直属单位领导、机关科长及安全员等 60 多人参加。经市安监部门调查确定，该起事故属于责任事故。市公路局对"5·2"伤亡事故处理情况及相关责任人处分进行了通报。

2010年12月8日，徐闻公路分局曲界养护站副站长陈景能在省道S376线K9+800路段清理水沟作业时，被朱耀猛无证驾驶粤G·K4177号菲亚达小轿车撞下水沟当场死亡，朱耀猛肇事弃车逃离现场；徐闻县公安交警大队认定朱耀猛承担事故全部责任。

2012年3月4日，直属分局疏港公路绿化组临时工何秋英在疏港公路S293线10K+700路段中间绿化带养护作业时，被湛江宝钢项目经理倪某某驾驶沪C·GS463号小型客车撞致重伤，何秋英送医院经抢救无效死亡。湛江市交警支队麻章大队认定倪某某承担交通事故全部过错责任。

2012年3月28日，局机修厂道路划线施工队在国道G207线与省道S374线茶亭交汇路口划线施工，被湛江汽车运输集团有限公司司机郑妃珠驾驶粤G·M3989号大型客车违章冲入防护示警标志封闭施工划线路段，将正在作业施工的该厂职工黄伟銮撞致重伤；经遂溪县公安交警大队认定郑妃珠承担事故全部责任。

第七章　计划与财务管理

市公路局计划财务工作贯彻"全面规划、协调发展、加强养护、积极改善、科学管理、提高质量、依法治路、保证畅通"的方针，以养好现有公路路面为中心，并以国、省道为重点，确保省养公路处于优良路况为宗旨，加强养路费地方切块资金计划管理，做到支出有计划、设计有概算、施工有预算、竣工有决算；统筹兼顾做好养路费计划安排，多方筹措公路建设项目配套资金，保障湛江公路事业的开展。

1991—2002年，市公路局机关科室编制设置计划财务科、审计科，各分局、各直属单位按照有关规定设置会计工作岗位，建立会计人员岗位责任制，明确工作责任。

2002—2012年，市公路局机关科室编制设置计划科、财（务）审（计）科。各分局、直属单位在机构改革编制中都设置财务股，各单位财务负责人的任免需征得市公路局的同意。

第一节　计划管理

一、计划编制范围及管理原则

根据国家现行有关规定各级公路部门不得自行增设公路养路费支出项目，扩大使用范围，公路养路费包括以下四大部分：1. 养路工程费：即公路小修保养、大中修、抢修、新改建、渡口、绿化支出、道（渡）班房建设、县乡公路补贴、工程测设费、机械设备购置费。2. 养路事业费：指厂场建设费、科研及管理技术开发费、教育培训费、路况及交通量情况调查费（含检查评比费）、生产房屋建设费、路政管理费、行政管理费、大桥看守费。3. 养路其他费：包括劳动保险费、边远地区养路职工子弟学校经费、附属生产应交利润或应弥补亏损年终调整养路总支出、其他净损失及其他。4. 公路交通管理经费补助。

市公路局根据省下达的养路费切块资金使用计划，编制支出预算，按照规定的时间和程序报省、市主管部门审核。当年按规定立项的省养公路大中修项目，经有关部门批复立项后，将省养公路大中修计划报省公路局备案。

市公路局坚持以搞好公路养护和建设为中心，加强养路费计划管理和监督，对计划落实的督促检查，发挥计划的调控作用和指导职能，保证完成各项计划任务。省养公路养护费切块包干投资计划的编制和管理原则：

（一）坚持维护计划的严肃性，不得擅自更改，如因实际情况确需调整的，应按计划管理程序办理，并按规定审批权限报批，经上级主管部门批准后方可修改调整。

（二）坚持执行计划做到"一严"（即严格财务开支）；"两不准"（未经市局同意不准超计划建设项目，包括扩大工程规模和投资规模；不准擅自新开工程项目（包括养护、房建等工程）。

（三）坚持计划安排的小维费保证有85%以上下到道班使用；计划安排的国省道公路大中修里程不得少于通车里程的8%。

（四）保证年度计划的完成，所有年度计划项目必须在当年九月底以前实施动工，不能按时动工，而又未经批准的，一律取消项目（包括各分局切块包干投资安排的项目在内），由市局统筹重新安排。

二、养路费切块包干计划概况

20世纪90年代始，广东省公路系统按照省政府《广东省公路管理体制改革方案》，公路养路费投资计划实行切块包干，省每年将各市征收的公路养路费按照一定比例返还给各市公路局。根据省、市公路局签订的公路养路费（含过渡费）切块包干经济承包责任合同书的规定，湛江养路费总投资计划基数百分比是：1991—1993年为80%；1994—1995年为90%；1996—2005年为95%；2006—2010年按照2005年的基数标准不变。其中1991—2008年市公路养路费切块包干总投资计划每年计提：公安交警经费2.63%；地方公路补助经费1991—2003年为11.5%、2003年为13%；1998年开始，省从市养路费切块包干总投资计划中每年提取3%水利建设基金；1999年开始，省从市养路费切块包干总投资计划中每年提取金融风险金（其中1999年为20.58%、2000年为20.5%、2001—2008年为7%）。

2006年，省实行公路养路费切块基数5年不变政策，即以各地2005年的养路费征收基数为标准5年不作调整；2006—2010年，湛江市公路养路费总投资计划受到该政策严重影响，以2008年为例，当年湛江征收养路费达到3亿元，比2005年增加了8000多万元，但省财政返还的切块经费却只有1.1亿元。随着人工、材料、机械等物价的快速上涨，养路切块经费相对更少，公路养护工程建设资金缺口更大。

2009年，国家开始实施"费改税"，公路养路费资金来源变为中央财政从燃油税中返还给省财政的部分，"公路养路费切块包干投资计划"改为"汽车养路费替代性收入地方切块投资计划"，湛江省养公路养护费投资计划只有1.3亿多元（并含过渡费切块投资使用计划）。

"八五"期间（1991—1995年），湛江省养公路投资6.13亿元，修建库竹、安榄、大山江等大中小型桥梁21座；完成一级路基107.74千米、一级水泥路86千米的建设。改变湛江无水泥路的历史。

1991年，广东省实行公路养路费（含过渡费）切块包干的第二年，省公路局下达湛江公路规费征收计划任务6854.5万元；湛江公路养护费总投资计划5349.92万元，其中：提取交警经费140.7万元，提取地养公路经费615.24万元，市公路局养护费投资计划为4720.3万元，其中：养护工程费3781.43万元；养护事业费705.17万元，养护其他（含预备费）233.7万元。年度计划投资新改建项目国道G325线市区康顺立交桥建设 190 万元。

1992 年，省公路局下达湛江公路规费征收计划任务 7551 万元；湛江省养公路养护费切块包干投资计划为 5209.55 万元，其中养护工程费 4176.77 万元；养护事业费 776.4 万元；养护其他（含预备费）256.38 万元。是年，市公路局向银行贷款安排项目计划 3056 万元，其中：国道 G325 线市区康顺立交桥建设项目 500 万元，省道黄海线库竹渡改桥项目 326 万元，国道 G325 线过境一级路扩建项目 970 万元，省道平茶线城市道路扩建项目 1260 万元。

1993 年，省公路局下达湛江各项公路规费征收计划任务 9181.8 万元；湛江省养公路养护费切块包干投资计划为 6185.98 万元，其中养护工程费 4948.09 万元；养护事业费 910.91 万元；养护其他（含预备费）326.7 万元。市公路局向银行贷款安排项目计划 3313 万元，主要用于洋村渡改桥、国道 G325 线市区过境一级路扩建、中洞桥加宽，国道 G207 线徐闻一级路扩建，省道遂六、廉坡线廉城出口公路改建水泥路等新改建项目。是年，市公路局全面完成了经济承包任务；省养公路油路大中修、路线改善、桥梁改建分别完成 226.2 千米、65.82 千米、1385 延米，分别是经济承包指标的 116.2%、108.8%、418.3%，市公路局各项工作创上新台阶。

1994 年，省公路局下达湛江各项公路规费征收计划任务 21933 万元；市公路局养护费计划总投资 10667.7 万元，其中：提取交警经费 280.5 万元，提取地养公路经费 1226.7 万元，市公路局公路养护投资计划为 9358.5 万元，其中养护工程费 7465.08 万元；养护事业费 1424.63 万元；养护其他（含预备费）462.12 万元。年度计划安排新改建项目投资 504.3 万元（其中省道遂六线廉城一级路改造投资计划 200 万元，机场出口路新建一级路计划 304.3 万元）。

1995 年，省公路局下达湛江各项公路规费征收计划任务 28959 万元；市公路局养护费投资计划为 11857.13 万元，其中：养护工程费 9502.47 万元；养护事业费 1773.72 万元；养护其他（含预备费）580.9 万元。年度计划安排省养公路改造工程投资 7668 万元（包括省公路局计划投资 6747 万元），其中：国道改建一级路 187.25 千米，超二级路 25.64 千米。路面大中修工程项目计划安排 2721.61 万元（国道改建新铺水泥路 3.1 千米，油路大修 33.3 千米，油路中修 93 千米）。

"九五"期间（1996—2000 年），湛江省养公路建设投资达 11.70 亿元，改造公路 234.66 千米，其中国道 219.36 千米，省道 15 千米。由于受金融风暴、费改税等因素影响，湛江公路规费征收不够理想，加上省在养路费切块投资中增加提取水利建设基金、防范和化解金融危机风险金等，湛江市公路切块包干投资逐年减少，而且下降幅度特别大（1996 年为 13152 万元，1997 年为 12320 万元，1998 年为 12049 万元，1999 年为 10322 万元，2000 年仅为 9603 万元，还要填补 1999 年度养路费欠收缺口近 1000 万元，实际上 2000 年度湛江公路养路费切块包干投资仅有 8600 万元，相比 1996 年度少了 4552 万元）；因而严重制约了公路建养管理工作和整体服务水平。

1996 年，根据省政府《关于第三轮公路养路费切块承包方案的批复》精神，省公路局下达湛江各项公路规费征收计划任务 30045 万元；市公路局养护费投资计划为 13151.96 万元；其中养护工程费 10677.26 万元；养护事业费 1889.2 万元；养护其他

（含预备费）688.7万元。年度计划投资安排公路改造项目4439万元（其中国道改建一级路196.80千米，超二级路49.14千米）。路面大中修工程项目计划安排42.39千米、1318万元。

1997年，省公路局下达湛江各项公路规费征收计划29764万元；市公路局养护费投资计划为12319.5万元，其中养护工程费9813.7万元；养护事业费1725.1万元；养护其他（含预备费）780.7万元。年度计划安排新改建工程1788万元（其中：国道改建新铺水泥路48.16千米、1155万元，安榄大桥工程600万元）。路面大中修工程计划安排42.39千米、1318万元。

1998年，省公路局下达湛江各项公路规费征收计划任务28125万元。由于1996、1997两年湛江公路养征规费连续欠收，同时省从1998年开始提取3%水利建设基金，湛江公路切块包干总投资减少了632.1万元，市公路局养路费切块包干投资计划为11687.4万元（其中养护工程费8731.6万元；养护事业费2088.6万元；养护其他费855.2万元；预备费12万元）。年度计划安排国道改建新铺水泥路35.2千米、290万元，新铺沥青路9.7千米、205万元，安榄大桥工程162.5万元。路面大中修工程项目计划安排52.5千米、1121.19万元。

1999年，湛江公路养征规费连续三年欠收，养路费切块包干计划投资连续大幅度下降。省公路局下达湛江各项公路规费征收计划任务31615万元；湛江公路养路费切块投资计划为15636万元，其中：提取水利建设基金469万元，提取金融风险金3217万元，提取交警经费370万元，地养公路经费1115.5万元，省养公路计划投资10322万元，其中养护工程费7320万元，养护事业费1941.4万元，养护其他费（含预备费）1050.6万元。年度计划安排国、省道路面大中修工程项目：国道48.1千米、950.8万元；省道51.4千米、923.8万元。

2000年，湛江公路规费征收连续四年欠收，养路费切块包干计划投资是"九五"期间最少的一年。省公路局下达湛江各项公路规费征收计划任务27968万元；湛江公路养路费计划总投资14350.3万元，其中：提取水利建设基金430.5万元，提取金融风险金2941.9万元，提取交警经费259.3万元，地养公路经费1115.5万元，省养公路投资计划9602.6万元（其中：养护工程费6987.2万元，养护事业费1763.8万元，养护其他费851.6万元）。年度计划安排国、省道路面大中修工程项目54千米、1073.8万元。

"十五"期间（2001—2005年），市公路局面对公路改造起步迟，资金紧，待建项目多的诸多困难，坚持"抓住关键、广筹资金、突出重点"的工作思路，争取省交通厅、省公路局的支持，湛江省养公路建设投资达7.45亿元，完成县通镇二、三级公路改建256.79千米；国道改建和出省通道改建工程133.08千米；加固国、省道三、四类桥梁32座；建成公路养护站（大道班）24个；建设文明样板路工程310.83千米；完成省公路局下达省道砂土路上油路工程94.39千米。市公路局根据市政府的指示，专项安排公路绿化资金220万元，配合湛江市南亚热带旅游观光带建设，将辖区国道G325线、G207线全程建设成为"300千米绿色长廊"。然而，由于湛江公路建设任务繁重，市公路局养路费切块包干计划投资有限，公路小维费、大中修投资、

x

职工保险等安排的资金明显不足。

2001年，省公路局下达湛江各项公路规费征收计划任务27337万元；湛江公路养路费切块包干计划总投资12528万元，其中：提取水利建设基金376万元，提取金融风险金877万元，提取2交警经费297万元，地养公路经费1297万元，省养公路投资计划9681万元。市公路局养路费切块包干计划总投资为11069.2万元（含过渡费切块投资1388.2万元），其中：养护工程费8294万元，养护事业费1870.8万元，养护其他费904.4万元。年度计划安排路面大中修工程项目93.82千米、1753.2万元。

2002年，省公路局下达湛江各项公路规费征收计划任务24446万元（其中养路费16500万元，高等级公路还贷基金征收计划556万元，公路建设基金征收计划5940万元，过渡费征收计划1450万元）。市公路局养路费切块包干计划总投资10403万元（含过渡费切块投资1378万元），其中：养护工程费7608.6万元，养护事业费1896.2万元，养护其他费898.2万元。年度计划安排路面大中修工程项目125.9千米、1579万元；砂土路面铺沥青路配套资金454.74万元。

2003年，省财政厅、交通厅下达湛江各项公路规费征收计划任务23005万元；湛江公路养路费计划总投资13023万元，其中：提取水利建设基金391万元，提取金融风险金912万元，提取交警经费308万元，地养公路经费1312万元，省养公路投资10100万元（其中安排养护工程费6948.6万元，养护事业费2688.74万元，养护其他费462.66万元）。省财政厅、交通厅发文《关于调整汽车养路费地方切块资金管理办法的通知》规定，市公路局根据上级部门下达的切块投资编制年度计划，报市财政局核定，经市政府批复后组织实施。根据省交通厅、省公路局明确提出的要求：国、省道砂土路上油路建设任务一定要当年完成；国、省道三、四类桥梁加固在二年年内完成；县通镇二、三级公路改建在2—3年内完成。市公路局年度计划安排砂土路面铺沥青路配套资金850万元，油路大中修工程项目839万元，新改建项目路网改造442万元，廉石线二级路改造工程450万元。

2004年，省财政厅、交通厅下达湛江各项公路规费征收计划任务21200万元；湛江公路养路费计划总投资为13823万元，其中：提取省专项调剂投资2499万元，提取水利建设基金415万元、金融风险金968万元，提取交警经费327万元，地养公路经费1575万元，省养公路投资10538万元。经湛江市财政局核定批复，市公路局省养公路切块包干总投资计划安排11820万元（含过渡费切块包干投资使用计划1282万元），其中：养护工程费8651.75万元，养护事业费2626.15万元，养护其他费490.1万元，预备费52万元。养路费年度计划安排项目资金：油路大中修工程15.38千米、618万元；砂土路铺沥青路工程143.94千米、1000万元；新改建项目廉石线二级路改造工程900万元，县通镇二级公路改造工程212.37千米、1945万元；公路养护站（大道班）建设补助415万元；危桥改造工程200万元。

2005年，省公路管理局下达湛江各项公路规费征收计划任务22600万元；经湛江市财政局审核批复，市公路局养路费切块包干投资计划12528.75万元（含过渡费切块投资1247元）。其中：养护工程费8743.2万元，养护事业费3013.5万元，养护其他费772.05万元（含预备费192.75万元）。养路费年度计划安排项目、资金：油路大中修工程10.7千米，508万元；砂土路铺沥青路87.32千米，100万元；廉石线二级路改造工程600万元，县通镇二级公路改造工程186千米，2425万元；公路养护站（大道班）建设补助415万元；桥涵大中修工程200万元。

"十一五"期间（2006—2010年），湛江地区汽车保有量随着社会经济发展开始大幅增长，2008年，公路规费征收达到3亿元。但受省的公路切块包干投资政策五年不变影响，2006—2010年，省下达湛江公路养路费切块包干投资计划基本上维持在1.2亿元左右的水平。湛江省养公路国省道大部分改建于"七五""八五"时期，部分公路运营已超过20年，超过大修年限，尤其是老沥青路面，标准低、年限长、路面老化严重，路况较差，已经进入周期性养护高峰期，省养公路面临集中大修和改造的工作压力。因养路费切块包干投资的严重不足，无法安排资金进行正常的公路大中修，公路养护的难度增加，主干线公路改造任务难以全部完成，路面状况较差，抗灾能力不强，公路标准化、规范化建设管理方面亟需增加投入。市公路局按照省、市政府工作部署要求，努力克服经费紧缺、公路建设征地困难等重重不利因素，在省交通厅、省公路局的大力支持下，完成公路建设总投资57多亿元，完成省养公路改造580千米，加固改造桥梁29座，国道干线公路的水泥、沥青路面铺设达100%，省道干线公路的水泥、沥青路面铺设达86%。以疏港公路、东海岛跨海大桥、国道G325线文车至北罗坑段、石门大桥、国道G207线海安入港段、遂溪至龙门段、省道S286线、S373线、S376线新改建工程等为代表的一批重点项目竣工通车，湛江公路基础设施水平创上新台阶。为此，市公路局投入大量资金，也欠下大笔债务。

2006年，省公路局下达湛江各项公路规费征收计划任务27365万元。根据省公路局下达的年度计划和省财政厅"关于追加湛江渡口所过渡费征收和地方切块支出计划的涵"，经市财政局审核批复，湛江省养公路养护费投资计划为12892万元（含过渡费切块使用计划1763万元）。其中：养护工程费9597.17万元，养护事业费2473万元，养护其他费821.83万元。年度计划安排项目、资金：油路大中修工程8千米、300万元；砂土路铺沥青路86.12千米、300万元；廉石线二级路改造工程300万元、省道S376线徐闻大水桥改造工程20万元、省道S287线改造工程37万元、省道S276线改造工程15万元；县通镇二级公路改造工程186千米、1865万元；公路养护站（大道班）建设补助393万元；桥梁大中修200万元。

2007年，省公路局下达给湛江的各项公路规费征收计划任务26200万元。经湛江市财政局审核批复，市公路局养路费切块包干投资计划为12102万元（含过渡费切块投资770万元）。其中：养护工程费8690万元，养护事业费2479万元，养护其他费933万元。市公路局年度计划安排：油路大中修工程33.69千米、300万元；砂土路铺沥青路84.22千米、300万元；廉石线二级路改造工程300万元；县通镇二级公路改造工程184.54千米、1940万元；公路养护站建设430万元；桥涵大中修200万元；国道G325线麻章出口路整治231万元，省道S373线坡头路段整治170万元，北出口路灯工程补助100万元，霞山特呈岛坡尾村新农村建设资金补助30万元。

2008年，省公路局下达给湛江的各项公路规费征收计划任务27100万元。经湛江市财政局审核批复，市公路局养路费切块包干投资计划 12273 万元（含过渡费切块投资使用计划 770 万元）。其中：养护工程费 8552.42 万元，养护事业费 2889.95 万元，养护其他费 707.63 万元，预备费 123 万元。市公路局以"量入为出，收支平衡，确保稳定，统筹安排，突出重点"为原则，努力克服切块包干资金严重不足的困难，在力保公路职工工资正常发放，确保职工队伍思想稳定，保障公路路况完好畅通的前提下，年度计划重点安排国道 G325 线改线及石门大桥加宽工程 2500 万元；公路养护站（大道班）建设 100 万元；油路大中修工程 2.85 千米、108 万元；桥涵大中修 50 万元。

2009 年，国家实施燃油税改革的第一年，公路养路费从 2009 年 1 月 1 日起停止征收。经湛江市财政局审核批复，湛江省养公路养护费切块包干投资计划为 13531.55 万元（含过渡费切块投资）。其中：养护工程费 9118.4 万元，养护事业费 3552.99 万元，养护其他费 860.16 万元。由于年度养路投资计划安排十分紧张，减少了公路小维费、油路大中修、砂土路上油路、桥梁大中修、水毁抢修、养护站建设费等项目的投资计划，重点安排省道 S286 线尖山岭至龙头战备公路建设工程 100 万元、省道 S286 线县通镇建设改造工程 500 万元、县道 X672 线鹤地水库路段改造工程 30 万元、县道 X680 线安铺路段改造工程 80 万元、偿还银行贷款本息 600 万元；公路养护站（大道班）建设投资计划安排 50 万元；油路大中修工程项目 26.43 千米、256.4 万元；桥涵大中修工程 50 万元。

2010 年，国家实施燃油税改革的第二年，根据省财政厅《关于下达 2010 年交通"六费"替代性收入返还基数的通知》，经湛江市财政局审核批复，市公路局 2010 年度汽车养路费替代性收入地方切块投资计划为 13038 万元（含过渡费切块投资计划 800 万元）。其中：养护工程费 8467.04 万元，养护事业费 3729.61 万元，养护其他费 841.35 万元。年度计划安排新改建项目 350 万元，其中：国道 G207 线海安入港段一级公路改建工程 60 万元、国道 G325 线石门大桥扩建工程 100 万元、省道 S285 线吴川龙首段改建工程 110 万元、省道 S290 线遂溪豆坡至龙眼桥段一级公路改建工程 30 万元、公路建设前期工作统筹安排 50 万元；公路养护站（大道班）建设 50 万元；公路大中修工程 57.8 千米、700 万元；桥涵大中修工程 50 万元。

"十二五"期间前二年公路养路费切块包干投资计划情况：

2011 年，根据省财政厅《关于提前告知 2011 年省市财政对县（区）转移支付补助的通知》及湛江市人民政府《关于同意 2011 年度公路支出计划的批复》，市公路局汽车养路费替代性收入地方切块投资计划为 14073.7 万元（含过渡费切块支出计划 1618 万元）。其中：养护工程费 9426.59 万元，养护事业费 4647.11 万元。年度计划安排国道 G325 线改建工程 100 万元，省道 S285 线吴川龙首段改建工程 100 万元，国道大修项目还省公路局借款 500 万元、公路建设前期工作统筹费用安排 90 万元；省道 S290 线遂溪崩塘桥改造工程 50 万元；国检路容路貌整治 200 万元。

2012 年，经湛江市财政局审核批复，市公路局公路汽车养路费替代性收入地方切块投资计划为 14576.56 万元（含过渡费切块支出计划 1506 万元）。其中：养护工程费 12726.56 万元，养护事业费 1850.8 万元。年度计划安排公路大中修工程 26.03

千米、614万元；公路新改建工程300万元；国道G207线海安入港段一级公路改建工程50万元；公路养护站建设30万元；省道廉石线、廉坡线改造工程贷款利息485万元。

湛江市在2013年之前财政基本没有安排公路建设项目配套资金。至2012年底止，市公路局为筹措公路建设项目配套资金向银行贷款近5亿元，累计债务达8.66亿多元，其中：政府还贷收费公路"还贷余额"4.90亿元，非收费公路养护工程负债3.16亿元，基建工程负债0.46亿元，欠交社保0.14亿元。

表7-1-1

1991-2002年湛江公路局年度投资计划一览表

单位:万元

年份	年度养护投资计划	其中					
		养护工程费	占年度养护计划总支出(%)	养护事业费	占年度养护计划总支出(%)	养护其他(含预备费)	占年度养护计划总支出(%)
1991	4720.30	3781.43	80.11	705.17	14.94	233.70	4.95
1992	5209.55	4176.77	80.18	776.40	14.90	256.38	4.92
1993	6185.98	4948.09	80.00	910.91	14.71	326.70	6.29
1994	9358.50	7465.08	79.80	1424.63	15.20	462.12	5.00
1995	11857.13	9502.47	89.14	1773.72	14.98	580.90	4.90
1996	13151.96	10677.26	81.18	1889.20	14.40	688.70	4.42
1997	12319.50	9813.70	79.66	1725.10	14.00	780.70	6.34
1998	13151.96	8731.60	74.71	2088.60	17.87	855.20	7.32
1999	10322.00	7320.00	70.91	1941.40	18.80	1060.60	10.28
2000	9602.60	6987.20	72.76	1763.80	18.37	851.60	8.87
2001	11069.20	8294.00	74.90	1870.80	16.90	904.40	8.20
2002	10403.00	7608.60	74.14	1896.20	18.23	898.20	8.63

表7-1-2

2003-2012年湛江市公路管理局年度投资计划一览表

单位:万元

年份	年度养护投资计划	其中					
		养护工程费	占年度养护计划总支出(%)	养护事业费	占年度养护计划总支出(%)	养护其他(含预备费)	占年度养护计划总支出(%)
2003	10100.00	6948.60	68.80	2688.74	26.62	462.66	4.58
2004	11821.00	8294.00	74.90	1870.80	16.90	904.40	8.20
2005	12582.75	8742.20	69.79	3013.50	24.00	772.50	6.16
2006	12892.00	95978.17	74.44	2473.00	19.80	821.83	6.38
2007	12102.00	8690.00	71.81	2479.00	20.48	933.00	7.71
2008	12273.00	8675.42	70.69	2889.95	23.55	860.63	5.77
2009	13531.55	9118.40	67.38	3552.99	26.26	707.16	6.36
2010	13038.00	8467.04	64.94	3729.61	28.61	841.35	6.45
2011	14073.70	9726.59	67.10	4647.11	33.00		
2012	14576.56	12706.56	87.20	1870.00	12.80		

第二节　财务管理

市公路局财会工作贯彻"以路养路""专款专用"的原则，认真执行《会计法》和财务制度，加强会计核算、财务管理和监督作用，按照批准的计划和预算掌握开支，做到有计划不超支，无计划不开支，节省开支，杜绝浪费，提高养路资金的使用效果。

一、公路财务管理

市公路局贯彻执行国家有关财经法律、法规、会计制度，执行国家和省的各项公路养路费财务管理法规制度，结合实际建立健全公路财务管理规章制度。

1991 年 4 月，市公路局为加强养路费收入、公路建设基金收入的财务管理，改进养征财务工作，提高养征财务人员的业务水平，制定《湛江公路局养征财务评比办法》。通过采用集中评比方法，评比时各养征站财务携带报表、账本及指定月份的凭证到指定地点集中，用百分制考核各养征站的财务业绩。对评上一、二、三等奖的单位，年终给予精神奖励和物资奖励。

1993 年，市公路局印发《关于固定资产折旧和大修理基金下放各单位计提的通知》，决定从 1993 年 1 月 1 日开始，各分局和直属单位固定资产折旧和大修理基金，由各单位按照《湛江公路局固定资产管理试行办法》的规定自行计提，计提的折旧基金和大修理基金全部留给各单位（折旧基金需经本局批准）使用。

是年 3 月，广东省财政厅、交通厅联合发文《关于省公路局实行经济承包责任制及有关财务问题的复函》，对省养公路系统实行经济承包的项目及生产节约盈余留成比例和省管的部分规费超收分成留成比例作适当调整；市公路局包干使用的养路费及超收分成的各种规费，其支出计划要接受同级财政审计部门的检查监督，并报送季度、年度财务会计报表。根据省公路局工作部署，市公路局在局机关、直属分局、廉江分局会计核算试用京粤电脑公司的财务软件，达到预期效果。

是年 4 月，市公路局根据《会计法》对财务管理的规定要求，制定《机关财务管理有关规定》。市公路局财务支出实行一支笔审批制度，即所有财务支出均由主管财务领导（局长）审批。财务支出经办人和证明人需对费用发生的真实性、合法性负责；财务人员复核原始凭证必须按有关规定进行，对不合法、内容不完整、手续不齐全和不符财务支出规定的原始凭证不得受理；未经审核的原始凭证监督部门不得签章，主管领导不得签批；审核监督手续不全的报销凭证，资金会计（报账会计）不得支付。

是年 10 月 16 日至 11 月 16 日，市公路局组织本系统财会人员 40 余人在直属分局举办了一期京粤会计核算软件技术操作专业培训班，在所属 17 个单位会计核算全面推广京粤会计核算软件。经运行 3 个月，从科目设置到形成会计账簿、报表，完全符合公路部门的会计核算要求；市公路局会计核算脱离手工记账，实现会计电算化。

是年 10 月，广东省交通厅、财政厅、物价局联合颁发《损坏公路路产赔偿、罚款标准》并要求遵照执行。

1994 年 3 月，市公路局贯彻财政部《会计电算化管理办法》，制订《计算机的管理和操作规则》，规范会计核算电算化工作制度。市公路局在湛江劳动局培训中心举办为期 7 天的会计电算化培训班，公路系统财会人员 60 人参加，

是年 9 月，省公路局发文要求贯彻财政部《会计电算化管理办法》，省公路系统会计核算采用以机代账，替代手工记账。是月，市公路局通知要求各分局、直属单位认真贯彻执行财政部《贯彻〈会计法〉加强会计核算制度管理的规定》。明确市公路局与其下属独立核算的厂场、队、公司等单位的关系是投资者与被投资者的关系，应采用相应行业的财务管理和会计核算办法，其财务体制报同级财政部门审定，其税务关系也由同级税务部门管理。公路部门所取得的投资收益应按规定转作养路费其他收入处理。

1995 年 12 月，省公路局印发《广东省公路管理局公路规费征收财务管理办法》，要求各地市公路局遵照执行，加强公路规费征收财务管理。

1996 年 2 月，市公路局制定实施《湛江公路局机关财务管理有关规定》《湛江公路局固定资产管理办法》。

1997 年 9 月，省财政厅、省交通厅印发《广东省公路养路费和公路建设基金纳入财政预算管理实施办法》，公路养路费和公路建设基金纳入省级财政预算管理。实行专款专用，严格按照计划执行，在预算上单独编列，年终结余结转下年度继续使用。

1999 年 4 月，省公路管理局印发《关于使用金蝶财务软件账套的通知》，全省省养公路系统更换会计核算财务软件采用金蝶财务软件。

2000 年 1 月，省财政厅复函省公路局同意省公路系统会计核算以机代账使用金蝶财务软件标准版进行工作。

是年 4 月，市公路局根据《国务院关于建立城镇职工基本医疗保险制度的决定》及省、市人民政府有关社会基本医疗保险制度的有关文件精神和要求，为减轻本局干部职工参加社会医疗保险后的部分医疗费负担，市公路局统筹建立补充社会医疗保险制度的试行办法，按市局职工工资总额的 4% 建立补充医疗保险费，不足部分由市局拨款补贴，补充医疗保险费并由市公路局医务所代为管理。

2003 年 6 月，省财政厅、省交通厅颁发《广东省汽车养路费、公路客运附加费退费管理暂行办法》，汽车养路费、公路客运附加费的征收，依照"收支两条线"管理原则，其代收账户实行零余额管理，对符合规定需退费的，实行退费备用金管理制度。

是年，为进一步加强汽车养路费使用的监督管理，根据国家和省的有关规定以及省财政厅、省交通厅《关于调整汽车养路费地方切块资金管理办法的通知》，广东省财政厅、省交通厅制定《广东省汽车养路费地方切块资金管理暂行办法》，汽车养路费切块包干资金（简称"切块资金"）纳入各地级以上市财政预算管理，切块资金由省财政厅直接拨付到各地级以上）财政局，切块资金由各市统一使用和管理，原

则上不再切块到各县（市）、区。切块资金分成方案按照省政府的有关文件执行，在新的分配方案未出台前，暂按省政府《关于第三轮公路养路费切块承包方案的批复》的规定执行。

2009 年，市公路局制定《湛江市公路管理局资金拨付管理办法》，确保资金拨付做到有章可循。

"十五"、"十一五"期间，湛江国道 325 线石门大桥扩建、国道 325 线文车至北罗坑段改线工程、县通镇公路等工程，交通运输部和省财政按标准给予公路建设项目补助，不足部分由地方财政配套解决。湛江为经济欠发达地区，市公路局需要举债进行公路改造建设，贷款较多，利息较高，还贷付息压力很大。仅 2009 年市公路局偿还银行贷款利息 2128 万元，偿还银行贷款 5572 万元，还其他借款 300 万元，转贷 1000 万元，新贷 27700 万元，新增其他借款 300 万元。为做好银行贷款的本息偿还、银行借款的新贷、转贷、贷新还旧，施工单位欠款的还款工作。市公路局财务部门多方筹措资金，做好银行贷款的还本付息工作，多方联系有关银行，办理新贷、转贷、贷新还旧手续，利用资金使用的时间差，减少利息支出，缓解资金压力。市公路局委托市基投公司贷款 9000 万元，委托廉江分局贷款 1500 万元，向市商业银行新贷款 13530 万元，保证廉石线的大修工程、廉坡线的县通镇工程正常施工。市公路局争取市商业银行的支持，授信 30000 万元额度，贷款期限 8 至 10 年，利率按银行基准利率，利用其贷款，偿还原高息贷款，降低资金成本。市公路局利用市商业银行贷款 17200 万元，清还廉江信用社贷款 2400 万元、兴业银行贷款 1900 万元，每月减少利息支出约 10 万元。

二、养路费财务管理规定

1. 根据国家的规定，公路养路费由公路部门设置专门征收机构负责养路费征收管理工作。其他任何部门不得办理征收业务。

2. 严格执行公路养路费的征收政策和收费标准。经省政府或省财政、物价、交通部门批准，不得以任何借口，随便提高或降低收费标准和扩大减免范围。

3. 养路费实行"收支两条线"。各级征收单位的养路费收入必须及时存入在银行开立的收入上解专户。任何单位和个人不得以任何借口截留、挪用、坐支、平调、外借养路费。各地市公路局应于每月 10 日前将上月养路费收入减省批准抵拨数后的余额全部上解省公路管理局，凡不及时足额上解的，除取消其抵拨资格外，还要追究有关人员的责任。

4. 养路费（含拖拉机）、过桥费征收计划，应根据上年度征收计划执行情况，车辆和吨位的变动情况以及费率、费额的调整等因素，经科学地预测后进行编制。各级征收部门编制的年度养路费（含拖拉机）、过桥费征收计划要逐级上报，逐级审定，最后由省公路管理局平衡汇总，报经省交通厅批准后下达执行（湛江市五县四区当地的拖拉机、摩托车的公路养路费由市交通局地方公路管理总站负责征稽）。

5. 养路费征收工作是各级公路部门财务工作的重要组成部分。各级公路部门的养路费征收管理单位都必须配备专职会计人员进行财务管理，并认真实行票证管理、日常管理、收入管理三分开，并按交通部颁发的《公路养护会计制度》设置会计科目，登记会计账薄，进行会计核算。每月月末要及时编制养路费收入月报表、手续费收入月报表，拖拉机养路费收入月报表，车辆动态月报表，过桥费收入月报表等报表，并按规定时间报送上级征收管理单位。凡是征收与财务业务分开管理的单位，征收部门要单独设置总账，并于每季终的下月 10 日前向本单位财务部门填报会公 01 表（资金平衡表）和会公 02 表（养路费收入计划执行情况表），以便财务部门及时汇总上报。养路费征收（含过桥费）必须实行权责发生制，当月当年的收入，必须列入当月当年的养路费收入账表，不得予留账外收入或瞒报。

三、公路规费财务管理

1996 年，根据《国务院关于加强预算外资金管理的决定》和省委、省政府《关于进一步扶持山区加快经济发展的若干政策规定》，省政府决定对养路费等公路规费超收分成比例及有关财务管理规定作适当调整。

1. 养路费超收分成部分核定事业发展基金比例为 70%，福利基金 20%，奖励基金 10%。

2. 养路费（含过渡费）、过桥费、高等级公路建设基金和公路建设还贷资金在 1997 年至 2000 年继续执行超收分成的政策，但分成部分加大了用于公路养护支出的比例。

3. 养路费等四项公路规费的超收分成以各市公路局为考核单位，各市征收计划考核按省政府的有关规定以上年度的实征数确定。湛江养路费超收分成比例仍按照 95% 返还。

4. 养路费的超收分成安排实行分档核定。即：养路费超收 10%（含本数）以内部分，核定超收部分的 80% 为事业发展基金，12% 为福利基金，8% 为奖励基金；养路费超收 10% 至 15%（含本数）的部分，核定超收部分的 77% 为事业发展基金，14% 为福利基金，9% 为奖励基金；养路费超收 15%（不定本数）以上的部分，核定超收部分的 74% 为事业发展基金，16% 为福利基金，10% 为奖励基金。

养路费超收分成中的事业发展基金部分安排用于公路养护工程的支出（包括水毁抢险工程）不得小于 80%，具体的使用安排应按规定经过报批。从 1996 年起取消从事业发展基金中提取 15% 用于补充流动资金的做法。

5. 高等级公路建设还贷资金和公路建设还贷资金的超收留成比例为 30%，其中省、市、县公路部门各占 1/3，各级公路部门超收留成部分"三金"分配的比例为：事业发展基金 60%，福利基金 25%，奖励基金 15%，超收部分的 70% 全部按原规定的用途安排使用。

6. 过桥费超收留成比例为 25%，其中：省公路局留成 10%，用于公路桥梁的维护、改造及此项征费工作的管理费用；市公路局留成 5%，用于集体福利；县公路工区（或大桥收费管理所）留成 10%，用于集体福利及职工奖励。超收部分的 75% 由省集中，全部用于大桥还贷，并编制使用计划按有关规定报批。

7. 各级公路部门经批准提留的各项基金，用于购买专控商品和基本建设支出的，应按规定报同级财政批准后才能支用。福利基金和奖励基金的使用，应考虑各年度的平衡，以丰补歉。奖金的发放，按省有关事业单位的奖金标准及规定执行，严禁滥发奖金、实物和各种补贴。

8. 市公路部门包干使用的养路费及各种规费的超收留成的财务问题应按省统一规定执行，其支出情况要接受同级财政、审计部门的检查监督，并报送有关财务会计报表。

四、公路财务支出概况

市公路局按照省、市主管部门的规定要求，坚持做到于每月终了10天内，季度终了15天内编制地方切块资金月度、季度使用情况表报同级财政部门；于年度终了60天内编制上一年度的单位财务收支决算（含地方切块资金、省交通厅、省公路局补助资金和其他来源资金的收支情况）报同级财政部门审批。市公路局年度收支决算经同级财政部门审批后，于2月底前报省公路管理局汇总（省公路局汇总全省养路费会计报表后报省交通厅、省财政厅备案）。

1991—2012年湛江省养公路投资计划与实际支出情况表

表7—2—1 单位：万元

年度	年度计划总投资	财务支出情况				结转下年度
		养护工程费	养路事业费	养路其他费	总支出合计	
1991	6105.16	5753.51	302.82		6033.00	72.16
1992	7705.32	6584.93	414.61	23.57	7023.11	682.21
1993	14368.22	11609.69	1061.57	458.15	13129.41	1238.81
1994	14727.77	12351.59	1167.98	469.35	13988.92	738.85
1995	23858.29	15487.65	2047.50	564.63	18099.78	5758.51
1996	24868.48	17290.30	2791.02	603.53	20684.85	4183.63
1997	25208.59	17103.29	2582.41	890.99	20576.69	4631.90
1998	19817.31	9868.21	2772.47	1192.79	13833.47	5983.84
1999	23534.18	10770.92	2625.12	890.64	14286.68	9247.50
2000	20673.02	7601.36	2711.27	1194.00	11506.63	9166.39
2001	23562.95	8939.37	2226.46	676.99	11842.82	11720.13
2002	21593.58	13738.29	2705.99	756.35	17200.63	4392.95

年度	年度计划总投资	财务支出情况				结转下年度
		养护工程费	养路事业费	养路其他费	总支出合计	
2003	26982.43	19190.65	3036.12	410.97	22646.65	4335.78
2004	22640.73	14544.40	3207.52	451.37	18203.30	4437.43
2005	27777.26	19460.42	3551.82	897.38	23909.65	3867.61
2006	25143.67	19460.42	4362.21	986.39	20633.30	4510.37
2007	26075.55	16016.55	4295.03	1464.60	21776.23	4299.32
2008	21959.96	12590.19	4650.00	894.20	18134.39	3825.57
2009	27901.15	17066.32	4653.28	1252.80	22972.42	4928.73
2010	43351.56	32258.15	4828.29	1269.20	38355.66	4995.90
2011	62543.43	43505.13	4452.78	1135.50	49093.43	13450.00
2012	45852.40	34762.00	2328.21	654.05	37744.26	8108.14

第三节　审计工作

　　1991年以来，市公路局在省、市审计主管部门的指导下，根据《中华人民共和国审计法》等法律、法规，对照国家审计署关于内部审计工作规定，相应设置对内审机构，制定审计范围、审计职责、审计权限、审计工作程序等。从发放审计通知书到实施审计、审计调查、审计取证、审计工作底稿的搜集、征求被审单位的意见，直到审计报告书发出，审计结论执行情况的追踪，审计工作底稿的归案管理等等；市公路局的内审工作程序基本做到规范化，制度化。

　　市公路局围绕公路事业经济工作的中心任务，加强经营管理和提高经济效益为重点，加强对公路规费的收支审计，国有资产的监督检查，展开局内部审计工作。市公路局每年度制订内审工作计划，抽调财务审计人员有计划、有重点地对辖属单位的财务账本、凭证的真实性、合法性、合理性进行审计监督。

　　一是任期经济责任审计（市公路局对各分局、直属单位主要行政领导人或法人代表在任期内的工作业绩和任期目标的完成情况、财务管理存在问题、划清经济责任、实事求是提出审查评议意见）。

　　二是经济承包责任审计（市公路局逐季逐年针对性对公路内部承包的工程项目的情况、经费包干、经营状况、执行财务制度进行审计评议）。1

　　991—2012年，市公路局内部审计共查出违纪金额449.57万元，损失浪费金额102.45万元，维护国家财经纪律和公路建设经济秩序，促进公路事业健康发展。

1995年、1997年，市公路局审计科连续两次被市审计局评为湛江市1993—1994年度、1994—1996年度内审工作先进集体。1993—1997年连续五年被省公路局评为全省公路系统内审工作一等奖。

市公路局内部审计工作概况：

1991年，市公路局完成局机修厂1990年承包指标的完成情况及承包者年收入审计；机械材料供应站全员抵押承包第一年财务决算和合同兑现问题的审计；局医务所1990年财务收支审计；局幼儿园1990年财务收支审计。

1992年，市公路局完成第一工程处康顺立交桥工程成本审计；设计室1991年财务收支审计；机械材料供应站1991年财务决算和合同执行情况审计。

1993年，市公路局完成湛江公路局工会1992年财务收支审计；机械材料供应站全员抵押承包合同期满经济效益审计；第二工程处洋龙线4K+000~17K+300新铺油路工程经济效益审计；市局养路费征收科1992年财务收支审计。是年9月，市公路局决定清理恒通公司下属机械设备公司财务账。

1994年，市公路局完成沙角收费所1993年财务收支审计；第三工程处承建化州大桥工程效益审计；湛江公路工程大队1992年10月至1994年3月经济效益审计；局船厂1993年度财务收支审计。是年市公路局派员参加省交通厅计划安排的过桥费、过路费专项审计。

1995年，市公路局内完成工程处1994年度财务收支审计；第二工程处1994年度财务收支审计；湛江过路费收费所1994年度责任承包效益审计；湛江公路工程大队1994年度经济承包效益审计；徐闻过路费收费所1993、1994年度责任承包效益审计；第三工程处1994年度责任承包效益审计。

1996年，市公路局完成机修厂1995年度至1996年第一季度财务收支审计；湛江过路费收费所1995年度责任承包效益审计；雷州分局1995年度财务收支审计；廉江分局1995年度财务收支审计；吴川分局1995年度财务收支审计；局船厂1995年度财务收支审计；公路技校1995年度财务收支审计；机械材料供应站1995年度至1996年第一季度财务收支审计；是年市公路局派员参加全省公路系统固定资产专项审计调查。

1997年，市公路局完成第一工程处1995年度责任承包效益审计及1996年度财务收支审计；第三工程处1995年度责任承包效益审计及年1996度财务收支审计；质监站1996度财务收支审计；湛江渡口所1996年度承包经营效益审计；遂溪公路分局1996度财务收支审计；徐闻公路分局年1996度财务收支审计；直属分局1996年度财务收支审计。是年，市公路局罗筱云被省审计厅、省审计学会评为"广东省内部审计工作先进工作者"。

1998年，市公路局完成直属分局原局长郭德应离任经济责任审计；吴川分局原局长梁文琨离任经济责任审计；廉江分局原局长叶家春离任经济责任审计；徐闻分局原局长陈石离任经济责任审计；湛江公路工程大队1997年度财务收支审计；湛江渡口所1997年度经营承包效益审计；局医务所1997年度财务收支审计；材料供应站1997年度财务收支审计；设计室年1997度财务收支审计；青平收费所1997年度财务收支审计。

1999 年，市公路局完成遂溪分局 1998 年度财务收支审计；雷州分局 1998 年度财务收支审计；局船厂 1998 年度财务收支审计；湛江渡口所 1998 年度承包经营效益审计；《湛江公路局各收费路段财务移交清册》财务移交审计；第一工程处工会 1990 年至 1997 年 10 月财务收支审计。

2000 年，市公路局完成湛江公路工程大队前任主任翁旺庆离任经济责任审计；青平收费所前任所长黎清荣离任经济责任审计；局医务所 1999 年至 2000 年 5 月财务收支审计；局幼儿园 1999 年度财务收支审计；青平收费所银行存款（0801150928）户短款 7400 元专项审计调查资料。

2001 年，市公路局完成湛江公路设计室前任主任张海明离任经济责任审计；广东恒通水泥有限公司陈帝康任期内 2001 年 4 月 30 日资产负债及 1997 年 11 月至 2001 年 4 月损益审计；直属分局 2000 年度财务收支审计；徐闻分局 2000 年度财务收支审计；质监站 2000 年度财务收支审计；湛江恒紫公路建设有限公司财务移交审计。是年，市公路局罗筱云被湛江市审计局、市审计学会评为"内审工作先进工作者"。

2002 年，市公路局完成湛江公路局船厂前任厂长郑扬任期经济责任审计；局医务所 2000 年、2001 年度财务收支审计。

2003-2005 年，市公路局内部审计工作未开展（未记录）。

2006 年，市公路局完成直属分局 2005 年度财务收支审计；遂溪分局 2005 年度财务收支审计；对赤坎养征站 2005 年度财务收支审计；对霞山养征站 2005 年度财务收支审计；对徐闻分局原局长郑康奋任期经济责任审计（离任审计）。

2007 年，市公路局完成机械材料供应站 2006 年度财务收支审计；湛江收费站 2006 年度财务收支审计；对医务所范启秀任期经济责任审计（离任审计）；对工程质量监测站原站长林盛智同志任期经济责任审计（离任审计）；对公路技校原校长陈土荣任期经济责任审计（离任审计）；对吴川分局原局长吴志东任期经济责任审计（离任审计）。

2008 年，市公路局完成直属分局 2007 年度财务收支审计；吴川分局 2007 年度财务收支审计；廉江分局 2006 年度财务收支审计；廉江分局 2008 年度财务收支审计；雷州分局 2006 年度财务收支审计；湛江渡口所 2007 年度财务收支审计。

2009 年，市公路局完成直属分局原局长劳期祥任期经济责任审计（离任审计）；雷州分局原局长庄光权任期经济责任审计（离任审计）；公路勘察设计院原院长曾捷任期经济责任审计（离任审计）；机械材料供应站原站长季跃生任期经济责任审计（离任审计）；青平收费站 2007 年度财务收支审计；园岭仔收费站 2007 年度财务收支审计。

2010 年，市公路局完成徐闻分局 2008 年度财务收支审计；吴川收费站 2009 年度财务收支审计；湛江渡口所原所长吴杰任期经济责任审计（离任审计）。

2011 年，市公路局完成直属分局原局长庄光权任期经济责任审计（离任审计）；对机械材料供应站原站长孙东任期经济责任审计（离任审计）。

2012 年，市公路局完成对第一工程处 2010 年度财务收支审计；湛江收费站 2010

年度财务收支审计；园岭仔收费站 2011 年度财务收支审计；廉江分局原局长黎华春任期经济责任审计（离任审计）；遂溪分局原局长郑华友任期经济责任审计（离任审计）。

1991—2002 年湛江公路局内部审计情况表

表 7—3—1

单位名称	1991	1992	1993	1994	1995	1996	1997	1998	1999	2000	2001	2002
直属分局							收支	离任			收支	
吴川分局						收支		离任				
廉江分局						收支		离任				
遂溪分局							收支		收支			
雷州分局						收支			收支			
徐闻分局							收支	离任			收支	
湛江公路工程大队				效益	效益			收支	离任			
第一工程处		专项			收支		效益		工会			
第二工程处			专项		收支							
第三工程处				专项	效益		效益					
湛江渡口所							效益	效益	效益			
公路技校						收支						
公路工程质量监测站							收支				收支	
公路勘察设计院		收支						收支			离任	
局机修厂	收支					收支						
局机械材料供应站	收支	收支	效益			收支		收支				
局医务所	收支							收支		收支		收支
湛江收费站				收支	收支	效益						
青平收费站								收支	离任 专项			
吴川收费站												
赤坎养征站												
霞山养征站												
恒通水泥厂											离任	

续上表

单位名称	1991	1992	1993	1994	1995	1996	1997	1998	1999	2000	2001	2002
园岭仔收费站												
湖光收费站												
局工会			收支									
局征收科			收支									
局幼儿园	收支									收支		
局船厂				收支		收支			收支			离任
各收费路段									移交			
徐闻收费站					效益							
湛江恒紫公司											移交	
合计（份）	4	3	4	4	5	8	7	10	6	5	6	2

2003—2012 年湛江市公路管理局内部审计情况表

表7—3—2

单位名称	2003	2004	2005	2006	2007	2008	2009	2010	2011	2012
直属分局				收支		收支	离任		离任	
吴川分局					离任	收支				
廉江分局						收支				离任
遂溪分局				收支						离任
雷州分局						收支	离任			
徐闻分局				离任				收支		
公路工程工程大队										
第一工程处										收支
第二工程处										
第三工程处										
湛江渡口所						收支		离任		
公路技校					离任					
公路工程质量监测站					离任					
公路勘察设计院							离任			

续上表

单位名称	2003	2004	2005	2006	2007	2008	2009	2010	2011	2012
局机修厂										
机械材料供应站					收支		离任		离任	
局医务所					离任					
湛江收费站					收支					收支
青平收费站							收支			
吴川收费站								收支		
赤坎养征站				收支						
霞山养征站				收支						
恒通水泥厂										
园岭仔收费站							收支			收支
合计（份）				5	6	6	6	3	2	4

备注：1991—2012 年本局财审部门对辖（下）属单位 96 个项目进行了审计，查出违纪金额 449. 57 万元，其中：

1. 财务收支审计 58 项，表中简称"收支"。

2. 经济责任（离任）审计 22 项，表中简称"离任"。

3. 经济效益审计 11 项，表中简称"效益"。

4. 专项审计 4 项，表中简称"专项"。

5. 财务移交审计 2 项，表中简称"移交"。

第八章　公路科技教育

20 世纪 90 年代以来，市公路局在上级主管部门指导、支持下，在广大公路干部职工共同努力下，实施"科教兴路"战略，树立科学发展观，推动科技、职工教育工作开展。

第一节　公路科技

市公路局根据省局公路科研及技术推广项目工作计划，结合工作实际，推广新技术、新材料、新工艺、新设备，推动公路科技工作进步。

1991 年，市公路局第一工程处承建的湛江市康顺立交桥工程，采用省内首创的隐形盖梁、200 吨活动支座、空心板连续梁等新工艺新技术。该立交桥建成后经省公路质检站的静压测试验检测，达到优质工程标准。

1991 年 11 月，市公路局与交通部科学研究所合作，在国道 G207 线海康南渡路段进行废橡胶粉沥青混合料铺设路面 2 千米试验工作，达到预期效果。

"八五"期间，市公路局采用阳离子乳化沥青（以下简称阳乳）进行修补路面坑槽，大量使用阳乳进行封层、表处及局部拌和的多种形式养护，从而解决超期老油路路面一旦出现病害就能及时处理的问题，提高公路养护效率和路况技术。由于乳化沥青具有无毒，无臭，不易燃烧，生产工艺简单，施工不受天气变化影响，不用煮油，避免高温操作和有害气体的排放，保障公路沥青路面养护作业更为安全、节能、环保。且可有计划使用，使用前准备工作简单，生产效率高，适宜于沥青路面养护，受到道班养护职工欢迎。其中，1994—1995 年两年累计使用阳乳 1763 吨，修补坑槽共 185 平方千米，处理封面共 11.7 平方千米，表处理 249.3 平方千米，拌和路面共 63.1 平方千米；并经受连续水毁考验，取得良好效果。

1996 年 3 月，直属分局机修车间在南海石油湛江基地、省交通厅专家指导下，成功试制新型液压抽洒水车，获得国家专利局颁发的液压抽洒水车专利证书；该项专利的发明和专利证书的颁发，标志着它填补我国在液压抽洒水车方面的空白，当时洒水车机械式传动装置射程仅 40 多米，新型液压抽洒水车射程达 60 米以上；湛江三星汽车股份有限公司曾提议赎买该项专利。

"九五"期间，市公路局组织技术工程人员专题开展《湛江地区拱桥耐久性调查与研究报告》，为湛江省养公路旧桥、危桥实施加固、改造、改建提供科学数据，提高公路桥梁养护质量。

2002 年 8 月，市公路局机构改革，在局机关科室设立科技教育科，强化科技教育工作力度，理顺与省交通厅、省公路局上级科技教育工作关系。

"十五"期间，市公路局与广东工业大学、华南理工大学、西南交大深圳研究院等合作开展公路科研相关工作。其中：

2002年，市公路局与广东工业大学合作，在县道X688高厚线12K+700处拱桥开展《湛江地区旧桥砼龄期与碳化程度关系的研究》，对延长湛江地区旧桥使用寿命及如何养护提供科学技术数据。

2003年，市公路局与华南理工大学合作，在县道X672廉石线、县道X692下金线相关路段开展《ISS离子土壤固化剂在公路工程中的应用研究》科研工作，ISS离子土壤固化剂是一种液态土壤固化剂（以下简称ISS），与土混合压实后，通过电化原理形成强度较高、结构稳定的整体板块。对于湛江地区广泛分布高液限土以及膨胀性土壤在路面施工中改善使用，对拓宽路面使用材料和方便施工有着积极意义。经省公路局组织评审决定，将《ISS离子土壤固化剂在公路工程中的应用研究》列入2003年度广东省公路管理局科研及技术推广项目计划（项目编号2003-08）。

2003年，市公路局与北京恒达时讯科技开发有限责任公司合作开发《湛江市公路地理信息系统》项目，成立项目开发组和工作组，项目开发组由北京恒达时讯科技开发有限责任公司组成，工作组由市公路局技术人员组成。开发组任务：负责系统总体设计、系统功能开发、空间数据编辑建库、系统集成。工作组任务：负责功能需求调研等项目实施工作、《湛江市公路地理信息系统》的测试、验收、相关资料的收集核实。湛江市公路地理理信息系统是一个以公路数据库为基础，于查询统计、空间定位分析及测量与输出为一体的，采用地理模型分析方法，适时提供多种空间的和动态的道路信息，为道路研究和道路决策服务的公路地理信息系统。该项目研究开发经费总投入共60万元，其中省公路局投入40万元，市公路局配套资金20万元。

2004年，市公路局与西南交大深圳研究院合作开展《公路路面养护管理系统的优化》工作，在原有沥青路面和桥梁管理系统的基础上寻找更科学的管理系统，力图通过本系统在养护时间、技术方法、资金投入、机构运作上做到合理、有序、科学、经济，并为公路大修、改建等提供决策依据，为公路养护管理者提供准确的决策性数据。

2005年，市公路局工程技术人员撰写的专业论文，获湛江市第五届自然科学优秀论文二等奖3个；获广东省公路学会道路工程专业公路养护技术交流论文三等奖1个。

2006年1月，市公路局与北京恒达时讯科技开发有限责任公司合作完成《湛江市公路地理信息系统》项目开发工作，经过使用调试，达到交通部有关技术标准，满足使用要求，6月，市局报请省公路局组织验收，并配合省公路局利用湛江市公路地理信息系统—公路电子地图，新制作出版《湛江市公路地图》。是年，市公路局完成辖属省管养线路的"农村公路通达情况专项工作"《GPS公路数据》采集工作，在省局召开的工作总结会议上，作专项工作经验介绍，被省局评为"先进工作单位"。

2007年，市公路局工程技术人员撰写的学术论文，获"湛江市第六届自然科学优秀论文"二等奖1个，三等奖2个。

2008年，在省公路局的支持下，市公路局在县道X672线廉江至石角公路老沥青路改造上，采用老路面材料重生技术，变废为宝，既可节省投资，又减少老路废弃材料废弃带来的环保问题。每公里老沥青路废料达 8000 立方米，采用公路老沥青路面及其基层回收利用技术，按每 400 元/立方米核计，每公里路可节省材料费 320 万元。

2009 年，市公路局工程技术人员撰写的的学术论文，获"湛江市第七届自然科学优秀学术论文"二等奖 3 个，获三等奖 1 个。吴川分局郑强、黄永生撰写的《浅谈公路建设与环境保护的和谐发展》论文，获得 2009 年广东省公路青年人才论坛优秀奖。

2010 年，国道 G207 线城月交通量观测站由武汉路安电子科技有限公司提供技术服务，观测设备更新升级为视频式自动观测系统，实现连续式交通量数据的自动采集、上传。

2010 年，市公路局机械材料供应站站长季跃生刻苦钻研获国家专利局 3 个专利号证书：①多能多用轻便携带遮阳蓬（专利号：201020105639.3）；②电楼梯（专利号：201020185478.3）；③踏浪穿烟长生浮标（专利号：201020219612.7）。

2011 年，市公路局工程技术人员撰写的学术论文，获"湛江市第八届自然科学优秀学术论文"二等奖 1 个，三等奖 1 个。

2012 年 4 月，根据国家测绘局《关于将湛江市和揭阳市列入 2010 年数字城市地理空间框架建设推广计划的批复》，省国土资源厅《关于全面推进我省数字城市地理空间框架建设工作的通知》要求，湛江市列为数字城市地理空间框架建设推广城市，市政府确定市旅游局、市公安局、市环保局、市国土资源局、市公路局为数字城市地理空间框架建设应用示范单位。市公路局经请示省公路局批准，同意将湛江市公路地理信息系统公路电子地图与湛江数字城市地理空间平台融合叠加，利用数字城市地理信息公共服务平台政务版地图，为社会公众提供良好的公路通行服务和参考消息起到建设性作用。

第二节 公路信息化工作

20 世纪 80 年代始，交通部加快公路信息化建设，统一部署开发、推广应用公路路面管理系统、公路养路费征管系统，公路统计报表管理系统、交通量数据处理系统、路况资料处理系统等多层次、多功能的公路管理信息系统，推进公路现代化管理，

20 世纪 90 年代以来，市公路局把公路信息化与公路建、养、管、征各项管理工作结合起来，应用公路养护、公路桥梁、工程管理、公路数据库、公路地理信息、财务电算化、规费征稽、公路路政管理等多项管理信息系统，初步实现公路建设、养护、收费部分基础工作的信息化管理。

1991 年 5 月，市公路局各养征站启用电脑收费管理系统，提高征费工作效率。6 月，市公路局为各分局统一配备专用电脑，组织专业技术人员展开省干线路面管理系统数据采集工作。

1992 年 5 月，市公路局列为广东省养公路系统第一批推广应用"干线公路路面评价养护系统"（CPMS）的 13 个单位之一；湛江公路局及各分局相应成立"CPMS"

领导工作小组，专人负责开展"CPMS"推广应用工作。11 月，市公路局在湛江公路技校举办电脑征费培训班，36 名养征人员参加，提高办公电脑操作技术水平。

1993 年 3 月，广东省路面评价养护系统（CPMS）推广协调会在湛江召开，会上交流 CPMS 推广工作经验；省公路局为全省公路系统统一配置 CPMS 工作徽机并进行电脑管理软件系统操作技术培训。

1993 年 10 月，市公路局在直属分局举办会计电算化培训班，30 多名养征人员参加，启动财务管理电算化。

1995 年 3 月，市公路局养护部门统一配置徽机用于"桥梁管理系统"。10 月，国道 G325 线湛江收费所启用电脑收费软件管理系统收缴通行费，提高工作效益。

1996 年，市公路局 7 个养征站，实现全市养征系统电脑联网办理征稽规费。市公路局 6 个分局统一配备安全生产专用工作电脑，提高安全生产管理水平和工作效率。

2001 年，广东省公路普查办公室给湛江公路局配置 1 台彩色喷墨打印机及 6 台预装路况普查软件电脑，为养护管理工作可视化、科学化提供支持平台。市公路局以第二次全国公路普查为契机，初步实现公路基础数据资源计算机管理，建立公路数据库（电子地图），基本满足日常公路养护与管理工作的数据需求。9 月，受省公路管理局委托，省路桥建设管理中心组织对湛江国道 G325 线吴川收费站、青平收费站、国道 G207 线南渡收费站开放式计算机管理系统工程进行交工验收。

2002 年，市公路局为各分局统一配备交通量调查专用工作电脑，确保提高交调工作效率和质量。

2003 年，市公路局与湛江万通电讯有限公司签定合同，租用 10M 宽带上网专线接入 Internet 网，衔接开通湛江市党政网。市公路局机关科室开始利用互联网电子邮箱传送信息文件资科。

2004 年，市公路局与广州瑞图信息有限公司签订办公网络自动化承包合同，筹建网络电脑办公系统。11 月，市公路局为机关科室工作人员配备联想电脑办公，正科以上干部配备联想手提办公电脑。由于广州瑞图信息有限公司建成的办公网络系统应用技术有限，市局机关科室办公人员基本上使用电子邮箱传送工作信息资料。

2006 年，市公路局与北京恒达时讯科技开发有限责任公司合作完成湛江市公路地理信息系统—公路电子地图研究开发工作。湛江市公路地理信息系统是一个以公路数据库为基础，于查询统计、空间定位分析及测量与输出为一体的，采用地理模型分析方法，适时提供多种空间的和动态的道路信息，为湛江公路建设、工作决策提供准确的、及时的、动态的共享数据和公路地理信息平台服务。它的建成与推广应用，提高湛江公路信息化，建立数字交通，具有重要的现实意义。

2007 年 2 月，市公路局机关迁入公路大厦主楼办公，局机关办公系统网络重新设置，实现与湛江市政府电子政务平台的联接工作。12 月，市公路局网站正式开通，社会公众可在网站上了解湛江市的公路建设、工程投标乃至全国、全省的公路路况、高速、干线公路查询等等。该网站围绕公路建、养、管、征等中心工作，及时展示湛江公路建设进程和建设成果，宣传公路政策法规等，实现公路工作政务信息公开。

2009 年 6 月，市公路局决定成立电子政务信息管理工作领导小组，下设网络工作室，强化电子政务信息管理工作，推动公路管理工作实现网络办公自动化、信息化跨越式发展。

2009 年 8 月，由广东信息工程有限公司承建的"湛江市公路管理局电子公文处理系统"投入使用，利用电脑连接互联网（用户名密码登录），通过电子公文交换系统，进行文档在线编辑及文件信息传送，并实现短信提醒功能，突破时间和空间限制，强化公文处理程序管理，提高行政办公效率。市公路局制定《湛江市公路管理局电子政务信息管理规定》，要求辖属单位遵照执行，并成立相应的管理机构，保障市公路局电子政务系统包括电子政务系统及公众网站有效、安全地正常运行。

2012 年 5 月，市公路局与中国移动湛江分公司合作开发"湛江市公路管理局统一信息平台"，通过启用新的办公自动化 OA 系统，通过互联省公路管理局专线 OA 系统、湛江市政务统一信息交换平台、湛江市重点工作重点项目督查督办平台、湛江市重点工程项目督查督办平台、建议提案在线办理平台等实现公文无纸化传输，规范工作流程，提高工作效率，节省办公成本。公路管理信息化是新时期新形势对公路管理部门的要求，更是体现全行业服务理念，树立公路行业社会形象的重要措施。

表8-2-1

1991—2012年市公路局办公自动化系统管理软件及应用情况表

应用软件名称	推广主管部门	应用时间	开发单位及经费	管理应用部门
养征电脑收费管理系统	省公路管理局	1991	省公路管理局负责	市局养征管理使用
DOS版财务管理软件	省公路管理局	1994	省公路管理局负责	市局财务管理使用
金蝶财务管理软件标准版	省公路管理局	1999	参加省局培训费0.6万元	市局财务管理使用
广东省公路系统劳动工资统计报表系统	省公路管理局	2000	省公路管理局负责	市局人事管理使用
公路交通情况调查报送管理系统	省公路管理局	2001	省公路管理局负责	市局科教管理使用
公路基础数据库系统	省公路管理局	2001	省公路管理局负责	市局计划管理使用
广东省公路路政法律检索软件系统	省公路管理局	2001	省公路管理局负责	市局路政管理使用
公路GPS数据维护系统	省公路管理局	2002	省公路管理局负责	市局科教管理使用
湛江市公路管理局办公网络系统	市公路管理局	2003	广州瑞图信息有限公司46.17万元	市局科教科主管
广东省公路桥梁管理软件系统	省公路管理局	2004	省公路管理局负责	市局养护管理使用
干部档案目录管理系统	省公路管理局	2006	省公路管理局负责	市局人事管理使用
金蝶财务管理软件升级版	省公路管理局	2006	培训费2.4万元	市局财务管理使用
广东省公路路政业务管理系统	省公路管理局	2010	省公路管理局负责	市局路政管理使用
人力资源社会保障统计报表系统	省公路管理局	2010	省公路管理局负责	市局人事管理使用
公务员年度统计	省公路管理局	2009	省公路管理局负责	市局人事管理使用
广东省公路养护大道班生产管理系统	省公路管理局	2009	省公路管理局负责	市局人事管理使用
交通运输行业教育培训统计上报管理系统	省交通运输厅	2012	省公路管理局负责	市局科教管理使用
湛江市公路管理局统一信息平台	市公路局	2012	中移动湛江分公司	市局负责管理使用

第三节 交通量调查

交通部统规定公路每月度进行一次交通量常规调查，每年度开展一次年四类公路（国道、省道、县道、乡道）比重调查和车速调查。通过公路交通情况调查统计工作的目的和任务是：全面掌握辖区各级公路的交通流量和车速等交通流特性，并进行统计、分析和预测，为各级公路规划、设计、建设、管理、养护和科研部门及社会公众提供公路交通信息。公路交调工作发展状况已成为体现一个地区公路管理水平和信息化水平的重要标志。

1980年始，交通部统一部署公路部门开展年度国道汽车运行车速的调查和各种道路交通量比重调查。1992年，省、市公路局相继成立交调工作小组，实行分级管理。1991—2002年，市公路局交通量调查工作由养护科专职负责；2003—2012年，市公路局交通量调查工作由科技教育科专职负责；各分局交通量调查工作由生产技术股专职负责。

在省交通厅、省公路局统一部署下，湛江省养公路交通情况调查工作经历从无到有，从零散的非组织状态到逐步正规化、制度化的发展过程。从拨算盘、画正字、手动机械式交调计数器、电子式半自动交调计数器到连续式交通量数据的自动采集和上传全自动观测设备；从人工轮流值班观测到网络传输；从手工统计分析到利用计算机自动处理分析数据；从行业内部资料到为社会公众提供出现服务参考等等的转变。形成以交通量调查为主，其他调查相结合，调查手段多样化的覆盖国道、省道、县道和乡道的公路交通情况调查方法体系；建立起一支集管理、统计和分析于一体的相对稳定的公路交通情况调查统计队伍，使公路交调统计工作逐步走向制度化、规范化。

2003年，市公路局组织直属分局机修车间试制ZJD2003交通量流动观测车，具有防晒、防雨、防尘、防辐射、环保等功能，车上配备220伏/800瓦交直流两用电路，照明灯光，通风设施，安全警示标志。此举受到省交通厅、省公路局的肯定，并下达专项经费20万元支持试制观测车工作。市公路局组织直属分局机修车间、机械修配厂共制造观测车15台，配备给国道各交通量观测站，改善交通量观测人员工作条件、环境，提高交调工作质量。9月，市公路局经省公路管理局批准，在湛江10条省道设立交通量间隙式观测点15个。

2004年，按照省公路管理局工作部署，市公路局在国道G207线遂溪城月养护站建成首个连续式交通量自动化无人观测站，实现交通量观测数据实时远程传送，并列入省局重点观测点。按照交通部开展"黄金周"交通量调查的工作要求，该站向上级部门提供该路段交通量数据，发送公路车辆通行信息。

2010年，国道G207线遂溪城月交通量观测站由武汉路安电子科技有限公司提供技术服务，更新升级红外线视频式交通自动观测系统（设备型号：SJC-10）。

2011年2月，市公路局直属分局机修车间与深圳市神州龙脉信息工程有限公司合作（深圳市神州龙脉信息工程有限公司提供技术服务，直属分局机修车间负责基础设备安装），建成廉江分局国道G325线横山连续式交通量观测站，采用视频式交通设备自动观测系统（设备型号：VT2100）。

一、交通量观测机构设置情况

2012年，湛江省养公路年度四类公路（国道2条、省道10条、县道23条、乡道19条）车速调查观测总里程为1183.42千米，其中国道观测里程335.44千米；省道观测里程492.99千米；县道观测里程313.94千米；乡道观测里程41.06千米。湛江省养公路交调常规观测站点有连续式观测站2个，间隙式观测站29个，比重调查点85个。其中国道2个连续式观测站全部安装自动化观测设备，实现数据自动采集和实时传输，在交通部网站上即时发布。间隙式、比重观测点主要采用人工观测方式进行数据采集，基本形成以国、省道调查为重点，县乡公路调查相结合，多种调查形式相互补充的交通情况调查网络，真实地准确地反映公路交通情况变化趋势。

2012年湛江市省养公路国道交通量连续式观测站设置一览表

表8—3—1

序号	行政区划	路线编码	名称	桩号（千米）	起点名称	止点名称	里程（千米）	路面类型
1	遂溪县	G207	城月	3546+029	岭北	迈哉	18+335	水泥砼
2	廉江市	G325	横山	457+600	西埇	石圭坡	23+410	水泥砼

2012年湛江市省养公路交通量间隙式观测站设置一览表

表8—3—2

序号	行政区划	路线编码	名称	桩号（千米）	起点名称	止点名称	里程（千米）	路面类型
1	廉江市	G207	良垌	3496+85	黄茅	四九圩	19+800	水泥砼
2	遂溪县	G207	榄罗	3513+369	四九圩	丁字路口	10+480	水泥砼
3	遂溪县	G207	白坭坡	3519+999	遂城	岭北	16+645	水泥砼
4	雷州市	G207	草黎	3570+35	迈哉村	谢家村	49+300	水泥砼
5	雷州市	G207	龙门	3608+380	谢家村	旋安	34+400	水泥砼
6	徐闻县	G207	下桥	3655+000	旋安	海安码头	33+700	水泥砼
7	吴川市	G325	吴川收费站	369+000	调毅	塘尾	8+254	水泥砼
8	吴川市	G325	黄坡	386+000	塘尾	马台	19+709	水泥砼
9	坡头区	G325	官渡	393+490	马台村	石门大桥	19+940	水泥砼

续上表

序号	行政区划	路线编码	名称	桩号（千米）	起点名称	止点名称	里程（千米）	路面类型
10	遂溪县	G325	新桥	441+440	北罗坑	西涌	40+760	水泥砼
11	廉江市	G325	青平	480+850	西埇	白花埇	17+000	水泥砼
12	廉江市	G325	高桥	497+430	白花埇	广西山口	13+399	水泥砼
13	吴川市	S285	长岐	97+200	浅水镇	梅录镇	18+300	沥青表处
14	廉江市	S286	大岭	7+200	廉城	平坦镇	15+500	水泥砼
15	坡头区	S286	龙头	48+400	新屋村	高岭仔村	16+350	沥青表处
16	廉江市	S287	石岭	31+000	六琛	遂溪	15+000	沥青表处
17	遂溪县	S287	铺塘	71+900	遂溪分界	文化广场	14+33	水泥砼
18	麻章区	S288	东海	9+100	湖光	东南码头	46+74	沥青表处
19	徐闻县	S289	曲界	63+044	板桥	前山甲村	15+660	沥青表处
20	遂溪县	S290	杨柑	34+140	白桔	北坡	47+205	沥青表处
21	雷州市	S290	北和	144+700	火炬17队	乌石	45+392	沥青表处
22	麻章区	S293	海洋大学路口	7+100	调罗	宝满村	27+986	水泥砼
23	吴川市	S373	中山	20+500	塘尾	海关楼	9+544	沥青表处
24	麻章区	S373	湖光收费站	60+900	化工厂	洋村桥	37+400	沥青表处
25	坡头区	S373	坡头	30+400	海关楼	渡口东岸	14+300	沥青表处
26	雷州市	S373	唐家	133+3	洋村	企水镇	57+337	沥青表处
27	市辖区	S374	农科所	16+458	平乐	高阳	23+700	水泥砼
28	雷州市	S375	田头	10+000	客路镇	河头	18+000	沥青砼
29	徐闻县	S376	大黄	62+879	锦和圩	西连镇	70+241	沥青表处

2012年湛江市省养公路交通量比重调查站一览表

表8—3—3

序号	行政区划	路线编码	调查站名称	桩号（千米）	起点名称	止点名称	里程（千米）	路面类型
1	廉江市	G207	良垌养护站	3496+85	黄茅	四九圩	19+800	水泥砼
2	遂溪县	G207	榄罗道班	3513+369	四九圩	丁字路口	10+480	水泥砼

序号	行政区划	路线编码	调查站名称	桩号（千米）	起点名称	止点名称	里程（千米）	路面类型
3	遂溪县	G207	白坭坡养护站	3519+999	遂城	岭北	16+645	水泥砼
4	雷州市	G207	草黎养护组	3570+35	迈哉村	谢家村	49+300	水泥砼
5	雷州市	G207	龙门养护站	3608+380	谢家村	旋安	34+400	水泥砼
6	徐闻县	G207	下桥站	3655+000	旋安	海安码头	33+700	水泥砼
7	遂溪县	G207	城月道班	3546+029	岭北	迈哉	18+335	水泥砼
8	吴川市	G325	覃巴养护站	354+020	调毅	大山江	11+437	水泥砼
9	廉江市	G325	横山养护站	457+600	西埇	石圭坡	23+410	水泥砼
10	吴川市	G325	吴川收费站	369+000	调毅	塘尾	8+254	水泥砼
11	吴川市	G325	黄坡道班	386+000	塘尾	马台	19+709	水泥砼
12	坡头区	G325	官渡	393+490	马台村	石门大桥	19+940	水泥砼
13	遂溪县	G325	新桥养护站	441+440	北罗坑	西涌	40+760	水泥砼
14	廉江市	G325	青平养护站	480+850	西埇	白花埇	17+000	水泥砼
15	廉江市	G325	高桥道班	497+430	白花埇	广西山口	13+399	水泥砼
16	廉江市	G325	横山养护站	457+600	西埇	石圭坡	23+410	水泥砼
17	吴川市	S285	长岐道班	97+200	浅水镇	梅录镇	18+300	沥青表处
18	廉江市	S286	平坦道班	20+600	塘古径	龙地	12+500	水泥砼
19	吴川市	S286	三丫道班	35+870	平坦	三丫	10+000	沥青表处
20	廉江市	S286	大岭道班	7+200	廉城	平坦镇	15+500	水泥砼
21	坡头区	S286	龙头道班	48+400	新屋村	高岭仔村	16+350	沥青表处
22	廉江市	S287	塘蓬养护站	12+200	六琛	东升场	22+000	沥青砼
23	廉江市	S287	廉城养护站	53+900	合江	分界	25+750	水泥砼
24	廉江市	S287	石岭道班	31+000	六琛	遂溪	15+000	沥青表处
25	遂溪县	S287	铺塘道班	71+900	遂溪分界	文化广场	14+33	水泥砼
26	麻章区	S288	东海站	9+100	湖光	东南码头	46+74	沥青表处
27	雷州市	S289	金星养护组	38+500	坑尾村	勇士12队	11+947	沥青砼
28	徐闻县	S289	曲界道班	63+044	板桥	前山甲村	15+660	沥青表处
29	遂溪县	S290	河头道班	69+175	扫把塘	下坑村	7+219	沥青砼

序号	行政区划	路线编码	调查站名称	桩号（千米）	起点名称	止点名称	里程（千米）	路面类型
30	雷州市	S290	纪家养护组	99+100	英茇子村	火炬17队	37+606	沥青砼
31	遂溪县	S290	杨柑道班	34+140	白桔	北坡	47+205	沥青表处
32	雷州市	S290	北和养护站	144+700	火炬17队	乌石	45+392	沥青砼
33	麻章区	S293	海洋大学路口	7+100	调罗	宝满村	27+986	水泥砼
34	吴川市	S373	大桥道班	4+100	塘尾	蕉子岭村	15+556	沥青表处
35	吴川市	S373	中山道班	20+500	塘尾	海关楼	9+544	沥青表处
36	麻章区	S373	湖光收费站	60+900	化工厂	洋村桥	37+400	沥青表处
37	坡头区	S373	坡头道班	30+400	海关楼	渡口东岸	14+300	沥青表处
38	雷州市	S373	唐家养护站	133+3	洋村	企水镇	57+337	沥青表处
39	遂溪县	S374	草塘道班	55+300	高阳	河图仔	36+866	水泥砼
40	市辖区	S374	农科所观测站	16+458	平乐	高阳	23+700	水泥砼
41	遂溪县	S375	黄草道班	30+800	河头村	江洪镇	22+008	沥青表处
42	雷州市	S375	田头养护组	10+000	客路镇	河头	18+000	沥青砼
43	徐闻县	S376	大黄道班	62+879	锦和圩	西连镇	70+241	沥青表处
44	吴川市	X613	龙田村	26+700	龙田	钟毓山	2+394	沥青表处
45	吴川市	X661	塘㙍圩	29+200	塘㙍圩	牛仔坡	0+935	水泥砼
46	吴川市	X664	昌洒道班	4+600	六角坎	王村港	8+706	水泥砼
47	市辖区	X666	霞南观测站	10+500	路西村	田头村	9+133	沥青表处
48	市辖区	X667	东山道班	7+100	东参码头	西湾	21+299	水泥砼
49	市辖区	X668	拱湖道班	7+100	志满	厚高村委	9+325	沥青碎石
50	市辖区	X670	麻章观测站	4+600	麻章	志满	12+925	沥青碎石
51	廉江市	X672	鸡公塘道班	10+800	廉江	苏茅角	14+057	水泥砼
52	廉江市	X677	长山道班	19+200	鸡公埇	长山圩	5+369	沥青砼
53	廉江市	X678	瑞坡道班	20+300	白坟坡	鸡公埇	23+863	沥青砼
54	廉江市	X679	白坟坡道班	23+200	白坟坡	和寮圩	7+230	沥青砼
55	廉江市	X680	读碑道班	7+100	石城	三角山	13+000	水泥砼
56	廉江市	X680	铺洋道班	20+900	三角山	安铺	22+122	水泥砼
57	遂溪县	X681	南昌道班	4+672	北潭	崩塘	4+672	沥青砼

序号	行政区划	路线编码	调查站名称	桩号（千米）	起点名称	止点名称	里程（千米）	路面类型
58	遂溪县	X682	洋青养护站	10+301	南圩	洋青站	10+301	沥青砼
59	遂溪县	X683	龙眼道班	0+300	龙眼	草潭镇	16+182	沥青砼
60	遂溪县	X684	北坡养护站	38+800	家寮	北坡	33+452	沥青砼
61	市辖区	X684	百龙观测站	0+650	百龙	家寮	5+639	沥青碎石
62	雷州市	X689	调风养护组	7+600	谢家村	坑尾村	22+171	沥青砼
63	雷州市	X692	南渡养护组	9+200	水店村	下井村	13+433	沥青砼
64	徐闻县	X693	下桥养护站	0+000	下桥	金满堂	20+923	沥青表处
65	徐闻县	X694	龙塘道班	6+210	那山	赤坎子	12+599	沥青表处
66	雷州市	X699	平湖养护组	4+500	龙门镇	那双	4+515	沥青砼
67	吴川市	X704	吉兆道班	7+400	覃村	吉兆	13+111	沥青砼
68	市辖区	X705	沟麻观测站	0+000	沟尾	麻斜	6+581	水泥砼
69	吴川市	Y002	良发村	0+100	良发	钟毓山	3+251	沥青表处
70	市辖区	Y011	后坡观测站	1+060	后坡村	机场	2+269	水泥砼
71	市辖区	Y014	拱桥道班	5+691	湖光	拱桥道班	5+691	水泥砼
72	市辖区	Y015	东简道班	0+500	庵山口	东简镇	3+998	水泥砼
73	市辖区	Y017	淡水涌观测站	3+000	湖海	淡水涌	3+302	水泥砼
74	遂溪县	Y021	铺塘道班	0+000	遂溪县城	火车站	3+053	水泥砼
75	遂溪县	Y022	下六道班	0+000	米秧路口	下六墟	3+067	沥青砼
76	遂溪县	Y023	杨柑养护站	0+000	杨柑路口	杨柑圩镇	0+944	沥青砼
77	遂溪县	Y024	城月道班	0+000	企山	斗门	3+877	水泥砼
78	遂溪县	Y025	大塘道班	0+000	界炮路口	界炮圩	1+070	水泥砼
79	廉江市	Y031	金城娱乐城	0+30	旧城建局	火车站	1+051	水泥砼
80	雷州市	Y041	龙门养护站	0+010	龙门镇	龙门糖厂	0+976	沥青砼
81	雷州市	Y042	沈塘养护组	0+800	雷城镇	榜山村	3+684	沥青砼
82	雷州市	Y043	乌石养护组	0+300	房参	乌石	1+509	沥青砼
83	徐闻县	Y051	曲界养护站	0+250	甲村	前山村	1+331	简易路面
84	徐闻县	Y052	下桥养护站	0+200	海安	海安码头	0+753	简易路面
85	徐闻县	Y053	曲界养护站	0+300	锦和	东门下	1+231	简易路面

二、年度公路交通量比重及车速调查

为更好地发挥公路交调工作在交通发展规划中的作用，提高工作决策科学性。根据交通部及省交通厅对四类公路比重调查工作的要求，年度省养公路交通量比重调查工作，每年具体时间由省公路局统一安排。每当月度交通量常规调查、年度四类公路比重调查和车速调查，各分局按照交调工作规范和要求，制定计划、精心组织、落实人员、落实车辆。观测当天从6时至次日6时，各个交通量调查点，实行24小时轮班观测，采用人工操作计数器分时段、分车型对过往车辆交通量进行记录统计。市公路局及各分局分管领导带队对基层观测点进行工作巡查，督导观测人员准确工作，注意安全，保证交通量调查数据的连续性、有效性和完整性完成交调任务。每次交调观测结束后，市公路局按照交通部公路统计年报制度要求，及时收集原始记录，据实整理成表，同时对所观测数据要进行必要的科学分析、合理做出评价，并及时报送省公路局。通过年度交通量比重调查及车速调查，对及时反映湛江辖区内四类公路的车流量状况及论证和探讨现有公路网的合理性具有较强现实意义，并为湛江往后道路公路规划、设计、改造、维修及路网建设提供科学的数据储备。

表 8—3—4

2000—2012年湛江国、省道机动车交通量调查一览表

年平均日混合交通量（辆/日）

年度	G207 锡海线	G325 广南线	S285 蓬吴线	S286 廉坡线	S287 六遂线	S288 湖硇线	S289 南前线	S290 白流线	S293 疏港公路	S373 塘企线	S374 平杨线	S375 客江线	S376 外西线
2000	8366	9068	4170	2874	3164	3596	2373	2594		6343	7240	2362	2878
2001	8959	9283	4159	3288	3262	3676	2422	2661		6356	7349	2118	3759
2002	9413	9446	4231	3327	3468	3678	2548	2677		6583	6956	2109	3468
2003	9562	10752	4386	3451	3894	3215	2564	2654		6865	6437	2346	3643
2004	9661	11552	4602	3673	4767	3141	2591	2632		7279	6289	2565	5659
2005	10292	12749	6904	4053	4925	3301	2763	2064		7393	8886	3394	6170
2006	11448	13236	7982	7637	5896	5468	3106	3458		8908	10866	3786	8255
2007	13094	17381	8190	7496	9516	7458	5471	5815		7160	9050	5160	8058
2008	13588	18244	9052	8809	9802	9104	5311	5277	12380	6287	8260	5599	8043
2009	16903	18561	9105	4243	10851	5250	4701	6051	15290	7371	6700	4245	9465
2010	17519	19698	9245	5180	11300	6887	4908	6375	15641	8313	5455	4721	11121
2011	17576	20480	9279	5116	15766	5080	6324	6042	17573	10492	7032	5713	12038
2012	18141	21705	9338	6708	12841	2385	6989	6412	18821	11336	11881	6208	9777

表 8—3—5

2000—2012 年湛江国、省道道路车速调查综合表

汽车平均综合车速（千米/小时）

年度	G207 锡海线	G325 广南线	S285 蓬吴线	S286 廉坡线	S287 六遂线	S288 湖烟线	S289 南前线	S290 白流线	S293 疏港公路	S373 塘企线	S374 平杨线	S375 客江线	S376 外西线
2000	58.50	60.60	35.20	35.50	35.30	45.03	45.40	46.10		42.30	40.60	45.20	35.50
2001	65.50	61.90	32.00	38.12	34.67	43.34	40.45	44.75		44.19	41.64	46.43	37.94
2002	50.70	54.80	35.90	40.50	45.70	45.45	45.34	47.20		45.30	46.20	45.90	42.90
2003	53.10	56.30	45.80	45.60	40.9 0	51.50	45.80	49.80		55.10	37.50	5260	45.30
2004	55.05	59.20	51.60	38.75	59.34	50.41	43.84	50.90		52.42	54.87	51.48	43.26
2005	56.73	63.50	56.34	45.05	57.68	49.41	45.49	55.19		53.73	53.24	58.75	54.55
2006	57.37	63.84	54.55	40.11	60.9	37.89	56.13	58.89		57.51	57.41	41.74	47.14
2007	60.30	62.32	58.00	57.15	42.36	51.90	49.97	52.93		55.47	61.40	56.72	46.85
2008	63.29	69.91	54.00	24.38	59.64	39.99	45.28	52.49	55.00	49.27	55.10	55.06	41.83
2009	69.15	68.14	48.45	37.27	58.56	52.38	45.01	54.53	68.89	52.07	52.67	45.69	40.00
2010	66.83	63.98	57.85	37.21	58.00	52.42	39.40	51.69	67.42	39.00	50.29	50.47	42.39
2011	67.03	61.93	54.83	52.17	61.46	50.75	46.82	53.83	64.00	51.76	52.60	50.80	41.56
2012	67.58	60.94	55.15	49.87	53.80	50.85	45.44	50.30	67.05	40.18	51.10	46.10	47.70

第四节　公路数据库

从 20 世纪 80 年代开始，交通部统一部署进行公路数据库的研究和开发。"八五"期间，根据交通部的总体规划，继续推广应用多层次、多功能的公路管理信息系统、公路养路费征收管理系统，公路统计报表管理系统、交通量数据处理系统、路况资料处理系统等，并不断加以完善。20 世纪末，基本实现具有统一标准规范、统一指挥体系、统一参照系统、统一信息采集与传输交换体系的部、省、地三级公路数据库系统。

2000 年，广东省公路部门通过开展第二次全国公路普查工作，建立了省、地两级公路基础数据资源库。省公路局于 2002 年底着手研究建立广东公路地理信息系统。2003 年 3 月，通过省交通厅科研立项，开始启动《广东公路基础数据库可视化研究》课题，采用 GIS 技术（即空间地理信息技术）对全省公路网空间数据进行编辑和加工，实现路网大地坐标与公路里程桩号系统的一一对应，完成了空间地理信息库与公路属性数据库的链接。公路数据库的总体结构可分为：数据库、数据库管理及应用工具、各类专题应用系统三大部分。其中数据库部分包括：公路属性数据库、空间地理信息数据库等；数据库管理及应用工具部分主要包括：体系结构管理、数据管理、基础应用工具等；各类专题系统是以公路数据库为平台的业务应用，管理系统，如：建设项目管理系统、路面管理系统、桥梁管理系统、公路统计管理系统、公路电子地图系统等。

公路基础数据系统是综合运用计算机技术、GIS 技术、网络技术等先进手段，依托装有"公路 GPS 数据维护系统""公路基础数据库系统"的笔记本电脑（或平板电脑）及外接 GPS 设备，对公路路线、沿线构造物、沿线设施等基础空间和属性数据进行外业采集，内业的编辑、校核、查询、统计报表等，整合基础测绘、公路等空间地理信息资源，完成"公路路网基础数据平台"的建设，为公路建设、管理、养护等提供完备的数据支撑。

2003 年 6 月，交通部印发《关于加强公路数据库建设与管理工作若干意见的通知》，按照"统筹规划，统一标准，分级负责，注重实效，分步实施，不断完善"的原则，公路数据库建设按照"规划自上而下，实施自下而上"的工作思路，由交通部结合交通信息化建设的要求，编制全国公路数据库的总体规划和实施步骤，制定并提出全国统一的公路数据库建设所需的技术标准和规范。提出了我国公路数据库建设与应用的"总体目标、总体结构、实施原则、实施步骤与相关要求"，制定了《公路数据库更新管理暂行规定》以下简称《暂行规定》。

2004 年 1 月，省交通厅批复同意省公路局《关于贯彻交通部加强公路数据库建设与管理工作若干意见》，由省公路局统筹负责汇总全省公路数据，做好省级公路数据库建设、使用、维护，更新等方面工作。市公路局负责本市辖区内公路网数据库的日常管理工作。省、市公路局为提高公路系统公路管理信息化水平，相应建立健全各项管理工作制度，包括：岗位责任制度、安全保密制度、数据更新维护制度等，做到工作职责明确、管理制度健全，确保公路数据库的安全运行。

2005年，湛江省养公路桥梁245座11283延米完成了录入公路数据库工作，其中国道桥梁91座5134延米，省道桥梁106座5056延米，县道桥梁44座1024延米，乡道桥梁4座69延米；县道以上桥梁241座11214延米，桥梁技术状况稳定，其中一、二类桥梁占总数的80.82%，三、四类桥梁占总数的19.18%。

在每年数据更新维护时，湛江市辖区内的地方公路管理站、高速公路营运管理单位及其他经营性公路管理单位将更新数据报市公路局合并汇总，形成当年的湛江市公路数据库，然后报省公路局合并汇总，完成全省公路数据库的数据更新。

湛江辖区公路新建工程、改建工程、大中修工程、GBM工程、文明样板路建设工程、危桥改造工程、危险路段改建改造工程、水毁检修工程和较大规模的绿化工程，在各工程完工验收后，各项目管理单位在30个工作日内向市公路局报送数据，由市公路局对采集数据检查验收后录入数据库，完成数据更新工作。

根据省公路局工作要求，湛江辖区国道、省道、县道和设有常养道班乡道的好路率数据，每年进行更新。四类公路的交通量数据每年更新1次，其中连续式观测站的交通量数据库应每季更新1次，间隙式观测站点的交通数据量数据应每半年更新1次。好路率应以年底到达数据为准，交通量应以年度平均数据为准。路面现状数据、桥梁及隧道动态数据、防护工程、沿线设施、绿化等数据的更新频率按《公路数据库更新管理暂行规定》相关规定执行。有关路面现状数据的更新频率结合路面养护、数据库、路面管理系统的有关技术规范和公路技术等级按下表确定。

湛江公路路面现状数据更新频率表

表8—4—1

公路等级	评价指标			
	破损	平整度	强度	抗滑
高速、一级公路	每3个月1次	每年1次	每年1次	
二级公路	每年1次		每3年1次	
三四级公路	每年1次	每2年1次	每5年1次	

全省公路数据库联网后，省、地、县三级公路数据库的数据应当实现同步更新。实行年度上报与汇总制度，每年12月31日前，市公路局数据库完成汇总并向省公路局数据库上报路况分析报告。每年1月31日前，省公路局数据库完成全省汇总并上报交通部（公路司）。

2005年，市公路局按照省公路局统一部署，对湛江辖区管养的农村公路通达情况进行GPS公路数据外业采集及内业校核更新农村通达调查数据库及图形上报工作，完成"全国农村公路通达情况"专项调查任务，市局梁志文、张明、李继锋获"广东省农村公路通达情况专项调查个人"称号，受到省公路局表彰。

2006 年，市公路局与北京恒达时讯科技开发有限责任公司合作完成了湛江市公路地理信息系统的研究开发工作，为湛江公路工作决策提供准确的、及时的、动态的共享数据和公路地理信息平台服务。

至 2012 年末，市公路局不断完善公路数据库，利用数据库资源，逐步建立方便实用的公众信息服务系统，进行简单的查询显示，出行选线等功能，为社会公众提供详实可靠的路网信息，提高公路行业的服务水平。

2012年公路数据库湛江市省养公路国、省道路面状况表

表8—4—2 单位：千米

按桩号里程	小计	一级公路	二级公路	三级公路	四级公路	等外公路	小计	沥青混凝土路面	水泥混泥土路面	简易铺装路面	砂石路面
G207 锡海线	180.922	180.922	0	0	0	0	180.922	22.66	158.262	0	0
G325 广南线	162.144	115.765	45.405	0.974	0	0	162.144	0	162.144	0	0
S285 蓬吴线	18.372	0	0	3.762	14.61	0	18.372	14.61	3.762	0	0
S286 廉坡线	55.248	0	0	6.031	49.217	0	55.248	55.248	0	0	0
S287 六遂线	75.199	36.843	29.889	8.467	0	0	75.199	38.356	36.843	0	0
S288 湖硇线	56.978	4.549	0	28.523	22.355	1.551	56.978	37.878	6.744	11.831	0.525
S289 南前线	79.919	0	41.378	38.043	0.498	0	79.919	26.461	2.082	51.376	0
S290 白流线	178.015	2.086	137.281	28.084	10.564	0	178.015	137.422	3.763	36.83	0
S293 疏港大道道	29.804	29.804	0	0	0	0	29.804	8.166	21.638	0	0
S373 塘企线	141.494	16.203	61.819	50.061	13.411	0	141.494	113.498	27.996	0	0
S374 平杨线	57.623	27.118	30.505	0	0	0	57.623	15.996	41.627	0	0
S375 客江线	39.842	0	35.908	3.934	0	0	39.842	38.704	1.138	0	0
S376 外西线	77.897	0	43.847	27.799	6.251	0	77.897	67.279	2.909	7.709	0

第五节　职工培训教育

公路要发展，关键在人才，人才的关键在教育。市公路局贯彻全国人才工作会议、全国职业教育工作会议、全国交通职业教育工作会议精神，坚持"科教强路""教育为本"的战略方针，开展公路职工培训教育，改善职工队伍的文化知识结构，保障公路建设事业可持续发展。

市公路局历届党委都把职教工作纳入议事日程，做到有领导分管、有机构有专人专职负责（1991—2001年间由市局行政办公室专职负责；2002—2012年间由市局科技教育科专职负责）。市公路局强化职教工作管理，筹措教育培训经费，为职教工作提供支持和保障。做到早计划、早部署、早落实。市公路局职工教育经历青壮年职工的"双补"（文化补课和初级技术补课）、中级技术培训、岗位培训和大中专代培、远程网络学历教育等阶段性工作，公路职工队伍原有的"三低一少"（文化水平低、技术水平低、管理水平低、工程技术人员少）的落后状况有所改观。

"八五"期间（1991—1995年），市公路局实施公路基础设施建设工程与公路人才工程并举的基本策略，以公路职工岗位培训为重点，举办公路施工员培训、工程监理培训、技术等级考核培训、筑机维修、道班班长培训、路政员养征员培训及公路系统的青年工人文化补习等各种职业技术培训班共37期（班），公路职工参加培训学习达4464人次。

1991年，市公路局投入职教经费18.73万元（年度计划安排湛江公路技校经费10.73万元），职工参加培训达1246人次，参加高中文化补习31人、毕结业29人，参加学历教育80人、毕结业59人（其中市公路局首批7名成人大中专代培生、自费生毕业并聘为国家干部）。

1992年，市公路局投入职教经费27.75万元（年度计划安排湛江公路技校经费21.75万元），职工参加培训1398人次，参加高中文化补习15人、毕结业13人，参加学历教育45人、毕业39人。7月，湛江公路工程学校更名为湛江公路技工学校，学校职工、学员宿舍建成投入使用，建筑面积达1700平方米。

1993年，市公路局全年投入职教经费32.55万元（年度计划安排湛江公路技校经费27.55万元），职工参加培训1322人次，参加学历教育39人、毕业22人。

1994年，市公路局投入职教经费37.5万元（年度计划安排湛江公路技校经费32.5万元），职工参加培训1671人次，参加学历教育38人、毕业11人。

1995年，市公路局投入职教经费68.25万元（年度计划安排湛江公路技校经费27.55万元），职工参加培训1287人次，参加学历教育63人、毕业28人。

"九五"期间（1996—2000年），市公路局根据省交通厅、省公路局"九五"职工教育工作规划，按照"统一规划、分级管理、分工办学、分类指导"的做法，坚持以资格性岗位培训、工人技术等级培训、适应性培训、学历教育、继续教育等齐头并进的办学格局，开展各种职业培训工作。1996—2000年，市公路局共投入职工教育经费356.13万元，占工资总额的2.13%，超过国家规定比例标准0.13%。培训职工 6230 人次，占现有职工 3169 人的 196.59%。

1996 年，市公路局举办职业技术培训班 16 期、1236 人次参加（其中监理人员的业务技术培训，邀请西安交通大学的教授讲课，88 人脱产学习 30 天，用款 11.50 万元）。职工参加学历教育 49 人、毕业 34 人。

1997 年，市公路局组织职工参加培训学习 1770 人次，参加学历教育 31 人、毕业 34 人。

1998 年，市公路局职工组织参加培训学习 1495 人次，参加学历教育 50 人、毕业 19 人。

1999 年，市公路组织局职工参加培训、学习 1577 人次，参加学历教育 46 人、毕业 19 人。

2000 年，市公路局职工参加培训 1320 人次，参加学历教育 41 人、毕业 20 人。湛江公路技工学校由于办学条件有限，所设专业未能适应社会发展人力资源需求，加之公路用工多元化，公路技工学校培养的学生在公路系统难以优先照顾招工录用，导致难以招生，被湛江市主管部门裁定取消招生资格，至此公路技工学校停办全日制技工教育。

"十五"期间（2001—2005 年），交通部发布《"十五"交通教育培训规划》，构建"政府调控、行业指导、单位自主、个人自觉"全方位的开放型人才开发和教育培训格局。为公路事业可持续性发展提供人才保障，市公路局"十五"期间共投入职工教育经费 559.4 万元，举办各类型技术等级、业务培训 93 期（班），职工培训达 3600 多人次。专业技术人员实行继续教育证书制度（每年接受一定时间的继续教育，以参加公路系统组织的进修、培训班为主）。市公路局按照《交通部行政执法人员实施学历教育工作意见》要求，鼓励职工报考成人学历教育，一般学历教育不再安排脱产、半脱产公费学习。市公局组织干部职工参加北京交通大学（以下简称"北交大"）远程学历教育 176 人，坚持学习完成学业毕业的有 110 人，其中：公路工程与管理专科 33 人、专升本科 37 人，交通运输管理专科 28 人、专升本科 6 人，会计专业本科 6 人。"十五"期间市公路局职教工作显著，2006 年，被省交通厅评为"广东省交通系统教育先进集体"。郑兴坚、苏健华被评为"广东省交通系统教育先进个人"。

2001 年，市公路局职工参加培训学习 1488 人次，参加学历教育 25 人、毕业 19 人。

2002 年，市公路局按照《交通部行政执法人员实施学历教育工作意见》的要求，动员 132 名职工报考北交大学远程学历教育。在省交通厅、省公路局科教处支持下，省公路局培训中心同意将湛江公路技校列为北交大远程教育广东交通教学中心湛江教学点联合办学。全局职工参加培训 1204 人次，参加学历教育 55 人、毕业 30 人。

2003 年，市公路局职工参加培训共 22 期（班）、达 1281 人次，参加学历教育 165 人（其中报考北交大远程教育 149 人，其中：专升本 63 人，专科 86 人）、毕业 33 人。

2004 年，市公路局职工参加培训达 1201 人次，参加学历教育 59 人、毕业 28 人。

在省交通厅、省公路局支持下，市公路局为北交大广东交通教学中心湛江教学点（公路技校）配备网络远程教育专用电脑 40 台，配套远程教育光纤网络，完善办学设施。9 月 10 日，市公路局开展"教师节"尊师尊教活动。省、市公路局下达专项经费慰问湛江公路技校教职员工；并对职工子弟获"三好学生"者和考上（国家任务生）大专、本科者给予奖励。

2005 年，市公路局举办各种类型培训学习 69 期（班）、参加培训学习 969 人次（其中养路工 229 人，渡运工 96 人，征稽、收费员 163 人、路政人员 123 人，财会统计人员 52 人，技术人员 86 人，行政人员 220 人），参加学历教育 47 人、毕业 25 人。

"十一五"期间（2006—2010 年），市公路局贯彻交通部《关于进一步推进公路职业教育改革与发展的若干意见》精神，以人力资源开发为导向，投入职工教育培训经费 1089 万元，举办各类型职业技术培训共 103 期（班），参加培训学习人员达 3900 多人次。市公路局依托北交大远程教育网络实施职工学历教育，明文规定凡是男职工 46 周岁、女职工 37 周岁以下，具有高中文化水平，在任养护站站长、工作骨干均可报考北交大远程学历教育，学费给予支持。在优惠政策鼓励下，共有 238 名职工参加北交大远程学历教育。2006、2007 年公路职工学员共 193 人（其中专升本 75 人、专科 103 人、高起本 15 人）经三年努力学习完成学业毕业。

2010 年末，市公路局在职职工 2384 人，其中大专以上学历 753 人，占在职人数 31.59%；高中、中专学历 737 人，占在职人数 30.91%；初中以下学历 894 人，占在职人数 37.50%。公路技工 1813 人，其中技师 10 人、高级工 1070 人，占技工人数 59.57%；中级工 343 人，占技工人数 18.92%；初级工 390 人，占技工人数 21.51%。市公路局开展职工培训教育，建起一支高、中、初级技术等级，政治、技术素质和职业道德水平高的职工队伍，优化人力资源取得成效。

2006 年，市公路局举办各类技术培训学习班 13 期共 961 人参加。其中 3 月 7—9 日，举办湛江市农村公路通达情况专项调查数据采集培训班 1 期共 30 人。6 月 13—18 日，举办公路养护站财会人员培训班 1 期共 60 人。9 月 5—7 日，举办公路绿化养护管理工作培训班 1 期共 32 人。北交大远程教育广东教学中心湛江教学点（湛江公路技校）2003 年春季班学员 82 人（专升本 30 人、专科 52 人），2003 秋季班学员 27 人（专升本 18 人、专科 9 人），历经三年努力学习完成学业毕业。2006 年秋季班招收学员共 105 人，其中土木工程本科 10 人；交通运输管理本科 3 人；法学本科 1 人；会计学本科 1 人；工商管理本科 1 人；公路工程与管理专科 88 人；财务会计专业专科 1 人。

2007 年，市公路局举办职业技术培训班共 29 期（班），达 1525 人次参加，公路干部职工参加学历教育 175 人、毕业 37 人。按照市委组织部《湛江市干部教育培训学分制考核办法（试行）》要求，市公路局机关行政参公人员 60 人完成干部在线学习，学分均达 120 分以上。全局行政干部（参公人员）313 人参加市组织的公务员业务知识学习培训。

2008 年，市公路局举办职业技术培训班共 32 期（班），达 1491 人次参加（其中养路工、收费员技术等级业务培训 321 人、征稽、过路费收费人员 129 人、路政人员

171 人、财会人员 32 人、行政管理人员及工程技术人员业务培训、继续教育 838 人）。公路干部职工参加学历教育 81 人、毕业 55 人。

2009 年，市公路局举办职工技术业务培训班共 23 期（班），达 1447 人次（其中养路工 382 人、收费员 135 人、征稽人员转岗培训 103 人、路政管理人员 137 人、公路养护站财会人员 42 人、筑路机械操作人员 36 人、行政管理人员及工程技术人员 612 人）。参加学历教育 137 人、毕业 141 人。

2010 年，湛江公路系统 100 多名在职副科以上干部分为二批到清华大学公共管理高级研修班学习，开拓视野，增长知识，提高干部的决策水平和行政能力。市公路职工参加培训学习达 1392 人次，参加学历教育 120 人、毕业 99 人。

"十二五"期间前二年基本情况：

2011 年 6 月，市公路局 46 名干部（参公人员）参加市委组织部举行的信息化与电子政务培训学习并通过实操考试。是年，市公路局投入职教经费 283 万元（年度计划安排公路技校经费 150 万元），举办各项业务培训班共 29 期（班），达 1284 人次参加（其中技工培训 613 人次、路政人员 138 人次、行政管人员员 357 人次、技术人员继续教育 176 人次）。公路职工参加学历教育 126 人、毕业 46 人。

2012 年，市公路局投入职教经费 183 万元（年度计划安排湛江公路技校经费 150 万元）。举办各项业务技术培训班 14 期、1135 人参加（其中公路安全业务培训 60 人，公路与桥梁养护维修技术培训 179 人、公路养护技能与安全培训班 160 人、公路数据库及养护统计年报审核汇总软件使用培训 14 人、专业技术人员再教育 182 人、技术等级培训 540 人）。北交大远程教育 2012 级秋季招收学员共 90 人，其中土木工程本科 21 人、交通运输管理本科 7 人、物流管理本科 8 人、财务会计专业本科 6 人、公路工程与管理专科 25 人、交通运输管理专科 14 人、物流管理专科 3 人、财务会计专业专科 6 人。7 月，省公路职工教育培训中心在湛江公路技校举办公路与桥梁养护及维修技术继续教育培训班，市交通、公路系统 176 名工程技术人员参加学习《桥梁病害检查评定与养护维修》《水泥路面检测、养护维修关键技术》《沥青路面水损坏防治技术》《公路养护管理"十一五"国检、省检内容分析》等课目，对理论测试成绩合格者颁发省人社厅认可的"广东省专业技术人员继续教育证书"。

1991—2002 年湛江公路局职工教育情况统计表

表 8—5—1 　　　　　　　　　　　　　　　　　　　　　　　　　　　　　　　　　　单位：人

年度	职工人数	岗位培训							继续教育		学历教育						文化补习	
		合计		资格培训		技术等级培训		适应性培训			中专		大专		本科		高中	
		学习	结业	学习	结业	学习	结业		学习	结业	学习	结业	学习	结业	学习	结业	学习	结业
1991	2845	1010	1092	739	735	145	143	126			27	26	28	26	24	7	31	29
1992	2899	912	907	263	261	178	175	471	15	15	11	13	13	12	6	1	15	13
1993	3360	798	794	188	187	86	73	524	17	15	12	6	18	13	9	3		
1994	3593	828	819	189	187	146	139	493	15	15	19	5	8	4	11	2		
1995	3215	902	898	401	399	138	133	363	22	20	23	17	19	7	22	4		
1996	3360	1029	991	533	498	377	374	119	88	88	25	16	18	13	6	5		
1997	3565	1268	1267	698	686	171	171	399	103	103	19	11	9	16	3	7		
1998	3465	1119	1095	701	679	120	118	298	78	78	13	7	21	8	16	4		
1999	3416	1082	189	516	512	191	187	375	120	120	3	2	17	12	26	5		
2000	3201	961	952	451	449	265	258	245	114	114	8	4	12	7	21	9		
2001	3120	1036	1032	365	363	284	282	387	65	65	7	7	11	9	7	3		
2002	3054	908	907	321	321	223	222	364	132	132	11	8	26	8	18	14		

表 8—5—2

1991—2002年湛江公路局职工教育情况统计表

单位：人

年度	职工人数	岗位培训							继续教育		学历教育						文化补习	
		合计		资格培训		技术等级培训		适应性培训			中专		大专		本科		高中	
		学习	结业	学习	结业	学习	结业		学习	结业	学习	毕业	学习	毕业	学习	毕业	学习	毕业
2003	2929	980	978	341	339	450	450	189	112	112			157	28	8	5		
2004	2891	857	856	106	106	510	509	241	103	103			38	21	9	7		
2005	2824	589	585	237	235	114	112	238	142	142			32	13	15	12		
2006	2749	712	711	286	286	112	111	314	136	136			109	45	95	8		
2007	2676	1115	1113	217	215	615	614	283	127	125			166	28	9	9		
2008	2627	1088	1088	299	297	321	319	468	203	203			57	32	24	23		
2009	2540	1100	1099	240	240	517	516	265	78	78			104	109	33	32		
2010	2465	989	985	586	585			314	89	76			117	96	3	3		
2011	2427	927	925	608	606	138	138	181	176	176			115	37	11	9		
2012	2242	797	797	328	328	313	313	156	182	182			56	51	25	23		

第九章　党群组织

第一节　中共湛江市公路局基层组织

一、组织建设和党员队伍发展概况

市公路党委贯彻党的十四大、十五大、十六大、十七大精神，加强党的组织、思想和作风建设，推动湛江公路系统党建工作不断发展。

1991年，中共湛江公路局党委书记为吴启明，副书记为伍锋，委员为蒋绍裘、何杰生。湛江公路局党委属下共有直属党支（总支）部16个。其是：直属分局支部、工程大队支部、第一工程处支部、第二工程处支部、第三工程处支部、湛江渡口所支部、机械材料供应站支部、公路工程学校支部、机修厂支部、恒通公司支部、设计室支部、沙角收费站支部、船厂支部、市局机关第一支部、第二支部、老干支部。另有吴川分局、遂溪分局、廉江分局、海康分局、徐闻分局党支部的组织活动归属地党委管理，各公路分局党组织负责人任免仍由市公路局党委负责管理，市局党委日常办事机构为党委办。

1991年1月5日，王袖增补为湛江公路局党委委员。1月，沈业任徐闻分局党总支书记。11月，湛江公路局党委书记吴启明调离，蒋绍裘任湛江公路局党委书记兼局长；王如文增补为湛江公路局党委委员。

1992年4月，市公路局党委任命宋田盛为遂溪公路分局党支部副书记、局长；叶华生任吴川公路分局党支部书记；占亚轩为湛江渡口所党支部书记。8月，市公路局党委任命劳期祥为海康公路分局党支部书记；翁旺庆为第三工程处党支部书记、主任；李飞龙为局机修厂党支部书记；黎树发为局船厂党支部书记、厂长；杨庭国为局机械材料供应站党支部书记、站长；罗德荣为局设计室党支部书记、主任。12月，市公路局党委任命陈肃为湛江过路费收费所党支部书记、所长。是年，市公路局直属各支部先后发展新党员8名。

1993年6月，王佳任湛江公路局纪委书记。11月，杨为真任湛江公路局党委委员。

1994年2月，王袖任湛江公路局党委书记。4月，邓志春任湛江过路费收费所党支部书记。11月，杨为真任湛江公路局党委委员；郭德应任湛江公路局直属分局党支部书记；赵保华任第一工程处党总支部副书记。

1995年5月，黄华均任湛江公路局党委副书记。10月，朱华生任湛江公路局党委书记；曾兴任遂溪分局党支部书记。劳期祥任雷州分局党总支书记。黎清荣任国道

G325 线青平收费站党支部书记。

1996 年 1 月，张炳炽任湛江公路局党委委员。3 月，黎树发任局机械修理厂党支部书记、厂长；郑扬任局船厂党支部书记、厂长；钟日高任局设计室党支部书记。7 月，戴福华任吴川分局党支部书记兼纪检组长；蔡振勋任湛江渡口所党支部书记；占亚轩任湛江公路局枝工学校党支部副书记；劳海任遂溪分局党支部副书记。

1997 年 2 月，郭德应任湛江公路局党委委员、副局长。3 月，林盛志任湛江公路局质监站党支部书记。4 月，吴民华任湛江公路局党委委员、副局长。

1999 年 8 月，吴杰任湛江过路费收费所党支部书记。9 月，湛江公路局党委委员吴民华被开除党籍，行政开除处分。10 月，局党委副书记黄华钧免职离任。12 月，张振林增补为湛江公路局党委委员。

2000 年 1 月，彭景友任第二工程处党支部书记、主任。3 月，钟华任国道 G325 线青平收费站党支部书记。5 月，湛江公路局成立执法纪律教育领导小组。11 月，朱华生被免去湛江公路局党委委员、书记职务；朱辉任湛江公路局党委副书记。12 月，刘兵增补为湛江公路局党委委员。

2001 年，市公路局党委直属单位党总支部 2 个、支部 21 个、党小组 58 个，党员总数 419 人。11 月，朱辉任市公路局党委书记。

2002 年 8 月，市公路局机构改革，"中国共产党广东省湛江公路局委员会"更名为"中国共产党广东省湛江市公路管理局委员会"。市局办公室与党委办合署，负责党委日常事务工作。市局监察科与纪律检查委员会合署，负责局机关及指导所属单位的纪检、监察、党建、计划生育、团委等工作。廖陆任市公路局党委委员、纪委书记；劳期祥任直属分局党总支书记；吴杰任湛江收费站党支部书记、站长（副科级）。

2003 年 8 月，冯清任湛江公路工程大队党支部书记。10 月，庄光权任雷州分局党总支书记、局长。

2004 年 1 月，市公路局党委决定张振林不再兼任局机械材料供应站党支部书记、站长，季跃生任局机械材料供应站党支部书记。

2005 年 1 月，朱辉被免去市公路局党委书记、委员职务（调离）。4 月，郭德应任市公路局党委书记，曹栋任湛江市公路局党委委员、副局长。9 月，吴杰任湛江渡口所党支部书记、所长；史能勤任湛江收费站党支部书记、站长（副科级）。是年，直属单位支部发展新党员 8 名，办理预备党员转正 10 名。

2006 年 8 月，陈华真任市公路局党委委员。市公路局党委直属管理的基层党组织：直属单位党总支 1 个、党支部 21 个、党员 453 人。吴川、遂溪、廉江、雷州、徐闻 5 个公路分局党务属当地县（市）委管理，党员 566 人，其中遂溪、徐闻 2 个公路分局为党支部，吴川、廉江、雷州等 3 个公路分局为党总支。全局公路系统共有党员 1019 人。

2007 年 1 月，王立利任市公路局机关第三党支部书记，李飞龙被免去该支部书记职务。9 月，陈华真任湛江公路局党委副书记。

2008 年 4 月，李志正增补为市公路局党委委员。

2009年7月，董剑增补为市公路局党委委员。8月，冯滨任市公路局党委委员候选人。11月，直属分局党总支撤销属下直属党支部，成立机关党支部、麻章养护站党支部、坡头养护站党支部、湖光养护站党支部、东海养护站党支部、离退休人员党支部。是年，市公路局党委直接负责管理党总支部1个、党支部22个，党员484人（市局机关党员100人，其中离退休47人；湛江收费站党员19人；湛江渡口所党员67人，其中离退休47人；直属分局党员114人，其中离退休25人；公路技校党员16人，其中离退休8人；质监站党员6人；工程大队党员10人；设计院党员13人，其中离退休5人；材料供应站党员18人，其中离退休9人；机修厂党员28人，其中离退休8人；大鹏收费站党员7人；第一工程处党员31人，其中离退休13人；第二工程处党员32人，其中离退休8人；第三工程处党员12人，其中离退休2人）。

2010年2月，李国平列为市公路局党委委员候选人。8月27日，市公路局党委增补冯滨、李国平为党委委员。12月，戴范列为市公路局党委委员候选人。年末，市局党委直属总支部1个（直属分局总支属下党支部6个）、党支部22个、党员总数498人。

2012年3月，蒋夕文列为市公路局党委委员候选人。5月，庞广瑞任市公路局遂溪分局书记。8月，许海良任湛江市公路车辆通行费征收管理中心党支部书记。年末，市公路局党委直属总支部1个（直属分局党总支、书记梁云山），党支部23个（其中市局机关第一支部、书记凌阳洲，机关第二支部、书记曾卫权，机关第三支部、书记王立利，机关老干支部、书记李飞龙，市公路车辆通行费征收管理中心支部、书记许海良，平洋公司支部、书记空缺，湛江渡口所支部、书记蔡日生，公路技校支部、副书记史能勤，机修厂支部、书记黎树发，公路勘察设计院支部、书记蔡振勋，质监站支部、书记郑杰，工程大队支部、书记陈远，第一工程处支部、书记邓志春，第二工程处支部、书记彭景友，第三工程处支部、书记赵建社，机械材料管理站支部、书记陈驱，直属分局机关支部、书记陆世有，直属分局离退休支部、书记王海珠，湛江收费站支部、副书记戴恩马，坡头养护站支部、书记许华金，麻章养护站支部、书记杜俊才，湖光养护站支部、书记林光文，东海养护站支部、书记吴进明；党员总数498人，其中在职297人。党务属当地县（市）委管理的吴川分局党总支、书记黄永生，廉江分局党总支、书记陈土荣，雷州分局党总支、书记黄盛，徐闻分局党总支、书记陈开逊，遂溪分局党支部、书记庞广瑞。

二、党组织主要活动

1991年，根据中共湛江市委宣传部、市经委、市总工会《关于在全市企业职工中进行基本国情与基本路线教育的意见》，市公路局党委组织开展"基本国情"和"党的基本路线"教育，从市局到基层单位成立"双基"教育领导小组和教育办公室。4月，市公路局党委贯彻落实《广东省基层党组织领导成员民主生活会制度》，湛江公路系统各党组织建立起民主生活会制度。5月，市公路局党委建立党政机关领导干部回避制度。6月，市局党委在遂溪分局召开"双基"教育骨干动员会，推动

"双基"教育深入开展，"双基"教育做到人员落实、时间落实和内容落实，职工受教育面达到98%，增强公路职工的主人翁精神和历史使命感，激发热爱社会主义祖国之情，坚定社会主义信念。市局党委结合"双基"教育，在湛江公路系统开展纠正行业不正之风的工作，成立市局"纠风"领导小组和"纠风办"，对规费征收、渡口渡运、工程施工、财务管理、物资供应等方面存在的不正之风现象，进行认真检查严肃纠正。根据职工反映徐闻分局领导弄虚作假、集体私分公款的问题，市局党委领导带领工作组深入调查、核实，并由徐闻县纪委、市局纪委给予严肃处理，责成该分局领导、股级干部退回套支公款29万多元。市局党委要求各分局、单位从中吸取教训，加强党风廉政建设，增强党员干部职工遵纪守法的自觉性。7月，吴川分局党支部被该县评为先进党支部；遂溪分局党支部连续五年被该县直属党委评为先进党支部。

1992年，市公路局党委成立理论学习中心组，组织学习邓小平南巡重要谈话和党的十四大文件精神。市局党委领导、机关干部和教育骨干先学一步，再深入到工地、车间、道班进行辅导。召开座谈会、出墙报和板报等等活动，组织干部职工观看廉政建设内容录像和宣传爱国主义和革命英雄主义精神的电影、举办理论学习班36期参加达3625人次。市局党委坚持"两公开一监督""三会一课"制度，加强党员教育、管理和监督，提高党员政治素质，按照"学习教育、提高认识""自我总结、互相评议""表彰优秀党员、处置不合格党员"的程序和步骤，开展民主评议党员工作；并把它作为一项长期坚持的常规化工作列入党建工作。7月，湛江公路局成立党风和廉政制度执行情况大检查领导小组，开展党风党纪教育，对1988年以来的党风和廉政制度执行情况进行大检查。局党委组织党员干部职工学习《中共中央关于党和国家机关必须保持廉洁的通知》《行政监察条例》《中国共产党纪律检查机关控告申诉工作条例（试行）》，全局党员干部职工受教育面达90%以上。市公路局各单位通过查问题、找原因、定措施完善制度，促进党风党纪建设。吴川分局廉政建设经验被该县委推广，并被评为吴川县廉政建设先进单位。是年，市公路局部分单位党组织召开党代会，选举产生新的党支部委员会。

1993年，市公路局党委坚持精神文明建设，加强党基层组织建设。"七一"前夕，湛江公路局党委通报表彰优秀党员38名和优秀党务工作者1名。7月25日，湛江遭遇百年一遇洪灾，市公路局党员干部职工挺身而出坚持在抗洪救灾第一线，保障公路安全畅通。湛江公路局及雷州分局被湛江市委、市政府授予抗洪救灾先进单位。9月26—27日，市局党委召开会议贯彻省、市工作部署开展反腐败斗争，各单位党支部书记、纪检组长和局机关副科以上干部60多人参加。市局党委按照上级的统一部署，组织直属总支部1个、支部19个，党员470人，开展民主评议党员活动；党员评议经过个人总结自评、党小组评议、党支部评定、党总支及党委审定的程序和步骤，470名党员评议合格。

1994年4月25—26日，市公路局召开反腐败工作会议，市局党委领导、各分局、直属单位党支部（总支）书记、纪检组长（纪检员）、局机关副科以上干部共80多人参加会议。"七一"前夕，市公路局党委表彰优秀党员30名。7月，市公路局党委组织党员干部职工开展纪律教育学习月活动。

1995 年 4 月 10—11 日，市公路局召开反腐败工作暨年度计划会议，各分局、直属单位党政主要领导、纪检员、生产股长、局机关科级以上干部共 80 多人参加。局党委领导分别对反腐败工作、年度计划工作、养征工作提出具体意见和要求。6 月，市公路局举办领导干部廉洁自律学习班，各分局党政负责人、纪检组长、市直单位和机关副科以上干部 60 多人参加。7 月，市公路局组织党员干部职工开展纪律教育月活动。10 月 6—7 日，省公路管理局纪检监察工作座谈会在湛江召开，全省 21 个地级市公路局纪检监察领导干部共 57 人参加会议。省局纪委书记叶汉虹在会上通报全省公路系统纪检监察工作情况，省交通厅监察室主任郭华俊传达国务院纠风办、交通部、公安部有关治理公路"三乱"会议精神，各地市公路局作工作汇报。湛江市纪委副书记游起超出席会议并讲话。10 月，市局党委召开市直党支部书记会议，开展党支部"五到位"（即支部班子健全，支委工作到位；发挥党员作用，完全任务到位；关心群众，思想工作到位；制度完善，按章办事到位；严格管理，督查工作到位）活动，。

1996 年，湛江遭遇第 15 号强台风狂风暴雨袭击，公路设施损失严重，市公路局党委领导带领工作组深入抗洪救灾第一线抢修公路。7 月，市公路局党委、纪委召开专题会议，运用典型开展反腐保廉教育问题；全局各单位党（总）支部书记参加会议。8 月，市公路局党委召开全局思想政治工作会议，总结思想政治工作经验，研究解决工作中存在问题，提出今后工作任务。是月，市公路局党委贯彻市委常委扩大会议精神，举办反腐保廉、以法治市学习班，局机关、直属单位副科以上干部 60 多人参加。

1997 年，市公路局党委学习贯彻党的十五大精神，组织干部职工开展有关知识竞赛活动。全局开展普法学习《工会法》《劳动法》《新刑法》《妇女权益保障法》《公路法》等法律法规，干部职工 3000 多人参加。市局党委中心学习组坚持每月 28 日为集中学习日活动，坚持讲学习、讲政治、讲正气，促进良好政治风气。3 月 7 日，市局党委举行领导述职报告会，局领导朱华生、黄华钧、伍锋、杨为真、王佳、张炳积在会上陈述上年度工作政绩和存在问题，从德能勤绩四个方面自我评价；会议对领导进行民意测验。7 月，遂溪分局党支部被该县直属党委评为先进单位。

1998 年，市公路局党委坚持中心组的学习制度和"三会一课"制度，学习党的十五大精神和邓小平理论，邀请市委宣传部领导、市委党校教员给干部职工进行理论辅导，提高党员干部的政治理论水平。5 月 11 日，市公路局党委召开会议决定从 5 月到 9 月期间，在全局范围内开展反腐保廉和纠正行业不正之风工作。7 月，遂溪分局党支部被该县直党委评为"先进党支部"。

1999 年，市公路局党委坚持"三会一课""两公开、一监督"制度，开好民主生活会、交心通气、搞好团结，保持党组织的先进性和战斗力。组织党员干部职工观看《中国共产党纪律处分条例》录像片，加强清正廉洁教育，确保警钟长鸣。

2000 年，市公路局党委坚持抓好"两思""三讲""三个代表"的学习。局领导班子成员进行为期两个月的"三讲"学习教育，通过思想发动，学习提高；自我剖析，吸取意见；交流思想，开展批评；认真整改，巩固发展等阶段学习教育，进一步树立为民从政的思想观念和富而思进的精神风貌。中央决定查处"法轮功"问题，市公路局党委发动基层组织党员干部，做好修练人员的思想教育和转化工作，防止修练人员上访、串联和闹事。是年，市公路局党委加强廉政教育，组织全局干部职工观看反腐倡廉录像片38场（次）、达3000多人次；发放廉政教育学习资料3000多本。全局各单位开展领导干部廉洁自律民主生活会，行政执法监察，收支两条线厂务公开等工作。市公路局纪委查处各种违纪案件及一批违反计划生育人员90名，给予党纪政纪处分。

2001年4月5日，市公路局纪委决定给予局工会副主席兼任湛江恒通公路开发公司经理陈妃宏党内开除党籍和行政开除公职的处分。7月1日，市公路局党委通报表彰先进党支部3个，优秀党员26名，优秀党务工作者4名。是月，局党委组织开展"三个代表"重要思想学习教育活动。11月21日，湛江公路局纪委发文通报吴川分局副书记林水养、养征站站长叶康生、徐闻分局原养征站站长张耀荣、养征员张学、养征站会计林一鸣等人违纪行为及处分情况。

2002年2月6日—7日，中共湛江市公路局第二届党员代表大会召开，选举产生新一届党委和纪委。7月，湛江公路局党委被湛江市委授予"先进基层党组织"称号。11月8日，市局党委组织干部职工收看党的十六大开幕式实况，掀起学习贯彻党的十六大精神的高潮。

2003年1月，市公路局党务工作启用中国共产党党务管理信息系统管理。市局党委落实《党风廉政责任制》，纪检监察加强监督，加大查处违纪案件力度，促进党建工作。市公路局被市委确定为"固本强基工程"事业单位示范点。

2004年，市公路局组成首批固本强基工作队，分别进驻雷州市客路镇赵宅、高桥、泰坡村等挂点单位，展开为期6个月的湛江市第一期固本强基工程。"七一"前夕，市直属机关工委授予市公路局党委"先进党委"称号。7月，市局召开全局纪律教育月学习活动动员大会，各分局、直属单位有关人员和局机关科室人员共100多人参加。12月16日，省公路局纪委检查落实党风廉政建设西片会议在湛江市公路局召开，省局及阳江、茂名、湛江市公路局纪检监察有关负责人参加。是年，全局发展新党员22名。

2005年，市公路局组成第二批固本强基工作队，分别进驻廉江市塘蓬镇那罗、长山镇石山、勿曲、李屋等4个挂点村庄。9月，市局党委组织开展纪律教育学习活动，采取领导专家讲课、科以上领导写心得体会、观看反腐倡廉专题片、举办演讲比赛及法规知识竞赛、参观反腐倡廉书画作品展、召开正反面典型教育会等；425名党员参加。

2006年，市公路局党委推进党风廉政建设，市局与所属6个分局、13个直属单位负责人签订《党风廉政建设责任书》。6月，市局党委召开纪律学习月活动动员大会，局机关全体人员及各直属单位负责人近100人参加；以"认真学习贯彻党章，增强拒腐防变能力"为主题，开展党员干部遵纪守法教育。

2007年，市公路局党委坚持抓好党员活动日、领导班子民主生活会、纪律教育活动月，采取各种形式加强党员干部政治思想教育，提高党员干部素质。10月，市局党委召开会议，学习贯彻党的十七大精神，传达市委书记、市人大常委会主任徐少华在传达贯彻党的十七大精神大会上的讲话精神。11月，市局举行学习贯彻党的十七大精神报告会，宣讲贯彻落实党的十七大精神和省委十届二次会议精神，坚持科学发展观，制订创新工作方案，当好公路建设的排头兵。

2008年1月，市公路局党委根据湛江市委关于开展思想大解放学习讨论活动的通知要求，在全局开展思想大解放学习讨论活动。3月，市局开展思想大解放学习讨论活动转入第二阶段。市公路局召开2008年公路建设管理暨党风廉政建设工作会议，全市公路系统近200名代表及中共湛江市委常委、常务副市长潘那生，市交通局党组副书记、纪检组长林强等特邀嘉宾参加。5月，市公路局党员交纳抗震救灾"特殊党费"92287元，其中交纳"特殊党费"超过1000元的党员28人。6月，纪念中国共产党成立87周年之际，市局党委表彰先进基层党组织3个、优秀共产党员44名、优秀党务工作者13名。7月，市公路局开展2008年纪律教育学习月活动。11月5—7日，市局组织党务工作人员15人参加市直工委举办的党务工作者培训班学习。

2009年3月，市局党委召开深入学习实践科学发展观活动动员大会，市局领导、各分局、直属单位党政负责人和市局机关人员80多人参加。是月，市公路局召开2009年公路建设管理暨党风廉政建设工作会议；全市公路系统近200名代表及省公路局党委副书记李光宏，市政府副秘书长黄光，市纪委常委、监察局副局长陈琼，市交通局副局长周华等特邀嘉宾参加。遂溪分局、市局公路机修厂获"2007—2008年度广东省公路系统勤政廉政先进单位"称号。4月1日，市公路局邀请湛江师范学院副教授王栋来局进行"学习实践科学发展观"专题讲座辅导，市局机关及直属各单位的80余名党员参加学习。是月，市公路局被湛江市委、湛江市人民政府授予"2008年度'十百千万'干部下基层驻农村推进固本强基工程先进单位"称号。5月，市局党委召开专题民主生活会，市委第五检查指导组组长柯锦湘，组员肖淞文到会指导。7月，中国共产党湛江市公路管理局第一次党员代表大会召开，全局公路系统正式代表98名、列席代表11名参加。湛江市政府副秘书长黄光、市纪委副书记陈日和、市委组织部副处级组织员陈丘等领导应邀出席大会并讲话。8月，市局召开深入学习实践科学发展观活动总结大会，局机关全体党员、各直属单位党支部（总支）委员共80人参加。

2010年3月16—17日，市公路局召开2010年公路建设管理暨党风廉政建设工作会议，湛江市委常委、常务副市长王中丙出席并讲话。6月23日，市局党委召开纪念中国共产党成立89周年暨"七一"表彰大会，表彰先进党组织和优秀共产党员、优秀党务工作者。9月，根据市纪委《关于2010年全市开展纪律教育学习月活动的意见》和反腐倡廉教育工作部署，市公路局党委组织开展纪律教育学习月活动。

2011年3月15日，市公路局召开2011年公路建设管理暨党风廉政建设工作会议。全局公路系统近200名代表及湛江市委常委、常务副市长王中丙，市政府副秘书长黄光，市交通运输局副局长周华，市纪委党廉室主任孙黄洲等特邀嘉宾参加。6月22—24日，湛江市举办庆祝中国共产党建党90周年红色经典群众歌咏大赛暨首届合唱节。市公路局代表队合唱的歌曲《在太行山上》《希望的太阳》，在全市21支代表队中脱颖而出，获合唱节初赛金奖；在合唱节决赛中，市公路局代表队合唱《希望的太阳》，获得首届合唱节决赛银奖，为中国共产党建党90周年生日献礼。7月，湛江市委、市政府庆祝中国共产党诞辰90周年，把党的温暖和关怀送到党员、工人的心坎上，开展"送关爱、促和谐、保进度"慰问活动。湛江市委常委、常务副市长王中丙，湛江经济技术开发区党委书记陈吴，市公路局纪委书记廖陆等一行深入工地，慰问在建的东海岛疏港公路工程第5合同段的党员、工人。是月，市公路局召开纪念中国共产党成立90周年暨表彰先进基层党组织和优秀共产党员、优秀党务工作者大会。

2012年2月28日，市公路局召开2012年公路建设管理暨党风廉政建设工作会议。全市公路系统近200名代表及湛江市政府副秘书长黄光、市纪委常委陈海、市交通运输局副局长周华等特邀嘉宾参加；局党委书记、局长郭德应作工作报告。副局长张振林宣读2011年度公路建设管理劳动竞赛表彰决定，表彰一批先进单位和先进个人。3月，市公路局召开"机关作风整治年"活动动员大会，部署机关作风整治工作。9月24日，市公路局党委根据中央和省、市委的有关规定和要求，加强自身建设制定《湛江市公路管理局党委中心组理论学习制度》、《湛江市公路管理局行政问责办法（试行）》、《湛江市公路管理局党委议事规则（试行）》。规范党委议事制度，实现工作决策的民主化、规范化、科学化，保证党的路线、方针、政策的贯彻落实。

1991—2012年中共湛江市公路局历任党委委员一览表

表9—1—1

姓名	职务	任职时间	备注
吴启明	党委书记	1985—1991.11	
蒋绍裘	党委委员、党委书记、局长	1991.1—1993.12	1991.1—1991.11 任党委委员、局长
伍锋	党委委员、副书记、副局长	1991.1—2006.8	
王袖	党委委员、副局长	1991.1—1993.12	
何杰生	党委委员、副局长	1991.1—1994.1	
王如文	党委委员、副局长	1991.11—1995.5	
王佳	党委委员、纪委书记	1993.6—2001.12	
王袖	党委书记、副局长	1994.1—1995.12	
杨为真	党委委员、副局长	1994.12—2000.8	
黄华钧	党委委员、副书记、局长	1995.5—1999.10	
朱华生	党委书记	1995.1—2000.11	

姓名	职务	任职时间	备注
张炳炽	党委委员	1996.1—2001.11	
郭德应	党委委员、副局长	1997.2—2005.4	
吴民华	党委委员、副局长	1997.4—1999.9	1999年9月开除党籍、行政开除
张振林	党委委员、副局长	1999.1—	2012年5月免去副局长职务任调研员
朱辉	党委委员、副书记、副局长	2000.12—2001.9	
刘兵	党委委员、副局长	2000.12—2005.4	
朱辉	党委书记、局长	2001.11—2005.1	2001.10任局长 2001.11任党委书记
廖陆	党委委员、纪委书记	2002.8—	
郭德应	党委书记、局长	2005.4—	
曹栋	党委委员、副局长	2005.4—2010.1	
陈华真	党委委员、副局长	2006.8—2012.4	2007年9月兼任党委副书记
李志正	党委委员、副局长	2008.4—	
董剑	党委委员、总工	2009.7—2012.11	2012年11月免去党委委员，任副调研员
冯滨	党委委员、副调研员	2009.8—	
李国平	党委委员、副调研员	2010.1—	
戴范	党委委员候选人、副局长	2010.12—	
蒋夕文	党委委员候选人、副局长	2012.3—	

第二节　工会组织

一、组织建设

市公路局工会围绕公路中心工作，履行"维护、教育、建设、监督"四项职能，发挥工会纽带、支柱作用和广大职工当家作主的主人翁作用，坚持职工代表大会制度，加强民主管理工作，发挥"双代会"在三个文明建设中的作用，组织职工代表、会员代表提交工作提案，为领导的决策提供有利的依据和思路，市公路局工会与时俱进工作取得长足发展。

1991年，市公路局工会会员人数从2578名发展到2751名，职工入会率达96%；全局基层单位工会组织28个，工会小组232个。市公路局各级工会均成立女职工委员会，共有女职工委员会11个。4月20日，市公路局召开第六届职工、第五届工会会员代表大会第三次会议，会议审议通过《适应新形势发展需要，履行工会职责，为提高我局工作水平而奋斗》的工作报告；会议表彰1990年度两个文明建设先进单位、班组、先进工作者一批。

1992年3月30—31日，市公路局召开第六届职工、第五届工会会员代表大会第四次会议，会议审议通过《关于湛江公路局各级工会参政议政的若干规定》《关于双增双节的意见》《关于发挥公路优势开展第三产业的意见》及工会工作报告和会议决议。会议表彰1991年度两个文明建设先进单位、班组、先进工作者一批。是年，全局公路系统18个单位成立工会女工委员会或女工小组，配备专兼职女工主任。

1993年2月27日—3月1日，市公路局召开第七届职工、第六届工会会员代表大会，会议民主选举出第六届工委会委员。会议审议通过《关于加强工程管理 保证工程质量的规定》《湛江公路系统工作人员保持廉洁的几项规定》《关于发展第三产业的意见》《湛江公路局计划生育管理细则》。是年，湛江公路系统基层单位工会主席：工程大队第一工程处龙国新；第二工程处工会代主席林柏欣；湛江恒通公路开发公司工会副主席陈妃宏；湛江渡口所工会主席詹汉华；海康分局工会主席朱明瑛；廉江分局工会副主席李斌；吴川分局工会主席柯亚水，徐闻分局工会主席詹日舒；遂溪分局工会代主席劳海。是年，市公路局工会组织新吸收工会会员79名，壮大工会队伍。

1994年3月15—16日，市公路局召开第七届职工、第六届工会会员代表大会第二次会议，出席会议的代表170名，特邀代表14名，列席代表27名。会议通过大会决议，表彰1993年两个文明建设的先进单位、先进生产工作者和先进工会小组、优秀工会积极分子一批。4月13日，召开湛江公路局女职工委员会会议，经过无记名差额选举产生局第二届女职工委员会。新一届女职工委员会候选人名单经过民主协商确定，有工会干部、女工专兼职干部、女科技人员、道班女工等。

1996年3月，李飞龙任市局工会副主席（正科）。

1997年4月16—18日，市公路局召开第八届职代会、第七届工代会，大会选举出新一届工会委员：黄日正、李飞龙、刘培珍、龙飞、叶秀琼、柯亚水、张勇进、龙国新、朱明瑛、唐丽霞、林佩微，主席为黄日正，副主席为李飞龙、刘培珍。新一届工会女工委员：龙飞、叶秀琼、吴彩玲、朱明瑛、黎民心、王丽丽、刘培珍。是年7月，李锋任局材料供应站工会主席。

1998年4月14—15日，市公路局召开第八届职工、第七届工会会员代表大会第二次会议。

1999年4月15—16日，市公路局召开第八届职工、第七届工会会员代表大会第三次会议。是月，谢剑波任湛江渡口所工会主席。是年8月，钟海涵任湛江公路局直属分局工会主席。

2000年5月，黎恒任廉江分局工会主席。7月，黎民心任湛江公路技工学校工会主席。

2002年2月27—28日，市公路局召开第九届职工、第八届工会会员代表大会第一次会议，选举产生新一届工会委员会和女职工委员会：王立利任湛江公路局工会委员、主席；龙飞任湛江公路局工会委员、女职工委员会主任；黎恒、伍进贵、彭威、朱明瑛、钟海涵、袁小玲、唐丽霞、毕建新、谢剑波任湛江公路局工会委员；女职工委员会委员为黎民心、唐丽霞、林佩辉、袁小玲、张月萍、朱明瑛。

2003年2月24—25日，市公路局召开第九届职工、第八届工会会员代表大会第二次会议暨2002年双文明劳动竞赛先进单位、先进个人表彰大会，出席会议代表134名、列席代表14名。省局工会副主席刘青香、市政府交通顾问陈杏明、市交通局长杜林和市总工会副主席赖永萱到会指导并发表讲话，局党委书记、局长朱辉作题为《深入实践三个代表思想，为开创湛江公路事业新局面而奋斗》的工作报告；局工会主席王立利作题为《贯彻落实党的十六大精神，推动工会事业全面发展》的工会工作报告。大会表彰一批先进单位和先进个人。市公路局工会有基层女职工委员会13个、女工小组8个，专职女工干部8人、兼职女工干部13人，全局女职工957人，占职工总数的三分之一。

2004年2月8日，市公路局召开第九届职工、第八届工会会员代表大会第三次会议。出席这次大会的代表131人，列席代表17人，特邀代表6人。大会表彰2003年度先进单位和先进个人；大会组织参会代表对局领导进行民主评议。6月，市公路局工会委员会召开扩大会议，讨论通过《湛江市公路管理局基层工会职工之家建设工作方案》《湛江市公路管理局工会年度考核基层工会干部工作奖励办法》。

2005年5月17—18日，市公路局召开第九届职工、第八届工会会员代表大会第四次会议，参会代表共137人。

2006年3月21—22日，市公路局召开第九届职工、第八届工会会员代表大会第五次会议，出席会议的代表136人，列席代表21人。会议审议通过《湛江市公路管理局关于开展评选优秀科长、科员活动的实施方案》《湛江市公路管理局人口与计划生育实施细则》。4月，陈辉任吴川分局工会主席。方保任雷州分局工会主席。6月，彭威任徐闻分局工会主席。

2007年3月20—21日，市公路局召开第十届职工、第九届工会会员代表大会，会议选举产生第九届工会委员会委员：王立利、龙飞、钟海涵、黎恒、伍进贵、陈辉、方保、彭威、冯清、谢剑波、区保、毕建新等11人；工会女职工委员会委员：龙飞、袁小玲、唐丽霞、陈雪莲、苏伟婷、伍元乔、罗辉、张月萍、张育红、黎民心等9人；工会主席王立利和女工主任龙飞。

2012年4月，郑晓宇任市公路局直属分局工会主席。

二、综合业绩

市公路局各级工会组织，推动劳动竞赛活动，创建"职工之家"，提高公路职工生活文化水平，关心职工生活，扶助困难职工，维护职工合法权益，协调发展第三产业工作显著。

1991年，湛江公路局工会根据上级及局党委的统一部署，开展"双基"教育活动，公路职工政治思想素质明显提高。3月，湛江公路局遂溪分局女职工委员会被湛江市总工会授予先进单位称号。工会女职工委员会组织开展各种学习（双基）教育、"港城女子爱国储蓄""华东人民抗洪救灾"捐款、"四个一"劳动竞赛、"合格女职工之家"、文体娱乐等活动。是年，市公路局工会组织开展好路局、先进单位、文明渡口、全优道班、先进班组劳动竞赛活动，直属分局首次创建好路局，徐闻分局再创好路局。

1992年，湛江公路局各级工会推动道班"职工之家"建设，促进道班"四小"即小菜园、小果园、小花园、小鱼塘建设。全年建设道班"职工之家"105个，合格率达到97%。市公路局计划生育工作被湛江市和赤坎区评为先进单位。

1993年，市公路局各级工会宣传贯彻新《工会法》《妇女权益保障法》及全总十二大精神，发挥工会组织作用，促进民主管理，创建"职工之家"，组织开展创好创优劳动竞赛活动。

1994年7月，市公路局工会女工委组织"湛江公路局文明和睦家庭"评选活动，经过基层单位推荐，市公路局评定出"文明和睦家庭"8户：曹兆龙家庭、李华榕家庭、宋秀芳家庭、潘英贵家庭、黄珍玉家庭、梁茂柏家庭、吴碧家庭、柯扬忠家庭。全局各级工会组织履行"维护、建设、参与、教育"四项职能，以主人翁精神提出合理化建议，为重大决策出谋献策。全局工会组织因地制宜兴办第三产业，种养、出租机械和房屋、小型服务、石场、蒸酒场、加油站和对外承包工程等项目纯收入达551万元。市公路局计划生育工作被市评为"先进单位"。

1995年6月，市公路局工会组织举办第三届职工乒乓球比赛，共有12支代表队44名运动员参赛，历经激烈角逐，第三工程处和直属分局分获男、女子团体冠军，机修厂王志伟和供应站王红玉分获男、女子单打冠军。是年学生署假期间，市局工会举办一期职工子弟征文比赛活动，共收到作品80多篇，评选出一批获奖作品。10月，市公路局工会组织职工乒乓球代表队参加省公路局文体比赛，获广东省首届"公路杯"乒乓球比赛男单冠军，男、女子团体亚军，女单和男双第三名。

1996年6月，市公路局工会开展"六一"儿童节书法绘画、卡拉OK比赛，丰富儿童的精神生活。"六一"期间基层各工会，组织各种儿童庆祝活动，雷州分局工会举行"六一"儿童节朗诵《新三字经》《社会公德四字歌》比赛活动；遂溪分局举行一台题为"节目多多、奖品多多、欢乐多多"的"六一"游艺晚会等等。11月15日，局工会举办全局公路系统第七届职工男子篮球赛，13支篮球队共100多名业余运动员参加为期9天的比赛。

1997年1月23日，市公路局召开基层工会主席会议，提出道班建设从四小建设转为搞花园式建设。3月4日，市公路局召开计划生育工作会议，市局局长黄华钧与公路系统23个基层单位签订《湛江公路局人口计划任期目标责任书》，确保国策计划生育落到实处。是年，市局工会组织动员全局公路系统职工捐款18万多元，筹建解困救济基金。5月，龙卷风袭击遂溪县城月镇潭葛村，遂溪分局潭葛道班受到严重破坏。市公路局工会组织职工捐款4万多元，帮助遂溪分局潭葛道班职工恢复灾后生活。是年，经市总工会考核验收，评定直属分局等10个单位"职工之家"合格。

1998年，市公路局工会组织围绕"以班为家，以路为业"主题，开展爱岗敬业，全心全意为人民服务宗旨教育，社会公德，家庭美德教育，遵纪守法等思想教育，提高公路职工职业道德水准。3月6日，湛江市总工会、市妇联召开表彰大会，湛江公路局工会女工委被授予"妇女工作先进单位"称号；遂溪分局女工程师陆金凤被记一等功；直属分局工会被记三等功；直属分局工会主席叶秀琼被授予"先进妇女工作干部"称号。6月，吴川分局连续13年被评为吴川市计划生育先进单位。9月14日，市公路局召开计划生育工作专题会议，部署全面清理历史遗留的计划外生育问题。11月，全国总工会授予遂溪分局杨柑道班"模范职工小家"称号。是年，全局计划生育率、独立子女率、节育率均达到100%。

1999年，市公路局各级工会贯彻《工会法》《劳动法》，履行工会四项职能，为职工办实事、办好事，维护职工权益，抓好集体合同的签订工作，建立和谐稳定的劳动关系，抓好创建"职工之家"工作。是年，建成合格"职工之家"12个。市公路局贯彻落实《广东省计划生育条例》，实行计生工作三级目标管理和三级网络管理。市局与基层单位签订人口目标责任书，各单位分别与1290名计生对象签订责任书，三级包干，层层负责。市公路局19个直属单位计划生育率、一孩办证率、节育率分别达到100%，晚婚晚育率达99.5%。直属分局被湛江市评为计生工作先进单位。

2000年，市公路局各分局工会因地制宜推动道班的"四小"建设，发展第三产业，取得一定成果。廉江分局良垌道班种植水果、苗圃、养猪、养鱼等，经济效益可观，基本实现自产自销，职工可在道班饭堂免费就餐。市局计划生育工作达标，其计划生育率、一孩办证率、节育率均保持100%。

2001年，市公路局各级工会组织开展爱岗敬业和法制教育，不断提高职工遵纪守法的自觉性。在湛江渡口所组织召开全局厂务公开经验交流会，推动公路系统厂务公开工作健康发展。全局工会组织救助困难职工150名，补助金达21万元；扶助16名困难职工子女助学金2.08万元。

2002年，市局女工加强计划生育源头管理，尤其是加强离岗职工和家属的跟踪监督及孕前管理；坚持查环查孕制度，建立人口档案，市局与辖属单位层层签订人口目标责任书，执行三级包干完成计生任务。经湛江市和赤坎区计划生育工作组考核评定，市公路局2002年度计划生育工作达标。

2003年8月，市公路局工会组织开展公路职工摄影、书法比赛活动，并评定一等奖1名，二等奖2名，三等奖3名；作为优秀作品参加省公路局举办的摄影、书法比赛。11月17日，在广东省工会女职工委员会表彰大会上，市公路局女职工委员会被授予"基层工会女职工工作先进单位"称号。

2004年7月，市公路局工会按照《湛江市公路管理局职工之家考核评分表》组织验收6个公路分局"职工之家"建设工作，考核全部达到96分以上，评定为先进职工之家。8月，市局工会组织职工开展演讲、征文、摄影、书法、绘画、象棋比赛活动。10月，市公路局工会举办公路局第五届职工运动会，开设男子篮球、男女拔河、男女乒乓球、男女羽毛球、保龄球、象棋、军棋、扑克等8项竞赛；设6个赛区，19个单位503名运动员进行165场（次）比赛；决出36枚奖牌。11月，市公路局工会组织职工报名参加省厅第二届全省交通职工运动会羽毛球竞赛。

2005年，市公路局工会充实"职工之家"设施，组织公路系统职工开展好劳动竞赛活动和文娱体育活动。市公路局女工委组织女职工开展"品牌服务"百分赛活动、"讲学习、比知识、岗位成才活动""三八"妇女节活动，发动女工参加安康互助保险等，市局女工委工作突出连续两年被省市女职委评为基层女职工工作先进单位。

2006年1月，市公路局工会举办湛江市公路系统迎春歌咏比赛活动。市公路局落实各项计划生育措施，被授予湛江市2006年度计划生育工作先进单位称号。市局工会加强"职工之家"建设，利用新、旧办公楼1600平方米空余场地，建成阅览室、乒乓球室、棋牌娱乐室等；各分局工会结合养护站建设，设立阅览图书室、文化活动室、球场等"两室一场"，确保"模范职工之家"通过省总工会的达标验收。市公路局工会按照"职工有困难找工会"的要求，在公路职工中开展经常性的帮扶活动，坚持重大节日慰问劳模、困难职工，坚持职工留医住院必访制度；全年各级工会慰问职工469人次，支出慰问金近20万元。是年，廉江分局廉城养护站荣获"广东省模范职工小家"称号。

2007年5月，市公路局工会组织100多名职工参加市总工会举办的"五一"节游园活动。是年，市公路局工会按照省总工会颁布的创建标准，抓好养护站"职工之家"创建工作，做好民主管理、民主监督、帮扶解困、职工文体、女工工作等方面工作，市局工会获省总工会授予"全省模范职工之家"称号。

2008年，市公路局工会推荐3名职工参加全省公路养路工技能竞赛，其中2人获得三等奖。市公路局女工委组织女工参与培训达370人次，举办文艺会演和女职工演讲比赛等活动。市公路局各级工会投入经费29万多元，建立帮扶解困长效工作机制，对职工特别困难户、身患重病、留医住院职工进行了帮助，对高考录取的职工子弟进行奖励。廉江分局工会在职工教育、民主监督管理、创建和谐劳动关系、劳动竞赛、帮扶解困送温暖等方面工作成绩显著，被中华全国总工会授予全国"模范职工小家"称号。

2009年，市公路局工会本着"为党政分忧、为职工解难"的宗旨，关心职工生活，推进"送温暖"工程，组织春节慰问特困职工、劳模、一线工人等支出经费达10万多元；开展"金秋助学"活动投入2.2万元；工会牵头有关科室做好帮助住房困难职工建房补助和救助特大疾病或临时困难职工等工作。市局各级工会组织开展文体活动丰富多彩，举行全系统迎春新文艺会演。"三八"妇女节，市公路局女工主任到南宁参观学习；全年组织公路系统女职工岗位练兵达850人次。是年，市公路局吴川分局工会、徐闻分局工会分别被省公路局授予"先进职工之家""模范职工小家"称号。

2010年，市公路局工会根据省公路局《关于广东省公路养护与管理劳动竞赛实施方案的通知》精神，结合工作实际，重新修订劳动竞赛实施细则，并做好检查评比和表彰工作。市局女工委发挥组织作用，推进女职工"建功立业"、女职工素质提升工程；健全维权机制，保障女职工的合法权益。市公路局实行计划生育"服务型"管理，以宣传教育为主，组织职工观看计生电教片达1130人次；市局与22个基层单位签定《湛江市公路管理局人口计划任期目标责任书》；坚持计生避孕为主，孕前管理和建档造册，全局保证已生育一孩的育龄妇女，全部上环节育率达100%。

2011年春节期间，市公路局工会女工委各级组织慰问困难女职工25名，给予每人慰问金500~800元，给予8名患重病女职工每人补助3000元。"三八"节期间，给予6名单身女职工、12名困难女职工每人补助400元；帮助1名患癌症的女职工申请安康保险赔付金15000元；全局公路女职工参加省扶贫捐款达4200元。是年，湛江公路系统"职工之家"创建取得新成绩。吴川分局工会被省总工会授予"模范职工之家"称号。2月，吴川分局覃巴养护站被中国海员建设工会全国委员会授予"工人先锋号"称号。

2012年，市公路局工会加强基层单位"职工之家"创建工作，指导和协调分局做好养护站"四小"（小菜园、小果园、小花园、小乐园）规划建设，帮助30个养护站打造"一站一品牌"，湛江省养公路大多数养护站生活功能设施齐全，站场庭院布局合理，环境美观，公路养护站成为当地风景优美、群众休闲好去处。市公路局加强计生工作，做到节育率达100%；对21个基层单位实行计生工作目标管理，给予考核验收达标单位奖励。

1991—2012年湛江市公路局工会历任主席、副主席一览表

表9—2—1

姓名	职务	级别	任职时间
曾日洪	主 席	正科	1985.8—1993.4
陈书标	主 席	正科	1993.3—1997.4
黄日正	主 席	正科	1997.4—2000.10
王立利	主 席	正科	2002.2—在任
全宝莲	副主席	副科	1990.10—1992
刘培珍	副主席	副科	1993.3—2000.7
陈妃宏	副主席	副科	1993.3—1998.4
李飞龙	副主席	正科	1996.3—2002.8

第三节　共青团组织

一、组织建设和团员队伍

1991—2002 年，共青团湛江公路局委员会设置在市公路局党委办，团委工作专职负责（1995 年，钟日高任市公路局团委副书记；2001 年，陈艳华任市公路局团委书记）；市公路局各单位共青团基层组织建有团支部或团总支。徐闻分局、雷州分局、遂溪分局、廉江分局、吴川分局等单位共青团组织活动由属地团委负责。

2002 年 9 月市公路局机构改革，市公路局团委设置在监察科，由其负责团委日常事务工作。

2002 年 9 月至 2009 年 10 月，王继业任市公路局团委书记。

2009 年 11 月由李栩敏任市公路局团委书记（在任）。

2012 年，市公路局团委属下团支部 4 个：直属分局支部、公路技校支部、设计院支部、渡口所支部。团员总共 25 人。徐闻分局、雷州分局、遂溪分局、廉江分局、吴川分局等单位共青团组织活动仍由属地县（市）团委负责，时有团员 116 人。

1991—2012 年共青团湛江市公路局团委历任负责人一览表

表 9—3—1

姓名	职务	级别	任职时间
钟日高	团委副书记	副科	1995. 3—1996. 3
陈艳华	团委书记	副科	2001. 4—2002. 8
王继业	团委书记	副科	2002. 9—2009. 10
李栩敏	团委书记	副科	2009. 10—

二、团组织主要活动

1993 年 3 月 7 日，市公路局团委组织部分直属单位的团员、青年共 30 多人，头戴公路标志红色帽子，身披"学雷锋、树新风"彩色礼仪带，参加湛江市直团委组织的学雷锋"为您服务一条街"活动。服务项目有：公路养路费征收咨询、公路交通标志制作咨询、修理电器、修理自行车、车衣等，当日为民服务近百人次，还现场派发宣传资料。是年 5 月，材料供应站重视青年工作，利用"五四"青年节这个有意义的节日，组织青年团员出墙报和外出参观活动。

1994 年 4 月，湛江公路技校团支部针对当前青年团员的思想状况，在团员中开展民主评议活动；并组织全校青年团员和学生到寸金桥公园烈士陵园扫墓。"五四"青年节，直属分局团支部邀请湛江市第九小学团支部青年团员在分局举行联欢会。

1996年11月29日，塘蓬道班获"广东省青年文明号"称号，共青团湛江市、廉江市委受共青团广东省委等8个单位的委托，在廉江分局塘蓬道班举行"广东省青年文明号"授匾仪式。

1997年3月2日，市公路局团委组织青年团员上街，开展学雷锋活动，活动内容有发放宣传资料、义务修理电器、单车、缝补衣服、理发、征费咨询等。廉江分局团支部在1月和3月组织2次青年团员上街开展"三民"活动。是年5月，湛江渡口所团支部组织"五四"青年节多姿多彩活动，材料供应站团支部组织青年团员到东海龙海天旅游区开展一系列活动。

1998年3月，廉江分局团总支部组织青年团员参加廉江市的学雷锋青年志愿服务一条街活动；还组织青年团员捐款购买草皮到廉江市共青团绿草园开展植树种草活动。

2006年3月5日，市公路局20名团员参加团市委组织的"学雷锋一条街"活动，上街义务帮助群众修理电器、自行车、理发。3月20日，市公路局团委发动团员青年利用休息时间种植第二片共青护路林—"大鹏收费站团支部共青林"。4月21日，市公路局团委与市第一中医院团委进行篮球友谊比赛。"五四"青年节前夕，市局团委积极组织推选舞蹈节目参加团市直工委的文艺会演。建军节，团市委与武警部队举办军民联欢晚会，市公路局团委组织节目参加了拥军演出。10月14日，市公路局团委举办《江泽民文选》学习研讨会，团干及部分团员20多人参加。此外，各团支部根据本支部的具体情况，分别组织团员到郊外公园烧烤，认识生态环保、亲近大自然活动；举办各类便民服务活动；举办各类球赛；为共青林施肥除草；为本单位美化环境义务劳动等。

2007年3月4日，市公路局20名团员参加团市委组织的"学雷锋一条街"活动，上街义务帮助群众修理电器、自行车、理发。3月12日，"植树节"活动期间，市公路局团员青年参加市直团委组织到三岭山森林公园进行义务种树活动。4月27日，市公路局团委组织团干和部分团员到民航空管站参观学习，与空管站的团干们进行面对面的交流座谈，随后还与民航空管站进行篮球友谊比赛。"五四"青年节，市公路局团委组织团员乘坐"红嘴鸥"号游船畅游湛江港湾。直属分局、湛江渡口所、大鹏收费站团支部响应市委市政府开展"城乡清洁工程"，发动团员青年利用假日时间到管辖的公路路段、码头、票亭清扫路面，做好公路保洁工作。6月16日，市公路局团委组织全体团干到茂名公路局团委学习取经，与茂名公路局团干座谈交流，考察茂名局团委"青年文明号"的创建工作，游览信宜天马山，参观江泽民总书记在高州种植的"中华红"荔枝树。7月13日，市公路局团委举办"青春梦、民族情"市直属机关团干联谊会。市公路管理局团委被湛江市直属机关团工委授予2006年度"红旗团委"称号。

2008年1月，市公路局团委组织文艺队参加龙潮村庆祝会，送节目下乡贺新年。市公路局团员在2008年冰灾雪灾救灾活动中捐款献爱心；市局团委多次组织团员青年缴纳"特殊团费"支授抗震救灾、义务献血、捐赠衣物支援四川灾民过冬。5月，市公路局团员参加团市委组织的"学雷锋一条街""助残日"活动，上街义务帮助群众修理电器、自行车、理发。省道 S374 线大鹏收费站团支部组织团员青年开展争创"青年文明号"活动。5月4日，市公路管理局团委再次被湛江市直属机关团工委授予年度"红旗团委"称号。并被团市委推荐申报"2007—2008年度广东省五四红旗团委"单位。

2009年3月，市公路局团委组织团员青年参加"我为湛江添色彩，共建青年生态林"植树节活动，认种10棵青松树。雷州分局团支部组织青年团员开展共建"共青林"活动，植树3000多棵，为省道公路绿化造林1千米。市公路局团委"五四"组织团员青年到阳春进行主题团日活动。国庆中秋节，团市委主要领导带队慰问东海岛疏港公路建设工地的青年建设者，并授予"青年先锋队"的旗号。市公路局团干参加团市委组织的东海岛素质拓展计划。市公路局团员青年积极参加湛江公路系统篮球、羽毛球、乒乓球、书法、摄影、象棋、扑克比赛等活动。市局团委被团市委授予2009年度"先进基层团组织"称号。

2010年"五四"期间，市公路局团委组织开展团日主题活动，表彰一批获得省、市、局先进的团干团员青年志愿者；局团委组织户外素质拓展活动，团员青年及关心支持共青团工作的单位骨干和中层领导共60多人参加，扩大团组织的影响力和号召力。各团支部组织团员青年开展学习教育活动、缴纳赈灾扶贫"特殊团费"和"学雷锋，义务服务一条街"活动，渡口所团支部举办"四德五心六歌"歌咏比赛，丰富团员的组织生活，增加团组织的凝聚力。市公路局团委组织团员青年义务献血，献血人数60多人，献血数量13000多毫升，超额完成献血指标任务。植树节期间，市公路局团委参加了为革命老区贫困户捐赠树苗活动。市局团委工作电脑安装业务统计软件，为按时做好录入和上报统计表、数据收集等基础工作提供保障条件。5月，市公路局团委被湛江市直属机关团工委授予2010年度"先进团委"称号。市局团委跻身于市直属机关共青团工作前十名。

2011年，根据《湛江共青团开展创建国家卫生城市工作方案》，市局团委组织团员青年开展市容环境卫生整洁行动大扫除活动。市局团委组织团员青年义务献血，献血人数60多人，献血数量13000多毫升，超额完成献血指标任务。市公路局青年团员参加市公路系统的篮球、摄影、绘画、十字绣比赛等，成绩喜人。湛江渡口所团支部与宝盛物流合作公司共同举办"心月相连，共起航程"中秋联欢晚会。

2012年，市公路局团委组织团员青年职工参加"庆七一、迎十八大"歌咏大合唱、新党员宣誓、乒乓球比赛等系列活动。市局团委组织团员青年义务献血，超额完成献血任务。是年，市公路局团委被市直团工委授予"红旗团委"，4人次被市直团工委授予"优秀共青团干部""优秀青年志愿者""优秀团员""优秀岗位能手"。市公路局共青团工作创上新台阶。

第四节　公路学会组织

一、湛江市公路学会

1982年10月，湛江市公路工程学会成立（挂靠湛江公路局）。湛江市公路学会是中国共产党领导下的市科学技术工作者的学术性群众团体，是党联系和领导湛江市广大公路科学技术工作者的纽带。其工作宗旨：团结本市广大公路科学技术工作者运用辩证唯物主义观点，坚持实事求是的科学态度，坚持党的基本路线，遵守宪法、法律、法规和国家政策，遵守社会道德风尚，贯彻"百花齐放，百家争鸣"的方针，发扬民主开展学术上的自由探讨，促进湛江市公路科学技术的发展，促进公路科学技术人员的成长，提高公路交通科技水平，推进社会主义物质文明和精神文明的建设。市公路学会会员基本上来自湛江公路公路系统工程技术人员，至2012年底，市公路学会团体会员发展到26个，登记注册会员386人。

1982年10月，湛江市公路工程学会组织会员到广珠公路细滘大桥工地考察工程施工。

1986年8月，湛江市公路工程学会依法登记注册，接受市民政局社团登记管理处、市科学技术协会和市公路局党委的领导，同时接受省公路学会的业务指导。是月，湛江市公路工程学会在廉江工区良垌道班召开会员大会开展学术活动。

1990年8月，国家公路路面专家、交通部公路研究员沙庆林到湛江考察公路和讲学，湛江公路局、湛江市公路工程学会组织工程技术人员近百人参加学术讲座活动。

1997—2002年，湛江市公路工程学会受湛江公路局领导变动影响，市公路学会没能及时换届变更法人代表（理事长），没有按照《社会团体登记管理规定》有关要求进行社会团体年审工作，因而一度被注销机构并冻结银行账号。

2002年，市公路局机构改革，市公路局领导指示湛江市公路学会挂靠市局科技教育科办公，湛江市公路学会理事会进行换届工作，对组织机构负责人工作进行调整。本会按照市民政局民间组织管理部门有关工作要求，做好湛江市公路学会社会团体恢复登记工作，重新修订《湛江市公路学会章程》，完善学会组织管理，建立健全机构管理规章制度。

2003年6月，湛江市公路工程学会召开第四届理事会议，变更法人代表（理事长），重新办理注册登记手续，并更名为"湛江市公路学会"。8月，湛江市公路学会在市科协、市公路管理局、市民政局、市技监局等部门指导、支持下，完成本会机构注册、法人代码证及相关年审工作，在学会财务人员努力下，重新办理复活本会银行账号，保障公路学会开展业务学术活动。

2004年9月，市公路学会组织相关人员12人参加省公路学会道路工程专业委员会、省公路职工教育研究会举办的公路路面和桥梁技术培训班，通过培训加深公路工程技术人员对新的公路工程技术标准和技术规范了解。

2005年4月，钟英德理事长等5人参加中国公路学会在西安举办的"2005年全国公路勘察设计技术交流会"。6月，在湛江科学技术协会第八次代表大会上，学会理事长钟英德当选为湛江市科学技术协会第八届委员会委员；市公路学会被评为"湛江市学会工作先进单位"；市公路学会秘书长郑兴坚被评为"湛江市学会工作先进工作者"。市公路学会负责人及工作人员都是兼职人员，受市公路局机构改革的影响，虽然都没有实职工作待遇，但是本届理事会负责人、学会工作人员都能立足本职工作，履行职责，尽职尽责做好学会各项会务工作，保障本学会工作有效地开展。

2006年6月，市公路学会组织86名会员（公路工程技术人员），现场观摩湛江海湾大桥主跨梁合龙施工技术状况，并请湛江海湾大桥工程监理技术主管人员杨为真工程师（原任湛江公路局副局长）进行湛江海湾大桥工程施工技术简介。10月，省交通厅、省公路学会在湛江海滨宾馆召开"广东省生态公路技术交流会"，市公路学会组织22名会员（公路工程技术人员）列席旁听技术讲座。

2007年11月，广东省公路学会领导莅临湛江市公路学会指导换届工作，市科协对公路学会第五届理事会换届工作十分关心，主要领导到市公路局交换意见，指导学会换届工作。市公路学会多次请示市公路局，经与市公路局、市交通路桥公司、市地方公路管理总站等单位沟通和协商，研究拟定公路学会第五届理事会理事、常务理事、理事长候选人建议名单。12月，市公路学会组织8名会员参加中国公路学会、省公路学会在广州大学城举办的"公路桥梁加固技术"讲座。

2008年2月29日，市公路学会召开第五次会员代表大会，参加会议的会员代表来自全市交通公路系统26个团体会员。广东省公路管理局科技处、湛江市科协、湛江市民政局（市民间组织管理办公室）、湛江市交通局、市公理局、湛江市地方公路管理总站等单位的领导莅临大会指导工作。大会审议并通过《建章立制，完善机构，服务大局，创新工作》工作报告和《湛江市公路学会章程》，选举产生湛江市公路学会第五届理事会理事45名、常务理事19名，董剑当选为理事长，李华、戴范、林盛智、岑之娟当选为副理事长，郑兴坚当选为秘书长，梁云山当选为副秘书长。公路学会通过理事会换届工作，改变了挂靠单位为单一团体会员，吸收交通、公路系统不同单位的公路（道路）工程技术人员为会员，实现团体会员和个人会员多元化，增强有生力量，为市公路学会注入活力。是年，市公路学会组织公路工程技术人员撰写专业技术论文19篇，并推荐其中8篇报送省公路学会、湛江市科协（推荐6篇专业技术论文参加市自然科学优秀学术论文评选）。其中袁伟强工程师撰写《低压注射灌浆法及芬纶布在桥梁加固中的应用》论文在"二省二区（广东、湖南省公路学会、香港公路学会、澳门工程师学会）特大型桥梁学术交流会"发表。季跃生经济师撰写的《公路工程机械租赁问题与完善思路》论文在《中国工程机械管理与维修》发表。

2009年，经市公路学会组织评选、推荐其中3篇报送省公路学会。上年本会推荐6篇专业技术论文参加市第七届自然科学优秀学术论文评选，是年，经市科协组织专家评选，其中：黎玉亮高级工程师撰写的《遂溪铁路立交方案的形成及抉择》论文、郑强工程师撰写的《浅谈廉坡线人民大桥维修工程》论文、季跃生经济师撰写的《公路工程机械租赁问题与完善思路》论文等 3 篇论文获二等奖。季跃生经济师撰写的《浅谈公路工程机械管理必备的检查手段》论文获三等奖。袁伟强工程师撰写的《低压注射灌浆法及芬纶布在桥梁加固中的应用》论文，报送第十一届中国科协年会上发表。本会推荐廖陆、董剑、赵建社、陈水生、卢有强、黎玉亮、黄祖云等 7 位高级工程师为"广东省公路学会专家委员会"专家；根据省公路学会工作部署，做好工程技术人员入会登记工作。市公路学会秘书长郑兴坚被市科协评为"2007—2008 年市级学会先进工作者"。12 月 28 日，市公路学会召开第五届二次理事会议上，董剑理事长介绍"提高路面质量对策研究科研项目高新技术成果推广应用情况"；听取常务理事赵建社"关于东海跨海大桥建设、施工新技术、新工艺应用情况"的介绍。与会人员一行 46 人参观考察东海岛跨海大桥施工现场，观摩大桥三标第 196T 预制梁吊装情况。

2010 年，市公路学会组织评选、推荐黄海工程师撰写的《软土路处理及加固原理探讨》、黎玉亮高级工程师撰写的《遂溪西湾双曲拱桥危情论证及加固技术》、郑强工程师撰写的《浅谈红星水库跨海大桥海工砼的应用》《水口渡大桥桩基维修加固技术的探讨》等 4 篇公路工程技术专业论文参加市第八届自然科学优秀学术论文评选。

2011 年 8 月 16 日，湛江市公路学会召开 2011 年会暨公路路面技术讲座，邀请华南理工大学王瑞宜教授（博士生导师）进行有关公路路面技术理论讲座；学会理事成员及工程技术人员 120 多人参加。

2012 年 9 月 18 日，市公路学会举办学术讲座，邀请北京特希达交通勘察设计院有限公司魏洪昌教授讲授《公路桥梁维修加固技术讲座》、市局袁伟强工程师讲授《公路桥梁日常养护技术讲座》。有关单位领导、学会理事、工程技术人员（会员）100 多人参加。

1982—2012 年湛江市公路学会理事会历届理事长、秘书长一览表

表 9—4—1

届　别	理事长	副理事长	秘书长	备　注
第一届 （1982.8—19991.9）	蒋绍裘		郦桂菊	1986 年登记注册为"湛江市公路工程学会"
第二届 （1992.10—1997.9）	蒋绍裘		钟英德	受湛江公路局领导变动影响，2000 年市公路学会未按期登记注册年审，2003 年重新登记注册为"湛江市公路学会"。
第三届 （1997.10—2003.6）	黄华钧	杨为真	钟英德	
第四届 （2003.7—2008.3）	钟英德	戴　范	郑兴坚	

届　别	理事长	副理事长	秘书长	备　注
第五届 （2008.3—2012.12）	董　剑	李　华 戴　范 林盛智 岑之娟	郑兴坚 莫秋旭	2012 年 9 月，秘书长郑兴坚退休，届中换人

1996—2011 年湛江市公路局科技论文获奖一览表

表 9—4—2

次序	论文名称	作者	工作单位	获奖情况
1	湛江市应用水泥石粉渣稳定砂作油路基层十年经验总结	董　剑	湛江公路局	1996 年广东省公路学会优秀论文三等奖
2	关于装载机稳定性实验安全操作技术的研究	郑兴坚	湛江市公路局	2002 年第二次全国安全科学技术研究优秀论文一等奖
3	加强桥梁养护延长使用寿命	郑　强 陈永忠	吴川公路分局 湛江市公路局	2005 年广东省公路学会道路工程专业公路养护技术交流论文三等奖
4	提高水泥砼路面平整度的探讨	郑　强	吴川公路分局	2005 年湛江市第五届自然科学优秀学术论文三等奖
5	浅谈桥面铺装层的病害与防治	陈祖文	徐闻公路分局	2005 年湛江市第五届自然科学优秀学术论文三等奖
6	湛江地区省养公路桥梁技术状况与处置对策	袁伟强	湛江市公路局	2006 年湛江市第六届自然科学优秀学术论文二等奖
7	加强桥梁养护、延长使用寿命	郑　强 陈永忠	吴川公路分局 湛江市公路局	2006 年湛江市第六届自然科学优秀学术论文三等奖
8	沥青路面的早期破坏及防治	黄和清	徐闻公路分局	2006 年湛江市第六届自然科学优秀学术论文三等奖
9	浅谈廉坡线人民大桥维修工程	郑　强	吴川公路分局	2008 年湛江市第七届自然科学优秀学术论文二等奖
10	遂溪铁路立交方案的形成及抉择	黎玉亮	湛江公路勘察设院	2008 年湛江市第七届自然科学优秀学术论文二等奖

续上表

次序	论文名称	作者	工作单位	获奖情况
11	公路工程机械租赁问题与完善思路	季跃生	湛江市公路机械材料供应站	2008年《中国工程机械管理与维修》荣获发表，湛江市七届自然科学优秀学术论文二等奖
12	浅谈公路工程机械管理必备的检查手段	季跃生	湛江市公路机械材料供应站	2008年湛江市第七届自然科学优秀学术论文三等奖
13	低压注射灌浆法及芬纶布在桥梁加固中的应用	袁伟强	湛江市公路管理局	2008年"二省二区（广东、湖南省公路学会、香港公路学会、澳门工程师学会）特大型桥梁学术交流会"荣获发表
14	浅谈公路建设与环境保护的和谐发展	郑强 黄永生	吴川公路分局	2009年广东省公路青年人才论坛优秀奖
15	软土基处理加固原理	黄海	吴川公路分局	2011年湛江市第八届自然科学优秀学术论文二等奖，市公路学会优秀学术论文一等奖
16	浅谈红星水库跨海大桥海工砼的应用	郑强	吴川公路分局	2010年广东桥梁学术论文集专题发表，2011年湛江市第八届自然科学优秀学术论文三等奖，市公路学会优秀学术论文二等奖
17	遂溪西湾双曲拱桥危情论证及加固技术	黎玉亮	湛江公路勘察设计院	2011年湛江市公路学会优秀学术论文三等奖
18	水口渡大桥桩基维修加固技术的探讨	郑强	吴川公路分局	2011年湛江市公路学会优秀学术论文三等奖

二、湛江市公路会计学会

湛江市公路会计学会是由公路系统内的财会人员自愿组织的，并经过湛江市民政局批准，于1992年7月成立的非营利性学术性的法人社会团体，归属湛江市社会科学联合会管理，同时作为广东省交通会计学会公路专业委员会的团体会员。

湛江市公路会计学会的业务范围是：学术研究、会计工作经验交流以及财务人员的培训。学会的宗旨是：坚持四项基本原则，坚持改革开放，贯彻"百花齐放、百家争鸣"的方针，组织和推动公路会计学术研究交流工作的经验，促进会计改革，不断提高湛江市公路会计的理论水平和业务水平，为加强公路部门的经济管理工作，提高公路投资效益，加快实现公路建设现代化做贡献。

20 多年来，市公路会计学会组织不断发展，至 2012 年底，市公路会计学会有会员 100 多人，活动小组 16 个。学会经费来源由各活动小组缴交会费。

市公路会计学会重视和加强与同行学术团体的联系与交流，鼓励会员撰写论文。陈翀撰写的《谈谈使用及更新会计软件的一些体会》论文入册《中国世纪改革与决策文库》，谢车政撰写的《试谈财务管理是公路养护单位管理的中心》论文入册《广东财会》2000 年 5 月第 5 期刊物，并在当代中国科技社科学论坛 2000 年全国优秀论文评比活动中荣获社科类优秀论文一等奖。

市公路会计学会根据公路部门的实际情况，开展学术研讨活动，并协助市局财务科制订《机关公务车使用管理制度》《机关接待费开支管理办法》《养护道班财务管理制度》等等，还自编教材做好公路财务人员的再教育工作，增强公路财务人员业务知识，为公路建设事业作出应有的贡献。

1992—2013 年湛江市公路会计学会理事会历届理事长（会长）、秘书长一览表

表 9—4—3

届　别	理事长（会长）	副理事长（副会长）	秘书长
第一届 （1992—19994.2）	蒋绍裘	潘兆佐、谢车政	曾卫权
第二届 （1994.3—1996.7）	谢车政	曾卫权	王　影
第三届 （1996.8—2003.8）	黄华钧	谢车政、曾卫权	黄丽琳
第四届 （2003.9—2009.3）	谢车政	曾卫权	李华梅
第五届 （2009.4—2013.9）	谢车政	曾卫权、罗湛惠	王　影

第十章　公路文明建设

第一节　文明"创建"活动

湛江公路局加强和职业道德教育和法纪教育，做好职工思想政治工作，开展公路职工思想政治工作研究活动，推广应用政研成果，进行"以路为业、以班为家""建功立业""学雷锋、学孔繁森""学道班光荣史、工人奋斗史""让雷锋精神在道班闪光""读一本好书、唱一支好歌、看一部好电影"等教育，增强公路职工爱岗敬业意识，培养和造就"四有"（有理想、有文化、有道德、有纪律）职工队伍。市公路局把精神文明建设创建活动和社会主义劳动竞赛立功创先活动结合起来，树立典型，以点促面，促进公路建设事业发展。

1991年，全国开展"质量、品种、效益年"活动；省公路局在茂名召开两个文明建设现场会，提出在全省公路系统继续开展"创好创优"活动。湛江公路局把开展"效益年"活动与"创好创优"社会主义劳动竞赛结合起来，成立组织领导机构，确保活动持续深入开展。9月7日，市公路局制定《湛江公路局"立功创先"劳动竞赛评比实施细则》，提出"立功创先"活动具体目标和要求，实行劳动竞赛标准化、规范化；对劳动竞赛活动的评比范围、评比标准、评审办法、表彰及奖励办法等方面作详细规定，确保劳动竞赛活动有序开展。市公路局通过开展"效益年"和"创好创优"劳动竞赛活动，公路技术状况和工程施工质量有明显提高；在全省公路系统1991年度公路检查和立功创先劳动竞赛中评为一等局。

1992年1月8日，市公路局与市公安交警支队签订"共建文明路"协议，共同保障公路安全畅通，促进公路规费征收。9月11日，湛江渡口湛机1201船在渡航中有人跳海轻生，该船轮机长吴日兴、水手余土林及时跳入海中救起跳海轻生妇女，受到过渡车辆司机和乘客的赞扬。

1993年，市公路局抓好公路"三化"（净化、绿化、美化）工作，推动文明路段建设。12月2日，廉江分局获得"广东省文明单位"誉称号。

1994年1月23日，湛江公路局召开工会工作会议，提出道班建设从"四小"建设转为搞花园式建设。2月18日，湛江市举行交通通信募捐万人行活动，市公路局职工响应市委、市政府号召，全局捐款共70.3万元。7月25日，廉江分局三角塘、良垌道班被湛江市评为"花园式单位"。8月12—13日，市公路局在廉江召开两个文明建设现场会，市局党委书记王袖、湛江市文明办主任黄志有、廉江市委常委、宣传部长戚潘国，副市长吴茂创，廉江市经委党委副书记雷连公等领导出席会议；各分局党（总）支部书记、分局长、工会主席以及市局直属单位主管领导共60多人参加；市公路局纪委书记王佳主持会议，听取廉江分局、吴川分局、直属分局、良垌道班、高桥道班的经验介绍；表彰获得省文明单位称号的廉江分局，获得市文明单位称号的吴川分局、直属分局、雷州分局和第三工程处，获得县文明单位称号的遂溪分局。与会人员到廉江分局良垌、四角塘、高桥、甫洋等4个道班，现场参观两个文明建设班容班貌。9月23—26日，省公路局在廉江分局召开"全省公路系统两个文明建设现场经验交流会"，全省各市、县公路局党政、工会主要领导共250人参加。省交通厅副厅长肖玉堂、省公路局党委书记彭枫梧、局长丁铁葵、纪委书记李华卿、湛江市委常委、宣传部长黄国威、廉江市市委书记、市长、宣传部长等领导到会并作讲话。会上廉江分局等九个单位作了经验介绍；与会代表到廉江分局良垌、高桥、塘蓬道班现场参观指导工作。

1995年，市公路局开展"双增双节"合理化建议活动，全年双增双节145.52万元，人均达446元；提合理化建议1004条，采纳271条；道班开展"三个一"活动产值达122.9万元。5月10日，市公路局荣获1994年度全省公路系统工作评比一等市局先进称号，省公路局奖励湛江公路局领导班子成员7500元。7月21日，省公路局通报表彰洋村渡口渡运一班在"5.31"特大交通事故中及时抢救落水乘客的救死扶伤英勇行为，并奖励1万元。10月16—17日，市公路局在雷州分局召开道班文明建设经验交流会，推动"创好创优"活动深入发展。

1996年1月6日，湛江市委宣传部副部长林向凡向市公路局直属分局授予省委、省政府命名的"文明单位"奖匾。3月29日，雷州分局公树道班、平湖道班；直属分局麻雷道班被湛江市绿委、建委评为1995年度"花园式"单位。4月，徐闻分局发动干部职工为职工遗属陈琴珍捐款2389元解决其家庭困难。9月9日上午10时许，40年一遇的第15号强台风袭击湛江，风力达12级以上，湛江渡口所在锚地避风的渡船人员顶着狂风巨浪搭救8艘渔船和船上46位渔民，受到市委、市府表彰，湛江渡口荣立集体二等功。11月29日，廉江分局塘蓬道班获得"广东省青年文明号"称号。

1997年，市公路局及所属各基层单位，建立职业道德教育领导小组，推进公路职工"立足本职，热爱岗位，无私奉献"的职业道德教育，推动便民、利民、为民的"三民"活动和创建省、市文明单位工作。是年，廉江分局党支部书记、局长叶家春获全国"五一"劳动奖章。吴川分局覃巴道班被省交通厅工会、南方日报社、省公路管理局工会评为"双十佳道班"。吴川分局大桥道班班长蔡华生获湛江市"劳动模范"称号。市公路局雷州分局、直属分局被省公路局评为省公路系统两个文明建设先进县公路局；覃巴道班、良垌道班、公树道班被评为省公路系统两个文明建设先进养护道班

1998年8月，市局工会利用暑假期间组织公路系统职工子弟100多人到湛江市东坡岭戒毒所参观，请所长讲课和观看《诱发犯罪》的戒毒光碟，使职工子弟从思想上筑起远离毒品的一道防线。是年，廉江分局、雷州分局被省公路局评为两个文明建设先进县局；湛江渡口所被省公路局评为两个文明建设先进渡口所；第三工程处被省公路局评为两个文明建设先进单位；廉江分局塘蓬道班、遂溪分局杨柑道班、直属分局麻雷道班被省公路局评为两个文明建设先进公路养护道班。

1999年年5月1日，湛江市总工会表彰先进，其中：授予湛江公路局雷州分局"市职工职业道德建设十佳单位"称号；授予湛江渡口所、吴川分局、廉江分局"市职工民主管理先进单位"称号；授予直属分局"市先进职工之家"称号；授予雷州分局工会主席朱明英"市优秀工会工作者"称号；授予遂溪分局杨柑道班班长杨邓"市职工职业道德建设十佳标兵"称号；授予湛江渡口所码头班"湛江市港城女职工文明岗"称号。是年10月，廉江分局良垌道班班长王坤在全省公路系统职工养护技能大比武中荣获"养护能手"称号。

2000年9月4日，湛江市副市长阮日生带领市有关部门和坡头区政府及有关单位领导进行"创卫"工作巡查和现场督办，要求湛江渡口所整改东岸码头"脏、乱、差"现象。10月，市公路局完成"迎国检"工作并通报表彰：一等奖：徐闻分局；二等奖：雷州分局、遂溪分局、吴川分局、直属分局、第一工程处、第三工程处、机修厂、徐闻分局第二工程队、直属分局机修车间；三等奖：第二工程处。

2001年，市公路局开展揭批"法轮功"活动，做好几个深受"法轮功"毒害的公路职工转化工作；抓好"三讲"教育"回头看"活动，做好全局公路系统综治维稳工作。10月，遂溪杨柑道班被省总工会授予"职工职业道德模范班组"称号。是年，市公路局实施国道G207线文明建设样板路工程建设，沿线公路道班职工献工献勤达8000多个工作日。

2002年，市公路局开展行风评议活动及机关作风测评活动，效果显著。市公路局从2002年起每年筹措3万元支持计生挂点单位徐闻县附城、和安镇开展工作，并为徐闻县附城镇计生部门赠送办公电脑设备，解决当地计生工作中的实际困难。11月，国道G207线湛江段文明建设样板路通过省交通厅、省公路局组织验收，成为广东公路连线最长的文明样板路。

2004年6月，市公路局响应市委"固本强基"的号召，市局机关与雷州分局的干部组成工作组，分别进驻雷州市客路镇赵宅、高桥、泰坡村，展开为期6个月的湛江市第一期实施固本强基工程"四看四想四促进"活动。市公路局在资金紧张的情况下，筹集资金200多万元，支持雷州市镇通管区道路建设和生态文明村建设等。是年，市公路局及各分局建立帮扶领导机构7个（帮扶小组或帮扶工作站），由党政主要领导挂帅，工会和相关科（股）室负责人组成。市公路局、各分局帮扶机构通过调查摸底，掌握真实情况，帮助困难职工和送温暖工作做到经常化、制度化。全年帮扶困难职工、患病职工、劳动模范共1018名，补助资金达23.35万元；帮扶困难职工子女15名、助学金7500元。

2005年，市公路局筹措救助资金26.5万元，帮扶困难职工及先进劳模共860户；为重病职工及社会捐款12.14万元；扶助特困职工子女20名、助学金7.73万元。

2006年，市公路局开展排头兵实践活动，组织全局干部职工向全国职业道德建设"百佳班组"杨柑养护站学习，争当公路建设事业排头兵。7月，市公路局一行22人组成"八一"拥军慰问团，慰问驻湛海军陆战旅特种团。

2008年5月14日，市公路局全系统干部职工响应党中央、国务院的号召，为汶川地震灾区捐款 27.77 万元，支持汶川人民抗灾复产重建家园。

2009 年 10 月，市公路局建立 60 万元退休职工住房基金，帮助湛江公路系统养路职工告别危房和茅草房，每户改建住房补助 1.5 万元。市局公路系统给予特大疾病或临时困难职工救助经费达 4.5 万元。市公路局组织"送温暖"工程受到职工的赞誉。

2010 年 5 月，市公路局干部职工向青海玉树地震灾区捐款 13.53 万元。6 月 30 日，"广东扶贫济困日"，市公路局全体干部职工捐款 35 万元。8 月 12 日，市公路局将 18 头耕牛送到对口帮扶的雷州市南兴镇东吴村 18 户贫困户手中。是日，市公路局帮助修建东吴村委会 6 个自然村总长为 8.5 千米的道路开工。12 月 22 日，省扶贫工作考评组到市公路局对口帮扶的雷州市南兴镇东吴村进行 2010 年度扶贫开发"双到"工作全面考评。市公路局在 255 个贫困村帮扶单位中排第 23 名，总评工作优秀。

2012 年 1 月 15 日，省扶贫考核验收工作组一行 6 人，到市公路局扶贫帮扶点雷州市南兴镇东吴村考核验收扶贫开发"规划到户、责任到人"工作。省扶贫考核验收工作组对市公路局扶贫开发"双到"工作给予高度的评价。三年来，在东吴村扶贫开发"双到"工作中市公路局共建成硬底化环村公路 16.1 千米；完成 46 户贫困户危房改造任务；农户安全卫生饮用水 100% 实现达标；改善东吴小学教学环境，修建硬底化操场 1550 平方米，配齐学生桌椅 200 多套；建成一个 200 亩山塘水库。累计投入各类帮扶资金 933 万元（其中省市财政专项扶贫资金 191.5 万元；社会扶贫资金 611.55 万元；帮扶单位帮扶资金 106.85 万元；单位干部职工捐款 23.1 万元）。是年，东吴村 156 户贫困户人均年收入达 5130 元，156 户贫困户全部实现脱贫。至此，东吴村村容村貌整洁，村民生活水平提高，村集体经济壮大，村民社会关系和谐。东吴村先后获得"广东省农村综合治理先进村""广东省大禹杯获得者""广东省卫生村""湛江市卫生村""中共湛江市委优秀党支部""湛江市发展农村集体经济进步奖"等称号。是年，广东省开展"南粤公路红旗飘扬百佳人物"评选活动，市公路局 6 人被省公路局授予"南粤公路红旗飘扬百佳人物"称号。

第二节　公路特色文化建设

公路文化以其自身的个性、特殊性伴随着公路事业的发展，既是公路的通达水平、技术等级、管理状况等综合服务功能的体现，也是公路职工行为方式、群体意识、价值观念的综合反映。市公路局切实加强文化建设，各单位、各工地、各生产班组（道班）建立了时事学习制度，出版宣传专栏墙报，因地制宜举办各种文体活动。湛江公路人以热爱本职的主人翁责任感和自尊、自爱、自强的事业心，在工作实践中创造、丰富、发展公路文化。

1993 年 6 月，湛江公路局各分局、直属单位、施工工地、养护道班积极开展"安全月"活动，张贴标语，悬挂条（横）幅标语，出版宣传墙报，举办安全知识竞赛活动，增强公路职工安全意识，促进公路安全文化建设。是年，市公路局选送 16 篇论文参加省公路局规费征收十周年庆祝活动，其中 6 篇论文被省公路局选用录入

《论文集》出版。

1995 年 6 月，湛江公路局举办第三届职工乒乓球比赛，共有 12 支代表队 44 名运动员参赛，历经激烈角逐，第三工程处和直属分局分获男、女子团体冠军，机修厂王志伟和供应站王红玉分获男、女子单打冠军。7 月 10 日，湛江公路局召开座谈会庆祝《湛江公路》报出版 100 期。湛江市委常委、宣传部长黄国威，市新闻学会会长李蒙，局党委书记王袖等领导人为《湛江公路》报出版百期题词致贺；省公路管理局、省公路管理局工会及茂名、江门、汕头、广州、佛山、珠海、肇庆等市公路局发来贺电、贺信。是年 7 月 21—22 日，湛江公路局副局长杨为真撰写的长篇小说《双虹跨江》研讨会在湛江举行，该研讨会由湛江市委宣传部、市文联组织召开。市委常委、宣传部长黄国威，副部长林向凡，市文联主席黄振强，市作协主席欧阳琪，市文联副主席黄志有，省著名老作家、评论家易征、著名作家、诗人陈中干，花城出版社社长肖建国，省作协创作评论室主任游混炳，花城出版社小说编辑室主任刘钦伟，古典文学编辑室主任徐巍，决审室编审廖文以及湛江公路局党委书记王袖，副局长杨为真等共 30 多人参加。10 月，湛江公路局职工乒乓球代表队获广东省公路管理局首届"公路杯"乒乓球比赛男单冠军，男、女子团体亚军，女单和男双第三名。

1996 年 5 月 13 日，湛江市职工摄影协会公路局分会举行成立大会，市总工会、市摄影家协会和市职工摄影协会领导到会祝贺，并由摄影行家为与会人员讲解摄影专业知识。11 月，湛江公路局举行第七届职工男子篮球赛，全市公路系统 13 支篮球队 100 多名业余运动员参加。

1997 年 1 月，恒通水泥厂工会组织举办第一届"青年文明怀"运动会，全厂 8 支代表队运动员参加了比赛。6 月 19 日，湛江公路局在湛江市霞山老干部活动中心举办欢庆香港回归文艺晚会，400 多名职工欢聚一堂，参加晚会节目自编自演，既有大合唱、独唱，又有歌舞、相声、诗朗诵等，演出丰富多彩。8 月，市公路局举办职工子弟夏令营活动，局机关、直属单位和公路分局子女有 80 多人参加，通过书画、手艺制作、游戏活动，丰富了职工子弟署假文化生活。12 月 6 日，省公路局举办《公路法》知识竞赛总决赛。当晚 8 时，广东卫视台现场直播省公路系统《公路法》知识竞赛总决赛实况，湛江市局代表队获得季军。

1998 年 2 月，市公路局举行"百歌颂中华"九八迎春演唱会，局机关全体干部职工通过歌咏欢乐祥和迎接虎年的到来。10 月 1 日，湛江公路局离休干部谢德华书写的《谢德华书法选集》由上海东方出版社出版，雷州市人民政府在雷州西湖为其举行了隆重的首发式。是年，市公路局组织职工开展书法摄影比赛，并选送作品参加省公路局比赛，获得书法一等奖 1 名，二等奖 2 名，三等奖 1 名；摄影一等奖 4 名，二等奖 2 名；绘画二等奖 1 名；湛江公路系统女职工代表参加省公路局的"巾帼爱路敬业、岗位奉献"演讲比赛，获得一等奖。

1999 年 9 月 29 日，市公路局组织全市公路系统，在运通宾馆进行歌颂祖国五十华诞和迎澳门回归庆祝活动及歌咏比赛。

2001 年，"三八"妇女节，市公路局女职工参加市总工会、市妇联举办的女职工诗歌朗诵比赛，荣获三等奖。"五一"前夕，市公路局组织直属单位职工拔河、竞技比赛和"五一"联欢晚会。是年 6 月,举办全局职工男女羽毛球选拔赛,并组队到省公路局参赛,获得男子团体和个人第一名。

2002 年 9 月 5 日,省公路局举办全省公路系统法律知识竞赛,市公路局荣获一等奖。是月,市公路局林丽清参加省公路局主办、广州市公路局协办的"全省路桥收费技能竞赛"活动,荣获"广东省路桥优秀收费员"称号。10 月 26 日,省公路局公路职工第三届"公路杯"三人篮球赛(湛江赛区)在湛江开赛,经过激烈比赛,顺德市公路局获得第一名,湛江市公路局获得第二名,阳江市公路局获得第三名,江门市公路局获得第四名,云浮市公路局获得第五名,珠海市公路局获得第六名,中山市公路局获得第七名。

2003 年,根据省体育局开展广东省第四届体育节活动的要求,市公路局各单位组织 3000 名职工开展形式多样的趣味性体育健身活动。

2004 年,湛江公路职工思想政治工作研究会积极开展活动,组织政研会会员撰写论文。经评选优秀论文 13 篇,其中一等奖 2 篇、二等奖 4 篇、三等奖 7 篇。

2005 年 9 月 28 日,市公路局遂溪分局彭莉萍代表省公路管理局参加省交通厅在佛山举行的女职工"爱国、守法、诚信、知礼"演讲比赛,获得第 4 名的好成绩。市公路局职工代表队在参加省局举办的全省养护职工技能竞赛和安全文化之花在公路延伸中盛开的演讲比赛,分别获得省局养护工竞赛金奖、优秀奖及演讲比赛三等奖;在参加省交通厅举办的安全生产劳动保护法律法规知识竞赛和全省交通系统秧歌舞比赛中,分别获得个人二等奖和秧歌舞比赛优秀奖。

2007 年 2 月 5 日,市公路局机关乔迁入公路大厦主楼办公,并举办全市公路系统 2007 年迎新春文艺会演。组织基层领导参加省公路系统领导干部运动会。市公路局举办女职工首届插花比赛,优胜者参加全省公路组织的比赛。

2008 年,市公路局组织职工参加全省公路系统职工第三届书画、摄影比赛,获得书法二等奖 1 名,摄影二等奖 2 名。市公路局女工代表参加省公路局举办的"争当知识型女职工,为公路事业献计献策"演讲比赛,获得第二名;组织女工文艺骨干参加市"女职工大众艺术健身操比赛"获得二等奖;直属分局女职工获得湛江市"十大好母亲"荣誉称号。市公路局组队参加省公路局举办的"广东公路三十年"文艺会演,获得好的评价。

2009 年 6 月 10 日,市公路局举办以"关爱生命,安全发展"为主题的"路安杯"安全生产知识竞赛。6 个公路分局、8 个直属单位共 14 支队伍 50 多人参加。经过激烈角逐,公路技校、吴川分局、青平收费站分别获得一、二、三等奖。市公路局职工代表队精心准备 3 套节目,参加全省公路系统的"改革开放三十周年文艺会演",获得大会较高评价。

2010 年,市公路局选手参加全省公路系统太极拳比赛,获得二等奖。市公路局组织女职工参加全省公路系统女职工创作环保手工艺品比赛,10 月 30 日,市公路局女工代表参加全省公路系统女职工环保手工艺品制作比赛,分别获得一等奖 1 个,二等奖 1 个,三等奖 2 个。市公路局选手参加省公路局羽毛球比赛;组队参加全省公路"辉煌三十年"的大型文艺会演,15 个会演节目,其中有湛江局 3 个节目,得到省公路局的赞扬。市公路局通过各种活动，丰富公路职工的文化生活，促进公路系统文化建设。12月，市公路局承办广东省公路职工政治思想工作研究会西片等二十次年会。湛江公路系统共选送政研论文34篇，其中3篇分别获得二、三等奖。

2011年1月，市公路局举行迎春职工拔河比赛，各分局及直属单位共12支代表队参加了比赛。经过激烈角逐，徐闻分局获第一名，廉江分局获第二名，渡口所、雷州分局并列第三名，公路技校、吴川分局并列第四名。6月30日，市公路局举办庆祝建党90周年，建设"幸福公路"演讲比赛。局领导、各分局主要领导、直属各单位的领导班子成员、局机关全体党员等共150人观看比赛，来自各单位的16位选手参加比赛。8月18日，市公路局举行公路养护站管理系统操作应用技能竞赛，6个分局各选派3名一线养护工参加。通过选手同台竞赛，最后决出一等奖3名选手参加全省公路养护大道班管理系统养护工操作应用技能竞赛。11月1日，为纪念建党90周年，省公路局工会举办全省公路系统"身边的感动"为主题的征文比赛。市公路局获得优秀征文二等奖和三等奖。是年，市公路局女职工参加全省公路系统女职工征文比赛获得二等奖1名、三等奖2名。市公路局选手参加全省公路系统庆祝"十一五"文艺会演太极拳比赛，获得一等奖。

2012年11月1日，市公路局组织选送一批书法作品，参加市直属机关工委主办的市直机关"创先争优迎十八大"书画作品展，经组委会评审，凌阳洲书法作品获得二等奖，张进书法作品获得优秀奖，李栩敏、陈辉、伍云等人书法作品入围展览。市公路局代表队参加湛江市机关作风整治年活动第五小组演讲比赛，获得小组比赛一等奖和决赛三等奖。市公路局组织代表队参加省公路系统的趣味运动会比赛，取得可喜成绩。

第三节　荣誉集萃

湛江公路系统广大干部职工积极开展"创好、创优、创先、创文明单位"劳动竞赛活动，推动公路三个文明建设，促进湛江市公路建设事业的快速发展；涌现出一大批先进集体、先进个人，获得各级党委、政府及上级业务（行政）主管部门授予的各种荣誉称号，受到不同形式的表彰奖励。这些奖励和荣誉，是对湛江公路人在不同历史时期的"创好创优"活动所取得的工作成绩和卓越贡献的真实记录，是对湛江公路人创造的辉煌业绩充分肯定，将永远载入湛江公路史册。

1991—2012 年湛江公路系统集体荣誉表彰名录表

表 10—3—1

获奖单位	获奖时间	荣誉称号或奖励等级	颁奖机关（组织）
湛江公路局	1991	全省公路系统 1991 年度公路检查和立功创先劳动竞赛一等局	广东省公路管理局
廉江分局瑞坡道班	1991	十连贯全优道班	广东省公路管理局
吴川分局覃巴道班	1991	十连贯全优道班	广东省公路管理局
海康分局高家道班	1991	十连贯全优道班	广东省公路管理局
湛江公路局（客龙线）	1991	全优线路	广东省公路管理局
工程大队第一工程处	1991	先进单位	广东省公路管理局
海康分局	1991	省二级机关综合档案管理合格证	广东省档案局
遂溪分局女职工委员会	1991	先进单位	湛江市总工会
吴川分局	1992	省交通系统安全生产工作先进单位	广东省交通厅
廉江分局	1992	省公路系统安全生产先工作进单位	广东省公路管理局
吴川分局	1992	省公路系统安全生产工作先进单位	广东省公路管理局
廉江分局瑞坡道班	1992	省公路系统安全生产工作先进班组	广东省公路管理局
湛江渡口所渡运二班	1992	省公路系统安全生产工作先进班组	广东省公路管理局
徐闻分局汽车班	1992	省公路系统安全生产工作先进班组	广东省公路管理局
廉江分局	1992	全优分局	广东省公路管理局
吴川分局	1992	全优分局	广东省公路管理局
海康分局	1992	好路分局	广东省公路管理局
徐闻分局	1992	好路分局	广东省公路管理局
直属分局	1992	好路分局	广东省公路管理局
湛江公路局（客龙线）	1992	全优线路	广东省公路管理局
局机修厂钣金车间钣锻二班	1992	省公路系统安全生产工作先进班组	广东省公路管理局
湛江公路局（遂六线）	1992	全优线路	广东省公路管理局
工程大队第二工程处	1992	先进单位	广东省公路管理局
廉江分局良垌道班	1992	全优道班	广东省公路管理局
平朗道班	1992	全优道班	广东省公路管理局

获奖单位	获奖时间	荣誉称号或奖励等级	颁奖机关（组织）
平坦道班	1992	全优道班	广东省公路管理局
大岭道班	1992	全优道班	广东省公路管理局
鸡公塘道班	1992	全优道班	广东省公路管理局
廉城道班	1992	全优道班	广东省公路管理局
合江道班	1992	全优道班	广东省公路管理局
石岭道班	1992	全优道班	广东省公路管理局
塘蓬道班	1992	全优道班	广东省公路管理局
长沙垌道班	1992	全优道班	广东省公路管理局
白坟坡道班	1992	全优道班	广东省公路管理局
瑞坡道班	1992	全优道班	广东省公路管理局
长山道班	1992	全优道班	广东省公路管理局
高桥道班	1992	全优道班	广东省公路管理局
青平道班	1992	全优道班	广东省公路管理局
四角塘道班	1992	全优道班	广东省公路管理局
三角塘道班	1992	全优道班	广东省公路管理局
甫洋道班	1992	全优道班	广东省公路管理局
关垌道班	1992	全优道班	广东省公路管理局
安铺道班	1992	全优道班	广东省公路管理局
吴川分局覃巴道班	1992	全优道班	广东省公路管理局
梅箓道班	1992	全优道班	广东省公路管理局
大桥道班	1992	全优道班	广东省公路管理局
黄坡道班	1992	全优道班	广东省公路管理局
中山道班	1992	全优道班	广东省公路管理局
三鸦道班	1992	全优道班	广东省公路管理局
吉兆道班	1992	全优道班	广东省公路管理局
昌洒道班	1992	全优道班	广东省公路管理局
长岐道班	1992	全优道班	广东省公路管理局
围兰埇道班	1992	全优道班	广东省公路管理局

续上表

获奖单位	获奖时间	荣誉称号或奖励等级	颁奖机关（组织）
海康分局草黎道班	1992	全优道班	广东省公路管理局
田头道班	1992	全优道班	广东省公路管理局
纪家道班	1992	全优道班	广东省公路管理局
白银道班	1992	全优道班	广东省公路管理局
公树道班	1992	全优道班	广东省公路管理局
平湖道班	1992	全优道班	广东省公路管理局
黎郭道班	1992	全优道班	广东省公路管理局
杨家道班	1992	全优道班	广东省公路管理局
唐家道班	1992	全优道班	广东省公路管理局
企水道班	1992	全优道班	广东省公路管理局
乌石道班	1992	全优道班	广东省公路管理局
高家道班	1992	全优道班	广东省公路管理局
徐闻分局附城道班	1992	全优道班	广东省公路管理局
下桥道班	1992	全优道班	广东省公路管理局
迈代道班	1992	全优道班	广东省公路管理局
西连道班	1992	全优道班	广东省公路管理局
锦和道班	1992	全优道班	广东省公路管理局
二沟道班	1992	全优道班	广东省公路管理局
遂溪分局榄罗道班	1992	全优道班	广东省公路管理局
白坭坡道班	1992	全优道班	广东省公路管理局
茶亭道班	1992	全优道班	广东省公路管理局
岭北道班	1992	全优道班	广东省公路管理局
河头道班	1992	全优道班	广东省公路管理局
茅塘道班	1992	全优道班	广东省公路管理局
龙眼道班	1992	全优道班	广东省公路管理局
下六道班	1992	全优道班	广东省公路管理局
杨柑道班	1992	全优道班	广东省公路管理局
草塘道班	1992	全优道班	广东省公路管理局

获奖单位	获奖时间	荣誉称号或奖励等级	颁奖机关（组织）
西埇道班	1992	全优道班	广东省公路管理局
芝兰道班	1992	全优道班	广东省公路管理局
直属分局坡头道班	1992	全优道班	广东省公路管理局
龙头道班	1992	全优道班	广东省公路管理局
坡龙道班	1992	全优道班	广东省公路管理局
上圩道班	1992	全优道班	广东省公路管理局
官渡道班	1992	全优道班	广东省公路管理局
沙湾道班	1992	全优道班	广东省公路管理局
调文道班	1992	全优道班	广东省公路管理局
民安道班	1992	全优道班	广东省公路管理局
东南道班	1992	全优道班	广东省公路管理局
麻章道班	1992	全优道班	广东省公路管理局
麻雷道班	1992	全优道班	广东省公路管理局
湛江公路局	1993	全省公路系统 1993 年度公路检查和立功创先劳动竞赛一等局	广东省公路管理局
廉江分局	1993	全优分局	广东省公路管理局
吴川分局	1993	全优分局	广东省公路管理局
海康分局	1993	好路分局	广东省公路管理局
直属分局	1993	好路分局	广东省公路管理局
湛江公路局（客龙线）	1993	全优线路	广东省公路管理局
湛江公路局（遂六线）	1993	全优线路	广东省公路管理局
良垌道班	1993	全优道班	广东省公路管理局
平朗道班	1993	全优道班	广东省公路管理局
平坦道班	1993	全优道班	广东省公路管理局
大岭道班	1993	全优道班	广东省公路管理局
鸡公塘道班	1993	全优道班	广东省公路管理局
廉城道班	1993	全优道班	广东省公路管理局
合江道班	1993	全优道班	广东省公路管理局

续上表

获奖单位	获奖时间	荣誉称号或奖励等级	颁奖机关（组织）
石岭道班	1993	全优道班	广东省公路管理局
塘蓬道班	1993	全优道班	广东省公路管理局
长沙垌道班	1993	全优道班	广东省公路管理局
白坟坡道班	1993	全优道班	广东省公路管理局
瑞坡道班	1993	全优道班	广东省公路管理局
长山道班	1993	全优道班	广东省公路管理局
高桥道班	1993	全优道班	广东省公路管理局
青平道班	1993	全优道班	广东省公路管理局
四角塘道班	1993	全优道班	广东省公路管理局
三角塘道班	1993	全优道班	广东省公路管理局
甫洋道班	1993	全优道班	广东省公路管理局
关垌道班	1993	全优道班	广东省公路管理局
安铺道班	1993	全优道班	广东省公路管理局
榄罗道班	1993	全优道班	广东省公路管理局
白圯坡道班	1993	全优道班	广东省公路管理局
茶亭道班	1993	全优道班	广东省公路管理局
岭北道班	1993	全优道班	广东省公路管理局
城月道班	1993	全优道班	广东省公路管理局
茅塘道班	1993	全优道班	广东省公路管理局
龙眼道班	1993	全优道班	广东省公路管理局
杨柑道班	1993	全优道班	广东省公路管理局
下六道班	1993	全优道班	广东省公路管理局
草塘道班	1993	全优道班	广东省公路管理局
西埇道班	1993	全优道班	广东省公路管理局
芝兰道班	1993	全优道班	广东省公路管理局
南亭道班	1993	全优道班	广东省公路管理局
新桥道班	1993	全优道班	广东省公路管理局
铺塘道班	1993	全优道班	广东省公路管理局

获奖单位	获奖时间	荣誉称号或奖励等级	颁奖机关（组织）
大塘道班	1993	全优道班	广东省公路管理局
企山道班	1993	全优道班	广东省公路管理局
谭葛道班	1993	全优道班	广东省公路管理局
南昌道班	1993	全优道班	广东省公路管理局
黄草道班	1993	全优道班	广东省公路管理局
河头道班	1993	全优道班	广东省公路管理局
平湖道班	1993	全优道班	广东省公路管理局
乌石道班	1993	全优道班	广东省公路管理局
草黎道班	1993	全优道班	广东省公路管理局
田头道班	1993	全优道班	广东省公路管理局
纪家道班	1993	全优道班	广东省公路管理局
高家道班	1993	全优道班	广东省公路管理局
白银道班	1993	全优道班	广东省公路管理局
公树道班	1993	全优道班	广东省公路管理局
黎郭道班	1993	全优道班	广东省公路管理局
杨家道班	1993	全优道班	广东省公路管理局
唐家道班	1993	全优道班	广东省公路管理局
企水道班	1993	全优道班	广东省公路管理局
下桥道班	1993	全优道班	广东省公路管理局
和家道班	1993	全优道班	广东省公路管理局
西连道班	1993	全优道班	广东省公路管理局
附城道班	1993	全优道班	广东省公路管理局
龙塘道班	1993	全优道班	广东省公路管理局
曲界道班	1993	全优道班	广东省公路管理局
前山道班	1993	全优道班	广东省公路管理局
锦和道班	1993	全优道班	广东省公路管理局
迈锅道班	1993	全优道班	广东省公路管理局
二沟道班	1993	全优道班	广东省公路管理局

获奖单位	获奖时间	荣誉称号或奖励等级	颁奖机关（组织）
迈代道班	1993	全优道班	广东省公路管理局
覃巴道班	1993	全优道班	广东省公路管理局
梅菉道班	1993	全优道班	广东省公路管理局
大桥道班	1993	全优道班	广东省公路管理局
黄坡道班	1993	全优道班	广东省公路管理局
中山道班	1993	全优道班	广东省公路管理局
三鸦道班	1993	全优道班	广东省公路管理局
围兰埇道班	1993	全优道班	广东省公路管理局
长岐道班	1993	全优道班	广东省公路管理局
吉兆道班	1993	全优道班	广东省公路管理局
昌洒道班	1993	全优道班	广东省公路管理局
坡头道班	1993	全优道班	广东省公路管理局
上圩道班	1993	全优道班	广东省公路管理局
龙头道班	1993	全优道班	广东省公路管理局
官渡道班	1993	全优道班	广东省公路管理局
沙湾道班	1993	全优道班	广东省公路管理局
麻章道班	1993	全优道班	广东省公路管理局
麻雷道班	1993	全优道班	广东省公路管理局
调文道班	1993	全优道班	广东省公路管理局
民安道班	1993	全优道班	广东省公路管理局
东南道班	1993	全优道班	广东省公路管理局
东简道班	1993	全优道班	广东省公路管理局
吴川养路费征收站	1993	先进养征单位	广东省公路管理局
湛江渡口所	1993	先进渡口	广东省公路管理局
湛江渡口所	1993	流动标兵杯	广东省公路管理局
湛江渡口所	1993	文明渡口	广东省公路管理局
库竹渡口所	1993	文明渡口	广东省公路管理局
安榄渡口所	1993	文明渡口	广东省公路管理局

获奖单位	获奖时间	荣誉称号或奖励等级	颁奖机关（组织）
吴川分局	1993	省公路系统安全生产工作先进单位	广东省公路管理局
湛江渡口所	1993	省公路系统安全生产工作先进单位	广东省公路管理局
廉江分局高桥道班	1993	省公路系统安全生产工作先进班组	广东省公路管理局
徐闻分局龙塘道班	1993	省公路系统安全生产工作先进班组	广东省公路管理局
第三工程处海门大桥工地	1993	省公路系统安全生产工作先进班组	广东省公路管理局
机修厂钣锻车间钣二班	1993	省公路系统安全生产工作先进班组	广东省公路管理局
湛江公路局审计科	1993	全省公路系统内审工作一等奖	广东省公路管理局
湛江公路局审计科	1994	全省公路系统内审工作一等奖	广东省公路管理局
廉江分局	1994	全优分局	广东省公路管理局
吴川分局	1994	全优分局	广东省公路管理局
吴川分局	1994	全优标兵分局	广东省公路管理局
雷州分局	1994	好路分局	广东省公路管理局
直属分局	1994	好路分局	广东省公路管理局
徐闻分局	1994	好路分局	广东省公路管理局
遂溪分局	1994	好路分局	广东省公路管理局
湛江公路局（遂六线）	1994	全优线路	广东省公路管理局
湛江公路局（客龙线）	1994	全优线路	广东省公路管理局
良垌道班	1994	全优道班	广东省公路管理局
平朗道班	1994	全优道班	广东省公路管理局
平坦道班	1994	全优道班	广东省公路管理局
大岭道班	1994	全优道班	广东省公路管理局
鸡公塘道班	1994	全优道班	广东省公路管理局
廉城道班	1994	全优道班	广东省公路管理局
合江道班	1994	全优道班	广东省公路管理局
石岭道班	1994	全优道班	广东省公路管理局
塘蓬道班	1994	全优道班	广东省公路管理局
长沙垌道班	1994	全优道班	广东省公路管理局
白坟坡道班	1994	全优道班	广东省公路管理局

获奖单位	获奖时间	荣誉称号或奖励等级	颁奖机关（组织）
瑞坡道班	1994	全优道班	广东省公路管理局
长山道班	1994	全优道班	广东省公路管理局
高桥道班	1994	全优道班	广东省公路管理局
青平道班	1994	全优道班	广东省公路管理局
四角塘道班	1994	全优道班	广东省公路管理局
三角塘道班	1994	全优道班	广东省公路管理局
甫洋道班	1994	全优道班	广东省公路管理局
关垌道班	1994	全优道班	广东省公路管理局
安铺道班	1994	全优道班	广东省公路管理局
榄罗道班	1994	全优道班	广东省公路管理局
白坭坡道班	1994	全优道班	广东省公路管理局
茶亭道班	1994	全优道班	广东省公路管理局
岭北道班	1994	全优道班	广东省公路管理局
城月道班	1994	全优道班	广东省公路管理局
茅塘道班	1994	全优道班	广东省公路管理局
龙眼道班	1994	全优道班	广东省公路管理局
下六道班	1994	全优道班	广东省公路管理局
杨柑道班	1994	全优道班	广东省公路管理局
草塘道班	1994	全优道班	广东省公路管理局
西埇道班	1994	全优道班	广东省公路管理局
芝兰道班	1994	全优道班	广东省公路管理局
南亭道班	1994	全优道班	广东省公路管理局
新桥道班	1994	全优道班	广东省公路管理局
铺塘道班	1994	全优道班	广东省公路管理局
大塘道班	1994	全优道班	广东省公路管理局
企山道班	1994	全优道班	广东省公路管理局
谭葛道班	1994	全优道班	广东省公路管理局
南昌道班	1994	全优道班	广东省公路管理局

获奖单位	获奖时间	荣誉称号或奖励等级	颁奖机关（组织）
黄草道班	1994	全优道班	广东省公路管理局
河头道班	1994	全优道班	广东省公路管理局
平湖道班	1994	全优道班	广东省公路管理局
乌石道班	1994	全优道班	广东省公路管理局
草黎道班	1994	全优道班	广东省公路管理局
田头道班	1994	全优道班	广东省公路管理局
纪家道班	1994	全优道班	广东省公路管理局
高家道班	1994	全优道班	广东省公路管理局
白银道班	1994	全优道班	广东省公路管理局
公树道班	1994	全优道班	广东省公路管理局
黎郭道班	1994	全优道班	广东省公路管理局
杨家道班	1994	全优道班	广东省公路管理局
唐家道班	1994	全优道班	广东省公路管理局
企水道班	1994	全优道班	广东省公路管理局
下桥道班	1994	全优道班	广东省公路管理局
和家道班	1994	全优道班	广东省公路管理局
西连道班	1994	全优道班	广东省公路管理局
附城道班	1994	全优道班	广东省公路管理局
龙塘道班	1994	全优道班	广东省公路管理局
曲界道班	1994	全优道班	广东省公路管理局
前山道班	1994	全优道班	广东省公路管理局
锦和道班	1994	全优道班	广东省公路管理局
迈锅道班	1994	全优道班	广东省公路管理局
二沟道班	1994	全优道班	广东省公路管理局
迈代道班	1994	全优道班	广东省公路管理局
覃巴道班	1994	全优道班	广东省公路管理局
梅箓道班	1994	全优道班	广东省公路管理局
大桥道班	1994	全优道班	广东省公路管理局

获奖单位	获奖时间	荣誉称号或奖励等级	颁奖机关（组织）
黄坡道班	1994	全优道班	广东省公路管理局
中山道班	1994	全优道班	广东省公路管理局
三鸦道班	1994	全优道班	广东省公路管理局
围兰埇道班	1994	全优道班	广东省公路管理局
长岐道班	1994	全优道班	广东省公路管理局
吉兆道班	1994	全优道班	广东省公路管理局
昌洒道班	1994	全优道班	广东省公路管理局
坡头道班	1994	全优道班	广东省公路管理局
上圩道班	1994	全优道班	广东省公路管理局
龙头道班	1994	全优道班	广东省公路管理局
官渡道班	1994	全优道班	广东省公路管理局
沙湾道班	1994	全优道班	广东省公路管理局
麻章道班	1994	全优道班	广东省公路管理局
麻雷道班	1994	全优道班	广东省公路管理局
调文道班	1994	全优道班	广东省公路管理局
民安道班	1994	全优道班	广东省公路管理局
东南道班	1994	全优道班	广东省公路管理局
东简道班	1994	全优道班	广东省公路管理局
坡龙道班	1994	全优道班	广东省公路管理局
良垌道班	1994	标兵道班	广东省公路管理局
白坭坡道班	1994	标兵道班	广东省公路管理局
公树道班	1994	标兵道班	广东省公路管理局
龙塘道班	1994	标兵道班	广东省公路管理局
覃巴道班	1994	标兵道班	广东省公路管理局
东南道班	1994	标兵道班	广东省公路管理局
湛江渡口所	1994	文明渡口所	广东省公路管理局
洋村渡口所	1994	文明渡口所	广东省公路管理局
南渡战备渡口所	1994	文明渡口所	广东省公路管理局

湛江市省养公路志（1991—2012年）

获奖单位	获奖时间	荣誉称号或奖励等级	颁奖机关（组织）
徐闻分局养路费征收所	1994	先进单位	广东省公路管理局
徐闻分局路政股	1994	先进单位	广东省公路管理局
第三工程处	1994	先进单位	广东省公路管理局
湛江公路局船厂	1994	先进单位	广东省公路管理局
湛江渡口所	1994	先进单位	广东省公路管理局
吴川分局	1994	安全生产工作先进单位	广东省公路管理局
湛江渡口所	1994	安全生产工作先进单位	广东省公路管理局
湛江公路局船厂	1994	安全生产工作先进单位	广东省公路管理局
吴川分局	1994	先进单位	湛江市人民政府
湛江公路局	1994	"绿化广东"贡献突出单位	中共广东省委 广东省人民政府
湛江公路局	1994	抗洪救灾先进单位	中共湛江市委 湛江市人民政府
雷州分局	1994	抗洪救灾先进单位	中共湛江市委 湛江市人民政府
第三工程处 （海门大桥）	1994	全优工程	广东省公路工程 质量监督站
第三工程处 （海门大桥）	1994	广东省高速公路工程施工先进单位、 质量特别奖	广东省高速公路公司
吴川分局	1994	文明单位	湛江市人民政府
直属分局	1994	文明单位	湛江市人民政府
廉江分局	1994	文明单位	广东省公路管理局
雷州分局	1994	湛江市文明单位	湛江市人民政府
廉江分局高桥道班	1994	湛江市文明单位	湛江市人民政府
第三工程处	1994	湛江市文明单位	湛江市人民政府
湛江公路局	1994	93年度全省公路系统劳动竞赛 一等市局	广东省公路管理局
吴川分局	1994	安全生产先进单位	湛江市人民政府

续上表

获奖单位	获奖时间	荣誉称号或奖励等级	颁奖机关（组织）
湛江公路局	1995	《湛江公路》获全省公路报评比 1993、1994 年度一等奖	广东省公路 管理局工会
廉江分局	1995	文明单位	广东省公路管理局
直属分局	1995	文明单位	广东省公路管理局
吴川分局	1995	文明单位	中共湛江市委 湛江市人民政府
雷州分局	1995	文明单位	中共湛江市委 湛江市人民政府
第三工程处	1995	文明单位	中共湛江市委 湛江市人民政府
廉江分局	1995	全优分局	广东省公路管理局
吴川分局	1995	全优分局	广东省公路管理局
遂溪养征站	1995	先进集体	广东省公路管理局
湛江公路局（客龙线）	1995	全优线路	广东省公路管理局
湛江公路局（遂六线）	1995	全优线路	广东省公路管理局
良垌道班	1995	"八五"期全优道班标兵 九五年度全优道班标兵	广东省公路管理局
覃巴道班	1995	"八五"期全优道班标兵 九五年度全优道班标兵	广东省公路管理局
西连道班	1995	"八五"期全优道班标兵 九五年度全优道班标兵	广东省公路管理局
公树道班	1995	"八五"期全优道班标兵 九五年度全优道班标兵	广东省公路管理局
草塘道班	1995	"八五"期全优道班标兵 九五年度全优道班标兵	广东省公路管理局
第三工程处	1995	"八五"期先进集体	广东省公路管理局
直属分局	1995	好路分局	广东省公路管理局
雷州分局	1995	好路分局	广东省公路管理局

获奖单位	获奖时间	荣誉称号或奖励等级	颁奖机关（组织）
徐闻分局	1995	好路分局	广东省公路管理局
遂溪分局	1995	好路分局	广东省公路管理局
雷州分局路政股	1995	先进单位	广东省公路管理局
船厂	1995	先进单位	广东省公路管理局
良垌道班	1995	全优道班	广东省公路管理局
平朗道班	1995	全优道班	广东省公路管理局
平坦道班	1995	全优道班	广东省公路管理局
大岭道班	1995	全优道班	广东省公路管理局
鸡公塘道班	1995	全优道班	广东省公路管理局
廉城道班	1995	全优道班	广东省公路管理局
合江道班	1995	全优道班	广东省公路管理局
石岭道班	1995	全优道班	广东省公路管理局
塘蓬道班	1995	全优道班	广东省公路管理局
长沙垌道班	1995	全优道班	广东省公路管理局
白坟坡道班	1995	全优道班	广东省公路管理局
瑞坡道班	1995	全优道班	广东省公路管理局
长山道班	1995	全优道班	广东省公路管理局
高桥道班	1995	全优道班	广东省公路管理局
青平道班	1995	全优道班	广东省公路管理局
四角塘道班	1995	全优道班	广东省公路管理局
三角塘道班	1995	全优道班	广东省公路管理局
甫洋道班	1995	全优道班	广东省公路管理局
关垌道班	1995	全优道班	广东省公路管理局
安铺道班	1995	全优道班	广东省公路管理局
榄罗道班	1995	全优道班	广东省公路管理局
白坭坡道班	1995	全优道班	广东省公路管理局
茶亭道班	1995	全优道班	广东省公路管理局
岭北道班	1995	全优道班	广东省公路管理局

获奖单位	获奖时间	荣誉称号或奖励等级	颁奖机关（组织）
城月道班	1995	全优道班	广东省公路管理局
茅塘道班	1995	全优道班	广东省公路管理局
龙眼道班	1995	全优道班	广东省公路管理局
下六道班	1995	全优道班	广东省公路管理局
杨柑道班	1995	全优道班	广东省公路管理局
西埇道班	1995	全优道班	广东省公路管理局
草塘道班	1995	全优道班	广东省公路管理局
芝兰道班	1995	全优道班	广东省公路管理局
南亭道班	1995	全优道班	广东省公路管理局
新桥道班	1995	全优道班	广东省公路管理局
铺塘道班	1995	全优道班	广东省公路管理局
大塘道班	1995	全优道班	广东省公路管理局
谭葛道班	1995	全优道班	广东省公路管理局
南昌道班	1995	全优道班	广东省公路管理局
黄草道班	1995	全优道班	广东省公路管理局
河头道班	1995	全优道班	广东省公路管理局
平湖道班	1995	全优道班	广东省公路管理局
乌石道班	1995	全优道班	广东省公路管理局
草黎道班	1995	全优道班	广东省公路管理局
田头道班	1995	全优道班	广东省公路管理局
黎郭道班	1995	全优道班	广东省公路管理局
纪家道班	1995	全优道班	广东省公路管理局
唐家道班	1995	全优道班	广东省公路管理局
企水道班	1995	全优道班	广东省公路管理局
高家道班	1995	全优道班	广东省公路管理局
白银道班	1995	全优道班	广东省公路管理局
杨家道班	1995	全优道班	广东省公路管理局
公树道班	1995	全优道班	广东省公路管理局

获奖单位	获奖时间	荣誉称号或奖励等级	颁奖机关（组织）
龙门道班	1995	全优道班	广东省公路管理局
下桥道班	1995	全优道班	广东省公路管理局
和家道班	1995	全优道班	广东省公路管理局
附城道班	1995	全优道班	广东省公路管理局
曲界道班	1995	全优道班	广东省公路管理局
典界道班	1995	全优道班	广东省公路管理局
前山道班	1995	全优道班	广东省公路管理局
迈代道班	1995	全优道班	广东省公路管理局
西连道班	1995	全优道班	广东省公路管理局
迈锅道班	1995	全优道班	广东省公路管理局
二沟道班	1995	全优道班	广东省公路管理局
龙塘道班	1995	全优道班	广东省公路管理局
锦和道班	1995	全优道班	广东省公路管理局
坡头道班	1995	全优道班	广东省公路管理局
坡龙道班	1995	全优道班	广东省公路管理局
龙头道班	1995	全优道班	广东省公路管理局
上圩道班	1995	全优道班	广东省公路管理局
官渡道班	1995	全优道班	广东省公路管理局
沙湾道班	1995	全优道班	广东省公路管理局
麻雷道班	1995	全优道班	广东省公路管理局
调文道班	1995	全优道班	广东省公路管理局
民安道班	1995	全优道班	广东省公路管理局
东简道班	1995	全优道班	广东省公路管理局
东南道班	1995	全优道班	广东省公路管理局
麻章道班	1995	全优道班	广东省公路管理局
廉江分局	1995	安全生产工作先进单位	广东省公路管理局
吴川分局	1995	安全生产工作先进单位	广东省公路管理局
船厂	1995	安全生产工作先进单位	广东省公路管理局

获奖单位	获奖时间	荣誉称号或奖励等级	颁奖机关（组织）
吴川分局	1995	湛江市安全生产工作先进单位	湛江市安全委员会
湛江公路局审计科	1995	全省公路系统内审工作一等奖	广东省公路管理局
湛江公路局审计科	1995	全公路系统内审工作一等奖	广东省公路管理局
湛江公路局	1996	省公路系统信息工作二等奖	广东省公路管理局
湛江公路局审计科	1996	全省公路系统内审工作一等奖	广东省公路管理局
雷州分局	1996	两个文明建设先进县公路局	广东省公路管理局
直属分局	1996	两个文明建设先进县公路局	广东省公路管理局
公树道班	1996	两个文明建设先进养护道班	广东省公路管理局
良垌道班	1996	两个文明建设先进养护道班	广东省公路管理局
覃巴道班	1996	两个文明建设先进养护道班	广东省公路管理局
廉江分局路政股	1996	两个文明建设先进路政单位	广东省公路管理局
湛江渡口所	1996	两个文明建设先进渡口所	广东省公路管理局
湛江公路局船厂	1996	两个文明建设先进集体	广东省公路管理局
工程大队第三工程处	1996	两个文明建设先进集体	广东省公路管理局
吴川分局	1996	省公路系统安全生产工作先进单位	广东省公路管理局
徐闻分局	1996	省公路系统安全生产工作先进单位	广东省公路管理局
局船厂	1996	省公路系统安全生产工作先进单位	广东省公路管理局
湛江公路局	1997	省特级档案综合管理单位	广东省档案局
湛江公路局	1997	省公路系统信息工作一等奖	广东省公路管理局
覃巴道班	1997	"双十佳"道班	广东省交通厅工会 南方日报社 广东省公路管理局
直属分局	1997	先进职工之家	广东省公路管理局工会
吴川分局	1997	先进职工之家	广东省公路管理局工会
湛江渡口所	1997	先进职工之家	广东省公路管理局工会
雷州分局工会女工委	1997	先进女职工委员会	广东省公路管理局工会
良垌道班	1997	湛江市先进单位	中共湛江市委 湛江市人民政府

续上表

获奖单位	获奖时间	荣誉称号或奖励等级	颁奖机关（组织）
塘蓬道班	1997	湛江市先进单位	中共湛江市委 湛江市人民政府
湛江公路局工会女工委	1997	湛江市妇女工作先进单位	湛江市妇联
直属分局工会女工委	1997	三等功集体	湛江市妇联
雷州分局	1997	安全生产工作先进单位	广东省公路管理局
直属分局	1997	安全生产工作先进单位	广东省公路管理局
第三工程处	1997	安全生产工作先进单位	广东省公路管理局
雷州分局	1997	广东省文明单位	中共广东省委 广东省人民政府
湛江公路局审计科	1997	全公路系统内审工作一等奖	广东省公路管理局
雷州分局	1998	安全生产工作先进单位	广东省公路管理局
第三工程处	1998	安全生产工作先进单位	广东省公路管理局
湛江公路局	1998	全省公路调研信息工作一等奖	广东省公路管理局
直属分局	1998	省公路系统1996-1997度双文明劳动竞赛先进县公路局	广东省公路管理局
雷州分局	1998	省公路系统1996-1997度双文明劳动竞赛先进县公路局	广东省公路管理局
覃巴道班	1998	省公路系统1996-1997度双文明劳动竞赛先进道班	广东省公路管理局
良垌道班	1998	省公路系统1996-1997度双文明劳动竞赛先进道班	广东省公路管理局
公树道班	1998	省公路系统1996-1997度双文明劳动竞赛先进道班	广东省公路管理局
覃巴道班	1998	"双十佳"道班	广东省交通厅工会 南方日报社 广东省公路管理局
湛江公路局	1998	征稽通联先进单位	广东省公路管理局
直属分局	1998	全省交通系统先进职工之家	广东省交通厅工会

续上表

获奖单位	获奖时间	荣誉称号或奖励等级	颁奖机关（组织）
湛江渡口所	1998	1998 春运工作先进单位	广东省交通厅
杨柑道班	1998	模范职工小家	中华全国总工会
廉江分局工会	1998	先进职工之家	广东省公路管理局工会
湛江公路局	1998	全省公路系统信息工作一等奖	广东省公路管理局
雷州分局养征站	1998	全省公路系统十佳征稽站	广东省公路管理局
廉江分局	1999	广东省 1999 年春运工作先进单位	广东省交通厅
廉江分局	1999	1999 年春运工作先进单位	广东省公路管理局
雷州分局	1999	省公路系统 1999 年春运工作先进单位	广东省公路管理局
湛江渡口所	1999	省公路系统 1999 年春运工作先进单位	广东省公路管理局
市公路局春运办公室	1999	1999 年春运工作先进单位	湛江市政府
湛江公路局	1999	99 湛江市直"交通杯"职工乒乓球赛男子团体第四名	湛江市直交通战线党委
湛江公路局工会女工委	1999	省公路系统先进女职工委员会	广东省公路管理局工会
湛江公路局	1999	全省公路调研信息工作一等奖	广东省公路管理局
湛江渡口所	1999	省公路系统先进职工之家	广东省公路管理局工会
湛江渡口所码头班	1999	湛江市港城女职工文明岗	湛江市总工会
杨柑道班	1999	花园式单位	湛江市绿化委员会市建设委员会
黄草道班	1999	花园式单位	湛江市绿化委员会市建设委员会
草塘道班	1999	花园式单位	湛江市绿化委员会湛江市建设委员会
雷州分局	1999	湛江市职工职业道德建设十佳单位	湛江市总工会
湛江渡口所	1999	湛江市职工民主管理先进单位	湛江市总工会
吴川分局	1999	湛江市职工民主管理先进单位	湛江市总工会
廉江分局	1999	湛江市职工民主管理先进单位	湛江市总工会
直属分局	1999	湛江市先进职工之家	湛江市总工会
湛江公路局	1999	调研信息工作一等奖	广东省公路管理局

续上表

获奖单位	获奖时间	荣誉称号或奖励等级	颁奖机关（组织）
杨柑道班	1999	青年文明号	湛江市八大单位
中心道班	1999	花园式单位	湛江市绿化委员会 湛江市建设委员会
第三工程处	1999	先进单位	广东省公路管理局 劳动竞赛委员会
鸡公塘道班	1999	花园式单位	湛江市绿化委员会 市建设委员会
平垣道班	1999	花园式单位	湛江市绿化委员会 市建设委员会
湛江渡口所	1999	先进渡口所	广东省公路管理局 劳动竞赛委员会
杨柑道班	1999	"双文明"先进道班	广东省公路管理局 劳动竞赛委员会
塘蓬道班	1999	"双文明"先进道班	广东省公路管理局 劳动竞赛委员会
麻雷道班	1999	"双文明"先进道班	广东省公路管理局 劳动竞赛委员会
湛江渡口所	2000	1998-1999年度公路系统 双文明建设先进渡口所	广东省公路管理局
廉江分局	2000	1998~1999年度全省开展 双文明劳动竞赛先进县公路局	广东省公路管理局
雷州分局	2000	1998~1999年度全省开展 双文明劳动竞赛先进县公路局	广东省公路管理局
湛江渡口所	2000	省公路系统先进职工之家	广东省公路管理局工会
徐闻分局	2000	省公路系统安全生产工作先进单位	广东省公路管理局
直属分局	2000	省公路系统安全生产工作先进单位	广东省公路管理局
湛江公路局	2001	市容环境卫生管理目标责任制 先进单位	湛江市人民政府

获奖单位	获奖时间	荣誉称号或奖励等级	颁奖机关（组织）
湛江公路局	2001	湛江市档案工作先进集体	湛江市人事局 湛江市档案局
湛江公路局	2001	广东省第一届"公路杯"职工 羽毛球赛男团、男打第一名	广东省公路管理局工会
杨柑道班	2001	职工职业道德模范班组	广东省总工会
湛江公路局	2001	省公路管理局公路统计工作一等奖	广东省公路管理局
湛江公路局	2002 年	省公路职工第三届"公路杯" 三人篮球赛优秀组织奖	广东省公路管理局工会
湛江公路局	2002 年	广东公路系统法律知识竞赛一等奖	广东省公路管理局
湛江市公路管理局工会	2002 年	2002 年度湛江市先进基层工会	湛江市总工会
湛江渡口所	2002 年	广东省厂务公开工作先进单位	广东省厂务公开 协调小组
湛江市公路管理局	2002 年	广东省第二次全国公路普查 先进集体	广东省交通厅 广东省统计局
直属分局	2002	省公路系统 2000-2001 年度 双文明劳动竞赛先进县公路局	广东省公路管理局
杨柑道班	2002	省公路系统 2000-2001 年度 双文明劳动竞赛文明道班	广东省公路管理局
上圩道班	2002	省公路系统 2000-2001 年度 双文明劳动竞赛文明道班	广东省公路管理局
廉江分局路政股	2002	省公路系统 2000-2001 年度 双文明劳动竞赛先进路政所	广东省公路管理局
廉江分局	2002	省公路系统 2000-2001 年度 双文明劳动竞赛先进县公路局	广东省公路管理局
湛江公路局	2002	红旗先进单位	湛江市人民政府
湛江公路局党委	2002	先进基层党组织	中共湛江市委
湛江公路局党委	2002	先进党委	湛江市直属工委
湛江市公路管理局	2002	全省公路系统法律知识竞赛一等奖	广东省公路管理局

湛江市省养公路志（1991—2012年）

获奖单位	获奖时间	荣誉称号或奖励等级	颁奖机关（组织）
湛江市公路管理局 公路普查办公室	2002	全国公路普查先进集体	交通部
湛江市公路管理局 公路普查办公室	2002	广东省公路普查先进集体	广东省交通厅 广东省公路管理局
遂溪分局 公路普查办公室	2002	广东省公路普查先进集体	广东省交通厅 广东省公路管理局
女工委	2003	2000-2002年度广东省交通系统 先进女职工集体	广东省交通工会 委员会
湛江市公路局工会	2003	2001-2002年度广东省交通系统 先进职工之家	广东省交通工会 委员会
湛江市公路局工会	2003	广东省公路管理局工会 2001-2002年度先进职工之家	广东省公路管理局 工会
湛江市公路管理局	2003	基层工会女职工工作先进单位	广东省工会 女职工委员会
湛江市公路管理局	2003	2003年度省公路系统政务信息工作 先进单位三等奖	广东省公路管理局
湛江公路技校	2003	2003年度省公路系统勤政 廉政先进单位	广东省公路管理局
湛江市公路管理局 老干科	2003	湛江市老干工作先进单位；	湛江市委组织部 湛江市老干部局
湛江市公路管理局	2004	工会女职工工作先进单位	广东省工会 女职工委员会
湛江市公路管理局	2004	基层工会女职工工作先进单位	湛江市总工会
湛江市公路管理局	2004	湛江市"不让黄赌毒邪 进我家"活动先进集体	湛江市政法委 市综治办、市妇联 市防邪办、市禁毒办 市文明办
湛江市公路管理局	2004	全省公路系统三个文明劳动竞赛优胜奖	广东省公路管理局

获奖单位	获奖时间	荣誉称号或奖励等级	颁奖机关（组织）
湛江市公路管理局	2004	深入实施固本强基工程，开展"四看四想四促进"活动先进单位	中共湛江市委湛江市人民政府
湛江渡口所	2004	2002、2003年度省公路系统安全生产工作先进单位	广东省公路管理局
湛江市公路管理局党委	2004	先进党委	中共湛江市直属机关工委
遂溪分局	2004	全省公路系统三个文明劳动竞赛先进单位	广东省公路管理局
雷州分局	2004	全省公路系统三个文明劳动竞赛先进单位	广东省公路管理局
湛江渡口所	2004	全省公路系统三个文明劳动竞赛先进单位	广东省公路管理局
湛江收费站	2004	全省公路系统三个文明劳动竞赛先进单位	广东省公路管理局
湛江市公路管理局团委	2004	2004年度先进基层团委	湛江市直团委
湛江市公路管理局	2005	全省公路系统三个文明劳动竞赛优胜市公路局	广东省公路管理局
湛江市公路管理局	2005	湛江市庆"五一"大型文艺晚会优秀组织奖	湛江市总工会
湛江市公路管理局	2005	广东省交通职工健身秧歌比赛优秀奖	广东省交通工会委员会
湛江市公路管理局	2005	省公路系统职工"让安全文化之花在道路延伸中盛开"演讲比赛组织奖	广东省公路管理局广东省公路管理局工会
湛江市公路管理局	2005	深入实施固本强基工程，开展"四看四想四促进"活动先进单位	中共湛江市委湛江市人民政府
湛江市公路管理局	2005	湛江市2005年度人口与计划生育先进单位	中共湛江市委湛江市人民政府
湛江市公路管理局	2006	2006年庆"五一"文艺演出组织奖	湛江市总工会

获奖单位	获奖时间	荣誉称号或奖励等级	颁奖机关（组织）
湛江市公路管理局	2006	广东省公路管理局系统第三届"公路杯"职工乒乓球比赛优秀组织奖	广东省公路管理局工会
湛江市公路管理局	2006	湛江市女职工"面向新世纪、展示新风采"健身工间操大赛三等奖	湛江市总工会湛江市工会女职工委员会
湛江市公路管理局工会	2006	广东省模范职工之家	广东省总工会
湛江市公路管理局	2006	第八届湛江市职工职业道德建设先进单位	湛江市总工会湛江市职工职业道德建设指导协调小组
湛江市公路管理局	2006	先进基层党组织	中共湛江市委员会
湛江市公路管理局	2006	缴纳残疾人就业保障金先进单位	湛江市政府残疾人工作协调委员会
湛江市公路管理局	2006	2004～2005 年度承办建议提案先进单位	市人大常委办公室市政府办公室政协市委办公室
湛江市公路管理局	2006	第三批"十百千万"干部下基层驻农村推进固本强基工程先进单位	中共湛江市委湛江市人民政府
湛江市公路管理局党委	2006	先进党委	中共湛江市直属机关工作委员会
湛江市公路管理局团委	2006	2006 年度红旗团委	湛江市直属机关团工委
湛江市公路管理局	2006	2006 年度人口和计划生育工作先进单位	中共湛江市委湛江市人民政府
遂溪分局	2006	先进基层党支部	中共湛江市委
遂溪分局政研会	2006	先进政研会	湛江市委宣传部
湛江市公路管理局	2006	全省公路系统"迎奥运"领导干部运动会羽毛球双打第一名	广东省公路管理局
湛江市公路管理局	2006	全省公路系统"迎奥运"领导干部运动会中国象棋第二名	广东省公路管理局

获奖单位	获奖时间	荣誉称号或奖励等级	颁奖机关（组织）
湛江市公路管理局	2006	湛江市援助单亲 特困母亲家庭活动爱心集体	湛江市妇联
湛江市公路管理局	2007	2007年度养路费征收业绩优胜单位	广东省公路管理局
湛江市公路管理局	2007	第四批"十百千万"干部下基层驻 农村推进固本强基工程先进单位	中共湛江市委 湛江市人民政府
湛江市公路管理局团委	2007	2007年度红旗团委	湛江市直属机关团工委
湛江市公路管理局	2007	湛江市老干工作先进单位	湛江市委组织部 市老干部局
湛江市公路管理局	2007	湛江市退管工作先进单位	湛江市总工会
湛江市公路管理局	2008	"全民健身与奥运同行"湛江市 第九届体育节2008年湛江市直职工 运动会"湛港杯"篮球比赛第五名	湛江市总工会 湛江市体育局 湛江市国资委 湛江市公路管理局
工会女工委	2008	2008年度湛江市工会 女职工组织建设工作先进集体	湛江市总工会 湛江市工会女职工 委员会
湛江市公路管理局	2008	2006-2007年度广东省公路系统 勤政廉政先进单位	中共广东省公路 管理局委员会 广东省公路管理局
湛江市公路管理局	2008	2005-2007年全省公路养护与管理劳动 竞赛先进市公路局	广东省公路管理局
湛江市公路管理局	2008	2008年度"十百千万"干部下基层驻 农村推进固本强基工程先进单位	中共湛江市委 湛江市人民政府
廉江分局	2008	全国模范职工之家	中华全国总工会
湛江市公路管理局党委	2008	先进党委	中共湛江市 直属机关工委
湛江市公路管理局工会	2009	2009年度《工人日报》 《南方工报》发行二等奖	湛江市总工会

湛江市省养公路志（1991—2012 年）

获奖单位	获奖时间	荣誉称号或奖励等级	颁奖机关（组织）
湛江市公路管理局	2009	2009 年度人口和计划生育工作先进单位	中共湛江市委员会 湛江市人民政府
湛江市公路管理局	2009	2009 年市重点项目建设工作先进单位	湛江市重点建设项目领导小组
遂溪分局	2009	2007-2008 年度广东省公路系统勤政廉政先进单位	广东省公路管理局
湛江市公路管理局	2009	2009 年广东省公路职工羽毛球比赛优秀组织奖	广东省公路管理局
吴川分局	2009	先进职工之家	广东省公路管理局
徐闻分局	2009	模范职工小家	广东省公路管理局
湛江市公路管理局	2009	2009 年度省公路系统政务信息工作先进单位	广东省公路管理局
湛江市公路管理局团委	2009	2009 年度先进基层团组织	湛江市团委
公路机修厂	2009	2007-2008 年度广东省公路系统勤政廉政先进单位	广东省公路管理局
湛江市公路管理局团委	2009	青年先锋队	湛江市团委
湛江市公路管理局	2009	湛江市老干工作先进单位	湛江市委组织部 市老干部局
湛江市公路管理局	2010	广东省公路管理局系统职工"迎亚运"太极拳比赛二等奖	广东省公路管理局
湛江市公路管理局工会	2010	2010 年度《工人日报》《南方工报》发行二等奖	湛江市总工会
湛江市公路管理局	2010	2010 年度人口和计划生育工作先进单位	中共湛江市委员会 湛江市人民政府
湛江市公路管理局	2010	城乡基层党组织互帮互助活动先进党支部	中共湛江市委
湛江市公路管理局党委	2010	先进党委	中共湛江市直属机关工作委员会

续上表

获奖单位	获奖时间	荣誉称号或奖励等级	颁奖机关（组织）
湛江市公路管理局	2010	2008~2009年度广东省公路系统勤政廉政先进单位	中共广东省公路管理局委员会 广东省公路管理局
湛江市公路管理局	2010	2010年度爱国卫生标兵单位	湛江市爱国卫生运动委员会
湛江市公路管理局老干科	2010	全市退管工作先进单位	市总工会
湛江市公路管理局	2010	湛江市2010年度扶贫开发"规划到户责任到人"工作先进单位	中共湛江市委员会 湛江市人民政府
湛江市公路管理局	2011	广东省公路系统"迎国检"文艺会演优秀组织奖	广东省公路管理局
湛江市公路管理局	2011	2011年广东省公路管理局系统"迎国检"文艺会演一等奖	广东省公路管理局
湛江市公路管理局	2011	广东省公路系统职工"公路杯"乒乓球比赛优秀组织奖	广东省公路管理局工会
湛江市公路管理局	2011	湛江市庆祝建党九十周年红色经典群众歌咏比赛暨湛江市首届合唱节初赛金奖	中共市委宣传部 中共湛江市委组织部 中共湛江市直工委 共青团湛江市委 湛江市妇联 湛江市教育局 湛江市文联 湛江市总工会
湛江市公路管理局	2011	湛江市庆祝建党九十周年红色经典群众歌咏比赛暨湛江市首届合唱节决赛银奖	
湛江渡口所	2011	湛江市文化建设示范单位	湛江市社联、市广电新闻出版局、市体育局、市妇联
湛江市公路管理局	2011	2009~20010年度广东省公路系统勤政廉政先进单位	中共广东省公路管理局委员会、广东省公路管理局

获奖单位	获奖时间	荣誉称号或奖励等级	颁奖机关（组织）
湛江市公路管理局	2011	建议提案办理工作先进单位	市人大常委办公室、市人民政府办公室、政协市委办公室
湛江市公路管理局	2011	湛江市钢铁石化项目前期工作积极贡献单位	中共湛江市委员会、湛江市人民政府
湛江渡口所	2011	湛江市安全生产建设示范单位	湛江市安全生产法规宣传系列活动组委会
湛江市公路管理局党委	2011	先进党委	中共湛江市直工委
湛江市公路管理局	2011	《广东省公路养护大道班生产管理系统》养路工操作应用技能竞赛团体二等奖	广东省公路管理局
覃巴养护站	2011	工人先锋号	中国海员建设工会全国委员会
湛江市公路管理局工会	2012	2009-2011 湛江市工会实施职工互助保障计划工作先进集体	湛江市总工会湛江市工会女职工委员会
湛江市公路管理局工会	2012	2011-2012 年度广东省公路管理局系统先进职工之家	广东省公路管理局工会
湛江市公路管理局工会女工委	2012	2011-2012 年度广东省公路系统先进女职工集体	广东省公路管理局工会
湛江市公路管理局	2012	2012 年度人口和计划生育工作先进单位	中共湛江市委员会湛江市人民政府
湛江市公路管理局	2012	广东省公路系统职工趣味运动比赛体育风尚奖	广东省公路管理局
湛江市公路管理局	2012	2010-2011 年度理论学习先进中心组	市委宣传部、市委组织部、市直属机关、市委讲师团
湛江市公路管理局	2012	湛江市对口支援汶川县龙溪县地震灾后恢复重建工作先进集体	中共湛江市委员会湛江市人民政府

获奖单位	获奖时间	荣誉称号或奖励等级	颁奖机关（组织）
湛江市公路管理局	2012	2011-2012 年度广东省公路管理局系统先进职工小家	广东省公路管理局工会
湛江市公路管理局	2012	湛江市直机关"创先争优迎十八大"书画作品展优秀组织奖	中共湛江市直属机关工委
湛江市公路管理局	2012	2012 年度人口和计划生育工作先进单位	中共湛江市委湛江市人民政府
湛江市公路管理局工会	2012	湛江市先进职工之家	湛江市总工会
湛江市公路管理局	2012	2012 年度卫生先进单位	湛江市爱国卫生运动委员会
湛江市公路管理局	2012	湛江市开展会员评议职工之家活动先进基层工会	湛江市总工会
吴川分局工会	2012	先进职工小家	湛江市总工会
市公路局工会女工委	2012	2012 年度湛江市工会女职工工作先进集体	湛江市总工会湛江市总工会女职工委员会
遂溪分局	2012	扶贫开发"规划到户、责任到人"工作优秀单位	中共湛江市委湛江市人民政府
遂溪分局	2012	湛江市 2012 年度企业政研会先进单位	湛江市政研会
直属分局	2012	"启德"防台先进单位	中共湛江市委、湛江市人民政府
直属分局	2012	省特级档案综合管理单位	广东省档案局
直属分局湖光养护站	2012	全国模范职工小家	全国中华总工会
遂溪分局	2012	扶贫开发"规划到户、责任到人"工作优秀单位	湛江市委市政府
廉江分局	2012	广东省扶贫开发"规划到户、责任到人"工作优秀单位	广东省委办公厅广东省人民政府
迈陈养护站	2012	先进职工小家	湛江市总工会

续上表

获奖单位	获奖时间	荣誉称号或奖励等级	颁奖机关（组织）
廉江分局	2012	湛江市工会女职工工作先进集体	湛江市总工会、女职工委员会
廉江分局	2012	湛江市"五一"劳动奖状	湛江市总工会
廉江分局	2012	湛江市工会女职工工作先进集体	湛江市总工会、女职工委员会
南渡收费站	2012	先进收费站	广东省公路管理局
廉江分局	2012	广东省扶贫开发"规划到户、责任到人"工作优秀单位	广东省委办公厅、广东省人民政府

1991—2012 年湛江公路系统个人荣誉表彰名录表

表 10—3—2

姓名	单位	获奖时间	荣誉称号或奖励等级	颁奖机关（组织）
王宗维	市公路局	1991	省交通厅编史修志工作先进个人	广东省交通厅
梁兆基	市公路局	1991	省交通厅编史修志工作先进个人	广东省交通厅
陆志勇	直属分局	1991	优秀共产党员	中共湛江市委
张利金	湛江渡口所	1992	省交通系统安全生产工作先进个人	广东省交通厅
吕 奕	徐闻分局	1992	省交通系统安全生产工作先进个人	广东省交通厅
陈金寿	直属分局	1992	省公路系统安全生产工作先进个人	广东省公路管理局
李康有	市公路局	1992	省公路系统安全生产工作先进个人	广东省公路管理局
曹仁琼	雷州分局	1992	省公路系统安全生产工作先进个人	广东省公路管理局
吴 珣	第一工程处	1992	省公路系统安全生产工作先进个人	广东省公路管理局
曹荣景	雷州分局	1993	省公路系统安全生产工作先进个人	广东省公路管理局
唐康炳	直属分局	1993	省公路系统安全生产工作先进个人	广东省公路管理局
郑志明	遂溪分局	1993	省公路系统安全生产工作先进个人	广东省公路管理局
郑兴坚	市公路局	1993	省公路系统安全生产工作先进个人	广东省公路管理局
刘英玉	廉江分局	1994	省公路系统安全生产工作先进个人	广东省公路管理局
陈智双	徐闻分局	1994	省公路系统安全生产工作先进个人	广东省公路管理局
郑兴坚	市公路局	1994	省公路系统安全生产工作先进个人	广东省公路管理局

续上表

姓名	单　位	获奖时间	荣誉称号或奖励等级	颁奖机关（组织）
梁文焜	吴川分局	1994	省公路系统安全生产工作先进个人	广东省公路管理局
王　袖	市公路局	1994	湛江市安全生产先进个人	湛江市安委会
谢成金	廉江分局	1994	湛江市安全生产先进个人	湛江市安委会
叶家春	廉江分局	1995	全国交通系统先进工作者	交通部
叶家春	廉江分局	1995	全省交通系统两个文明建设先进个人	广东省交通厅
曾卫权	市公路局	1995	湛江市会计工作先进者	湛江市政府
曾卫权	市公路局	1995	全省会计工作先进者	广东省财政厅、省人事厅
郭德应	市公路局	1995	"八五"期工作先进个人	广东省公路管理局
苏国胜	廉江分局	1995	"八五"期工作先进个人	广东省公路管理局
梁文焜	吴川分局	1996	省公路系统安全生产工作先进个人	广东省公路管理局
陈景耀	徐闻分局	1996	省公路系统安全生产工作先进个人	广东省公路管理局
朱盛明	市公路局船厂	1996	省公路系统安全生产工作先进个人	广东省公路管理局
陈锦芬	市公路局	1996	交通情况调查工作先进个人	广东省公路管理局
叶家春	廉江分局	1997	全国"五一"劳动奖章	中华全国总工会
柯亚水	吴川分局	1997	省公路系统97年度先进工会工作者	广东省公路管理局工会
朱明英	雷州分局	1997	省公路系统97年度先进工会工作者	广东省公路管理局工会
陆金凤	遂溪分局	1997	先进女职工	广东省公路管理局工会
曹惠英	直属分局	1997	省公路系统安全生产工作先进个人	广东省公路管理局
陈宗则	雷州分局	1997	省公路系统安全生产工作先进个人	广东省公路管理局
郑兴坚	市公路局	1997	省公路系统安全生产工作先进个人	广东省公路管理局
罗筱云	市公路局	1997	广东省内部审计先进工作者	广东省审计厅 广东省审计学会
蔡华生	吴川分局	1998	省职工职业道德建设先进个人	广东省总工会
杨　邓	遂溪分局	1999	湛江市职工职业道德建设十佳标兵	湛江市总工会
朱明瑛	雷州分局	1999	湛江市优秀工会工作者	湛江市总工会
劳期祥	雷州分局	2002	广东省造林绿化劳动模范	广东省人民政府 广东省绿化委员会
王　坤	廉江分局	1999	养护能手	广东省公路管理局

湛江市省养公路志（1991—2012年）

姓名	单位	获奖时间	荣誉称号或奖励等级	颁奖机关（组织）
张振林	市公路局	2002	全国公路普查先进个人	交通部
张振林	市公路局	2002	省公路普查先进个人	广东省交通厅 广东省公路管理局
陈永忠	市公路局	2002	省公路普查先进个人	广东省交通厅 广东省公路管理局
钟兰珍	遂溪分局	2002	省公路普查先进个人	广东省交通厅、 广东省公路管理局
陈俊	徐闻分局	2002	省公路普查先进个人	广东省交通厅 广东省公路管理局
史能勤	徐闻分局	2002	省公路普查先进个人	广东省交通厅 广东省公路管理局
林丽清	湛江收费站	2002	"全省路桥收费技能竞赛" 优秀收费员	广东省公路管理局
杨邓	遂溪分局	2003	全国"五一"劳动奖章	中华全国总工会
李飞龙	市公路局	2003	湛江市老干部工作先进个人	湛江市委组织部 老干部局
赵勇军	市公路局	2004	省公路系统安全生产工作先进个人	广东省公路管理局
梁志文	廉江分局	2004	省公路系统安全生产工作先进个人	广东省公路管理局
郭德应	市公路局	2004	公路系统勤政廉政先进个人	广东省公路管理局
黎华春	廉江分局	2004	公路系统勤政廉政先进个人	广东省公路管理局
戴景礼	遂溪分局	2005	省养公路系统优秀养护工	广东省公路管理局
张景聪	遂溪分局	2005	省养公路系统优秀养护工	广东省公路管理局
谢康权	廉江分局	2005	省养公路系统优秀养护工	广东省公路管理局
吴伟	市公路局	2005	优秀路政通讯员	广东省公路管理局
郭德应	市公路局	2006	湛江市创建"国家园林城市" 先进工作者	湛江市人民政府
郑兴坚	市公路局	2006	"十五"期广东省交通系统教育 先进个人	广东省交通运输厅

续上表

姓 名	单　位	获奖时间	荣誉称号或奖励等级	颁奖机关（组织）
苏健华	公路技校	2006	"十五"期广东省交通系统教育先进个人	广东省交通运输厅
蔡振勋	市公路局	2008	2008年度'十百千万'干部下基层驻农村推进固本强基工程先进个人	湛江市委、湛江市人民政府
梁　琦	市公路局	2008	湛江市老干部工作先进个人	湛江市委组织部老干部局
黄永生	吴川分局	2009	省公路系统勤政廉政先进个人	省公路管理局
邓志春	市公路局	2009	全省老干工作征文三等奖	省老干部局
冯　滨	市公路局	2010	全市退管工作先进个人	湛江市总工会
林盛智	市公路局	2011年	建议提案办理工作先进个人	湛江市人大常委办公室湛江市政府办公室政协湛江市委办公室

附　　录

广东省公路条例

（2003 年 1 月 11 日广东省第九届人民代表大会常务委员会第三十九次会议通过
2008 年 7 月 31 日广东省第十一届人民代表大会常务委员会第四次会议修订 2008 年 7
月 31 日广东省人民代表大会常务委员会公告第 7 号公布自 2009 年 1 月 1 日起施行）

第一章　总　　则

第一条　为加强公路的建设、养护和管理，促进公路事业发展，根据《中华人
民共和国公路法》（以下简称公路法）及有关法律法规，结合本省实际，制定本条
例。

第二条　本省行政区域内公路（包括公路桥梁、公路隧道和公路渡口）的规划、
建设、养护、经营、使用和管理，适用本条例。

第三条　省人民政府交通主管部门主管全省公路工作，负责本条例的组织实施；
市、县（区）人民政府交通主管部门主管本行政区域内的公路工作。

省公路管理机构按照省人民政府的规定，对国道、省道行使公路行政管理职责。

市、县公路管理机构依照法律法规的规定，对所管辖的公路行使公路行政管理职
责。

乡、民族乡、镇人民政府负责本行政区域内乡道、村道的建设和养护工作。

第四条　各级人民政府规划、建设、国土、工商、公安、水利、环保等部门应当
在各自职责范围内协助交通主管部门、公路管理机构做好公路的建设和管理工作。

第二章　公路规划

第五条　公路规划的编制和审批，按照公路法执行。

公路穿越城镇规划区的，其穿越路段的选线定位等应当与当地城镇规划相协调，
并征求当地人民政府规划主管部门意见。

第六条　规划和新建村镇、开发区、厂矿、学校、集市贸易场所等建筑群，应当与公路用地边界外缘保持以下间距：高速公路、国道、省道不少于二百米，县道不少于一百米，乡道不少于五十米；并避免在公路两侧对应进行。

第七条　规划建设铁路、管线等各类设施涉及跨越、穿越或者与规划公路并行的，应当征得地级以上市人民政府交通主管部门同意。涉及的规划公路属国道、省道、高速公路的，应当征得省人民政府交通主管部门同意。

第三章　建设与养护

第八条　公路建设应当执行国家有关环境保护和水土保持的法律、法规，按照国家规定的基本建设程序和省的有关规定进行。公路建设项目应当按照国家有关规定实行法人负责制度、招标投标制度、工程监理制度、合同管理制度、市场准入管理制度和工程质量、工程造价监督管理制度。

第九条　公路建设使用土地应当按照有关法律、行政法规的规定办理。

公路建设用地的土地补偿费、安置补助费、地上附着物和青苗的补偿费等费用标准，按照省人民政府的有关规定执行，具体实施由工程项目所在地人民政府负责。各级人民政府应当按照有关规定按时足额发放各项补偿费用，不得截留或者挪作他用，并向被征用单位或者村民委员会张榜公布各项补偿费标准、总额等事项。

不收费公路建设需要使用国有土地的，由县级以上人民政府依法予以划拨。

第十条　具备施工条件的公路建设项目，由公路建设项目法人按照国家和省的有关规定向有管辖权的交通主管部门提出施工申请，经批准后方可施工。

第十一条　公路的安全设施、标志、标线和绿化工程，养护配套设施及其用地，按照国家公路工程技术标准实施，并与公路工程同期建设。超出技术标准或者要求增加项目的，由提出单位提供土地和建设、养护资金。

第十二条　收费公路交通标志、标线的设置、维护，由收费公路经营管理者负责。

不收费公路交通标志、标线的设置，由建设单位负责；其维护和更新由该公路的养护单位负责。

公路标志、标线必须清晰、准确、易于识别。通行信息应当提前提示，重要的通行信息应当重复提示。

第十三条　公路建设项目验收分为交工验收和竣工验收两个阶段。

公路建设项目完工后，项目法人应当按照国家和省有关规定组织交工验收；交工验收合格的，报省人民政府交通主管部门或者其授权的交通主管部门备案，交通主管部门在十五天内未提出异议的，项目法人可以试运营，试运营期不得超过三年；试运营期计入收费期限。

试运营期满前，项目法人应当按照规定办理竣工决算申报审批工作。政府审计、环保等部门应当及时组织审计和环保等单项验收。单项验收合格后，项目法人应当按照管理权限及有关规定申请竣工验收，竣工验收合格的，方可正式运营。

公路建设项目竣（交）工验收必须符合国家规定的公路工程竣（交）工验收标准。

第十四条 各级人民政府交通主管部门和有关监督管理部门应当加强公路建设的监督管理，维护公路建设市场秩序，依法查处公路建设中的违法、违规行为。

任何单位和个人对公路建设中违反法律、法规的行为以及工程质量问题，有权向有关部门投诉、检举、控告。

第十五条 公路养护应当执行国家和省人民政府交通主管部门规定的技术规范和操作规程，保持公路良好的技术状态。公路养护应当积极推向市场，实行管理和养护相分离。

公路路面养护及有关交通设施维修时，需要封闭半幅路面的，公路养护单位或者经营管理者应当按照有关规定报公路管理机构批准后实施，公路管理机构和公安部门应当共同做好施工现场的车辆疏导工作；需要全封闭路面的，由公路管理机构和公安部门共同发布通告后实施。

第四章　路政管理

第十六条 各级人民政府交通主管部门、公路管理机构应当认真履行职责，依法管理和保护公路，保障公路的完好、安全和畅通。

第十七条 各级人民政府交通主管部门、公路管理机构有权检查、制止侵占或者损坏公路、公路用地和公路附属设施（以下统称路产）等违反公路法和本条例的行为。

公路监督检查人员依法在公路、建筑控制区、车辆停放场所、车辆所属单位等进行监督检查时，被检查的单位和个人应当配合检查，并为其提供方便。任何单位和个人不得阻挠。

公路监督检查人员执行公务，应当出示有效的行政执法证件，佩戴统一标志。

公路监督检查的执法专用车辆，应当设置统一的标志和示警灯。

第十八条 在公路及公路用地范围内禁止下列行为：

（一）非法设置路障，摆摊设点，设点修车、洗车，堆放物品，打谷晒粮，积肥制坯及其他影响公路畅通的行为；

（二）倾倒垃圾余泥，向公路或者利用公路排水设施排污，车辆装载泥砂石、杂物散落路面及其他污染公路的行为；

（三）擅自设置广告、标牌，毁坏、擅自移动或者涂改公路附属设施；

（四）堵塞公路排水系统，擅自利用桥梁、涵洞或者公路排水设施设闸、筑坝蓄水；

（五）利用公路桥梁、隧道铺设输送易燃、易爆、有毒的气体或者液体的管道；

（六）其他侵占、破坏、损坏公路路产，危及公路安全的行为。

第十九条 超过公路、公路桥梁、公路隧道或者汽车渡船的限载、限高、限宽、限长标准的车辆，不得在有限定标准的公路、公路桥梁和公路隧道行驶，不得使用汽车渡船。

超过公路或者公路桥梁限载标准确需行驶的，应当经公路管理机构按照有关规定批准，并按要求采取有效的防护措施。运载不可解体的超限物品的，应当按照指定的时间、路线、时速行驶，并悬挂明显标志。

申请超限运输，在县内行驶的，由县公路管理机构批准；跨县行驶的，由地级以上市公路管理机构批准；跨地级以上市行驶的，由省公路管理机构批准。

第二十条 公路监督检查人员应当依法对在公路上行驶的车辆进行超限检测，对未经批准的超限车辆可以指定其在县级以上人民政府交通主管部门或者公路管理机构确定的地点停放，卸载至符合轴载质量及其他限值，按照有关规定补交已行驶里程的补偿费。

公路监督检查人员进行超限运输检查时，应当确保公路安全和畅通。被检查人员应当配合，接受检查，不得强行通过。

第二十一条 利用、占用公路和公路用地的下列行为，应当经公路管理机构批准：

（一）公路接线设置道口；

（二）拆除分隔带；

（三）埋设管线、设置电杆、变压器和类似设施；

（四）修建跨（穿）越公路的各种桥梁、牌楼、涵洞、渡槽、隧道、管线等设施；

（五）履带车、铁轮车及其他有损公路路面的车辆上路行驶；

（六）其他利用、占用公路和公路用地的行为。

从事前款第（三）项、第（四）项行为，影响交通安全的，还须征得有关公安机关的同意。

第二十二条 在国道、省道上增设的平面交叉道口与公路搭接的路段，应当铺设长度不少于五十米的次高级以上路面。

第二十三条 损坏路产、污染公路应当依法承担赔偿责任；占用、利用公路路产或者超限运输的，应当承担经济补偿责任。赔偿、补偿费标准由省人民政府交通主管部门会同省财政、价格部门制定。

交通事故造成损坏路产或者污染公路的，公安部门应当及时通知公路管理机构处理。

第二十四条 公路建筑控制区的范围，指从公路两侧边沟（截水沟或者坡脚护坡道；无边沟的，防撞栏或者防撞墙外侧五米，下同）外缘起算的以下间距：高速公路不少于三十米；国道不少于二十米，省道不少于十五米，县道不少于十米，乡道不少于五米。

建筑控制区的具体范围经县级以上人民政府确定并予公告后，由公路管理机构设置标桩、界桩。禁止在公路建筑控制区内修建建筑物和地面构筑物，但公路防护、养护需要的除外。

第二十五条 自公路两侧边沟外缘起算，高速公路八十米、国道五十米、省道三十米范围内广告标牌设施的位置，应当由省人民政府交通主管部门统一规划，并按照有关规定批准。

县道二十米、乡道十米范围内广告标牌设施的位置，应当由地级以上市人民政府交通主管部门统一规划，并按照有关规定批准。

第二十六条　新建、改建公路线路确定后，县级以上人民政府交通主管部门应当知会当地人民政府规划、建设、国土等有关部门，在建筑控制区内不再审批建筑物、构筑物的建设。

对已经立项即将开工或者正在建设的公路，公路管理机构应当予以公告并依法实施路政管理。任何单位和个人自公告之日起不得在公路建设用地范围内抢建、抢种。

第二十七条　根据城市规划或者其他建设工程需要。国道、省道和收费公路需改线的，报省人民政府交通主管部门批准；不收费县道需改线的，报市人民政府交通主管部门批准；影响交通安全的，还须征得有关公安机关的同意。当地人民政府或者建设单位应当按照不低于该段公路原等级标准负责改线工程的投资。改线工程竣工验收后一年内办理新旧路产移交手续。

穿城（镇）公路需转为城市道路的，应当按照公路管理权限审批并办理有关手续。

第二十八条　公路竣工验收前，建设单位或者项目法人应当办理公路和公路用地土地使用权的登记，并按照规定取得土地使用权证。

第二十九条　公路改建及渡口改桥后处于建筑控制区内的原路产，继续作为公路规划建设用地管理；在建筑控制区外的原路产，可依法换取新建路桥需用的土地；改变用途和报废的，依法办理变更或者报废手续，手续办妥前，任何单位和个人不得占用。

第三十条　公路改建、扩建和养护大修、中修，施工单位应当按照公路施工、养护规范堆放材料，施工人员应当穿着统一安全标志，作业车辆、机械必须设置明显作业标志，并在施工路段按照规定设置施工标志、安全标志或者绕道行驶标志，采取措施疏导交通。完工后应当及时清理施工现场，保证车辆和行人的安全通行。

因恶劣天气、自然灾害、工程施工等原因需关闭公路的，公路管理机构和公安部门应当提前发布通告，并采取措施疏导交通。

第三十一条　公路管理机构应当按照路产管理权限加强对公路标志、标线的监督管理，发现设置错误、不完善或者损坏的，应当责令公路经营者、管理者限期改正、修复或者更换。

第三十二条　公路绿化工作，由公路管理机构按照公路工程技术标准组织实施。

公路用地上的树木不得任意砍伐；确需更新砍伐的，必须经公路管理机构同意，按照《中华人民共和国森林法》的规定办理审批手续，并完成更新补种任务。

第五章　收费公路

第三十三条　收费公路，是指符合公路法和《收费公路管理条例》规定，经批准依法收取车辆通行费的公路（含桥梁、隧道和渡口）。

收费公路包括政府还贷公路和经营性公路。

第三十四条　省人民政府交通主管部门对本行政区域内的政府还贷公路，可以实行统一管理、统一贷款、统一还款。

经省人民政府批准，可在一定区域内实行车辆通行费年票制。

第三十五条　收费公路的设立应当符合国家和省的有关规定，由省人民政府交通主管部门会同省有关部门审核后，报省人民政府审批。省人民政府应当对收费公路的数量进行控制。

设立经营性收费公路应当依法采用招标投标的方式选定投资者。

转让收费公路收费权，属国道的，应当报国务院交通主管部门批准；属国道以外其他公路的，应当报省人民政府批准，并报国务院交通主管部门备案。

第三十六条　收费公路收费站的设置，由省人民政府按照《收费公路管理条例》的有关规定审查批准。

收费站站址的变更由县级以上人民政府交通主管部门审核逐级报省人民政府交通主管部门批准；站名变更的还需到价格部门换领收费许可证。

收费公路单向收费改为双向收费的，由省人民政府交通主管部门会同省人民政府价格主管部门审核后报省人民政府批准。

第三十七条　收费公路交工验收合格方可收费；收费公路终止收费后，收费公路经营管理者应当自终止收费之日起十五日内拆除收费设施。

第三十八条　车辆通行费的收费标准，按照《收费公路管理条例》的有关规定审查批准。

车辆通行费的收费标准，应当根据公路的技术等级、投资总额、当地物价指数、偿还贷款或者有偿集资款的期限和收回投资的期限以及交通量等因素计算确定。

公路建设项目试运营申请核定收费标准的，其建设项目投资总额按照省人民政府交通主管部门审批的设计概算计算；收费公路建设项目竣工验收后申请核定收费标准，其建设项目的投资总额按照省人民政府交通主管部门审批的竣工决算计算。涉及财政性资金的投资项目的投资总额按照财政部门审批的竣工决算计算。

修建与收费公路经营管理无关的设施、超标准修建的公路经营管理设施和服务设施的费用，在核定收费标准时，应当从投资总额中扣除。

第三十九条　收费公路的收费期限，由省人民政府按照《收费公路管理条例》的有关规定审查批准。收费期限届满，必须终止收费。

政府还贷公路在批准的收费期限届满前已经还清贷款、还清有偿集资款的，必须终止收费。

依照本条前两款的规定，收费公路终止收费的，省人民政府应当向社会公告，接受社会监督。

第四十条　省人民政府交通主管部门负责对全省公路联网收费的规划、设计、建设和运营实施管理。

第四十一条　收费站必须悬挂省人民政府交通主管部门统一监制的收费站站牌、

标牌和省人民政府价格主管部门统一制发的收费许可证；并公布审批机关、收费单位、收费标准、收费起止年限、监督电话等内容。

第四十二条　收费公路经营管理者应当加强对收费站工作人员的业务培训和职业道德教育，收费人员应当做到文明礼貌，规范服务。

第四十三条　收费公路经营管理者应当建立健全财务、审计、统计、票据管理制度和报表制度。省人民政府财政、交通、税务、审计、价格、监察主管部门应当加强监督检查。

第四十四条　收费公路路政管理职责由公路管理机构行使，具体管理办法由省人民政府交通主管部门制定，报省人民政府批准。收费公路的养护、绿化由该公路的经营者负责，公路管理机构应当加强监督、检查。

交通、公安机关根据执法需要，可以查阅公路收费监控系统信息。

第四十五条　政府还贷公路收费站的管理费提取办法由省人民政府交通主管部门会同省人民政府财政、价格部门提出意见后报省人民政府批准。

不得将政府还贷公路收费站发包给任何单位或者个人承包收费。

第四十六条　经营性收费公路经营期间，等级公路技术状况指数（MQI）应当保持七十以上、高速公路技术状况指数（MQI）应当保持八十以上。

第四十七条　收费公路有下列情形之一的，由省人民政府交通主管部门责令经营管理者限期改正；逾期不改的，报省人民政府批准停止其收费：

（一）收费公路路面严重残损，连续三个月达不到规定的等级公路或者高速公路技术状况指数（MQI）的；

（二）不按照规定上报财务报表达六个月或者瞒报、虚报财务收支情况的；

（三）试运营期满仍未申请竣工验收或者验收不合格的；

（四）经营和管理违反相关法律法规，造成严重社会影响的。

收费公路经整改后符合收费要求，申请恢复收费的，应当经省人民政府批准。

第四十八条　收费公路经营管理者应当加强对收费站的管理，按照规定合理设置收费通道，具备条件的应当设置复式收费。

公路收费站应当根据车流量及时开足通道，保障收费通道的畅通；因未开足通道而造成在用通道平均五台以上车辆堵塞的，应当免费放行并开足通道。

第四十九条　省人民政府交通主管部门应当在公路收费站公布投诉电话。

公路收费站违反第四十八条第二款规定的，群众有权进行投诉、举报，县级以上人民政府交通主管部门应当认真调查，并按照第五十八条的规定追究有关人员的法律责任，并把处理结果告知投诉举报人。

第六章　法律责任

第五十条　违反本条例第十八条规定的，由县级以上人民政府交通主管部门责令其停止违法行为，限期采取补救措施，并可以按照下列规定处罚：

（一）违反第（一）项、第（二）项规定，尚未造成路产损坏的，处以五百元以下罚款；造成路产损坏的，处以五百元以上五千元以下罚款；

（二）违反第（三）项规定的，处以五千元以下罚款；危及行车或者公路安全，情节严重的，处以五千元以上三万元以下罚款；

（三）违反第（四）项、第（五）项规定的，责令限期拆除，处以一万元以上三万元以下罚款；逾期不拆除的，由县级以上人民政府交通主管部门拆除，费用由构筑者承担。

第五十一条 违反本条例第十九条规定，车辆在公路上擅自超限行驶的，由县级以上人民政府交通主管部门责令停止违法行为，可以处一千元以下罚款；情节严重的，强制卸载，可以处一千元以上三万元以下罚款。

第五十二条 违反本条例第二十一条第一款第（一）项规定，擅自与公路接线设置道口的，由县级以上人民政府交通主管部门责令停止违法行为，恢复原状，并处以五万元以下罚款。

违反本条例第二十一条第一款第（二）项、第（三）项、第（四）项、第（五）项规定的，由县级以上人民政府交通主管部门责令停止违法行为，可以处五千元以下罚款；造成公路损坏的，责令恢复原状，可以处五千元以上三万元以下罚款，并应当依法承担赔偿责任。

第五十三条 违反本条例第二十四条第二款规定，在公路建筑控制区内修建建筑物或者地面构筑物的，由县级以上人民政府交通主管部门责令限期拆除，并可以处五万元以下罚款；逾期不拆除的，由县级以上人民政府交通主管部门拆除，有关费用由建筑者、构筑者承担。

第五十四条 违反本条例第二十五条规定未经批准设置广告标牌设施的，由县级以上人民政府交通主管部门责令停止违法行为，限期拆除，可以处一千元以上五千元以下罚款；情节严重的，可以处五千元以上二万元以下罚款；逾期不拆除的，由县级以上人民政府交通主管部门拆除，有关费用由设置者承担。

第五十五条 违反本条例第三十条第一款规定的，由县级以上人民政府交通主管部门责令停止违法行为，影响公路畅通或者危及行车安全的，可以处五千元以下罚款；造成损失的，由施工单位承担民事责任。

第五十六条 违反本条例第三十二条第二款规定，擅自砍伐公路树木的，由县级以上人民政府交通主管部门责令赔偿损失。

第五十七条 有下列情形之一的，由省人民政府交通主管部门责令其限期改正，没收已收取的车辆通行费，上缴国库，用于公路建设：

（一）违反本条例第三十五条第三款规定，未经批准擅自转让收费公路收费权的；

（二）违反本条例第三十七条规定，未经交工验收合格开始收费的；

（三）违反本条例第四十五条第二款规定，将政府还贷公路收费站发包给单位或者个人承包收费的。

第五十八条 违反本条例第四十八条第二款规定，因未开足通道造成车辆堵塞的，由县级以上人民政府交通主管部门对收费公路经营管理者处以五千元以上一万元以下罚款；负有责任的主管人员和其他直接责任人员属于国家工作人员的，依法给予处分。

第五十九条　违反本条例规定，擅自在公路上设卡、收费或者应当终止收费而不终止的，由省人民政府交通主管部门责令停止违法行为，没收违法所得，并处以违法所得三倍以下的罚款；没有违法所得的，处以二万元以下罚款；负有责任的主管人员和其他直接责任人员属于国家工作人员的，依法给予处分。

第六十条　交通主管部门、公路管理机构的工作人员玩忽职守、徇私舞弊、滥用职权的，依法给予处分；构成犯罪的，依法追究刑事责任。

第七章　附　则

第六十一条　国家采用依法征税筹集公路养护资金的具体办法实施前，实行现行的公路养路费征收办法。公路养路费专项用于公路的养护和改建。

第六十二条　本条例规定的公路养护和收费公路等事项，需要制定具体办法的，由省人民政府另行制定。

第六十三条　本条例自 2009 年 1 月 1 日起施行。

广东省非经营性收费公路车辆通行费收支两条线管理办法

一、总则

第一条　为规范我省非经营收费公路项目的财务管理，确保"贷款修路、收费还贷"政策的贯彻执行，更好地解决我省交通、公路等部门债务偿还的问题，根据《中华人民共和国公路法》、国务院《关于加强预算外资金管理的决定》、《批转财政部、国家计委等部门<交通和车辆税费改革设施方案>的通知》等有关规定，制定本办法。

第二条　非经营性收费公路项目是经省人民政府批准设立，由政府部门通过贷款或按照国家的有关规定有偿集资兴建的，以还清贷款（含有偿集资）本息为目的而收取车辆通行费的项目。

第三条　非经营性收费公路项目在还贷期间，未经省政府批准，不得转为经营性收费公路项目。

第四条　非经营性收费公路项目的收费站（以下简称收费站）收取的车辆通行费属行政事业性收费，按照行政事业性收费管理的规定，全额纳入财政专户，实行"收支两条线"管理，使用省财政厅印制的票据。

第五条　收费站车辆通行费的"收支两条线"管理，按以下原则实行分级管理：

（一）有省资金投入的收费站由省公路局直接管理，收取的车辆通行费全额纳入省级财政专户，实行"收支两条线"管理，由省级财政部门核定收支，监督还贷。

（二）地级以上市（以下简称"市"）交通公路部门负责对其主管的不包含有省资金投入，由市县（包括市、县（区）、镇三级）自行筹集资金投资（贷款和有偿集资）的收费站进行管理，收取的车辆通行费全额纳入市级财政专户，实行"收支两条线"管理。

（三）车辆通行费实行"收支两条线"管理后，项目债务人原承担的债务关系和还款责任不改变，直至还清贷款或集资后，解除债务关系。

第六条　收费站收取的车辆通行费，专款用于该收费项目的管理和还贷，除经省人民政府批准外，不能统筹用于其它项目的还贷。

第七条　收费站不论其主管部门属何性质，均应执行省统一规定的财务管理办法及会计核算规定。

二、车辆通行费的收缴

第八条　收费站必须按国家的有关规定，在国有和国有控股商业银行开设一个车辆通行费收入汇缴帐户，该帐户除了办理车辆通行费收入划缴财政专户支出外，不得发生其他支出业务。未经财政部门批准，收费站及开户银行不得擅自更改收入汇缴帐户。条件允许的地方，可对车辆通行费实行委托银行代收。

第九条　收费站必须定期对当月收取的车辆通行费全额上缴财政专户。

第十条　按规定纳入财政专户管理的车辆通行费，属财政性资金，必须按规定直接缴入省市两级财政专户，各贷款商业银行不得以任何理由扣押。

三、车辆通行费的支出范围

第十一条　收费站车辆通行费的支出范围包括：

（一）还贷支出（包括本金和利息）；

（二）根据《广东省收费站管理办法》规定内提取的收费站必要的管理费用；

（三）省交通厅会同省财政厅核定的公路小修保养费；

（四）省政府规定的水利基金；

（五）经省交通厅会同省财政厅批准的专项费用。

收费站车辆通行费除前款所列的支出项目外，不得用于弥补经常性财政支出的不足。

四、资金的拨付

第十二条　财政部门应根据计划的进度及时向省市交通公路部门拨付收费站管

理费用。在正式计划未下达前，可预拨正常的管理经费和还贷资金，以保障收费站的正常运行。

第十三条　财政部门核定收费站的年度还贷（含有偿集资）计划总额度时，若该路桥项目存在两级或三级政府部门贷款投资的情况，财政部门必须按各级未偿还债务的比例对还贷计划额度进行分配。还贷资金应逐月拨付到省市交通公路部门帐户，省市交通公路部门应设立还贷专户，还贷资金必须专款专用，由省市交通公路部门按核定的还贷计划代项目业主还贷。

五、报表的编报和决算批复

第十四条　省市交通公路部门负责所管辖收费站年度车辆通行费的收支计划的编制，收支计划编制后按分级管理的隶属关系送省、市财政部门审批。财政部门按照有关规定对计划进行审批并送省公路局备案。对含有地方贷款投资成分的省直管收费站，省财政部门在批复年度收支计划时，同时将计划抄送贷款投资方所在地级市的财政部门。

第十五条　各收费站的征收、统计、会计等月报表按分级管理的隶属关系分别报省、市交通公路、财政、物价部门。市交通公路部门需将其管理的收费站报表汇总上报省公路局和同级审计部门备案。

第十六条　建立收费站的中介机构审计制度。各收费站车辆通行费的年度决算必须由省市交通公路部门委托具有法定资格的会计师事务所进行审计后，再送财政部门审批并抄省公路局备案。对含有地方贷款投资成分的省直管收费站的年度决算，省财政审批后抄送地方财政备案。

第十七条　省审计部门可定期对各级财政车辆通行费财政专户和交通部门的还贷专户进行审计监督。并依法对收费站财务收支进行审计监督。

六、票据管理

第十八条　收费站收取车辆通行费统一使用省财政厅印制的行政事业性收费收据。车辆通行费的票据按分级管理的原则由各交通公路主管部门分别向省、市两级财政部门领用。车辆通行费票据管理规定另行制定。

七、还贷监督

第十九条　收费站的还贷情况同时接受省市两级财政、交通、审计、物价、监督部门的监督。

第二十条　交通公路部门应建立健全所管辖收费站的档案管理制度，对收费站的还贷情况进行及时跟踪。

第二十一条　收费站必须亮证收费，实行收费公示制度。每年由省交通厅会同省财政局、省物价局将全省各地收费站的公路里程、投资规模、开始收费日期、年度还贷计划、至本年底的收费额、管理费开支、已还贷本息、还贷余额等向社会公布一次，接受社会监督。

第二十二条 还清贷款后的收费站要进行清产核资，公路及公路设施无偿移交给交通公路部门，其余资产拍卖后，所得的资金按投资比例上缴各级财政部门，统筹用于公路建设。

八、附则

第二十三条 对违反本管理办法规定的单位和个人，按国家和省的有关规定处理。

第二十四条 广东省非经营性收费公路车辆通行费"收支两条线"公路办法设施细则由省财政厅和省交通厅另行制定。各市财政和交通主管部门可根据本办法和设施细则的有关规定，制定地方管辖收费站"收支两条线"的具体设施办法，并同时抄送省财政厅和省交通厅备案。

第二十五条 本办法自 2002 年 1 月 1 日起试行，由省财政厅商省交通厅负责解释。

关于印发《广东省汽车养路费地方切块资金管理暂行办法》的通知

粤财综〔2003〕90号

各地级以上市财政局、交通局（委）、公路局：

现将《广东省汽车养路费地方切块资金管理暂行办法》印发给你们，请遵照执行。执行中如有问题，请及时向省财政厅、省交通厅反映。

广东省财政厅
广东省交通厅
二〇〇三年六月二十七日

广东省汽车养路费地方切块资金管理暂行办法

为进一步加强汽车养路费使用的监督管理，根据国家和省的有关规定以及省财政厅、省交通厅《关于调整汽车养路费地方切块资金管理办法的通知》（粤财综〔2002〕128号），制定本办法。

一、总则

第一条 汽车养路费地方切块包干资金是指全省汽车养路费收入按照省政府的有关规定返还到地方，专门用于公路及其附属设施养护、修理、技术改造、改善和管理的专项资金。

第二条 切块包干资金纳入各地级以上市财政预算管理，实行专款专用，不得用于平衡预算或挪作他用，年终资金结余结转下年度继续使用。

第三条 汽车养路费按照国家和省的有关规定，由省财政厅实行委托银行代收款，收入（含利息和滞纳金、罚款）全额上缴省国库。汽车养路费地方切块包干资金（以下简称"切块资金"）由省财政厅直接拨付到各地级以上市（以下简称"各市"）财政局。

第四条 切块资金按规定提取的省级防范化解金融风险金、水利基金和交警经费，由省财政统一扣除，各地不得再从切块资金中统筹任何资金。

第五条　切块资金由各市统一使用和管理，原则上不再切块到各县（市）、区。

第六条　切块资金分成方案按照省政府的有关文件执行，在新的分配方案未出台前，暂按省政府《关于第三轮公路养路费切块承包方案的批复》（粤府函〔1996〕22号）的规定执行。

第七条　本办法实施后，各市交通行政主管部门、公路部门原有的债务关系和还款责任不改变。

二、计划的编制和审批

第八条　省财政厅、省交通厅于每年12月1日前向各市财政、交通、公路部门下达下一年度的汽车养路费征收计划和切块资金使用计划。

第九条　各市交通、公路部门根据省下达的切块资金使用计划，分别编制本市的地养、省养公路养路费支出预算，照规定的时间和程序报财政部门审核、汇总编制本市养路费支出预算。

第十条　各市在编制当年大中修计划时，当年安排的国省道公路大中修里程不得少于通车里程的8%。按规定必须立项的公路大中修项目，应由有关部门批准立项后再列入计划。各市公路局应在当年切块资金使用计划批复后，将公路大中修计划报省公路局备案。

第十一条　地养公路养护费用按照12%（含12%）—14%（含14%）的比例在切块资金中提取，具体比例由各市财政部门商交通、公路部门根据本地区的实际情况确定。

第十二条　各市在切块资金中安排养护工程费时，应首先确保公路小修保养和大中修工程费的需要，然后再根据经费的可能安排其他工程建设项目，其比例不得高于切块资金的20%。不得挤占正常养护经费安排公路建设。

公路建设具体项目的安排，应按基本建设程序批准立项后才能列入计划。

第十三条　在做好定员定编工作的基础上，各市财政部门应按照本地区部门预算标准核定各市公路局编制内行政管理人员的人员经费和公用经费，按照地区标准核定各市公路局编制内养征、路政等人员的经费。各市公路部门人员（不含养路工人）经费和公用经费原则在切块资金的15%以内开支，原则上最高不超过20%。

第十四条　各市财政部门应严格控制公路部门的行政事业性经费开支，确保将养路费最大限度地用在公路养护和改建上。

第十五条　各市公路部门应积极开展公路养护体制改革，积极推动管养分离，按照"精简、高效、节约"的原则，合理配置公路养护人员，最大限度减少冗员，逐步实现公路养护市场化、专业化、企业化。

三、资金的拨付和计划的执行

第十六条　省财政按下达给各市的切块资金计划数分四个季度向各市财政部门拨

付切块资金。切块资金在每个季度初拨付，第一至三季度分别按照各市切块资金计划数的25%拨付资金，第四季度则结合各市前三季度的养路费实际征收情况适当安排资金。当年对比计划多拨付或少拨付的资金在下一年度第一季度的资金安排中进行调整。

第十七条　各市财政部门收到省财政拨付的切块资金时，列"上级补助收入"科目，向地方交通、公路部门拨付养路费时，列"工业交通部门基金支出——养路费"科目。

第十八条　各市财政部门应按计划按进度及时向交通、公路部门拨付资金，在省未拨付地方切块资金和养路费年度预算未下达前，应采取有效措施确保公路部门的正常运作。

第十九条　各市公路部门收到财政拨付的资金时，借记"银行存款"科目，贷记"财政补助收入"科目。公路部门可在原会计制度上新增"财政补助收入"科目。

第二十条　各市财政部门应结合本地区财政性资金国库集中支付的改革进程，积极推动公路建设项目财政性资金国库集中支付。

第二十一条　公路项目日常养护资金和未实行集中支付的公路建设资金由各市财政部门按计划按进度拨付给交通、公路部门。

第二十二条　各市交通、公路部门必须严格执行养路费支出预算，不得随意改变资金用途。年度中确需调整支出计划的，应报同级财政部门审批。

四、报表和决算的编制和审批

第二十三条　从2003年开始，各市交通、公路部门应于每月终了10天内，季度终了15天内编制地方切块资金月度、季度使用情况表报同级财政部门；于年度终了60天内编制上一年度的单位财务收支决算（含地方切块资金、省交通厅、省公路局补助资金和其他来源资金的收支情况）报同级财政部门审批。

第二十四条　各市公路部门年度收支决算经同级财政部门审批后，于2月底前报省公路局汇总。省公路局汇总全省养路费会计报表后报省交通厅、省财政厅备案。

五、责任追究

第二十五条　各市财政、交通、公路部门应加强对地方切块资金的使用和管理情况的监督检查，对检查中发现的违规行为应及时予以纠正和处理。

第二十六条　省财政厅、省交通厅对各市财政部门资金拨付、监管情况和交通、公路地方切块资金使用情况进行不定期检查，凡发现挪用或违规使用的，省将相应扣减该地区下一季度的地方切块资金或其他专项资金。

七、其他

第二十七条　本办法由省财政厅会同省交通厅负责解释。

第二十八条　各市财政、交通、公路部门可依照本办法的原则，制定本地区的切块资金管理具体实施办法并抄报省财政厅、省交通厅备案。

第二十九条　本办法从 2003 年 1 月 1 日起试行。

关于印发《广东省国家干线实施 GBM 工程暂行管理办法》的通知

各市公路局、地方公路总站（处、科、所）：

为从根本上治理公路脏、乱、差现象，进一步提高我省国家干线公路的通行能力和抗灾能力，根据交通部《国家干线 GBM 工程实施标准》并结合我省的具体情况，，制定了《广东省国家干线实施 GBM 工程暂行管理办法》。现印发给你们，请认真贯彻执行。

各市公路局应根据省局的总体目标并结合本地实际，分年度制定出 GBM 工程实施计划，于七月十日前报省局养护科。

附件：广东省国家干线实施 GBM 工程暂行管理办法

广东省公路管理局
一九九四年五月

广东省国家干线实施 GBM 工程暂行管理办法

实施 GBM 工程是公路养护工作的新起点。为从根本上治理公路脏、乱、差现象，进一步提高我省国家干线公路的抗灾能力和通行能力，根据交通部《国家干线 GBM 工程实施标准》并结合我省的具体情况，，制定了本办法。

各市公路局、地方公路总站要把实施 GBM 工程作为加强公路养护工作的重要措施来抓，在计划安排、资金分配、材料供应、人力使用上给予保证。同时，要充分发挥各个方面的积极性，努力把实施 GBM 工程同新改建、大中修、水毁修复、养护等结合起来，力争干一条，成一条，巩固一条。

一、适用范围

近期不准备扩建、改建，技术标准达到二级和二级以上的国家干线公路。

其他线路的 GBM 工程，根据分级负责，分线实施的原则，由各市公路局、公路地方总站参照本办法负责实施。

二、实施内容

交通部《国家干线 GBM 工程实施标准》的内容很多，本着提高抗灾能力、通行能力和先急后缓的宗旨，近期重点做好危桥加固、路肩硬化、埋设路缘石、浆砌边沟、增设防护设施、加强路政管理、机械化专业化大道班养护等几个方面的工作。同时，实施 GBM 工程在我省已推行了好几年，各地再结合新改建、大中修、水毁修复、养护等工作中已作了大量的工作，GBM 工程也有了一定的基础。由于资金有限，本次实施"缺少什么、补做什么、逐步完善、分线完成"的原则。

1、国道上的桥梁，载重标准要求不低于汽车—15 级，挂车—80 标准，小桥涵与路基同宽。所有桥梁设防撞栏杆。为此：

根据定期检查和特殊检查确定的四类桥，承载能力不是汽车—15 级，挂车—80 标准的桥梁，应采取措施进行维修、加固和改建；

达不到要求的大中窄桥（等级公路、桥梁达不到要求净宽；加宽了的公路、桥梁比路基每边窄一米以上），没与路基同宽的小桥涵，应采取措施加宽。

所有桥梁的栏杆应逐步过渡为防撞栏杆。

2、技术标准达到二级和二级以上，路面结构采用高级或次高级形式的公路，其路肩应全部采取沥青贯入式、沥青碎石等进行硬化或路肩路面化。

路肩边缘整齐平顺，横坡适度。

3、公路沿线标志、标线、里程碑、百米桩、界碑等一律按国家标准进行埋设，同时，应铺砌与路中心线相协调、顺适的路缘石。路缘石优先选用水泥混凝土预制块，浆砌片石、条石等。

4、排水设施要求齐全、配套、完整。国道原则上要求浆砌边沟。穿越村镇路段，易冲刷、易淤积路段一定要采用石砌边沟。

5 路基边坡稳定。破碎、松软的石质边坡、土质边坡，应视具体情况采用浆砌挡墙，植物防护等防护措施。

填方路段要浆砌坡脚，实行田路分家。

平原区路堤高 4 米以上，山岭区路基高 6 米以上及危险路段，应在路堤边缘埋设示警桩或按公路技术规范要求设置防护栏或防撞栏。

6、保护公路路产，维护公路路产。路面、路肩及沿线设施无侵占、无损坏。严格控制公路两侧建筑红线，防止公路街道化。

7、参照《广东省公路道班建设管理办法》，国道上的道班设置应以专业化机械化大道班养护为主。

三、资金来源

国道实施 GBM 工程，其资金来源采取"三个一点"（即省局补助一点、市局安排一点、县局自筹一点）和道班工人献工献劳解决。收费路段 GBM 工程，原则上在收取过路费中解决。

1、路肩硬化，埋设路缘石、浆砌边沟、设置防护设施等的 GBM 工程，经省局验收合格的，视实施程度、工程量大小、工程质量优劣等给予适当补助。

2、危桥加固、窄桥加宽、设防撞栏杆，由省局另下任务并给予适当补助。

3、新、改建路段的 GBM 工程，其投资应打入工程成本，并与路线工程一并完成。

四、管理工作

1、总体目标：今明两年在我省国家干线公路全面实施 GBM 工程，今年着重抓国道 105、107、324、325 线的实施工作。

2、各市公路局根据省局的总体目标并结合本市的具体情况，分年度制出 "××市国道 GBM 工程实施计划"，计划应含实施项目、实施内容、实施措施等。

3、省局根据总体目标、各市局的年度计划，通过综合、平衡、筛选之后，分别制订出广东省国道 GBM 工程九四、九五年度实施计划。然后通过合同的形式，把任务落实给各市公路局。

4、省局通过中间检查和年终验收，每年评出 "速度快、标准高、质量好" 的市局三个，按合同实施里程每公里奖励 500 元。

湛江公路 "两纵两横" 可行性研究基本完成

湛江市委、市政府在一九九三年召开的交通通信工作会议中指出，在近期的三年至五年内将湛江地区的 "两纵两横" 公路全部改建或新建为一级公路。"两纵两横" 是湛江公路网的主要骨架，包括国道 207 线、黄海线、国道 325 线、东海至廉江线。其中，东海至廉江线以作设计或可行性研究，有的路段已完成施工。国道 207 线的遂溪城、城月、客路、龙门、徐城、海安、国道 325 线的覃巴、麻章。青平等段落已作改建或设计。至十一月中旬止，湛江公路局又完成了 "两纵两横" 尚未改建的各个段落的可行性研究，包括国道 207 线廉江段（k3495+592～k3519+000）、遂溪段（k3516+000～k3562+000）、海康段（k3562+000～k3674+000）等 151 公里；黄海线（k0+000～k25+614 和 k33+000～k81+409）74 公里；国道 325 线黄坡段（k402+600～k424+050）、湛江段（k425+000～k455+850 和 k466+500～k472+620）、中垌段（k489+000～k522+740）等 92 公里。所研究的路线改建成路基宽 24.5 米，即四车道。铺筑混凝土路面，设计周期 30 年。桥涵荷载为—20，挂—100. 可行性研究规划上述项目 1996 年动工，1999 年全部竣工。至此，湛江公路 "两纵两横" 建设、设计或可行性研究基本完成。

（湛江公路信息，1995 年 11 月 23 日）

关于做好文明建设样板路实施工作的通知

各公路分局：

为认真贯彻省交通厅粤交监（1995）85号《关于抓好文明建设样板路工作的通知》的精神，局研究决定选取国道325线420k+000至473k+000共50公里路段为我局文明建设样板路段。现将有关文明建设样本路实施工作的具体事宜通知如下：

一、为了加强治理公路"三乱"和文明建设样板路工作的领导，局决定成立治理公路"三乱"领导小组。领导小组下设"文明建设样板路办公室"。对所管辖该路段的公路分局也应成立相应领导机构并分工一名领导主管此项工作。要成立文明建设样板路办公室具体负责抓。要尽快落实。并于7月20日前将领导小组成员及办公室人员名单报局路政科。

二、认真抓好325线420k至473k的50公里路段文明建设样板路的实施工作，要按照"GBM"工程及公路"三化"的要求，进行对该路段现场调查，分别按以下项目进行编写预算表。

1、路面：为确保年平均好路率保持90%以上，无差等路，要逐段调查哪些地方油路面龟裂严重的需挖补中修的工作量以及经验收接的水泥路面部分坏烂的均要列出预算项目，包括路面中修到期限路段。

2、标线：分车道线、路面中心线、路缘石线、路肩外缘线等不鲜明以及缺漏的、空白的均要列出预算项目。

3、水沟：按标准整治，包括路边店被填没的水沟，均要列出预算项目。

4、里程碑、百尺桩不准建筑界碑、桥头两边轮廓标、示警桩、防撞栏、护栏灯缺漏数量，包括确需新设置的均要列出预算项目。

5、交通标志：原有设置的各种标志需修复的（刷油漆等），包括确需新立的均要列出预算项目。

6、绿化、美化：空白缺漏包括路边店无止境的开叉路口被砍的路树路段，要结合美化设计规划，列出预算项目。

7、桥、涵栏：被损坏的附属设施，包括清理堵塞泥沙及确需增设置的涵洞等列出预算项目。

8、其他设施：排水天沟、挡土墙、路基堤等。

以上预算等表格请于7月20日前报局路政科。

三、文明建设样板路是我们长远奋斗目标，任务艰巨，其他分局也应在今年内在自己管养的国道上选择20公里以上作为自己文明建设样板路段，具体请参照《107国道文明建设样板路实施标准》。

四、在实施过程中，一定要按《实施标准》的要求，制定具体措施，完成时限，质量要求。现正在施工的项目，按"GBM工程"标准进一步到位。有关股室一定密切配合，如对公路两边开店成片，造成上千米以上路段无水沟无路树现象，路政股要立案抓紧抓好，必要时可同当地交警中队联合行动，清除一切障碍后方可进行调查；

设计时可采取每隔25~50公尺可开两个叉路口，叉路口处埋设涵管，其余开明沟并在水沟外缘设花坛搞美化。

五、文明建设样板路，要求在今年10月底完成。

六、文明建设样板路实施所需经费由局统一调拨。

附件：1.《107国道文明建设样板路实施标准》（略）；
2."文明建设样板路"情况表（略）。

湛江公路局

一九九五年六月三十日

转发湛江公路局关于加快全市
绿色通道建设意见的函

湛府办［2001］30号

各县（市、区）人民政府，湛江经济技术开发区、东海岛经济开发试验区管委会，市府直属有关单位：

市人民政府同意湛江公路局《关于加快全市绿色通道建设的意见》，现转发给你们，请认真贯彻执行。

湛江市人民政府办公室

二〇〇一年十一月九日

关于加快全市绿色通道建设的意见

（湛江公路局　二〇〇一年十月二十八日）

绿色通道建设是推进我市国土绿化的一种有效形式。搞好绿色通道建设，对于构建和完善我市公路绿化格局，改善和优化人民的生活环境，促进国民经济持续发展，具有重大的意义。为贯彻《国务院关于进一步推进全国绿色通道建设的通知》（国发〔2000〕31号）的精神，加快全市绿色通道建设，现提出如下意见：

一、绿色通道建设的目标

绿色通道建设是一项社会公益性事业，要充分调动全社会各方面的积极性，按"谁绿化谁所有、谁投资谁受益、谁经营谁得利"的原则搞好绿色通道建设。新建和改扩建公路（达标公路建设）要与公路绿化统筹规划，与工程建设同步设计、同步施工、同步验收。要坚持从实际出发，科学规划，合理布局，宜林则林，宜草则草，优化配置，不断提高绿化通道建设质量。公路沿线各县（市、区）、乡镇人民政府，要把绿色通道建设纳入全市造林绿化规划、城市总体规划和创建全国优秀旅游城市规划，与当地城镇、乡村的绿化工作结合起来，既绿化美化环境，又能够保障公路行车安全，改善和优化公路沿线地区的社会经济环境，加强社会主义物质文明和精神文明建设。

我市绿色通道建设的目标：2001年，重点抓好国道207线遂溪至徐闻段，2002年，重点抓好国道325线吴川至廉江高桥段，到2005年，力争全市1300多公里省养公路可绿化的公路全面绿化，形成层次多样、结构合理、整齐美观的绿色长廊。

二、科学规划，提高绿色通道质量

绿色通道建设应根据我市经济和社会发展的实际情况，因地制宜、科学规划，确定合理的建设标准，注重实效、提高质量。

国道207线和325线共352共里，要按照绿色通道示范路段的标准建设。全线拓宽现有绿化带，沿线绿化带宽度每侧按10米进行规划设计；省道、县道按5米进行规划设计，乡道按1—3米进行规划设计。公路绿化应合理配置主副林带，主林带树种以速生桉树u6、w5等乔木为主，副林带树种选择乔木、亚乔木或灌木，允许种植一定比例的经济林，形成乔、灌、草结合，立体多层的绿化带。

国道绿化通道建设由公路部门负责，沿线各级政府给予协助；省道、县道、乡道的公路绿化，地方各级人民政府按照公路部门的绿化规划，组织群众绿化植树；经过城镇规划区路段的公路绿化，由该县（市、区）、乡镇民政府负责规划并实施，公路部门给予协助。为调动各方面参加绿色通道建设的积极性，实行谁造林谁收益、收益按比例分成的做法，具体分成比例由有关县（市、区）、乡镇政府与公路部门商定。

三、加强领导，密切配合，抓好落实

绿色通道建设是一项跨部门、跨行业、跨区域的系统工程，各级人民政府必须加强领导、精心组织，确保公路绿化工程顺利实施。交通、国土、规划、建设、公路、林业、绿委、城建、园林等有关部门要按照职责分工，密切配合，积极主动做好工作。

（一）公路绿化用地范围：从公路两侧水沟（截水沟、坡脚护坡道、路堑坡顶）外缘起 10 米以内地带为国道公路绿化用地；5 米以内地带为省道、县道公路绿化用地；3 米以内地带为乡道公路绿化用地。绿化地属水田、水塘的，可暂保持使用现状，公路绿化用地的权属不改变。

（二）公路沿线各级人民政府以及有关单位应大力合作，积极配合公路部门解决公路绿化用地的使用、保护和绿化的其他问题。所划定的公路绿化用地，任何单位和个人不得占作他用，对非法占用公路绿化用地的单位和个人，要按照《中华人民共和国公路法》和《中华人民共和国森林法》的规定进行处理。

（三）公路绿化工作，由公路部门按照公路工程技术标准，进行科学规划，合理设计，分步实施。各级林业部门在规划设计、选择树种、技术等方面搞好行业指导。鼓励公路沿线各级人民政府组织群众按绿化规划和标准进行公路绿化。

（四）公路绿化林的砍伐要分别经县以上公路部门和林业行政主管部门批准，并按规定办理手续。砍伐公路林的受益人负责重新种植。未经批准擅自砍伐公路林木的，由公路部门和林业公安部门依法查处。

湛江市机构编制委员会
关于印发湛江市公路管理局机构编制方案的通知

湛机制〔2002〕45 号

各县（市、区）人民政府、市政府直属有关单位：

《湛江市公路管理局机构编制方案》已经市编委领导批准，现予印发。

湛江市机构编制委员会
二○○二年八月七日

湛江市公路管理局机构编制方案

根据《湛江市市级党政机构改革方案实施意见》（湛发［2001］16号）精神，湛江市公路局改称为湛江市公路管理局，为市主管公路行业的正处级事业单位。其机构编制确定如下：

一、主要任务

（一）贯彻执行《中华人民共和国公路法》、《广东省公路路政管理条例》等法规，按照国家和省、市交通主管部门的有关规定，制定具体的公路行业管理制度并组织实施。

（二）拟定全市公路发展规划；组织实施经国家和省批准的国道、省道计划。

（三）按照分级分类管理的规定，负责公路建设、改造项目的审核工作；参与市管公路建设、改造项目的竣工验收；具体组织实施国道、省道建设、改造、养护、管理；指导县道、乡道建设。

（四）负责国道、省道路政管理，查处违反路政法规行为；监督、指导全市公路路政管理工作。

（五）组织公路养路费等公路规费的征稽。

（六）负责非经营性收费公路管理；负责全市收费公路（桥梁）及收费站（点）设置、调整、撤销的审核和上报工作；对全市公路收费站（点）实施行业管理。

（七）负责公路科技项目成果评审及推广应用工作，促进公路行业科技进步。

（八）指导公路行业精神文明建设；组织实施创建文明样板路工作。

（九）承办市人民政府和上级主管部门交办的其它事项。

二、内设机构

根据上述任务，市公路管理局设置12个科（室）。

（一）办公室（与党委办公室合署，加挂工会牌子）

组织协调局机关行政和党委日常事务工作；负责局综合性、规范性文件和重要报告的起草，组织全局性的会议，负责文秘、督办、调研、宣传和普法教育工作，负责机要、信访、档案和机关后勤、工会等工作。

（二）计划科

负责编报国道、省道公路建设规划方案；编制公路规费的征收计划与公路养护费的使用计划；按照分级管理的规定，负责工程可行性研究报告的审核和上报；编报综合统计报表。

（三）财审科

负责公路规费收入的上缴、养路经费的管理和核算；检查和监督各项支出计划的执行情况；指导和帮助下属单位搞好财务工作，并负责内部审计工作，及时向上级和领导提供有关财审信息。

（四）基本建设科

按照分级管理原则，审查、审核国道、省道各项新改建工程设计方案；监督、指导工程的实施；审核工程预决算；负责工程技术档案的清理工作；负责工程交工、竣工验收资料的上报工作。

（五）养护管理科

按照公路养护技术规范和操作规程，负责公路、桥梁、渡口养护管理工作和机械设备管理工作；负责公路普查工作；负责文明样板路的评选审核工作；负责指导公路绿化工作。

（六）路政管理科

负责国道、省道的路政管理，查处违反路政法规行为；指导县（市）公路路政管理工作；组织实施路产路权管理，协调处理与公路有关的各项互扰工程。

（七）收费管理科

负责公路养路费等公路规费的征稽和管理；监督、指导县（市）公路规费征稽管理工作；负责公路、桥梁通行费站（点）的管理；负责收费站（点）设置的初审、上报工作。

（八）安全保卫科

负责公路行业的安全生产和交通战备有关工作；负责局机关及直属单位的安全保卫和治安综合治理等工作。

（九）科技教育科（挂总工程师室牌子）

负责组织制定公路改造规划的技术标准及等级的划定，审定养建科技规划；负责重大技术事故鉴定调查；负责电脑、信息开发管理、交通流量的调查、汇总工作；负责电脑、信息开发管理、交通流量的调查、汇总工作；负责制定职工教育培训计划并组织实施。

（十）人事科

负责人事、机构编制、劳资、社会保险、专业技术职称评审等工作。

（十一）监察科（与纪律检查委员会合署）

负责局机关及指导所属单位的纪检、监察、党建、计划生育、团委等工作；指导公路行业精神文明建设；组织实施创建文明样板路工作。

（十二）老干科

负责离退休人员管理服务工作。

三、人员编制和领导职数

市公路管理局机关事业编制 75 名（含后勤和离退休老干部服务人员编制）。其中局长、书记 1 名，副局长 3 名，纪委书记 1 名，正、副科长（主任）26 名（含工会主席 1 名）。

四、局下属单位

（一）湛江市公路管理局直属分局为正科级事业单位。主要任务是：对管辖公路进行规划、设计、建设，进行维修、养护；维护路产、路权；对过路、过桥的机动车辆进行收费；完成市公路管理局交给的任务。核定机关事业编制 58 名（含养征站 12 名），其中局长 1 名，副局长 3 名。基层单位人员编制另定。

（二）湛江渡口所为正科级事业单位。撤销原湛江公路局船厂，该厂的人、财、

附录

359

物、债权、债务等并入湛江渡口所。主要任务是：负责渡运过往渡口的机动车辆、人员和维修船舶、码头设备及维护码头交通秩序等工作。核定事业编制223名，其中所长1名，副所长3名。

（三）湛江公路技校为正科级事业单位。主要任务是：负责湛江市内外有关技术工人的培养和湛江市公路管理系统职工的技术培训工作。核定事业编制32名，其中校长1名，副校长2名。

（四）湛江市公路工程质量监测站为正科级事业单位。主要任务是：负责湛江公路工程质量检测、公路工程所用材料、构件、产品室内试验。核定事业编制15名，其中站长1名，副站长2名。

（五）湛江市公路管理局湛江收费站为副科级事业单位。主要任务是：负责国道325线沙角路段过往机动车辆通讯费的收费工作。核定事业编制64名，其中站长1名。

（六）湛江市公路管理局青平收费站为副科级事业单位。主要任务是：负责国道325线青平路段过往机动车辆通讯费的收费工作。核定事业编制64名，其中站长1名。

（七）湛江市公路管理局霞山养征站为股级事业单位。主要任务是：负责霞山、东海、南三等区、镇机动车辆公路规费的征收和稽查工作。核定事业编制14名。

（八）湛江市公路管理局赤坎养征站为股级事业单位。主要任务是：负责赤坎、麻章、坡头等区机动车辆公路规费的征收和稽查工作。核定事业编制14名。

五、经费来源

市公路管理局机关及下属单位的经费在征收的公路规费返还中安排，其中：各收费站经费按有关文件规定，从征收的过路费中提取安排。

六、各县（市）公路分局机构编制方案另定。

印发湛江市县通镇公路建设实施方案的通知

[2003]51号湛府办

各县（市、区）人民政府，湛江经济技术开发区、东海岛经济开发试验区管委会，市府直属有关单位：

《湛江市县通镇公路建设实施方案》已经市人民政府同意，现印发给你们，请认真贯彻执行。

湛江市人民政府办公室

二〇〇三年十一月十九日

湛江市县通镇公路建设实施方案

为明确各县（市、区）、镇（乡）政府和交通、公路等有关部门职责，规范工程项目的建设和管理，用好省给经济困难县的县通镇公路专项建设一次性补助资金（以下简称省专项资金）及市配套资金，加快我市县通镇公路建设和改造步伐，确保在2年内实现县到镇通三级以上公路，逐步完善县乡公路网，特制定本方案。

一、建设任务及完成时限

我市已纳入省计划的县通镇公路和县道砂土路改造538.97公里，其中省养208.37公里，地养330.6公里，要求在2005年10月前完成。县道危桥及承载力不足桥梁的改造工程要力争同步完成。

二、工程建设职责

（一）市交通局职责。

1. 负责工程建设的总体规划和年度实施计划的编制，并监督实施；组织落实省专项资金及市配套资金，并负责资金的拨付和监督使用。

2. 按管理权限负责工程建设项目工程可行性研究报告、初步设计、施工图设计、开工报告的审批，并对工程建设的实施实行全过程的质量监督和行业管理。

3. 按规定程序和权限负责主持有关单位参加的工程竣工验收。

（二）市公路局职责。

1. 负责县通镇省养公路建设项目的组织实施。

2. 负责省养公路工程建设资金的筹措、管理、使用。

3. 按管养权限主持省养公路建设项目的竣工验收。

（三）市财政局职责。

1. 负责对县通镇市配套资金筹集和安排。

2. 负责对省尚未审核的县通镇项目预算、决算的审核。省已审核的县通镇项目要磅市财政局备案。

3. 参加工程竣工验收。

（四）各县（市、区）、镇（乡）人民政府职责。

1. 负责宣传发动群众，营造良好的建设氛围和施工环境。

2. 通过调整土地的办法，无偿提供公路建设用地（含绿化用地）和取土料场，筹措资金解决拆迁和清除障碍物，协调解决工程建设中出现的问题和矛盾。

3. 中期、涵洞工程原则上由各镇（乡）人民政府负责包干完成。经验收合格后，交给交通公路部门进行路面施工的，由市财政根据工程量大小给予每公里8-10万元的补助。

4. 按权属减免工程建设有关税费。

（五）有关单位职责。

县通镇公路和县道砂土路改造涉及农林场用地的，有关逐林场按照县（市、区）、镇（乡）人民政府职责履行。

工程建设需搬迁的电力、电讯、水利及其他设施，根据"谁主管、谁负责"的原则，由有关单位自行搬迁，费用自负。

三、项目前期工作管理

（一）工程可行性研究报告必须委托有相应资质的单位编制，地养项目的由各县（市）交通局报市交通局审批；省养项目的由市公路局报市交通局审批；省道项目和投资总额超过5000万以上项目的报省交通厅或省公路局审批。审批单位在审批工程可行性研究报告的同时核准招投标方式。初步设地、施工图设计按工程可行性研究报告的程序报批。

（二）县通镇公路改造工程按规定实行招投标制和工程监理制。按规定需公开招标的项目必须在县级以上的建设工程交易中心进行招投标。招投标活动必须严格按国家有关法律、法规进行，遵循公开、公平、公正和诚实信用原则选择有相应资质的单位，并签订施工合同、廉政建设合同、安全生产合同。县通镇公路建设项目必须采用社会监理模式，监理人员要认真履行职责。

（三）工程项目招标资格预审文件和资格预审结果、招标文件、评标报告、评标结果按项目管理权限报原审批单位备案。省道项目和总投资额5000万元以上的县、乡道项目报省交通厅和省公路局备案；5000万元以下的县、乡道项目报市交通局备案。

（四）以上经省安排的项目的前期工作文件报市财政局备案。

四、建设资金及工程进度管理

（一）加强对建设资金的财务管理，县通镇公路建设资金要专款专用。经批准的项目，工程项目决算送市财政局评审并作为办理工程结算的依据。

（二）省专项资金按省养和地养两块分别由市公路局和市交通局负责管理、拨付、监督使用，市配套资金由市交通局负责管理。县通镇建设项目按工程进度及进拨付至各工程项目建设单位；地养县道砂土路改造项目按工程进度拨付至市公路总站，由市公路总站转拨并监督使用。

（三）各工程项目开工时，建设单位应编制项目的总体工期计划和资金使用计划，经市交通局批准后报省交通厅、省财政厅、省公路局和省督导组备案，并在第一次上报工程报表时同时上报各工程项目的有关基础资料。各工程项目建设单位每月25日按管养权限分别向市交通局、市公路局上报经监理签认的工程进度报表，地养项目由各县（市）直接报送市交通局，省养项目报市公路局汇总后报送市交通局。

（四）市交通局或市公路局预留省补助资金的3%作为工程质量保证金，待工程竣工验收合格后拨付。

（五）各工程项目应按规定的建设管理程序组织实施，程序不完善及未办理开工报告的项目不予拨款。未经设计审批部门同意，不得擅自改变建设规模和标准。擅自改变建设规模、标准，或未按要求上报工程进度报表和存在重大质量问题的，经检查核实后，将视情况调整或核减相关工程项目省专项补助资金的计划。

（六）财政部门要对建设资金的使用和管理进行经常性的监督、检查。

五、项目的开工报告

（一）县通镇公路改造工程执行开工报告制度，申请开工的项目应具备开工规定的基本条件。

（二）开工报告按项目的管理权限报批。省道项目和总投资额 5000 万元以上的县、乡道项目报省交通厅审批；5000 万元以下的县、乡道项目报市交通局审批。

六、项目的质量管理和监督

县通镇公路发亮造工程开工前应按规定办理工程质量监督手续，工程质量监督由市交通工程质量监督站负责。各县（市、区）交通公路部门建设健全质量管理制度，市公路局、市交通局地方公路管理总站要分别加强对省养、地养县通镇及县道砂土路建设和改造项目（含桥梁）的技术指导、质量管理工作，施工单位要加强自检。

中标的施工企业要配备足够的机械设备，实行机械化作业，沥青路面的施工必须采用机械拌和及推铺；混凝土路面提倡采用机械化施工，其中真空吸水、机械磨光、喷洒养护等必须使用机械化作业。基层材料必须使用拌和机拌和，禁止采用路拌法施工。

七、组织领导

为加强我市县通镇公路工程建设管理，市交通局成立农村公路建设领导小组，负责全市县通镇公路、县道砂土路改造及乡道硬底化建设、县乡公路危桥改造的统筹规划，省专项资金的安排，全市建设项目进度汇总上报（包括月报、季报），建设项目的检查、督导、协调、迎检，基础资料的整理、归档。各县（市、区）也要成立相应的机构。

表格索引

后　记

在市公路局党委统一领导、部署下，在湛江市地方志办公室的具体指导下，2013年5月，市公路局决定组建《湛江公路志》（后更名为《湛江市省养公路志》）编辑办公室，抽（借）调相关人员编撰；上限始于1991年，下限止于2012年。《湛江市省养公路志》全书共10章42节，30万余字，图片200余幅。内容涵盖了湛江省养公路系统22年来建设、养护、管理、征费各项工作，重点突出改革开放后湛江公路快速发展的历程。《湛江市省养公路志》是湛江公路历史发展的历程结晶，为当代提供资政辅治之参考，为后世留下堪存堪鉴之记述，贵在史识，重在致用。传承历史、展现当今、启引未来的作用，必将成为湛江公路的"精神名片"。

《湛江市省养公路志》编纂过程中，市公路局领导十分重视和支持，市局机关各科室及各分局、各直属单位给予大力协助，2013年以来，市局副局长李志正、姚瀚南先后主持修志领导工作，把修志列入工作议事日程，保障修志工作顺利开展；副书记李增十分关心修志工作，提供国省道新改建部分照片；张振林、邓志春、蔡伟兵、罗筱云、王茵、袁伟强、赵勇军、陈永忠、郑强、李世祁等对初稿相关部分认真审阅复核，郑兴坚、袁伟强、季跃生、谢剑波、梁文秋、纪承灼、唐丽霞、利权、郑山等提供相关历史图片，曾国敏协助整理图片资料，市政府地方志办公室韦公廉全面复稿校正并给予指导工作，参加编纂工作郑兴坚、黄宝进、王平、李伟桂按照编目纂分工要求，边干、边学、边探索，不断总结经验教训，在搜集资料、整理资料、修订篇目、编写修改等方面，克服了人员不断变动，电脑更换更新文档信息保存不全等诸多困难，历时三年，团结合作，共同努力，五易其稿编撰，终于付梓问世。在此致以衷心感谢。

由于编写人员史志知识、专业知识、写作水平所限，加之资料短缺，经验不足，因此，本志书在资料运用，篇目结构，文字表达，思想观点等方面，错漏失误在所难免，恳请有关专家及广大读者批评指正，不胜欢迎。

编　者

二〇一六年六月

湛江市人民政府地方志办公室文件

湛府志批〔2017〕1号

关于《湛江市省养公路志》终审复核的批复

湛江市公路管理局：

2016年5月31日，湛江市地方志书审查委员会召开《湛江市省养公路志》（稿）终审会议，经表决，一致通过《湛江市省养公路志》终审稿。2016年9月22日，你局送来终审复核稿，经复核，现批复如下：

一、同意你局按终审会意见进行修改补充的终审复核稿，但还有个别地方要调整完善，已在样稿中修改并提出意见。请修改补充、认真审校后，按照志书出版程序做好志书出版有关工作。

二、请报送根据终审复核意见修改的情况。

三、志书出版后，请按《〈湛江市百部地方志丛书〉编修工程实施意见》要求，将志书及电子版一并报备。

湛江市人民政府地方志办公室

2017年2月